तोता-मैना की कहानी

तोता-मैना की कहानी

राजेन्द्र यादव और मन्नू भंडारी के कृति-कर्म का आकलन

मधुरेश

वाणी प्रकाशन

प्रकाशन के उत्कृष्टतम 61 वर्ष

सजिल्द पहला संस्करण : 2024

vaniprakashan.com

वाणी प्रकाशन

4695, 21-ए, दरियागंज, नयी दिल्ली-110 002

फ़ोन : + 91 11 23273167, 23275710

शाखाएँ

अशोक राजपथ, पटना-800 004, बिहार

कॉफ़ी हाउस कैम्पस, महात्मा गांधी मार्ग, प्रयागराज-211 001, उत्तर प्रदेश

महात्मा गांधी अन्तरराष्ट्रीय हिन्दी विश्वविद्यालय, वर्धा-442 001, महाराष्ट्र

sales@vaniprakashan.in
vaniprakashan@gmail.com

Tota-Maina Ki Kahani
by Madhuresh

ISBN : 978-93-6287-788-8
Criticism

मूल्य : ₹ 600

जी.एस. ऑफ़सेट, दिल्ली-110 095 में मुद्रित

वाणी प्रकाशन का लोगो मक़बूल फ़िदा हुसेन की कूची से

उन्हीं को जिनकी यह कहानी है।

अनुक्रम

राजेन्द्र यादव : भोलानाथ उर्फ़ चारा काटने की मशीन

औरों की वे जानें, मैं अपनी बात ही कह सकता हूँ।...अब ठीक-ठीक याद नहीं कि राजेन्द्र यादव को पढ़ना कब शुरू किया था। पत्रिकाओं में छपने वाली उनकी कहानियों को यदि छोड़ दिया जाये तो उन्हें कुछ व्यवस्थित ढंग से पढ़े जाने के दिन वे ही थे जब मैं अंग्रेज़ी में एम.ए. कर रहा था। यह साठ के दशक की शुरुआत थी, जब नयी कहानी का आन्दोलन अपनी पूरी ऊँचाई छू लेने के बाद स्थिर हो चुका था। 'कहानी', 'कल्पना', 'नयी कहानियाँ', 'ज्ञानोदय' आदि के अतिरिक्त भी छोटी-बड़ी अनेक पत्रिकाएँ थीं जिनमें उनकी कहानियाँ और वक्तव्य छपते रहते थे! वे दिन मोहन राकेश और कमलेश्वर के साथ उनकी घनघोर चर्चा के दिन थे। वे तब कलकत्ता जा चुके थे और मन्नू भंडारी से उनके अफेयर और फिर विवाह की चर्चा भी सुनी-पढ़ी थी। यह वही दौर था जब हिन्दी में स्टारडम की शुरुआत हुई थी। चर्चा और विवाद में आने और भरसक बने रहने की शुरुआत का दौर भी यही था।

राजकमल पॉकेट बुक्स से तब उनका 'सारा आकाश' छपा ही था, शायद सन् '60 में, जो पहले 'प्रेत बोलते हैं' के रूप में छप चुका था। उन दिनों डायरी के नाम पर जो भी कुछ लिखता था, अब उसे देखने-पलटने पर लगता है कि शायद 'शह और मात' ही उनका वह उपन्यास है जो मैंने सबसे पहले पढ़ा था। 'शह और मात' की तुलना में सारे उलझाव और लेक्चरबाज़ी के बावजूद, 'सारा आकाश' के अच्छे लगने का उल्लेख भी इसी डायरी में है। तब भी हिन्दू संस्कृति को वह सब कहीं 'गोबर संस्कृति' कहकर उसकी भर्त्सना करते हैं। बेहद जेहादी स्वर में, अपने पुरखों को वे 'क्लीव' और नपुंसक कहकर याद करते हैं और इस बात पर हैरत जताते हैं कि हम अपने को उन्हीं की सन्तान कहते-बताते गर्व से टेढ़े हो जाते हैं। अतिकथन और बड़बोलेपन के बावजूद सच को बयान करने का उनका यह जेहादी और आक्रामक तेवर कहीं-कहीं अच्छा भी लगता था। भारतीय नारी का अभिशप्त जीवन, निराशा और यथार्थ के धुएँ और कालिख में दबे उसके सपनों की चमक और संयुक्त परिवार का पूरी तरह जर्जर हो चुका

ढाँचा, और भी ऐसी कितनी ही बातें। उपन्यास का काफ़ी कुछ निराशावादी और उलझाव भरा अन्त मुझे अलबत्ता अच्छा नहीं लगा था।

'शह और मात' के पसन्द न आने के और भी कारण रहे होंगे, लेकिन आज भी जिसकी याद है, वह शरच्चन्द्र के विरुद्ध की गयी टिप्पणियाँ थीं, जो पात्र की होकर भी लेखक की ही थीं। वे टिप्पणियाँ मुझे कहीं गहरे में आहत करती थीं। तब विष्णु प्रभाकर के 'आवारा मसीहा' पर काम करने की चर्चा भी थी और उसके कुछ अंश या वक्तव्य जब-तब पत्रिकाओं में छपते रहते थे। आज भी यह लगता है कि शरच्चन्द्र पर राजेन्द्र यादव की वे टिप्पणियाँ कहीं, अनजाने ही हमारे सम्बन्ध का आँकड़ा तय कर रही थीं। आज चालीस वर्ष बाद भी स्थिति में कोई बड़ा परिवर्तन आया नहीं लगता है।

फिर बरेली के ही लन्दन बुक डिपो द्वारा उनका 'उखड़े हुए लोग' ख़ासतौर से मँगवाने की याद है। चिड़ियों के घोंसले वाले उसके आसमानी कवर की प्रतीकवादी शैली की याद भी भूली नहीं है। वह एक तरह से राजेन्द्र यादव के रुझानों का खुलासा करता था। उसे मैंने बिसौली में पढ़ा था। अपनी नौकरी के शुरुआती ख़ाली दिनों में जब कॉलेज तो खुल गया था, लेकिन पढ़ाई शुरू नहीं हुई थी। चूँकि मैं एडमिशन आदि के झमेले से मुक्त था, स्टाफ रूम में कुर्सी पर अकेला बैठा उसे ही पढ़ता रहता था।

अब ठीक याद नहीं, लेकिन हो सकता है इस उपन्यास को पढ़कर ही मैंने उन्हें पत्र लिखा हो! यह भी हो सकता है न लिखा हो; क्योंकि उनके जिस पत्र की याद मुझे है, वह कुछ और बाद का है। इस बीच मैंने उन्हें निरन्तर पढ़ा। 'अनदेखे अनजान पुल' की तीनों किस्तें पहले 'सारिका' में पढ़ीं जो तब मोहन राकेश के सम्पादन में निकलती थी। उसके बाद राजपाल एंड संस, दिल्ली से किताब के रूप में छपकर आने पर उसे फिर पढ़ा। इस बीच मेरा उनसे पत्राचार शुरू हो चुका था। इस उपन्यास पर 'लहर' में छपी मेरी समीक्षा एकदम आरम्भिक दौर की है और उसमें मुझे लिखे गये राजेन्द्र यादव के एक पत्र का उद्धरण भी मैंने दिया था। बाद में अपने किसी पत्र में मैंने उन पर लिखी गयी कुछ और लोगों की समीक्षाओं का उल्लेख भी किया था। इनमें 'आलोचना' में छपी 'उखड़े हुए लोग' पर भानुदेव शुक्ल की समीक्षा भी थी। मेरे उस पत्र के उत्तर में राजेन्द्र यादव का जो पत्र मिला था, उसमें एक 'सजग समीक्षक' के रूप में अपनी प्रशंसा की याद आज भी भूली नहीं है।

शुरू के दौर के वे पत्र अब भले ही न बचे हों, लेकिन उस पत्राचार की कुछ बातें अभी भी याद हैं। उनकी रचनाओं को ढूँढ़कर पढ़ने की बात औपचारिक ही

होगी। वे छपती थीं, मिलती थीं और पढ़ी जाती थीं, बाद में तब तक अनुपलब्ध हो चुकी 'एंटन चेख़व : एक (काल्पनिक) इंटरव्यू' अलबत्ता मैं यशपाल की किताबों में से लेकर आया था, कुछ और किताबों के साथ। मन्नू भंडारी के साथ लिखा गया धारावाहिक रूप से प्रकाशित 'एक इंच मुस्कान' 'ज्ञानोदय' में छप चुका था। रमेश बक्षी के अतिथि सम्पादन में 'लहर' का दो खण्डों वाला कहानी विशेषांक निकल चुका था। 'लहर' में ही नये कहानीकार पर एक लेखमाला शुरू हुई थी। एक अंक में राजेन्द्र यादव पर दो लेख थे—उनके व्यक्तित्व पर संस्मरण के रूप में दुष्यन्त कुमार ने लिखा था और कहानियों का काफ़ी गरिष्ठ और अपाठ्य किस्म का निबन्ध धनंजय वर्मा का था। इसके बाद मिले राजेन्द्र यादव के उस पत्र की भी याद है जिसमें इस लेख को स्वयं उन्होंने 'भीषण स्कालरली' किस्म का लेख कहा था। शरद देवड़ा तब 'ज्ञानोदय' में ही थे और राजेन्द्र यादव शायद दिल्ली आ चुके थे। 'एक इंच मुस्कान' पुस्तकाकार प्रकाशित हो चुका था। हो सकता है मैंने ही उन्हें लिखा हो, 'एक इंच मुस्कान' और 'छोटे छोटे ताजमहल' उन्होंने शरद देवड़ा की मार्फ़त 'ज्ञानोदय' से समीक्षार्थ भिजवायीं थीं। इसी के आसपास थोड़ा आगे-पीछे कई और चीज़ों की याद भी है। सन् '65 में ऐतिहासिक और हंगामी किस्म का कथा-समारोह कलकत्ता में हो चुका था, जिसमें वृन्दावनलाल वर्मा से लेकर दूधनाथ सिंह तक लेखकों की चार पीढ़ियाँ थीं। इसी समारोह में नयी कहानी के त्रिगुट—मोहन राकेश, राजेन्द्र यादव और कमलेश्वर ने जैनेन्द्र कुमार का हंगामी विरोध किया था और उतने ही मासूम ढंग से उन्होंने अपना बचाव किया था। फिर कमलेश्वर ने 'सारिका' के दो अंकों में, दिल्ली के लेखकों पर मनोहर श्याम जोशी का संस्मरणात्मक फीचर छापा था, जिसमें काला चश्मा लगाये राजेन्द्र यादव के फोटो के नीचे 'ऐयारों के ऐयार' लिखे होने की बात आज भी भूला नहीं हूँ। वे अभी भी एक स्टार थे और वे उनके बढ़ने, चढ़ने और चमकने के दिन थे। बिसौली के एक इंटर कॉलेज में अंग्रेज़ी पढ़ाते हुए मुझे शायद इस पर गर्व भी रहा हो कि इस शख़्स को मैं जानता हूँ और इससे मेरा पत्राचार है। एक आलोचक के रूप में वह मेरा एकदम शुरुआती दौर था। एक-दो लेख, चन्द टिप्पणियाँ और कुछ समीक्षाएँ 'ज्ञानोदय', 'कल्पना', 'आलोचना', 'लहर', 'अणिमा' आदि में छप चुकी थीं और उसमें से काफ़ी कुछ राजेन्द्र यादव की जानकारी में था।

राजेन्द्र यादव 'अक्षर प्रकाशन' शुरू कर चुके थे और उसके पहले ही दो सेटों में जो पुस्तकें आयी थीं, उनसे उसकी एक अलग और भिन्न प्रकाशन की छवि बनी थी। नेमिचन्द्र जैन की 'अधूरे साक्षात्कार' वहीं से आयी थी और

देवीशंकर अवस्थी द्वारा सम्पादित 'विवेक के रंग' ज्ञानपीठ से आ चुकी थी। इन दोनों पुस्तकों का उल्लेख करते हुए लिखे गये राजेन्द्र यादव के पत्र की याद मुझे है। उन्होंने लिखा था कि कृति-केन्द्रित समीक्षा की दो महत्त्वपूर्ण पुस्तकें इधर आयी हैं। उपन्यास पर किसी एक थीम पर केन्द्रित एक पुस्तक मुझे लिखनी चाहिए। बहुत स्पष्ट न होने पर भी उस पत्र में यह संकेत भी पढ़ा जा सकता था, ऐसी किताब, पसन्द आने पर, अक्षर प्रकाशन से छापी जा सकती है। सब कुछ ठीक-ठाक चल रहा था कि अचानक विस्फोट जैसा कुछ हुआ। 'विस्फोट' कुछ अतिरंजित लग रहा है। लेकिन वह किसी बड़े पटाखे की तेज़ आवाज़ जैसा कुछ ज़रूर था, जिसने थोड़ी देर के लिए आसपास की चीज़ों को वैसा ही नहीं रहने दिया जैसी वे थीं या कम-से-कम जैसी दिखाई देती थीं।

शिवदान सिंह चौहान के सम्पादन में 'आलोचना' के चार खण्डों में प्रस्तावित स्वातन्त्र्योत्तर हिन्दी साहित्य विशेषांक के दूसरे खण्ड में, जो अंक भले ही जुलाई, '65 का हो लेकिन आया बहुत विलम्ब से था, कहानी पर तीन लेख थे। पहला लेख 'हिन्दी कहानी, नयी प्रवृत्तियाँ और उपलब्धियाँ' बच्चन सिंह का था, 'हिन्दी की चौदह श्रेष्ठ कहानियाँ : पुरानी पीढ़ी का योगदान' मेरा था, और तीसरा लेख धनंजय वर्मा का 'नयी पीढ़ी की उपलब्धियाँ : बारह नयी कहानियाँ' शीर्षक से था। जैसा मैंने और भी कई जगह लिखा है, मेरे इस लेख की व्यापक प्रतिक्रिया हुई और कहानी की आलोचना में उससे मेरी एक पहचान बनी। उसके प्रकाशन को तीस वर्षों से अधिक बीत जाने पर भी सन् '97 में आयी मेरी किताब 'हिन्दी कहानी : अस्मिता की तलाश' में भी वह यथावत् शामिल है। उस लेख पर राजेन्द्र यादव की संक्षिप्त प्रतिक्रिया मुझे आज भी याद है। वह उनका पोस्टकार्ड था, जो बरेली के पते पर लिखा जाकर, रिडायरेक्ट होकर, मुझे बिसौली में मिला था। कॉलेज में डाक चपरासी लेकर आता था और छँटाई के बाद वह लोगों को बाँट दी जाती थी। मैं प्रिंसिपल के कमरे के एकदम पासवाले कमरे में पढ़ा रहा था। प्रिंसिपल ने स्वयं दरवाज़े पर आकर वह कार्ड मुझे दिया था। राजेन्द्र यादव की लिखावट पहचान कर फिर क्लास बीच में ही रोक कर वह संक्षिप्त पत्र मैंने पढ़ा था। पढ़ने को अधिक उसमें कुछ था भी नहीं। उसमें मेरे लेख पढ़ने की सूचना के साथ वह स्पष्ट प्रतिक्रिया भी थी कि उसकी अनेक बातों से उनकी विरोध की हद तक असहमति है। थोड़ी देर के लिए इस पत्र ने मुझे विचलित नहीं किया, यह कहना झूठ होगा। लेकिन फिर पत्र जेब में रखकर मैं आगे पढ़ाने लगा था। यह सब सोचने में बहुत वक़्त ज़रूर लगा कि असहमति और विरोध ही सही, राजेन्द्र यादव जैसे

कद-बुत के किसी लेखक ने मुझे लिखा और आमन्त्रण भी उस लेख में शामिल था कि कभी मिलने पर विस्तार से बात होगी।

दिल्ली की उस यात्रा का कार्यक्रम कुछ अचानक ही बना था। गर्मियों की छुट्टी में मैं बरेली में था और मेरे कॉलेज के दिनों का दोस्त दिनेश सक्सेना बरेली आया था जो भटिंडा में अंग्रेज़ी पढ़ाता था। दो दिन बाद उसे वापस जाना था। तय हुआ कि मैं भी उसके साथ चलूँ। दो दिन दिल्ली में रुकेंगे, राजेन्द्र यादव से मिलेंगे और फिर मैं भटिंडा चला जाऊँगा। वे जून के दिन थे, दिल्ली के हिसाब से बेहद सख़्त और गर्म। हम लोग फतेहपुरी में एक होटल में रुके थे। अगले दिन सुबह वहीं से दिनेश ने राजेन्द्र यादव को फ़ोन किया। आज भी अधिक फ़र्क़ नहीं पड़ा है, लेकिन तब तो फ़ोन को छूते और बात करते डर लगता था। बहुत बाद तक मैं उसका रिसीवर उल्टा पकड़ लेता था। दिनेश को फ़ोन पर राजेन्द्र यादव से अच्छी-खासी जिरह करनी पड़ी...'आप कौन हैं? मधुरेश कहाँ हैं?...वह खुद बात क्यों नहीं करते?...' और भी बहुत-कुछ। जो भी हो, मेरे ऊपर कमरे में होने का बहाना बनाकर दिनेश ने उनसे समय ले लिया और सूचना दे दी कि हम दोनों पहुँच रहे हैं।

राजेन्द्र यादव तब शक्तिनगर में रहते थे। ज़ीना चढ़कर ऊपर जाना पड़ता था। घण्टी बजाने पर जिस तरह वे स्वयं दरवाज़े पर आये, लगा कि वे हमारी प्रतीक्षा ही कर रहे थे। वे फिर उसी दीवान पर बैठ गये जहाँ से उठकर बाहर आये थे। तेज़ गर्मी के बावजूद वे खड़े कॉलर वाला ख़ूब कलफ लगा कुरता और पैजामा पहने थे। दीवान के सामने छोटी-सी मेज़ पर सिगरेट की डिब्बी—फोर स्क्वेयर—और माचिस पड़ी थी। एकदम लकदक और वैसा ही रख-रखाव, जैसा लेखकों और बुद्धिजीवियों के प्रसंग में किताबों में पढ़ता रहा था या फिर यशपाल के यहाँ देखा था। शुरू में कुछ औपचारिक-सी बातों के बाद वे खुल कर बोलने लगे थे। हो सकता है मेरी चुप्पी और संकोच को देखकर उन्होंने ख़ासतौर से ऐसा किया हो। मन्नू तब शायद कलकत्ता गयी हुई थीं। राजेन्द्र यादव किसी इंजीनियर मित्र के साथ रहते थे, वे भी भंडारी थे और कुछ समय पहले ही जर्मनी से लौटे थे। खाना कोई लड़का बनाता था। फिर वे यकायक हँसकर बोले, "रोज़ सुबह उठकर वह खाने का मीनू पूछता था, सो मैंने आठ दिन का इकट्ठा मीनू उसे दे दिया है...उस हिसाब से आज आलू और पूरी की बारी है..." अपने लिए सिगरेट उठाते हुए उन्होंने हमें भी दी। मुझे लगा कि सिगरेट ने संकोच के छँटने में कुछ मदद ज़रूर की। बीच-बीच में वे दिनेश से भी बात करते जाते थे। उसके बारे में मैंने उन्हें बता दिया था और यह सूचना भी दी थी कि उन्हें काफ़ी कुछ

हम लोगों ने साथ ही बहस करते हुए पढ़ा है। ख़ासतौर से 'शह और मात' में शरच्चन्द्र सम्बन्धी उनके वक्तव्यों को लेकर हम ख़ूब लड़े हैं। यह सूचना भी मैंने उन्हें दी कि दिनेश की एक कहानी को दो वर्ष पहले 'सरिता' कहानी प्रतियोगिता में पहला पुस्कार मिल चुका है।

फिर वे परिवार आदि के बारे में पूछने लगे। तब तक मेरे तीनों बच्चे हो चुके थे लेकिन यह सब बताने में मुझे संकोच हो रहा था। तब तक दिनेश का विवाह भी नहीं हुआ था! चूँकि वह साथ था, मैं झूठ भी नहीं बोल सकता था। लेकिन मेरे मुँह से तीन बच्चों की बात सुनकर उनकी टिप्पणी मुझे आज भी याद है, "अरे इस मामले में आपने बहुत जल्दबाज़ी की है..." हम लोग साहित्य के बारे में बात करने लगे। वे मुझसे हाल में पढ़ी गयी नयी किताबों के बारे में पूछते रहे। 'साहब-बीवी और ग़ुलाम' और 'चौरंगी' पर कुछ बात हुई और फिर इधर-उधर की और भी कुछ बातें। 'आलोचना' वाले उस लेख की चर्चा न उन्होंने की, न ही मैंने। देवीशंकर अवस्थी का निधन कुछ महीने पहले ही हुआ था, एक सड़क दुर्घटना में। कमलेश्वर के सम्पादन में 'नयी धारा' का जो कहानी विशेषांक आया था, वह उन्हीं की स्मृति को समर्पित था, सो देर तक देवीशंकर अवस्थी को लेकर बात होती रही। इसी बीच वे बोले, "मधुरेश जी, अब देवीशंकर अवस्थी नहीं हैं...आपके लिए मैदान साफ़ है..." मैं चुप ही रहा था, लेकिन उनकी यह टिप्पणी देवीशंकर अवस्थी ही नहीं, अपने प्रसंग में भी पर्याप्त क्रूड लगी थी—वीभत्स और संवेदनहीन। उनका 'उखड़े हुए लोग' मैंने कई वर्षों पहले पढ़ा था। लेकिन दिमाग़ में कहीं कुछ कौंधा...क्या मेरी उपलब्धियों का सिंहासन किसी की लाश पर खड़ा होगा?...उस गर्मी में भी हमने कॉफ़ी पी थी और फिर वापसी में हम लोग, मैं और दिनेश, देर तक एकमत थे कि साहित्य की तरह जीवन में भी राजेन्द्र यादव मध्य वर्ग की समस्याओं और व्यवहार को सूक्ष्मता से देखते-पकड़ते हैं और उनकी निगाह सकारात्मक के मुक़ाबले नकारात्मक और कमज़ोर बिन्दुओं पर कुछ अधिक ही पड़ती और ठहरती है।

फिर इसके बाद मेरा उनसे मिलना सन् '70 में हुआ दिल्ली में आयोजित अफ्रो-एशियाई लेखक सम्मेलन में। लेकिन इसके बीच की कुछ बातों के उल्लेख के बिना उस मुलाक़ात की ठण्डी और उपेक्षा भरी प्रकृति को समझना मुश्किल होगा। 'आलोचना' वाले अपने लेख पर फिर राजेन्द्र यादव से बात भले ही न हुई हो, लेकिन विरोध की हद तक मतभेद वाली उनकी बात को अपने ढंग से समझने की कोशिश मैंने अवश्य की। उस प्रसंग में तब अनेक लेखकों से मेरा पत्राचार हुआ। नयी कहानी आन्दोलन से जुड़े शानी, मार्कण्डेय, अमरकान्त आदि

से और पुरानी पीढ़ी के लेखकों में निर्गुण, विष्णु प्रभाकर, यशपाल, कमल जोशी, अश्क और भैरवप्रसाद गुप्त से। मेरे लेख से राजेन्द्र यादव के मतभेद का मूल मुद्दा, जैसा कि मुझे लगा, यही था कि वे और कमलेश्वर तब नयी कहानी के सामाजिक-राजनैतिक सन्दर्भों की उपेक्षा करके उसे सिर्फ़ व्यक्तिगत सम्बन्धों में ही सीमित करके देख रहे थे। उनके लिए प्रेमचन्द भी एक ग़ैर-ज़रूरी और फ़ालतू चीज़ थे। अपने लेख में मैंने विस्तारपूर्वक नयी कहानी पर इस पुरानी पीढ़ी के लेखकों के दाय को रेखांकित किया। जैनेन्द्र और अज्ञेय से लेकर नयी कहानी ने ख़ासतौर से मोहन राकेश और राजेन्द्र यादव ने क्या कुछ लिया, इसकी भी चर्चा उसमें थी। बाद में सन् '68 में 'विकल्प' के कथा-साहित्य विशेषांक में मेरे दो लेख थे—'प्रामाणिकता की तलाश' और 'कहानी में यथार्थ का सवाल'। इसी के बाद 'राष्ट्रवाणी' के पाँच अंकों वाले कहानी विशेषांक में मेरा एक लेख छपा—'हिन्दी कहानी और उसके आन्दोलन'। कुल मिलाकर इस सब में काफ़ी कुछ ऐसा था जो मेरे 'आलोचना' वाले लेख का ही विस्तार था। स्वाभाविक रूप से उसमें राजेन्द्र यादव के मतभेद और विरोध के लिए काफ़ी कुछ था। प्रामाणिकता की तलाश वाले अपने लेख में मैंने 'अनुभव' और 'अनुभूति' के बीच अन्तर पर ज़ोर दिया और अनुभव की प्रामाणिकता को सामाजिक सन्दर्भों से जोड़कर देखे जाने की बात कही। मैंने सब कहीं इस पर ज़ोर दिया कि सम्बन्धों के बदलाव और आकुल प्रतीक्षा के अवसाद पर जितनी प्रामाणिकता और विश्वसनीयता के साथ अमरकान्त और रामकुमार की कहानियाँ अंकित करती हैं, उस तरह न राजेन्द्र यादव की करती हैं, भले ही उन्होंने 'प्रतीक्षा' शीर्षक से कहानी लिखी हो, न ही राकेश और कमलेश्वर की। नयी कहानी के एक बहुत बड़े और व्यापक आधार वाले आन्दोलन को केवल तीन लोगों में सीमित कर देने वाली प्रवृत्ति की आलोचना भी इस बीच मैंने की थी। जब राजेन्द्र यादव ने नये कहानीकार शृंखला की पुस्तकों का सम्पादन किया तो बहुत उदारतापूर्वक अपने तीनों के अतिरिक्त उन्होंने सिर्फ़ रेणु और मन्नू भंडारी को शामिल किया। 'कहानी में यथार्थ का सवाल' वाले लेख में मैंने नयी कहानी और उसके बाद में कुछ प्रमुख लेखकों के आठ-नौ संग्रहों को केन्द्र में रखा था। मेरा उद्देश्य कहानी में अंकित यथार्थ के वैविध्यपूर्ण और विविधवर्णी अन्तरछवियों को स्पष्ट करना था। इनमें राजेन्द्र यादव का संग्रह 'टूटना' शामिल था। इन कहानियों में मध्यमवर्गीय क्षुद्रताओं पर अपने को पूरी तरह केन्द्रित करने वाली प्रवृत्ति के साथ दूर की कौड़ी लाने के चक्कर में कहानी के अनुभूति पक्ष की विपन्नता की भी मैंने आलोचना की थी। बाद में 'नयी कहानी : पुनर्विचार' और 'कहानीकार

जैनेन्द्र कुमार : पुनर्विचार' जैसी अपनी पुस्तकों में अपनी इन्हीं स्थापनाओं को मैंने विस्तार से पल्लवित करने की कोशिश की है। सन् '79 में जब मेरी पुस्तक 'सिलसिला' छपी तो कुल मिलाकर राजेन्द्र यादव ने उसकी सराहना में पत्र लिखा। इस बात के लिए उन्होंने मेरी प्रशंसा की कि 'चन्द्रकान्ता' की सुरंगों में उन्हें विचरने से बीच में रोककर वह पूरी पुस्तक उनसे पढ़वा ली थी। लेकिन नामवर सिंह से सम्बन्धित लेख में इस बात का गिला भी उन्होंने किया कि मैंने उनके और मोहन राकेश के साथ न्याय नहीं किया है। लेकिन यह सब काफ़ी बाद की बात है। सन् '66 और 70 के बीच घटित दो-एक बातों का उल्लेख और ज़रूरी है।

'आलोचना' वाले मेरे लेख के बाद कमल जोशी से अरसे तक मेरा पत्राचार होता रहा। उस लेख को पढ़कर उन्होंने मुझे कई पत्र लिखे। अपने कई संग्रह भी उन्होंने भिजवाये। वस्तुपरकता की दृष्टि से उसे एक अद्भुत लेख मानकर भिजवायी गयी किताबों पर भेंट की इबारत में इसका उल्लेख भी उन्होंने किया। उन्हीं ने लिखा कि 'कल्पना' और कुछ अन्य पत्रिकाओं में कभी कुन्दन सिंह और कभी आनन्द परिहार के छद्म नाम से राजेन्द्र यादव ने उनके विरुद्ध बाकायदा एक अभियान छेड़ा। उनकी कहानियों को विदेशी कहानियों का छायानुवाद बताया। एक लेखक के रूप में उन्हें ध्वस्त करने की कोशिश की। विष्णु प्रभाकर की कहानी 'धरती अब भी घूम रही है' के प्रसंग में मैंने नामवर सिंह और राजेन्द्र यादव, दोनों की ही भावुकता वाली दलील का विरोध किया था। द्विजेन्द्र नाथ मिश्र 'निर्गुण' को तो इस सूची में शामिल किये जाने पर ही उन्हें आपत्ति थी।

इस सारी पृष्ठभूमि के कारण ही शायद अफ्रो-एशियाई लेखक सम्मेलन वाली मुलाक़ातों में वे मुझसे काफ़ी कटे से रहे। तीनों दिन रोज़ ही उनसे मिलना हुआ, लेकिन चन्द सामान्य और औपचारिक बातों के अतिरिक्त उनसे कोई बात नहीं हुई। एक-दो बार ऐसा हुआ कि अपनी बैसाखियाँ ज़मीन पर लिटाये वे बाहर मैदान में बैठे थे—कभी किसी के साथ, कभी अकेले और मेरे पास से हृषीकेश को या तो उन्होंने बुला लिया था या फिर मुझसे दूर हटकर ख़ूब घुलकर देर तक उनसे बात करते रहे। कारण कुछ भी रहा हो, मुझे यही लगा कि मुझे काटने के लिए ही ख़ासतौर से यह सब किया जा रहा है। हृषीकेश से मैंने कभी नहीं पूछा कि उनसे उनकी क्या बात हुई। न ही अपने राजेन्द्र यादव के बीच के इस शीतयुद्ध का कोई संकेत उन्हें दिया।

यशपाल पर अपनी सम्पादित पुस्तक की तैयारी के दौरान मैंने राजेन्द्र यादव को भी एक संस्मरण लिखने को लिखा। तब तक 'वे देवता नहीं हैं' में सम्मिलित

यशपाल पर उनका संस्मरण लिखा नहीं गया था। संस्मरण तो ख़ैर तब उन्होंने नहीं लिखा, लेकिन यशपाल के सम्बन्ध में लम्बा पत्राचार उनसे हुआ। धर्मेन्द्र गौड़ की पुस्तक 'आज़ाद का पिस्तौल और उनके गद्दार साथी' का उल्लेख करते हुए उन्होंने उस पर मेरी प्रतिक्रिया चाही। तब मैंने कमलकिशोर गोयनका की पुस्तक 'यशपाल : कुछ संस्मरण' के लिए अपना संस्मरण नहीं लिखा था। इस प्रसंग में एक लम्बा पत्र राजेन्द्र यादव को लिखे जाने की याद आज भी है। नहीं जानता उनके पास वह पत्र है या नहीं। मैंने 'विप्लव' के लिए ब्रिटिश सरकार द्वारा निरन्तर माँगी जाने वाली जमानतें, उसके प्रकाशन में डाली जाने वाली बाधाएँ और फिर 'विप्लव' के चौथे अंक को ही आज़ाद पर केन्द्रित किये जाने आदि की चर्चा की थी। ये सारे तथ्य धर्मेन्द्र गौड़ के विरोध में जाते हैं। फिर यशपाल से हुई लम्बी बातचीत के विस्तृत नोट्स के आधार पर गोयनका के आग्रह पर, मैंने अपना वह संस्मरण लिखा भी, जो अब मेरी 'यशपाल के पत्र' के नये संस्करण में शामिल है। मुझे बताये बिना उसके प्रकाशन के पूर्व, कमलकिशोर गोयनका ने उसे धर्मेन्द्र गौड़ के पास भिजवाया था। फिर बाद में पुस्तक में गौड़ का वह पत्र भी छपा जो उन्होंने गोयनका को लिखा था। अपने पत्र में राजेन्द्र यादव से मैंने यह भी पूछा कि मान लें, वह सब सच है जो दुर्भावनावश धर्मेन्द्र गौड़ ने लिखा है, लेकिन उसके बाद एक लेखक के रूप में क्या उनका सारा करा-धरा ख़त्म हो जायेगा? एजरा पाउंड का उदाहरण देते हुए उन्होंने मेरी बात का समर्थन किया था।

हिन्दी के मार्क्सवादी आलोचकों से राजेन्द्र यादव को ढेर सारी शिकायतें हैं। वे रचना में विचारधारा के अलावा और किसी चीज़ की चिन्ता नहीं करते। तब मैं मैनेजर पाण्डेय के साथ जे.एन.यू. में रुका हुआ था। वहीं से पाण्डेय जी ने मेरे वहाँ होने की सूचना देते हुए उनसे फ़ोन पर ही मिलने की बात भी तय कर ली। हम लोग अक्षर प्रकाशन के कार्यालय में देर तक बैठे। शानी तब बीमार थे और वहीं पास के किसी अस्पताल में थे। राजेन्द्र यादव से देर तक गपशप होती रही। बीच में एक बार शानी को देखने जाने की बात भी उठी। लेकिन बातों में देर अधिक हो जाने से फिर वह हुआ नहीं। उसी बातचीत के बीच कहीं राजेन्द्र यादव ने कहा था, 'आप लोगों के पास डराने और लेखक को आतंकित करने के लिए बस एक चीज़ है...जब आप देखते हैं कि वह किसी तरह क़ब्ज़े में नहीं आ रहा है, तो पिंजरे में बन्द विचारधारा का शेर हुल्काकर उसके ऊपर छोड़ देते हैं...' यह शायद मेरी उस बात का जवाब था, जिसमें मैंने नयी कहानी और स्वयं राजेन्द्र यादव पर सामाजिक-राजनैतिक सन्दर्भों से कटकर गूढ़ और अमूर्त प्रतीकों

के प्रति उनके अकारण मोह की बात कही थी। प्रेमचन्द और उनकी परम्परा को लेकर भी उनकी मूल थीसिस यही है कि परम्परा के नाम पर विकास लेखक की दृष्टि और संवदेना का होता है, विषय-वस्तु का नहीं। लेकिन दृष्टि और संवेदना के बहाने रचना में विचार से मुक्ति की वे कितनी और कैसी छूट चाहते हैं, यह उनकी इधर आयी कुछ कहानियों के अतिरिक्त 'हंस' में छपने वाली कहानियों से भी स्पष्ट है। अभी हाल में प्रेमचन्द के नाम पर आयोजित प्रतियोगिता में, उसके विवाद के कारणों को यदि छोड़ भी दें, 'हंस' के दो अंकों—सितम्बर, अक्टूबर, '04 में जैसी कहानियाँ छापी गयी हैं वे उस विचलन के उदाहरण ही अधिक हैं जिसकी वकालत वे स्त्री-मुक्ति के नाम पर करते रहे हैं, लेकिन बहस और विरोध उन्हें देर तक परेशान नहीं करते। कभी-कभी तो उनके विरोधियों की यह बात सच लगती है कि अपनी सारी ऊर्जा वे इसी से प्राप्त करते रहे हैं। उस शाम वे घर चलने और वहीं खाना खाने की ज़िद भी करते रहे। हम लोगों के पहुँचने से मन्नू के ख़ुश होने की बात भी उन्होंने की। लेकिन हमें लौटना था। चलते समय अन्दर से लाकर नयी छपी गार्डन रोडरमल की किताब 'हिन्दी कहानी : अलगाव का दर्शन' उन्होंने भेंट की थी। उसकी एक प्रति नामवर जी को भी देने को उन्होंने दी थी। राजेन्द्र यादव पिछले सत्रह वर्षों से 'हंस' निकाल रहे हैं। वह शायद उन कुछेक पत्रिकाओं में है जो अपने को पूरा पढ़वा लेती हैं। लेकिन वह पूरी तरह से राजेन्द्र यादव की पत्रिका है। उसके प्रसंग में यह सवाल जब-तब मेरे मन में उठा है और इसे मैंने राजेन्द्र यादव से पूछा भी है, 'सम्पादक को अपनी पत्रिका में कितनी छूट लेनी चाहिए?' 'अपना मोर्चा' में छपे पत्रों में राजेन्द्र यादव बहुत कुछ यह भ्रम बनाये रखने में सफल होते हैं कि अपने विरोध में आयी प्रतिक्रियाएँ भी वे छापते हैं। लेकिन सच्चाई यह है कि 'हंस' में वही छपता है जो सम्पादक की रुचियों और कुण्ठाओं को पूरा करता है। उल्लिखित प्रतियोगिता के नाम पर छपी कहानियों के प्रसंग में उनके ही सहयोगी गौरी नाथ ने यह आपत्ति उठायी है कि पत्रिका पर सम्पादक के प्रत्यक्ष-अप्रत्यक्ष सेंसर का ही यह परिणाम है कि इस तरह की कहानियाँ प्रतियोगिता में आयीं। लोगों को पता है कि स्त्री और दलित विमर्श के नाम पर कुछ भी लिख कर राजेन्द्र यादव की वाहवाही पायी जा सकती है।

कोई अच्छी और सन्तुलित पत्रिका सिर्फ़ सम्पादक की नहीं होती। अपनी पसन्द-नापसन्द और कुण्ठाओं से ऊपर उठकर ही किसी पत्रिका को सही मायने में रचना और विचार का एक खुला मंच बनाया जा सकता है। इस सम्पादकीय सजगता और अन्तर्दृष्टि के सबसे अच्छे उदाहरण हिन्दी में भैरवप्रसाद गुप्त रहे हैं।

वे स्वयं कहानियाँ और उपन्यास लिखते थे। लेकिन उपन्यास और कहानी की अपनी पसन्द को पूरी तरह दरगुज़र करके उन्होंने पहले 'कहानी' और 'उपन्यास' और फिर 'नयी कहानियाँ' का सम्पादन किया। सत्तर के दशक में अपने एक पत्र में बहुत पीड़ा के साथ उन्होंने मुझे लिखा था कि नयी कहानी का आन्दोलन जितने सम्भावनापूर्ण ढंग से शुरू हुआ था, चन्द कहानीकारों की कुण्ठाओं और महत्त्वाकांक्षाओं ने उसे पूरी तरह भटकाकर एक बाज़ारू आन्दोलन में बदल दिया। स्पष्ट रूप से उनका इशारा राजेन्द्र यादव और उनसे बने नयी कहानी के त्रिगुट की ओर ही था। लेकिन 'कहानी' और 'नयी कहानियाँ' के उनके सम्पादन की फ़ाइलें इसे प्रमाणित करती हैं कि उन्होंने सबसे अधिक कहानियाँ इन्हीं लोगों की छापीं। निर्मल वर्मा के प्रसंग में अपने बचाव में आज नामवर सिंह भैरवप्रसाद गुप्त को छतरी की तरह इस्तेमाल करते हैं। जनतन्त्र और समतावादी, आन्दोलनों--स्त्री-विमर्श और दलित चेतना, के सारे कौआ-रोर के बावजूद राजेन्द्र यादव एक तानाशाह सम्पादक बनकर सामने आते हैं। उनकी अपनी बुढ़भस और कुण्ठाएँ 'हंस' में क्या गुल खिलाती हैं, इसका प्रमाण स्त्री-विमर्श के नाम पर उसकी देहवादी भूमिका से समझा जा सकता है। इसी का अन्यतम उदाहरण एक नयी लेखमाला 'मेरे विश्वासघात' के अन्तर्गत छपी रामशरण जोशी की आत्मस्वीकृतियाँ हैं जिन्हें वे अपनी सम्पादकीय टिप्पणियों में, रूसो और गांधी की आत्म-स्वीकृतियों के समकक्ष बताकर अपनी कुण्ठाओं की आड़ तलाशते हैं।

एक सम्पादक के रूप में 'हंस' से राजेन्द्र यादव को भरपूर वाहवाही मिली है, आत्मविज्ञापन और आत्म प्रशस्ति का जो नशा उन्हें नयी कहानी के दौर में लगा था, 'हंस' में उसका उत्कर्ष दिखाई देता है। ऊपरी तौर पर व्यापक साझेदारी वाले प्रभाव के बावजूद वह सिर्फ़ और सिर्फ़ राजेन्द्र यादव की पत्रिका है। मनमोहन ठाकौर ने मुझे बताया था कि 'हंस' को छोड़कर उनके किसी प्रस्ताव पर राजेन्द्र यादव चीन जाने को तैयार नहीं हुए थे। दलितों, स्त्रियों और अल्पसंख्यकों के बीच वे सचमुच हीरो बनकर उभरे हैं। मुझे उनसे शिकायत रही है, जो उनसे जब-तब कहा और लिखा भी है कि एक सम्पादक के रूप में उनकी सबसे बड़ी असफलता यह है कि, औरों की मैं नहीं जानता, मुझसे 'हंस' के लिए वे मेरा सर्वश्रेष्ठ नहीं लिखवा सके। एक सम्पादक की हैसियत से यह उनकी ज़िम्मेदारी बनती थी और बननी चाहिए। लिखे और भिजवाए गये पर सम्पादक की रायजनी और हस्तक्षेप बुरा नहीं है लेकिन इसे किसी अप्रत्यक्ष सेंसर की तरह नहीं आना चाहिए। एकदम शुरू के दौर में मुझे शिवदान सिंह चौहान, बालकृष्ण राव, बदरी विशाल पित्ती जैसे बड़े सम्पादकों द्वारा छापे जाने का सौभाग्य मिला है। बाद में

नामवर सिंह, ज्ञानरंजन और अशोक वाजपेयी आदि ने भी ख़ूब छापा है। इन लोगों ने न ही कभी मेरे लिखे पर कोई ख़ास रायजनी की और न ही कोई खुड़पेंच की। इनसे भरपूर प्रोत्साहन ही नहीं मिला बल्कि मेरी क्षमताओं के अनुसार इन्होंने मुझसे काम भी लिया। राजेन्द्र यादव से शिकायत मुझे यह रही है कि वे क्यों यह आशा करते हैं कि सब उन्हीं की इच्छा और विचारों के हिसाब से लिखेंगे, क्योंकि पत्रिका उनकी है? 'हंस' में अपने सम्पादकीयों के तथाकथित विरोध में जब-तब कुछ चिट्ठियाँ छाप देने को ही विरोध की आवाज़ सुने जाने के तर्क में नहीं बदला जा सकता।

लम्बी प्रतीक्षा के बाद मैंने 'हंस' में पहली बार नासिरा शर्मा के पहले उपन्यास, 'सात नदियाँ एक समन्दर' पर लिखा था। राजेन्द्र यादव के कहने पर ही मैंने वह समीक्षा उन्हें भिजवायी थी। बाद में उस समीक्षा पर अपनी प्रतिक्रिया देते हुए उन्होंने कुछ आपत्तियाँ दर्ज कीं। उनकी सबसे बड़ी आपत्ति यह थी कि उपन्यास के पाठ पर अधिक ध्यान दिया गया है; ज़रूरी मुद्दों की बात कम है। जो उत्तर मैंने उन्हें दिया, वह इस समीक्षा के पक्ष में दी गयी किसी सफ़ाई से अधिक मेरी अपनी रचना-प्रक्रिया पर ही एक टिप्पणी जैसा था। मैंने उन्हें लिखा कि मैं पाठ पर सघन होमवर्क करता हूँ। बाकायदा नोट्स लेता हुआ कोई किताब पढ़ता हूँ और पाठ-विश्लेषण की प्रक्रिया में ही मुद्दों पर बात करता हूँ। मैंने उन्हें यह भी लिखा कि उनकी तरह मैं रचना के नकारात्मक पक्षों पर उतना केन्द्रित करके नहीं चलता। यदि मुझे रचना के नकार से शुरू करना होता है तो भरसक मैं उस पर लिखने से बचता हूँ। कई बार पत्रों की आवाजाही के बाद उन्होंने उस समीक्षा को छापने पर अपनी सहमति जतायी। लेकिन इस निर्णय के पीछे अपनी लाचारी का संकेत भी देना वह नहीं भूले—ढेरों तनावों के बीच एक और तनाव क्यों बढ़ाया जाये? समीक्षा 'हंस' में इसी तर्क से छपी और भी आश्चर्य मुझे यह देखकर हुआ कि वह अकेली ही नहीं छपी थी। नासिरा शर्मा के उपन्यास और एक कहानी संग्रह पर एक और समीक्षा भी इस बीच लिखवाकर उन्होंने छापी थी। यह शायद मेरी समीक्षा को ख़ासतौर से बैलेंस करने के लिए किया गया था, लेकिन कैसे भी सन्तुलन से अधिक यह शायद सम्पादक की नीति और नीयत का मामला ही अधिक था। इसके पहले 'सारिका' में कन्हैयालाल नन्दन भी ऐसा कुछ कर चुके थे। राही के 'कटरा बी-आर्जू' की मेरी अपेक्षाकृत निगेटिव समीक्षा के उत्तर में मेरी समीक्षा के साथ उसी उपन्यास की एक और समीक्षा उन्होंने प्रभाकर श्रोत्रिय से लिखवाकर छापी थी।

इसके बाद भी दो-चार बार मैंने 'हंस' में लिखा, लेकिन मुझे याद नहीं कि

कभी मैंने ख़ासतौर से अपनी पसन्द की किसी चीज़ पर लिखा हो। जब वे हिन्दी साहित्य में पत्रकारिता वाली शृंखला छाप रहे थे, तब भी उन्होंने मुझसे 'विप्लव' पर लिखने को नहीं कहा। जब प्रकाशवती की पुस्तक 'लाहौर से लखनऊ तक' आयी, मैंने उन्हें लिखकर उस पर लिखने की इच्छा जतायी। समीक्षा मिल जाने पर उन्होंने मुझे पुस्तक की एक प्रति भिजवाने को भी लिखा। मैंने उनसे पूछा कि मुझसे लिखवायी समीक्षाओं के लिए उन पर कभी किताब भिजवाने की शर्त नहीं लगायी, गोकि सम्पादक अमूमन किताब भिजवाते ही हैं, फिर वे मुझसे समीक्षा छापने की शर्त के तौर पर किताब कैसे माँग सकते हैं? इस बीच शायद प्रकाशवती जी से उन्हें किताब मिल भी गयी। लेकिन उस समीक्षा पर 'हंस' में मिली प्रतिक्रिया का न छपना मुझे थोड़ा हैरत में डालने वाला था। मैं आज भी यह नहीं मान पाता कि उस पर कोई प्रतिक्रिया नहीं आयी होगी। मेरी समीक्षा नहीं, पुस्तक की प्रकृति और उसमें शामिल विवादों की दृष्टि से उसका इस प्रकार प्रतिक्रियाविहीन रह जाना अविश्वसनीय लगता है। लेकिन प्रतिक्रियाओं को छाँटना और छापना सिर्फ़ सम्पादक का हक़ है।

एक बार राजेन्द्र यादव ने यह इच्छा व्यक्त की कि अकादमिक लेखन से हटकर आत्मकथा की शैली में कुछ लिखूँ और अपनी समीक्षा के बारे में कहूँ। मैंने उन्हें 'मैं समीक्षा क्यों लिखता हूँ?' शीर्षक एक लेख भिजवाया। इसी बीच अमृतलाल नागर का निधन हो जाने पर मैंने उन पर एक संस्मरण लिखकर भी 'हंस' को भिजवा दिया। ये दोनों चीज़ें एक वर्ष से अधिक वहीं पड़ी रहीं। मैंने स्वयं उन्हें सुझाव दिया था कि तात्कालिक महत्त्व की दृष्टि से नागर जी वाला संस्मरण वे पहले छाप लें, दूसरा लेख बाद में भी जा सकता है। लेकिन उन्हें न छापने के उनके अपने तर्क थे। नागर जी पर मेरे संस्मरण के प्रसंग में नागर जी के सम्बन्ध में उनकी अपनी धारणाएँ आड़े आती और टकराती रहीं। 'करवट' और 'एकदा नेमिषारण्ये' उन्हें अपठनीय लगते थे। 'तुलसी' और 'सूर' को लेकर उनका श्रद्धा-तत्व उनके उपन्यासों को कबाड़ा करने में काफ़ी बलशाली रहा है। फिर इसी पत्र में वे लिखते हैं, 'बूँद और समुद्र' को छोड़कर मुझे ऐसी बहुत कम रचनाएँ उनकी पढ़ने को मिलीं, जिनकी मैं अकुण्ठ भाव से तारीफ़ कर सकूँ। इस दृष्टि से भगवतीचरण वर्मा ज़्यादा सचेत कलाकार हैं। नागर जी में निरन्तर आने वाली रचनात्मक गिरावट उनके श्रद्धास्पद व्यक्तित्व में खो जाती है। नागर जी से उन्हें यह भी शिकायत थी कि वे जीवन में जेनुइन और फ्रॉड में अन्तर नहीं कर पाते। भले ही वे लपककर मिलने वाले ऊष्मावान पारिवारिक रहे हों, मगर क्या किसी रचनाकार की यही चीज़ें उसे महान बनाती हैं? अपने इसी पत्र में वे

लिखते हैं, 'वैसे सचमुच समझ नहीं पाता कि इतनी आत्मीयता के बाद अचानक क्यों मैं नागर जी और उनके लिखे को लेकर तटस्थ होता चला गया। हो सकता है जिन लेखकों में आग नहीं होती, वे मुझे कम आकर्षित करते हैं। नागर जी में मैंने इस आग को ठण्डा होते पाया है। बहुत मुश्किल से, काफ़ी जद्दोजहद के बाद, उनसे वे लेख मैं वापस पा सका था। मेरे किसी एक आवेशपूर्ण पत्र के उत्तर में उन्होंने लिखा, 'मैंने कभी आपके संस्मरण पर टिप्पणी नहीं की। वह सचमुच अच्छा है। मगर इधर 'हंस' का जो स्वरूप बन गया है, उसमें फिट करने का मौक़ा नहीं निकाल पा रहा हूँ, 'आत्मतर्पण' ने संस्मरणों इत्यादि की जगह छीन ली है। सन्तुलन बनाये रखने और एकरसता से बचने के लिए कुछ अच्छी चीज़ें मानो रोके रखनी पड़ती हैं या वापस कर देनी होती हैं...' यह सिर्फ़ लीपा-पोती थी। इसी पत्र में उन्होंने हिन्दी अकादमी, दिल्ली का कोई निमन्त्रण भिजवाने का उल्लेख किया है, ताकि व्यक्तिगत रूप से मिलकर वे अपनी बात कह सकें। मुझे याद नहीं कि ऐसा कोई निमन्त्रण मुझे मिला हो या मिलने पर भी मैं जाता। उसके बाद कई बार दिल्ली जाकर भी उनकी ओर मैं कभी नहीं गया। उन लेखों को वापस मँगवाकर फिर मैंने 'साक्षात्कार' को भिजवा दिया। वहाँ वे जल्दी ही छपे भी और उनकी व्यापक प्रतिक्रिया भी हुई।

इसके बाद कुछ समय के लिए लगा, जैसे उनसे सम्पर्क टूट गया है, लेकिन अधिक समय तक यह भी चला नहीं। इसी बीच एक बार मैं जे.एन.यू. में मैनेजर पाण्डेय के यहाँ ही था कि उनकी फ़ोन पर राजेन्द्र यादव से कुछ बात हुई। मैंने उन्हें संकेत से अपनी कोई चर्चा करने से रोक दिया। उन्होंने की भी नहीं, लेकिन फिर प्रकाशवती की किताब पर लिखा आलेख मैंने उन्हें ही भिजवाया और ग़ुस्सा थूककर इस आगे बढ़ाये गये मेरे क़दम की हृदयेश ने प्रशंसा भी की। फिर मैंने शिव वर्मा पर एक संस्मरण उन्हें भिजवाया। वह उतना बड़ा भी नहीं था। मैंने बस तत्काल फ़ैसला लेने को लिखा था। लेकिन उसे उन्होंने इसी तर्क से लौटा दिया कि वह बड़ा है और 'हंस' में इतनी जगह कहाँ होती है! बाद में जब 'हंस' में ही उन्होंने सुधीश पचौरी की लिखी 'हमजाद' की बहुत लम्बी समीक्षा प्रकाशित की तो दिल्ली जाने पर फ़ोन पर उनसे इसका ज़िक्र किया। हँसकर वे बोले, "यार, घटिया किताबों पर हम बड़ी समीक्षाएँ ही छापते हैं..." फिर फ़ोन पर ही वे बुलाते भी रहे और यह शिकायत भी करते रहे कि दिल्ली जाकर भी मैं उनसे मिले या फ़ोन किये बिना लौट आता हूँ।" 'कसौटी' में जब मेरा लेख 'उपन्यास की मुख्यधारा का सवाल' छपा तो उनका फ़ोन आया और लेख के लिए उन्होंने बधाई दी। मैंने चुटकी लेते हुए कहा, "आप हमें लेखक मानते कहाँ

हैं?" वे बोले..."आप मनवा लेते हैं नहीं तो सुबह-सुबह फ़ोन क्यों करता..." और फिर फ़ोन पर भी देर तक उनकी हँसी की आवाज़ आती रही थी।

अपनी 'नयी कहानी : पुनर्विचार' मैंने उन्हें ही समर्पित की, सारे झूठे-सच्चे विरोध, मतभेद और असहमतियों के बावजूद। यही सब समर्पण में मैंने लिखा भी। मेरी और अनेक पुस्तकों की तरह उसकी न सिर्फ़ 'हंस' में कोई समीक्षा छपी, राजेन्द्र यादव ने उस पर कभी कोई प्रतिक्रिया भी नहीं दी। काफ़ी समय तक मुझे लगता रहा कि विरोध के बावजूद जैसे कामतानाथ के उपन्यास पर उन्होंने 'हंस' में लिखा था अपने सम्पादकीय में, वैसे ही शायद वे कभी उस किताब पर भी लिखें। लेकिन राजेन्द्र यादव से अच्छी तरह इसे शायद ही कोई और जानता हो कि विरोध का उत्तर प्रतिक्रिया नहीं, उपेक्षा है।

कई बार ऐसा हुआ है कि अपनी ओर से मैंने उनसे किसी पसन्द आयी किताब पर लिखने की इच्छा ज़ाहिर की, लेकिन याद नहीं पड़ता कि कभी उन्होंने इसके लिए सहमति जतायी हो। तब दिल्ली जाने पर नेशनल पब्लिशिंग हाउस के मलिक साहब से कुछ काम होने पर मैं राजेन्द्र यादव से भी मिला। हाल ही में मैंने व्ही शान्ताराम की आत्मकथा ख़रीदकर पढ़ी थी। बातों के बीच मैंने उसका ज़िक्र किया और उनसे पूछा कि उनकी दिलचस्पी होने पर उस पर लिखा जा सकता है? प्रस्ताव को जड़ से काटते हुए उन्होंने कहा, अकेले उस पर क्या लिखेंगे? जाहिरा तौर पर यह 'न नौ मन तेल होगा, न राधा नाचेगी' जैसी बात थी। व्ही शान्ताराम के प्रसंग में और लेखकों की आत्मकथाओं का उल्लेख एक बात थी, सबको मिलाकर उन पर लिखना दूसरी बात थी, सबको मिलाकर उन पर लिखना एक असम्भव और अव्यावहारिक-सी शर्त थी। न इसमें मुझे कोई रुचि थी, न ही वह मेरा क्षेत्र था। इसी तरह एक बार मैंने उनसे सन्हैयालाल ओझा के 'सम्भवामि' पर लिखने के बाबत पूछा। उन्होंने फ़ौरन महाभारत से सम्बन्धित कुछ रचनाओं के नाम लेने के बाद कहा, "और भी कई चीज़ें हैं, सबको मिला कर लिखा जा सकता है..." मैं धैर्य से उनकी बात सुनता रहा। फिर बहुत धीरे-से मैंने कहा, 'सम्भवामि' महाभारत पर नहीं है, वह हड़प्पा सभ्यता पर केन्द्रित उपन्यास है...इधर आये ऐतिहासिक पृष्ठभूमि वाले उपन्यासों में वह कई कारणों से मुझे विशिष्ट और उल्लेखनीय लगता है, 'ज़ाहिर है उन्होंने', उसे पढ़ा नहीं था, पढ़ने का कोई इरादा भी नहीं था।

उनके पास तर्क हर चीज़ का है। मैंने कई बार उनसे शिकायत की है, मिलकर भी और लिखकर भी, कि मेरी प्रायः हर पुस्तक उनके यहाँ समीक्षार्थ गयी है, लेकिन शायद ही किसी की समीक्षा छपी हो। वे हमेशा ही इसे दोहराते

रहे हैं,। '...यार, समीक्षक किताब दबाये बैठा है', एक-दो बार उन्होंने खुले तौर पर महेश दर्पण का नाम भी लिया। जब मैंने कहा कि जिन लेखकों की किताबों पर वे छापना चाहते हैं, उन्हें समीक्षक कभी नहीं दबाते, जब-तब एक ही किताब की तीन-तीन समीक्षाएँ भी वे छापते हैं। उनका उत्तर था, 'ऐसा कम ही होता है', लेकिन उसकी परेशानी मैं जानता हूँ, अभी पिछले दिनों कानपुर से प्रकाशित 'निमित्त' के एक अंक में अपने वक्तव्य में मैंने इस स्थिति का उल्लेख किया। इसके बाद मुझे लगा कि 'हंस' के एक सम्पादकीय में अप्रत्यक्ष रूप से उन्होंने मेरी शिकायत का उत्तर ही दिया है। उनका तर्क यही था कि 'हंस' में इतनी किताबें समीक्षार्थ आती हैं कि सबकी समीक्षाएँ नहीं छापी जा सकतीं। फिर इसी तर्क को बढ़ाते हुए उन्होंने यह भी लिखा कि इसी अवधि में उनकी अपनी भी बीस-पच्चीस किताबें आयी हैं और उनमें से किसी की समीक्षा 'हंस' में नहीं छपी। 'हंस' मेरी नहीं, राजेन्द्र यादव की पत्रिका है। यदि उसमें उनकी किताब की समीक्षा भी छपे तो यह शर्म और ऐतराज की बात है, लेकिन यदि मेरी किताब की समीक्षा भी इसी तर्क से न छपे तो उसे कुतर्क ही कहा जायेगा। इस मामले में वे पूरे जाट हैं खाट और कोल्हू की तुक न मिलने पर वे वज़न की मार से भी विरोधी को मारने में कोई संकोच नहीं बरतते। लेखक, प्रकाशक और सम्पादक की हैसियत से वे एक ही स्थिति के लिए अलग-अलग तर्क गढ़ सकते हैं और ज़ाहिर है कि वे हमेशा उनके अपने बचाव में होते हैं।

दिल्ली में वे पुस्तक मेले के दिन थे। फ़रवरी में तेज़ बारिश से ठण्ड बहुत बढ़ गयी थी। मेले में घूमते हुए एक शाम अचानक एक स्टॉल पर राजेन्द्र यादव दिखाई दिये। और भी कई लोग थे, शायद किसी किताब का लोकार्पण जैसा कुछ था। उनके एकदम बग़ल में एक कुर्सी पर कमलेश्वर बैठे थे। उन्हें देखकर मैं ठिठका, फिर स्टॉल के अन्दर चला गया। परिचितों से दुआ-सलाम के बाद भी मैं रुका नहीं। बस राजेन्द्र यादव के घुटने पर चिकोटी काटकर उनके कान से अपना मुँह सटाकर मैंने कहा, "अब तो लगता है पुराने दिन लौट आये हैं..." बोलने से अधिक वह फुसफुसाहट ही थी। घुटने पर रखा मेरा हाथ अपने हाथ में लेकर वे मुस्कराये और फिर कुछ बोलने के बजाय गर्दन हिला दी। फिर उनके रोकते रहने पर भी मैं बाहर निकल आया था।

फिर दिल्ली में राहुल फाउंडेशन द्वारा आयोजित राहुल जी के जन्मदिन का कार्यक्रम था। उसमें मुझे 'राहुल के उपन्यास और इतिहासबोध' शीर्षक पर एक आलेख पढ़ना था। उसकी अध्यक्षता राजेन्द्र यादव ही कर रहे थे। संचालन मैनेजर पाण्डेय कर रहे थे। मंच पर राहुल जी के एक-दो पुराने साथियों के

अलावा गुणाकर मुले भी थे। मेरा आलेख कुछ बड़ा था, इसलिए भी कि वह आधार लेख था। पूरे समय, राजेन्द्र यादव ग़ौर से उसे सुनते रहे। समाप्त करके मेरे बैठने पर वे धीरे-से बोले, 'आपने बहुत विस्तार में जाकर अपनी बात की... इसी के कारण यह बड़ा हो गया है...' फिर अपने अध्यक्षीय सम्बोधन में वे स्वयं भी बोले। लेकिन लगा नहीं कि उन्होंने कुछ नया कहा हो या फिर उसके लिए उनकी पहले से कोई तैयारी रही हो। बीच की चाय पर मैं मैत्रेयी पुष्पा और सविता सिंह से बात करने लगा। राहुल की वर्जना-मुक्त और श्रम-संस्कृति वाली गण-व्यवस्था में स्त्रियों का उल्लेख मैंने विस्तारपूर्वक किया था। अपने-अपने ढंग से वे दोनों ही उसके लिए आलेख के प्रति सन्तोष व्यक्त कर रही थीं। बाद में बाहर निकलने पर राजेन्द्र यादव से जो बात हुई, वह विदा-वार्त्ता जैसे ही थी। अगले दिन वे 'अक्षर' के आने को कह रहे थे, लेकिन मुझे बरेली लौटना था।

नैनीताल में शैलेश मटियानी की पहली बरसी पर उनसे फिर मिलना हुआ। एक-दो और साथियों के साथ वे दिल्ली से शाम को ही पहुँच गये थे। वीरेन डंगवाल, प्रियदर्शन मालवीय और सुधीर विद्यार्थी के साथ सुबह जल्दी ही बरेली से चलकर मैं दोपहर से पहले ही पहुँचा था। लॉज के बाहर जो लोग प्रतीक्षा में खड़े थे, उन्होंने जिस कमरे में पहुँचाया उसमें राजेन्द्र यादव और गिरिराज किशोर के क़हक़हे बाहर से ही सुनाई दे रहे थे। श्रीमती गिरिराज किशोर भी थीं। नाश्ता चल रहा था। गिरिराज के सामने मेज़ पर एक प्लेट में पेड़े रखे थे। जब हम लोगों ने चाय को मना किया, क्योंकि थोड़ी देर पहले ही रास्ते में पी चुके थे, तो राजेन्द्र यादव बोले, 'चाय न पियें, पेड़े तो खायें...गिरिराज कानपुर से लाया है...इनका दिल क्यों तोड़ते हैं' फिर उसी हँसी बीच हमने पेड़ा खाया था। गिरिराज किशोर को कुछ दिन पहले ही उत्तर प्रदेश सरकार का कोई पुरस्कार मिला था। सरकार तब भारतीय जनता पार्टी की थी। राजेन्द्र यादव देर तक गिरिराज को 'कलंकी कुल-बोरना' आदि कहकर चिढ़ाते रहे थे—टाँग खिंचाई के लहजे में! फिर वे मेरी ओर मुखातिब होकर बोले, 'आप लोग शायद सुबह ही चलकर आये हैं।' फिर औपचारिक सी कुछ बातें...'बड़ी गाड़ी लेकर आये होंगे। सुबह जल्दी ही निकलना पड़ा होगा...बरेली से नैनीताल की दूरी क्या है?, और ऐसी ही कुछ बातें।' फिर वे हमेशा की तरह काफ़ी समय से मेरे दिल्ली न जाने का, फिर जाकर भी उन्हें बिना बताये लौट आने की शिकायत करते रहे।

गोष्ठी में शैलेश मटियानी पर केन्द्रित 'पहाड़' के अंक का लोकार्पण उन्होंने ही किया। मैं मंच पर उनके एकदम पास ही बैठा था। शैलेश मटियानी पर वे ख़ूब डूब कर बोले, बहुत आत्मीयता से उन्हें याद करते हुए। अपने मतभेदों की

चर्चा भी उन्होंने की। उनके वैचारिक विचलन का उल्लेख भी उन्होंने किया। लेकिन उनके जीवनानुभव की पूँजी को विशेष महत्त्व और वरीयता देते हुए एक लेखक के रूप में उनके संघर्ष को बहुत अच्छे ढंग से विश्लेषित किया। खाना खाकर उन्हें दिल्ली के लिए निकलना था और हम लोगों को बरेली लौटना था। उन्हें विदा करते हुए देर तक गाड़ी के पास खड़े-खड़े हम लोग बतियाते रहे थे। फिर गाड़ी में बैठकर, अपना पाइप जलाते हुए उन्होंने विदा ली थी। चलते-चलते भी वे इसे दोहराना नहीं भूले कि इस बार दिल्ली जाने पर उनकी ओर अवश्य आऊँ।

बरसों पहले राजेन्द्र यादव ने लर्मन्तोव के उपन्यास का हिन्दी में अनुवाद किया था—'हमारे युग का नायक' शीर्षक से। इधर काफ़ी समय से वे चाहते और कोशिश करते रहे हैं कि लोग उन्हें अपने युग का सबसे बड़ा खलनायक समझें और मानें। बिना कुछ रचनात्मक किये वे बरसों से चर्चा के केन्द्र में हैं। नयी कहानी के दौर में ख्याति, आत्म विज्ञापन और स्टारडम का जो ख़ून उनके मुँह लगा है, उसका स्वाद निरन्तर बढ़ता गया है। झूठी-सच्ची चर्चा में बने रहने के लिए कोई शख़्स कितनी बड़ी क़ीमत अदा कर सकता है, इसका राजेन्द्र यादव से बेहतर उदाहरण मुश्किल है। उन्होंने कभी हृदयेश का उपन्यास 'हत्या' अक्षर प्रकाशन से छापा था। अपने प्रसंग में मुझे उनकी याद प्रायः हमेशा 'हत्या' के भोलानाथ के रूप में आती है। क़स्बे की किशोर प्रतिभाओं को हतोत्साहित करने वाला भोलानाथ और सरदार तेज़ सिंह की कच-कच की आवाज़ करती चारा काटने की मशीन का बिम्ब स्मृति में घुलकर कहीं एक हो जाते हैं...

सारा आकाश : रचनात्मकता का दोराहा

राजेन्द्र यादव की अपनी ही सूचनानुसार उनका उपन्यास 'सारा आकाश' सन् 1951 में लिखित उनके पहले उपन्यास 'प्रेत बोलते हैं' का संशोधित और पुनर्लिखित संस्करण है जो सन् '60 में प्रकाशित हुआ। अभी हाल तक 'प्रेत बोलते हैं' ही उनका पहला उपन्यास माना जाता था लेकिन 2006 में प्रकाशित 'एक था शैलेन्द्र' के बाद अब स्थिति थोड़ी बदल गयी है। इसे उन्होंने 'प्रेत बोलते हैं' से भी कोई पाँचेक वर्ष पूर्व लिखा था–' 'सफ़ाई' शीर्षक से लिखित अपने स्पष्टीकरण में राजेन्द्र यादव ने उस दौर में किशोरावस्था की लिखित अन्य अनेक चीज़ों की तरह उसके साथ कुछ और चीज़ों को भी नष्ट न करने के कारणों का उल्लेख भी किया है। उनके एक अनाम मोह के अतिरिक्त एक उम्र और समय का दस्तावेज़ है, उन्हें सुरक्षित रहना चाहिए। सिर्फ़ अपने लिए। किसी दूसरे के होते, तो बिना सोचे-समझे रिजेक्ट कर दिये गये होते। इन्हें अपनी 'अभ्यास-पुस्तिका' या 'रिहर्सल' भी कहना मुझे ग़लत नहीं लगता।' (एक था शैलेन्द्र, संस्करण 2006, पृ. 239) पर्याप्त आत्मालोचन की मुद्रा में राजेन्द्र यादव स्वयं इसे तत्सम-प्रधान, फूहड़, अनगढ़ और अपठनीय भाषा में लिखित उपन्यास मानते हैं। इसे पर्याप्त इकहरा उपन्यास मानते हुए इसके कारणों पर टिप्पणी करते हुए वे लिखते हैं, 'कहानी सिर्फ़ उत्तरी भारत के शहरी मध्यवर्ग तक सीमित है। शायद कुछ अन्तरराष्ट्रीय सन्दर्भ होते तो उपन्यास इतना इकहरा न होता...' (वही, पृ. 241)

लेकिन उनका यह आरम्भिक, अभ्यास-पुस्तिका के रूप में सुरक्षित उपन्यास भी कुछ ऐसे सूत्र अवश्य देता है जो उनके परवर्ती विकास को समझने की दृष्टि से उपयोगी हो सकते हैं इसकी कथा अपने ही शहर और अपने ही जीते-भोगे परिवेश पर केन्द्रित है कभी-कभी तो ऐसा भी लग सकता है कि उपन्यास का युवा नायक शैलेन्द्र वस्तुतः लेखक का प्रतिरूप राजेन्द्र ही है। देश की स्वाधीनता से एक-दो वर्ष पहले का काल-खण्ड, गांधी-नेहरू के साथ सुभाष चन्द्र बोस के प्रति भारतीय युवाओं का अदम्य आकर्षण, युवा मानस की चिन्ताएँ और

बनावट तथा किसी बड़े लक्ष्य की प्राप्ति की दृष्टि से परिवार की भूमिका आदि के सवालों के साथ यौनिकता की भावना जो अनेक सामाजिक वर्जनाओं एवं निषेधों के कारण युवा मानसिकता के लिए सबसे बड़ा हऊआ थी। अज्ञेय का 'शेखर : एक जीवनी' तब युवाओं के दिल-दिमाग़ पर हावी था। इस कालावधि में, समाज में, हिन्दी, हिन्दू, हिन्दुस्तान के दर्शन के रूप में परम्पराओं के पोषण और राष्ट्रवाद की प्रखर चेतना के साथ साम्प्रदायिक उन्माद के अभूतपूर्व विकास को भी लक्षित किया जा सकता है। राष्ट्रीय स्वयंसेवक संघ और अन्य अनेक हिन्दूकारी संगठन जो मूलतः आर्य समाज की ही विचार-दृष्टि से फूटे और बढ़े थे, इस दौर में पर्याप्त सक्रिय थे। यहीं इस बहस के सूत्र भी विकसित होते देखे जा सकते हैं कि सामाजिक परिवर्तन में परिवार की क्या भूमिका है या हो सकती है। 'परिवार' और 'विवाह' जैसी संस्थाओं के विरोध में आगे चलकर राजेन्द्र यादव जो इतने मुखर दिखाई देते हैं, उसके सूत्र भी किसी न किसी रूप में यहीं छितरे पड़े हैं। वे स्वयं लिखते हैं, 'यहाँ एक बहस को नये सिरे से उठाया जा सकता है कि क्या परिवार सामाजिक परिवर्तनों का विरोधी होता है? अक्सर परिवार यथास्थितिवादी होते हैं और हर नया विचार वहाँ मानसिकता से लेकर जीवन-प्रणाली तक में बदलाव का प्रारम्भ बनकर तो आता है, परन्तु उसे बहुत आसानी से स्वीकार नहीं किया जाता। यह कहानी भी व्यक्ति की आकांक्षाओं और परिवार के द्वन्द्व की कहानी है जो 'सारा आकाश' में अधिक दमनकारी हो गया है।' (वही, पृ. 243) परिवार की इस दमनकारी पितृसत्तात्मक प्रकृति से त्रस्त होकर ही शैलेन्द्र भी 'सारा आकाश' के समर की तरह आत्महत्या का आत्महन्ता रास्ता चुना है। चाहे 'एक था शैलेन्द्र' और 'सारा आकाश' हों या फिर इन्हीं के आसपास के कालखण्ड को अंकित करता धर्मवीर भारती का 'गुनाहों का देवता' (1949) राजेन्द्र यादव इन्हें रोमांटिक विद्रोहियों की कथा के रूप में रेखांकित करते हैं इन कथा नायकों के पास असन्तोष और अस्वीकार तो है, विकल्प की कोई सार्थक पहल नहीं है। अपने विश्लेषण का निष्कर्ष प्रस्तुत करते हुए राजेन्द्र यादव लिखते हैं, 'विकल्प न चन्दर के सामने है, न समर के—चन्दर सुधा के प्लैटोनिक प्यार में शहीद हो रहा है तो समर को परिवार नाम की संस्था शहीद कर रही है। यह [illegible]न्तवादी सभ्यता में व्यक्ति के उदय की बलिदानी कहानियाँ हैं।' (वही, पृ. 246)

इसी पृष्ठभूमि में, 'सारा आकाश' देश की स्वाधीनता के लगभग तत्काल बाद आगरा के एक निम्न मध्यवर्गीय परिवार पर केन्द्रित है। विपन्नता और अभावों के बीच भी इस ठाकुर परिवार का सामन्ती ठस्सा और तौर-तरीका बना

हुआ है। बूढ़े पति-पत्नी के अतिरिक्त विभिन्न आयुवर्ग के चार बेटे हैं और सत्रह वर्ष की उम्र में पति द्वारा छोड़ दी गयी बेटी मुन्नी भी है जिसकी पढ़ाई तब बीच में ही छुड़वाकर शादी कर दी गयी थी। परिवार के मुखिया—बाबूजी को पच्चीस रुपया महीना पेंशन मिलती है। बड़ा बेटा धीरज विवाहित है और किसी दफ़्तर में क्लर्क है। उसे वेतन और महँगाई भत्ता सब मिलाकर 99/- रुपये मिलते हैं। इस तरह सात-आठ लोगों के परिवार में आमदनी का कुल ज़रिया यही है। धीरज के बाद दूसरा बेटा समर है जो इंटर में पढ़ता है। इसी बीच उसका विवाह प्रभा नामक एक मैट्रिक पास लड़की से कर दिया जाता है। जैसी कि आशा थी लड़की मायके से ढेर-सारा दहेज लेकर आयेगी वैसा कुछ न होने पर उस ओर से भी परिवार के लोग निराश हैं। पुराने ढंग का गुज़र लायक अपना मकान होने से किराया नहीं देना होता। लेकिन उसमें बिजली नहीं है और समर की शादी में उसकी व्यवस्था पड़ोस से माँग कर की जाती है।

कथा समर और प्रभा के विवाह से शुरू होती है। ढोलक, गीत, मंगलाचार—परिवार में सारे अभावों और असन्तोष के बीच, उत्सवी माहौल है। समर निम्न मध्यवर्ग का एक ऐसा युवक है जो आदर्शों और सपनों में जीता है। शिवाजी, विवेकानन्द जैसे लोग उसका आदर्श हैं और वह स्वयं उन्हीं की तरह जीना चाहता है। विवाह के बाद पत्नी से उसका पूरे एक वर्ष तक अबोला चलता है। कथा का पूर्वार्द्ध—'साँझ'—वस्तुतः विवाह के बाद की...है, जो उसके समूचे वर्तमान पर घिरी है। भाभी और अन्य स्त्रियों द्वारा प्रभा को जब उसके कमरे में ठेला जाता है, वह उससे बोलता नहीं। पत्नी भी मानिनी और दर्पोली है। अपनी टोकरी में से कुछ ज़रूरी सामान निकालकर वह पास में धरती पर ही लेट जाती है—मौन और निश्चल। बाद में कोठरी से बाहर आकर समर खुली छत पर सोता है। परिवार में मचे चकल्लस के बीच फिर नयी बहू द्वारा रसोई की रीति होने पर, पहला गस्सा मुँह में देने पर ही वह खाँसता और उगलता हुआ रसोई से बाहर निकल जाता है। दाल-सब्ज़ी में नमक इतना तेज़ है कि उसे मुँह में नहीं दिया जा सकता।

दिन भर की किच-किच और दूसरी रात के अबोले को लेकर समर का बयान है, 'उस रात मैंने दो निश्चय किये। एक तो यह कि अब चाहे वह अपनी ओर से बोले या न बोले मैं नहीं बोलूँगा। भरसक न तो कोई सम्बन्ध रखूँगा, न ही कोई इस तरह की कमज़ोरी दिखाऊँगा। दूसरे, ख़ूब ध्यान से पढ़ूँगा और अपने पुराने कार्यक्रम पर इस तरह लौट आऊँगा जैसे कुछ हुआ ही न हो। एक बुरा सपना देखा था जो बीत गया।' (सारा आकाश, संस्करण 2008, पृ. 31) उसे

आश्चर्य होता है कि इस मामले में घर का कोई बड़ा आदमी कहीं कोई हस्तक्षेप नहीं कर रहा है। अभी कुछ साल पहले तक जिन पिता के डाले नील उसके शरीर में सिहरन पैदा करते थे, वह कुछ नहीं कर रहे हैं। बहुत हल्के ढंग से समझाने के बाद वह चुप हो जाते हैं। माँ क्यों नहीं डाँटती जो वैसे बात-बात में डाँटती है? अपनी बहिन पूनो से वे सिर्फ़ इतना कहती हैं, 'क्या बतायें पूनो, हमारा तो शादी करने का हौसला ही ख़त्म हो गया...' (वही, पृ. 32) फिर एक गहरी साँस लेकर शेष बात को वे दबा जाती हैं। शादी को लेकर उनकी शिकायत दहेज और दूसरे लेन-देन पर ही अधिक केन्द्रित है।

ऊपर से पर्याप्त हँसी-मज़ाक करने वाली भाभी भी इस पर चुप्पी साधे हैं। वह मायके में अपनी भाभी का उदाहरण देती हैं ठोंक-पीट कर भैया ने सब ऐंठ निकाल दी। अब भैया की चढ़ी भौं देखकर पत्ते की तरह थर-थर काँपती हैं। फिर अपनी हथेली हिलाकर वह समर पर पानी चढ़ाते हुए कहती हैं, 'आने-जाने के नाम पर खाक-धूल नहीं और घमंड ऐसा। कसम से कहती हूँ, मैं इतनी बड़ी हो गयी, ऐसी घमंडिन औरत अपनी ज़िन्दगी में नहीं देखी। बोलो गुन-करतब हों तो नखरे भी सहे जायेंगे, कोरे नखरे कौन उठायेगा। असल में उन्होंने लेना चाहा पढ़ाई और ख़ूबसूरती के रोब में, सो ऐसी राजा इन्दर की परी नहीं लगी'...(वही, पृ. 42) फिर छह महीने बाद दूसरी बार उसके आने की बात है, यही भाभी नसीहत देते हुए उसे समझाती हैं, 'आ तो रही है, लेकिन दबा के रखना लालाजी, कह देती हूँ, कसम से, पछताओगे'...(वही) हँसकर फिर वे किसी डाक्टर को दिखाने की पिताजी द्वारा कही गयी बात भी दोहराती हैं।

इस सारे मामले में सिर्फ़ मुन्नी ही बिल्कुल चुप थी और उसकी यह चुप्पी कहीं न कहीं यह संकेत देती थी कि वह प्रभा की ओर है। प्रभा पितृसत्तात्मक सामाजिक संरचना में दमन और उत्पीड़न का प्रतीक-पात्र है। आंशिक रूप से यही काम मुन्नी और मानसिक सन्तुलन खो चुकी शिरीष की बहन भी करती है। शिरीष की बहन की सिर्फ़ चर्चा आती है, वह कभी सामने नहीं आती। डाक्टर के सुझाव पर शिरीष उसे मानसिक चिकित्सालय में भर्ती कराने आगरा आया है और फिर उसकी आवाजाही बनी रहती है। दिवाकर का मित्र या सम्बन्धी होने के नाते ही वह समर के भी सम्पर्क में आता है। यथास्थितिवाद और सामाजिक जड़ता के विरोध में वह परिवर्तन और बदलाव का उग्र समर्थक है। मुन्नी उपन्यास में बहुत कम बोलती है, लेकिन उसकी चुप्पी ही इस समूची व्यवस्था पर एक तीखी टिप्पणी है। यह मुन्नी ही है जो परिवार में प्रभा के उत्पीड़न के मूल कारक और स्रोत तक पहुँचती है। उसके प्रति उसकी मूक सहानुभूति कहीं

न कहीं उसकी अपनी पीड़ा का ही परिणाम है जो उसे उसके प्रति सहानुभूति एवं संवेदना के सूत्र से जोड़ती है। पति के साथ वापस उसी घर में जाने से वह उसी प्रकार भयभीत और आतंकित है जैसे कोई गाय कसाई के हाथ सौंपे जाने पर होती है। जाते समय, यह न बोलने वाली मुन्नी समर से प्रभा से बोलने का कातर अनुरोध करके जाती है। इस अनुरोध की रक्षा करते हुए ही समर जैसे प्रभा तक पहुँचता है। अम्मा से लेकर बारह वर्ष के कुँवर तक परिवार में कोई मुन्नी को वापस भिजवाने के पक्ष में नहीं है लेकिन चलती अन्ततः पिता की है क्योंकि पितृसत्तात्मक सामाजिक संरचना में वही परिवार के मुखिया और सर्वेसर्वा हैं। उपन्यास में सघन रूप से अंकित ये स्त्री-प्रसंग भारतीय समाज में स्त्री की स्थिति और हैसियत से जुड़े जटिल प्रश्नों का संकेत तो देते ही हैं, एक लेखक के रूप में वे राजेन्द्र यादव की जेनुइन चिन्ता को भी सामने लाते हैं, जो बाद में स्त्री-विमर्श की उनकी सक्रियता के दौर में अनेक विवादास्पद मुद्दों की भेंट चढ़कर विचलन का शिकार होती है।

पूरे एक वर्ष पति के साथ अबोले की स्थिति में रहकर प्रभा सारा अपमान और उत्पीड़न सहती है। वास्तविक जीवन में जिस परिवार की कहानी यह बतायी गयी है, लड़की के इसी यातना के बीच नौ साल बिताने का उल्लेख लेखक ने किया है। विश्वसनीयता की दृष्टि से ही इस अवधि को कम करके एक वर्ष कर दिया गया है, यद्यपि उपन्यास पर फ़िल्म बनाते हुए बासु चटर्जी एक वर्ष की इस अवधि को भी अविश्वसनीय मान कर और कम किये जाने के पक्ष में थे।

पहली रात के बाद समर अगले दिन प्रभा को रसोई में देखता है। उसके खाना बनाते समय अम्मा, भाभी, मुन्नी, अमर आदि भी रसोई में ही बैठे हैं, 'रसोई में खाना बनाने और खाने की जगह को बाँटने के लिए छाती के बराबर ऊँची एक ईंट की दीवार उठा दी गयी है ताकि बड़े-बूढ़ों का पर्दा बना रहे। वह उसकी आड़ में थी। मैं यह तो नहीं देख सका कि कैसे बैठकर वह खाना बना रही है, लेकिन थाली परोसते या थाली में कटोरियाँ चुनते हुए हाथ मुझे दिखाई पड़ रहे थे। अब मैंने मानो पहली बार देखा, हाथ गोरे थे और हथेलियों और नाखूनों पर मेहँदी लगी थी। दो उँगलियों में सोने की नये डिजाइन की नौकाकार लम्बी-लम्बी अँगूठियाँ थीं एक हाथ में सोने की चूड़ियाँ—काँच की चूड़ियों के बीच में और दूसरे में काले रेशमी फीते से बँधी छोटी-सी रिस्टवाच। मुझे लगा जैसे हाथ काफ़ी सुन्दर हैं, उँगलियाँ पतली-पतली और नाज़ुक हैं। पहली बार उसका चेहरा भरपूर देखने का मन हुआ। साथ ही अपनी उस सारी बेवकूफी की ऐक्टिंग पर ग़ुस्सा भी आया...' (वही, पृ. 32)

रसोई में भी हाथ में बँधी घड़ी को भाभी उसके घमंडी और अपने पढ़े-लिखे होने के दम्भ का प्रमाण बताकर प्रस्तुत करती हैं। अपने आन्तरिक से अधिक बाह्य दबावों के कारण इस सौन्दर्य की उपेक्षा वह लम्बे समय तक करता है। अपने से लड़ते हुए और परिवार के लोगों के रंग में रँग कर ही वह ऐसा कर पाता है। समर ने जब-तब इस सवाल पर अपने को टटोलने की कोशिश की है कि आख़िर सुहागरात को पत्नी से न बोलकर कोठरी से निकलकर बाकी रात उसने खुले आसमान के नीचे क्यों बितायी और पत्नी के प्रति उसके इस रवैये का कारण क्या था? अपने स्तर पर वह इसका उत्तर पाने की कोशिश भी करता है, 'क्या केवल इसलिए कि तुम्हें देखते ही गठरी बनकर नहीं बैठ गयी थी और यों ही खड़ी रही थी? या सिर्फ़ इसलिए कि तुम्हारी आकांक्षाएँ बहुत ऊँची थीं और तुम नारी को उसमें बाधक मानते थे, विवाह तुम्हारी इच्छा के विरुद्ध कर दिया गया था? छिः यह भी कोई ठोस कारण है न बोलने का? क्या आधार बताऊँगा उस सारे व्यवहार का सिवा एक भावुक आवेश के? मुझे लगा मेरा सारा व्यवहार ग़लत ही नहीं, मूर्खतापूर्ण भी था। आत्मग्लानि से मेरा मन भर आया...' (वही, पृ. 46)

उपन्यास में प्रभा के मायके का परिवार नहीं है। उसका छिट-पुट ज़िक्र एक-दो जगह हुआ है। लेकिन प्रभा को देखकर लगता है कि वह समर के परिवार के मुक़ाबले सामाजिक दृष्टि से अधिक जागरूक और प्रबुद्ध होगा। प्रभा पर उसका प्रभाव सर्वत्र देखा और अनुभव किया जा सकता है। उसकी अपेक्षा समर कहीं अधिक दकियानूस और रूढ़िवादी है। ये अन्धविश्वास उसे जब-तब परेशान करते हैं—उसकी सारी ऊपरी प्रगतिशील परतों के बावजूद। उसके सिर पर गाँठदार चोटी है। दिवाकर और उसकी पत्नी किरन के साथ सिनेमा से लौटते हुए उसके कारण उसे जितना संकोच होता है, उतना उससे पहले कभी नहीं हुआ। वह शाखा में जाता है और राष्ट्रवादी विचारों से इतनी बुरी तरह आक्रान्त है कि अतीत उसके वर्तमान की सारी राह रोके खड़ा है और वह कुछ कर पाने की स्थिति में नहीं है। प्रभा के प्रति परिवार के प्रायः सभी लोगों की ज़्यादतियों को वह मूक बना न सिर्फ़ देखता है, अपनी ओर से उसकी दुश्वारियों को बढ़ाता भी है। घर में मिट्टी के जिस ढेले को गणेश बनाकर पूजा की गयी थी, अनजाने में प्रभा उसी से बर्तन माँज लेती है। इसका वैसा उग्र और सक्रिय विरोध परिवार के दूसरे लोगों की ओर से इतना नहीं होता, जितना स्वयं समर की ओर से होता है। इसके लिए न सिर्फ़ वह उसे 'नास्तिक' कहता है, बीच आँगन में उसके गाल पर भरपूर तमाचा भी मारता है। उसकी पाँचों उँगलियाँ

उसके गाल पर उछल आती हैं। अपने इस काम से उसे किसी विरोधी टीम पर फुटबॉल का गोल करने वाले खिलाड़ी जैसा सन्तोष मिलता है और उसी दर्प के साथ वह अन्दर चला जाता है। प्रभा की प्रतिक्रिया की उसे जैसे कोई चिन्ता ही नहीं है। टामस हार्डी के हेंचर्ड की तरह वह इस पश्चात्ताप के लिए ही किया गया अपराध जैसा लगता है, जिसे करना उसके स्वभाव का हिस्सा बन चुका है। प्रभा अपनी ओर से कोई सक्रिय प्रतिवाद नहीं करती। लेकिन उसकी चुप्पी ही उसे ज़हर बुझे दम्भ और घनघनाते अंहकार जैसी लगती है। अन्दर कहीं उसे इससे सन्तोष भी होता है कि लोहे का पाला अब इस्पात से पड़ा है अर्थात् प्रभा अगर लोहा है तो वह उसका दर्प और अहंकार तोड़ने के लिए इस्पात से कम नहीं है।

भाभी के प्रसव के बाद, घर की सारी ज़िम्मेदारी प्रभा पर ही आ जाती है। इस सारे काम को अपने तन और मन पर झेलकर वह बहुत शान्त भाव से करती है। कभी-कभी समर को यह आश्चर्य अवश्य होता है कि आख़िर बिना किसी न नुच और बुदबुदाहट के प्रभा इस सबको साधती कैसे है? इसके कारण उसे अपने शरीर का भी ध्यान नहीं रहता। जाने कब से उसे सिर धोने की भी फुर्सत नहीं मिली है। अम्मा ने भी इसके लिए उसे जब-तब टोका है। एक दोपहर काम से फुर्सत पाकर जब वह मुन्नी की मदद से अपने सिर पर पानी डलवाकर सिर धोती है, या कभी ऊब कर एक-दो पल को खुली छत पर चली जाती है, बाबूजी घर आसमान पर उठा लेते हैं, 'वहाँ छत पर तेरा क्या रखा है, हमें भी तो बता। मैं आज साफ़-साफ़ कहे देता हूँ, मुझे यह बातें ज़रा भी पसन्द नहीं हैं। कान खोलकर सुन लो। जाड़े के दिन हैं, बीस आदमी छत पर धूप खाने का बहाना करके ताक-झाँक करते हैं। बहू के कायदे से रहो... (वही, पृ. 83) अम्मा भी इसमें टाँका लगाती हैं—और भाग-भाग कर छत पर जाती क्यों है? फिर इस प्रसंग में मुहल्ले के पांडे जी की लड़की का ज़िक्र भी आता है जिसे हथिनी की तरह कर रखा था और जो अपने मास्टर के साथ भाग गयी थी। इस पर भाभी की टीप है, 'ये पढ़ी-लिखी लड़कियाँ जो न कर लें थोड़ा है अम्मा जी...' (वही, पृ. 83) इस पूरी घटना पर प्रभा की आँखों से सिर्फ़ दो बूँदें टपकी थीं। नीचे की घुटन भरी ज़िन्दगी से खुली छत पर दो पल होने का महत्त्व परिवार में और तो कोई नहीं ही समझता, समर भी नहीं समझ पाता। इला डालमिया ने 'छत पर अपर्णा' में इस खुलेपन को ही स्त्री की अस्मिता और स्वतन्त्रता से जोड़ कर देखा है।

पितृसत्तात्मक सामाजिक संरचना में, जैसा कि सीमान द बोऊआर ने संकेत किया है, स्त्री पैदा नहीं होती, बनायी जाती है—प्रभा इसका प्रमाण है। प्रभा के छत पर जाने को लेकर मचे कलह के बाद वह जितनी आहत होती है, उतनी

उससे पहले कभी नहीं हुई थी। बड़े से बड़े दुख और काम का बोझा उसने हँसते-हँसते सहज भाव से झेला और भोगा था। समर को जब-तब इस पर हैरानी भी होती है कि आख़िर होंठों पर कभी कोई शिकायत लाये बिना वह यह सब कर कब और कैसे लेती है। उस घटना के बाद जब वह रात में पानी पीने को उठता है मार्च के ढलते दिनों में आधी रात को ओस भीगी चाँदनी में, रोती बैठी प्रभा की सिसकियाँ उसे सुनाई देती हैं! शुरू में उसने चौके में बैठी प्रभा के जिस सौन्दर्य को देखना चाहा था, चाँदनी रात में आज वह उसके सामने है—सहज अनावृत और अपने प्रकृत रूप में। अधखुली गुलाबी कमल कली-सी आँखों में पिघली चाँदी-सा तैरता पानी समर को विजड़ित कर देता है। किसी सम्मोहन जैसी स्थिति में वह प्रभा की ओर खिंचता है और पूरे एक वर्ष का अबोला जैसे एक झटके में टूट जाता है। इसके बाद समर न पहले वाला समर रहता है, न ही प्रभा वह प्रभा। शुरू के दिनों में आर्नल्ड के 'सोहराब एंड रुस्तम' की पढ़ी गयी पंक्तियाँ, जो सोहराब रुस्तम से कहता है, तब उसे अपने इस सम्बन्ध पर भी लागू होती दिखी थीं—'नेवर द फील्ड वाज; लास्ट नार द फो सेव्ड...' बत्ती का सन्तुलन बिगड़ने से लालटेन की चिमनी पर छायी कलौंछ धुएँ से काली पड़ चुकी थी। यह सिर्फ़ लालटेन नहीं, उनके सम्बन्धों का वर्तमान और काफ़ी कुछ जैसे भविष्य भी था। आज इस चटख चाँदनी में प्रभा से हुआ उसका पहला संवाद जैसे उसकी पूरी दुनिया बदल देता है। गली और आसपास के जीवन से लेकर सूर्योदय और प्रकृति का जैसे सब कुछ उसे बदला हुआ लगता है। उसे लगता है कि पहली बार उसने इस सब को देखा और अनुभव किया... एक शराब थी जो सूखी बालू पर पड़ी बूँदों की तरह सीझ-सीझ कर अणु-अणु में समायी जा रही थी और सारी धरती नम हो आयी थी...कितनी भीषण गर्मी, झुलसाने वाली लू-धूप के बाद मैं स्वच्छन्द, निर्झर की शीतल-शान्ति को युगों प्यासे की तरह पी रहा था...(वही, पृ. 92) परिवार में प्रभा से उसका अबोला, पूरे एक साल तक, इतनी हैरत की बात नहीं थी, जितना उसका बोलना है। मुन्नी ने जाते-जाते उसे इस नरक से उबार लिया था और स्वयं नरक में जा पड़ी थी। उसे लगता है कि उसने अगर पहले उसे निकाल लिया होता तो वह कभी उसे उस नरक में नहीं जाने देता।

कभी वास्तविक जीवन में पत्नी से अविश्वसनीय रूप में लम्बे अबोले के बाद संवाद शुरू होने पर उसका मित्र अपने को सँभाल न पाकर उसे ख़बर देने आया था, वह अपने मित्र दिवाकर के पास पहुँचता है। पिछली रात, काफ़ी देर से वह उसके पास गया था। अपनी पत्नी को कभी उसके यहाँ लेकर आने की

बात पर उसने बहाना बनाया था कि वह मायके गयी है, लौट आने पर कभी लायेगा। इधर-उधर की ढेर सारी बातें करने के बाद, अन्ततः खुलकर मुस्कराते हुए, बाहर निकलते-निकलते, वह उसे सिर्फ़ यह सूचना दे पाता है कि प्रभा लौट आयी है। इस बार वह झूठ नहीं बोल रहा है, उसकी भूली-बिसरी, खोयी-भटकी प्रभा सचमुच उसके पास लौट आयी है।

समर और प्रभा के बीच का यह अबोला टूटने पर परिवार के लोगों की अलग-अलग प्रतिक्रिया विस्तार से अंकित है। लेकिन इसका सीधा और तात्कालिक प्रभाव जैसे स्वयं प्रभा पर पड़ता है। स्कूल के दिनों वाली अपनी सहेली रमा के साथ अपने भविष्य के मंसूबों और सपनों वाली 'कटखनी' और 'शेरनी' प्रभा जैसे उसमें वापस लौट आयी है। कभी वे सोचती थीं कि पूरा देश पैदल घूमें, विवाह न करके गाँवों की स्त्रियों को पढ़ाने का काम करें। डायरी लिखें और आदमियों तथा जानवरों से आत्मरक्षा के लिए लाठी-छुरी जैसी चीज़ें रखने और चलाने की शिक्षा लें। प्रभा मानिनी और किसी कदर गर्वीली युवती है जो अपने भौतिक खुलेपन तथा रख-रखाव के कारण औरों से अलग रहना तथा दीखना चाहती है। कैसे भी बड़बोलेपन से मुक्त रहकर इसे वह अपने आचरण में उतारना चाहती है। सारे अभावों और सन्तापों के बीच खटती रहकर भी वह समर के लिए मानसिक आधार बनती और हर कठिन समय में उसे सहारा देती है। अपने प्रति परिजनों की कटुता एवं दुर्भावना को जानकर भी वह उनके प्रति कटु नहीं है। भाभी के साथ पड़ोसन पति के लिए व्रत करके जो पकवान देती है, वह उन्हें समर को भी खिलाती है। सास की गाली-गलौज जेठानी के ताने-बोल और कई जगह फट चुकी छेदों वाली धोती और बिना धुले बालों में भी वह अपने अस्तित्व को सहेजने-समेटने की कोशिश करती है। शाम को नहाकर और साफ़ कपड़े पहनकर जाने कब का पड़ा ज़रा-सा खस भी वह लगाती है। समर को व्रतादि पसन्द नहीं हैं चूँकि भाभी के कहने पर उसने यह सब किया है, वह अनुरोध करती है कि आज नहीं कल वह चाहे जो कह ले। सुनने पर भाभी को भी बुरा लगेगा। उससे सटी पड़ी प्रभा देर तक यूँ ही पड़ी चुपचाप रोती रहती है... 'लेकिन मेरी छाती पर रखी उसकी कनपटी से आँसू की बूँदें बह-बह कर छाती पर आतीं और पसलियों के नीचे गुदगुदी पैदा करती रहीं। नहीं, यह नाराज़ी या दुख के आँसू नहीं, यह जीवन की सार्थकता और कृतार्थता के आँसू हैं। वे उच्छ्वास हैं जो प्रभा अपने मुँह से व्यक्त नहीं कर पा रही। अपने जीवन और अस्तित्व की हर साँस इसने मेरे लिए ही तो समर्पित कर दी है। मेरी भी आँखें गीली हो आयीं। प्रभा के शरीर से उठती खस की खुशबू मेरी नस-नस

में तैरती चली गयी। उस क्षण मुझे लगा ऐसी पत्नी पाकर संसार में कौन सुखी नहीं होगा?...' (वही, पृ. 176) उन अन्तरंग क्षणों में जब वह उसके होंठ और आँखों को अनथक चूम रहा था, अचानक उसका हाथ प्रभा की कमर से बँधी किसी चीज़ पर पड़ जाता है। फिर प्रभा से ही उसे पता चलता है, वह सैयद बाबा की भभूत है जो पड़ोसन अवस्थी की पत्नी ने उसे दी है। सैयद बाबा की कृपा से ही विवाह के चार साल बाद पड़ोसन का बेटा प्रमोद हुआ था। अम्मा और भाभी की ज़िद थी। सारी बात सुनकर समर को क्रोध से अधिक आश्चर्य होता है—यह वही प्रभा है जिसने मिट्टी के बने गणेश से बर्तन माँज लिये थे। कमर से पोटली तोड़कर वह गली में उछाल देता है।

राजेन्द्र यादव के ही वक्तव्यों से यह सूचना मिलती है कि 'सारा आकाश' सन् 1952 में प्रकाशित 'प्रेत बोलते हैं' का परिवर्तित और संशोधित रूप है। उन्होंने उन परिस्थितियों का उल्लेख भी किया है कि क्यों उपन्यास छपकर भी प्रकाशित होकर पाठकों तक नहीं पहुँचा। रचना के संशोधन-परिवर्धन की जाँच-परख की दृष्टि से उसके दोनों पाठों की उपस्थिति सहायक हो सकती थी, जिसकी सम्भावनाएँ अब समाप्त हो चुकी हैं। उपन्यास का परिवर्तित शीर्षक, उसके प्रसंग में अज्ञेय के सुझाव, जो तब उसके प्रकाशक भी थे, कहीं न कहीं राजेन्द्र यादव के रचनात्मक सरोकारों की ओर संकेत करते हैं।

आज से कोई पचास साल पहले जब 'आलोचना' के स्वातन्त्र्योत्तर हिन्दी साहित्य विशेषांक (2) के लिए मैंने 'पुरानी पीढ़ी का योगदान' शीर्षक लेख लिखा था, 'व्यक्तिगत सामाजिकता' जैसी राजेन्द्र यादव की अवधारणा का उल्लेख भी किया था। तब राजेन्द्र यादव मध्यवर्गीय उत्तर भारतीय समाज की रूढ़ियों एवं अन्तर्विरोधों को पर्याप्त बेधक दृष्टि से देखने वाले लेखक के रूप में सामने आये थे। इन रूढ़ियों और अन्धविश्वासों को प्रगतिशील आन्दोलन और विचार दृष्टि से जुड़े लेखकों, यशपाल से लेकर भैरव प्रसाद गुप्त तक ने, अपने कथा-साहित्य में केन्द्रीय मुद्दा बनाकर प्रस्तुत किया था। राजेन्द्र यादव तब नयी कहानी आन्दोलन की अगुआई कर रहे थे और प्रगतिवादी आन्दोलन में बहुत कुछ उन्हें आरोपित आशावाद जैसा कुछ लगता था। लाल झण्डे और जहाँ-तहाँ उगते हुए सूरज जैसे प्रतीकों द्वारा प्रस्तुत किये जाने पर तब उन्होंने इस प्रवृत्ति का मुखर और उग्र विरोध किया था 'प्रेत बोलते हैं' के प्रसंग में जब अज्ञेय ने उन्हें इसका शुरू और अन्त का हिस्सा छोड़कर भी एक रचना के रूप में उपन्यास की पूर्णता का सुझाव दिया था, और जिसे समझने और स्वीकारने में उन्हें आठ वर्ष लगे थे। वस्तुतः यह प्रगतिवाद की स्थापित रूढ़ियों के विरुद्ध उनकी अस्वीकृति का ही एक रूप था।

तब राजेन्द्र यादव जिसे प्रगतिवादी आन्दोलन का आरोपित आशावाद कह रहे थे, वह वस्तुतः सामाजिक परिर्वतन की दिशा में उसके असंयम और अतिरेक का ही एक हिस्सा था।

उपन्यास के पहले संस्करण 'प्रेत बोलते हैं' के शीर्षक से ही आज यह अनुमान लगाना मुश्किल नहीं है कि ये प्रेत वस्तुतः निम्न मध्यवर्गीय समाज में सामाजिक रूढ़ियों, अन्धविश्वासों एवं अन्तर्विरोधों के ही प्रेत हैं जो भारतीय युवाओं को उनके 'सारा आकाश' की प्राप्ति में बाधक हैं। जब उपन्यास के नये परिवर्धित-संशोधित रूप के लिए वे कवि दिनकर की पंक्तियों का उपयोग करते हैं तो प्रकारान्तर से वे अपने रचनात्मक सरोकारों पर भी टिप्पणी करते हैं :

सेनानी करो प्रयाण अभय, भावी इतिहास तुम्हारा है,
ये नखत अमा के बुझते हैं, सारा आकाश तुम्हारा है।

रचना के संशोधन-परिवर्धन की प्रक्रिया में वे उन अंशों को या तो छोड़ देते हैं या फिर बहुत संयत रूप में उनका उपयोग करते हैं जो अपने बड़-बोलेपन और मुखरता से रचना के कलात्मक विन्यास को क्षतिग्रस्त कर सकते थे। यशपाल-अमृतराय को अज्ञेय से मिलाकर ही वे वस्तुतः अपनी रचना के उस सूत्र तक पहुँचते हैं जिसे तब वे 'व्यक्तिगत सामाजिकता' के रूप में प्रस्तुत कर रहे थे।

यहीं यह सवाल भी उठता है कि एक रचना के रूप में 'सारा आकाश' की केन्द्रीय चिन्ता अन्ततः क्या है? एक सीमित कालखण्ड में समाज के केन्द्र में स्थित वह चिन्ता यदि किसी न किसी रूप में आज भी मौजूद है, जिसे आधार बनाकर लेखक अपनी रचना की प्रासंगिकता पर टिप्पणी की छूट लेता है तो उसके आधारभूत कारण क्या हैं? इसी से जुड़ा सवाल यह भी है कि लेखक की वे शुरुआती चिन्ताएँ आगे राजेन्द्र यादव के यहाँ किस रूप में बनी रहकर सामने आती हैं?

'सारा आकाश' की केन्द्रीय चिन्ता हमारे पारिवारिक ढाँचे में पितृसत्ता की क्रूर और दमनात्मक उपस्थिति है। परिवार का मुखिया समर का पिता न केवल यथास्थितिवाद का समर्थक है, किसी प्रचार के स्वतन्त्र निर्णय का घनघोर विरोधी भी है। एक बने-बनाये सुरक्षित ढर्रे में ही वह परिवार की सुरक्षा देखता है पिता और समर के बीच का संघर्ष अनेक स्तरों पर सक्रिय है। वह दो पीढ़ियों का संघर्ष है, संयुक्त परिवार और वैयक्तिक्ता के बीच का संघर्ष है, यथास्थितिवाद और सामाजिक परिवर्तन के बीच का संघर्ष है और शायद सबसे अधिक युवा पीढ़ी के अपने जीवन पर अपने अधिकार का संघर्ष है। पिता-बाबूजी को लेकर

अम्मा जब-तब आर्य समाजियों के साथ रहकर अकल सठिया जाने का ताना देती हैं। विवाहित-अविवाहित सन्तानों वाला उनका परिवार बेहद सीमित आमदनी में जैसे-तैसे बस गृहस्थी चला रहा है। परिवार में पोती होने पर तात्कालिक रूप में औरों की अपेक्षा उन्हें इसलिए ख़ुशी होती है कि लड़का होने की स्थिति में सिर पर सवार ढेर सारा ख़र्च बच गया है। पोती की ख़बर से उनके मुँह से प्रसन्नता की एक़ दबी-सी साँस निकल जाती है।

जब अपनी पढ़ाई जारी रखने की शर्त पर दिवाकर की मदद से समर को पिचहत्तर रुपये की कम्पोजीटर की नौकरी मिलती है घर में सबसे ज़्यादा ख़ुशी शायद पिता को ही होती है। उन्हें लगता है कि परिवार की ज़िम्मेदारी अब शायद कुछ हल्की होगी। इसी के साथ समर से उनकी अपेक्षाएँ भी बढ़ती हैं। नौकरी से मिलने वाले वेतन की आशा में वह क़र्ज़ भी ले लेता है। इसी बीच कालेज में फीस जमा करके नये सत्र के लिए उसे एक-दो कपड़े भी बनवाने होते हैं। प्रभा की एकदम जर्जर हो चुकी धोती के बदले एक धोती भी लानी होती है, जिसके लिए अम्मा और भाभी पहले ही मना कर चुकी है। नौकरी के वेतन को लेकर हुआ झगड़ा परिवार की अपेक्षाओं और वस्तुस्थिति के बीच का गहरा तनाव, चूड़ीकाण्ड और एक दिन देर तक कोठरी में प्रभा से बतियाने वाले प्रसंग को लेकर पिता की उग्र प्रतिक्रिया आदि मिलकर समर को जिस आत्महन्ता निर्णय के लिए प्रेरित करता है—वह सब कुछ कहीं न कहीं संयुक्त परिवार में पितृसत्ता की गहरी जमी जड़ों का ही परिणाम है। चाहे मुन्नी को वापस ससुराल भेजने की बात हो या अमर के विवाह की, परिवार के सारे निर्णय और आचार संहिता उन्हीं का एकाधिकार है। समर का अन्त और प्रभा का सतीकाण्ड वस्तुतः इस दमन की ही एक त्रासद लेकिन अनिवार्य परिणति है।

तब-तब शिरीष और समर के बीच के लम्बे-लम्बे संवाद वस्तुतः इस जकड़न से बाहर निकलने की छटपटाहट का ही एक रूप हैं। शिरीष की अपनी बहन का विवाह भी मुन्नी की ही तरह उसकी पढ़ाई छुड़वाकर ग्यारह-बारह वर्ष की उम्र में कर दिया गया था। आज वह पागलख़ाने में है। शिरीष की वैचारिक उग्रता, संयुक्त परिवार और पितृसत्ता के विरोध में उसकी कठोर और मुखर टिप्पणियाँ वस्तुतः उसकी इन्हीं परिस्थितियों का परिणाम हैं।

एक रचना के रूप में 'सारा आकाश' राजेन्द्र यादव के लम्बे मानसिक द्वन्द्व और रचनात्मक तनाव का प्रमाण है। अज्ञेय के हवाले से जिस निर्णय में आठ वर्ष लगने की बात वे करते हैं यह वस्तुतः उस तनाव से मुक्ति का निर्णय भी है। यह यात्रा 'प्रेत बोलते हैं' से 'सारा-आकाश' के बीच की यात्रा है, सन् 1952

से सन् 1960 के बीच की यात्रा। प्रभा के सती होने का प्रसंग, मूल पाण्डुलिपि में होने पर भी सन् '60 के 'सारा आकाश' वाले संस्करण में नहीं था। उसे राजेन्द्र यादव ने सन् 1988 वाले संस्करण में जोड़ा। रूप कुँवर के सतीकाण्ड और उस सारे प्रसंग पर प्रभाष जोशी की टिप्पणी ने सामयिक एवं तात्कालिक तौर पर शायद उन्हें इसके लिए उकसाया और सम्भवतः वही उनके इस निर्णय का मूल कारक बनकर सामने आती है।

एक लेखक के रूप में 'सारा आकाश' राजेन्द्र यादव के लिए एक ऐसा दोराहा है जिसके एक ओर प्रगतिवादी कथा धारा की समूची परम्परा खड़ी है, दूसरी ओर अज्ञेय की भाव-संवेदना और कला-निपुणता। इस आठ साल की अवधि में ही दोनों को मिलाकर 'व्यक्तिगत सामाजिकता' की उस अवधारणा तक पहुँचते हैं जिसकी चर्चा तब अज्ञेय के मूल्यांकन के प्रसंग में मैंने अपने उस लेख में की थी। राजेन्द्र यादव के लिए यह एक ओर यदि प्रगतिवाद के उग्र ओर मुखर कोनों को काट-छाँट और घिसकर चिकना करने की प्रक्रिया थी तो दूसरी ओर शिल्प सजगता और सांकेतिकता के प्रति उनका बढ़ता हुआ आग्रह। इस अवधि में, एक लेखक के रूप में, वे और भी अनेक निर्णय लेते हैं। संयुक्त परिवार और पितृसत्ता के दमनकारी रूप के विरोध में खड़े होकर वे युवा पीढ़ी की वैयक्तिकता की लड़ाई भी लड़ते हैं। इसके लिए वे 'परिवार' और 'विवाह' जैसी परम्परागत संस्थाओं के विरोध तक जाते हैं। उनके ये निर्णय उनके परवर्ती साहित्य और जीवन में सब कहीं फलित देखे जा सकते हैं...

उखड़े हुए लोग : परिवेश और मूल्य-दृष्टि

राजेन्द्र यादव के 'उखड़े हुए लोग' का प्रकाशन 1956 में हुआ था। राजेन्द्र यादव के अपने अगले-पिछले समूचे कृतित्व में ही नहीं, हिन्दी उपन्यास के तत्कालीन परिदृश्य में भी उसका प्रकाशन एक घटना जैसा था। राजेन्द्र यादव की तब की साहित्यिक स्थिति और हैसियत को देखते हुए उसे एक महत्त्वाकांक्षी प्रयास भी कहा जा सकता है—एक ऐसा प्रयास, जो अपनी सम्भावनाओं में ही सार्थक होकर रह गया क्योंकि उसके बाद स्वयं राजेन्द्र यादव के यहाँ वैसी कोई दूसरी कोशिश दिखाई नहीं देती है। अपने युग के सम्पूर्ण राजनीतिक परिवेश और उससे जन्मी विसंगतियों के अंकन की किसी मुकम्मिल कोशिश के बिना भी तत्कालीन राजनीति पर, कांग्रेसी नेताओं और मन्त्रियों के सरोकारों और चिन्ता पर, वह पर्याप्त साहसिक हस्तक्षेप करता दिखाई देता है। यशपाल के 'मनुष्य के रूप' और अमृतराय के 'बीज' की तरह 'उखड़े हुए लोग' नयी वैकल्पिक शक्तियों के उभार को उस सीमा तक थाहने-पड़तालने की कोशिश भले ही न करता हो लेकिन मध्यवर्गीय जड़ता और निष्क्रियता के विरोध में उत्पादक वर्गों से जुड़कर मध्यवर्ग की राजनीतिक भूमिका की ओर वह अवश्य संकेत करता है। अमृतराय के ही 'हाथी के दाँत' की तरह उसमें व्यंग्य का और भी सर्जनात्मक उपयोग देखा जा सकता है जो सत्तालोलुप अवसरवादी राजनीतिक तन्त्र को सफलतापूर्वक उद्घाटित करता है। यशपाल और अमृतराय की तरह ही तत्कालीन भारतीय कम्यूनिस्ट पार्टी की नीति के अनुरूप, राजेन्द्र यादव भी इसे साग्रह रेखांकित करते हैं कि देश की जनता के हितों के प्रति पूरी तरह उदासीन रहने वाली यह आज़ादी झूठी है। वस्तुतः यह आज़ादी है ही नहीं, यह सिर्फ़ स्वामित्व का स्थानान्तरण मात्र है जिसमें देश की आम जनता की बेड़ियों की धातु भर बदली है।

अपनी भूमिका में राजेन्द्र यादव ने यह उल्लेख किया है कि 'उखड़े हुए लोग' की पृष्ठभूमि देश में प्रथम आम चुनाव के पहले की है। इससे यह अनुमान सहज ही लगाया जा सकता है कि उपन्यास में अंकित सामाजिक-राजनीतिक परिवेश छठे दशक के शुरू का है। उपन्यास का सामाजिक परिवेश यदि बहुविध रूढ़ियों,

अन्धविश्वासों और विसंगतियों से निर्मित है तो उसका राजनीतिक परिवेश सत्ताधारी नेताओं के ढोंग, लोलुपता और संकुचित स्वार्थों के ताने-बाने से बुना गया है जिसमें निष्क्रिय मध्यवर्ग कुछ करने के लिए कसमसा रहा है और अपनी भूमिका को लेकर किसी सार्थक दिशा की खोज में व्यग्र है। यह दिशा, शरद और जया की यात्रा के दौरान, रेल के डिब्बे में यात्रा करते 'ये बेचारे छिन्नमूल, भविष्यहीन लोग' वाले भारतीय ईसाई परिवार की आरोपित अनुकरणधर्मी आधुनिकता वाली दिशा भी नहीं है और न ही प्रोफ़ेसर कपिल जैसे तथाकथित बुद्धिजीवियों वाली दिशा है जो अपने लिए एक और दूसरों के लिए दूसरे पैमाने की आकांक्षा से परिचालित ज़िन्दगी के छद्म को ही वास्तविक मानकर चलने की नियति से अभिशप्त हैं।

'उखड़े हुए लोग' के दूसरे संस्करण की भूमिका में राजेन्द्र यादव ने बर्लिन की एक शोध छात्रा श्रीमती दागमार के पूछे गये सवाल का उल्लेख करते हुए हर्ष और सन्तोष व्यक्त किया है कि आठ वर्षों में पहली बार, एक शोध छात्रा के रूप में, उन्होंने उपन्यास के मौलिक सवाल की ओर संकेत किया है। श्रीमती दागमार का सवाल है : "जया और शरद का विवाह प्रेम विवाह तो नहीं है। क्या मैं पूछ सकती हूँ कि आपने उपन्यास की रचना इस प्रकार क्यों की?"...मैं नहीं जानता कि अलग से राजेन्द्र यादव ने इस सवाल का क्या जवाब श्रीमती दागमार को दिया। लेकिन निःसन्देह इस सवाल का जवाब ही उपन्यास के पूरे तिलिस्म की कुंजी है जो उसे खोलकर हमें उपन्यास के समूचे परिवेश से होकर लेखक के रचनात्मक सरोकारों तक ले जाता है।

'उखड़े हुए लोग' में राजेन्द्र यादव एक ओर यदि हिन्दू विवाह के सामान्यतः स्वीकृत और प्रचलित रूप को चुनौती देते हैं तो वहीं दूसरी ओर कथित प्रेम विवाह को ही उसका एकमात्र विकल्प मानने से भी इनकार करते दिखाई देते हैं। जिस कालखण्ड में उपन्यास घटित है, छठे दशक के प्रारम्भिक दो वर्षों से भी कम का समय, तब भारतीय समाज में प्रेम-विवाह न तो इतना बड़ा अजूबा ही था और न हौआ ही। लेकिन प्रेम-विवाह को स्वीकृति दे देने के बाद विवाह के समूचे स्वरूप और पद्धति को लेकर राजेन्द्र यादव की चिन्ता निश्चय ही पृष्ठभूमि में चली जाती। अपने प्रचलित रूप में विवाह संस्था की निरर्थकता का संकेत वह इसके पूर्व 'प्रेत बोलते हैं' में पर्याप्त विस्तार से दे चुके थे। 'उखड़े हुए लोग' में शरद और जया के बीच सम्बन्धों की यह परिणति किसी कदर नाटकीय होते हुए भी उस आवेश या भावुकता से मुक्त है, जो किसी-न-किसी रूप में, प्रेम से अनिवार्य रूप से जुड़ी होती है। एक पारस्परिक समझदारी के कारण ही जया

उसे अच्छी लगती है, उससे उसे सहानुभूति होती है। लेकिन इस सहानुभूति में स्टीफेन ज्विग के 'बिवेयर ऑव पिटी' वाली दया और करुणा का कोई दख़ल नहीं है। जया की समस्या का समाधान तलाशने की प्रक्रिया में जब शरद एक विस्फोटक और नाटकीय परिणति के निकट पहुँच रहा होता है तब भी शकुन नामक कोई पंजाबी लड़की उसके मन में है और बाद में, स्वदेश महल में अपने सात दिन के निवास के दौरान, पद्मा को लेकर भी वह मोह से मुक्त नहीं है। पद्मा को इस नये परिवेश और किंचित् खुले रूप में पाकर ऐसा लगे बिना नहीं रहता कि सात दिन पहले यदि यही पद्मा उसे इस रूप में मिली होती तो जया की जगह आज वह भी हो सकती थी और तब शायद शरद अपेक्षाकृत अधिक प्रसन्न अनुभव करता। लेकिन, फिर भी, प्रचलित रूप में प्रेम-विवाह के बिना भी जब एक पारस्परिक समझौते के रूप में जया और शरद का यह सम्बन्ध परिकल्पित है तो इसमें कहीं-न-कहीं उस सवाल का जवाब भी स्वतः शामिल है जो श्रीमती दागमार ने कभी लेखक से पूछा था।

विवाह के परम्परागत और प्रचलित रूप को अस्वीकार कर शरद यूँ ही नितान्त अनौपचारिक ढंग से जया के साथ निकल पड़ा है। संस्कारहीन और चालू भाषा में इसे उसका जया को भगा ले जाना भी कहा जा सकता है। अपनी यात्रा के दौरान सूचनार्थ उमा दीदी को लिखे अपने पत्र में शरद ने लिखा है... "दीदी, हमें गर्व है कि हम समाज को हवाई आदर्शों और ज़बानी बहस-मुबाहिसों से नहीं, सक्रिय रूप से बदलने निकले हैं। देखें अब ज़िन्दगी क्या रंग लाती है..." ('उखड़े हुए लोग', छठा संस्करण, 1981, पृष्ठ 75) उठाये गये क़दम की व्यावहारिक दिक़्क़तें उपन्यास में अंकित नहीं हैं क्योंकि कपिल के घर की घटना को छोड़कर जया और शरद के इकट्ठे रहने के पूरे सात दिन देशबन्धु जी और स्वदेश महल की घटनाओं में ही निकल जाते हैं। इसीलिए, अपने वर्तमान रूप में, उनके इस कार्य की सार्थकता एक थ्रिल—उत्तेजना—से अधिक कुछ प्रमाणित नहीं हो पाती है। फ़िलहाल तो यह एक समझौता भर है जो दोनों व्यक्तियों के आपसी समादर और सद्भाव पर आधारित है—बहुत कुछ सार्त्र और सिमोन द बोउवार की तरह—जो दो दिन भी चल सकता है और पूरे जीवन भर भी। पद्मा के जया को 'जया-शरद' कहने के सुझाव पर शरद आपत्ति करता है—'शरद-जया' क्यों नहीं? फिर इस सम्बन्ध में अपना दृष्टिकोण स्पष्ट करते हुए वह कहता है, "हम लोग एक-दूसरे के भौतिक व्यक्तित्व के विलीनीकरण के पक्ष में नहीं हैं..." (पृष्ठ 135) उन दोनों ने ख़ूब सोच-समझकर, पूरी ज़िम्मेदारी के साथ यह क़दम उठाया है और अब उसके सारे परिणामों के लिए वे तैयार हैं। रूढ़ियों को

तोड़कर अपने ढंग से, अपनी इच्छा के अनुरूप जीने का जो एक विशेष सुख है, क्या सचमुच उसका कोई मूल्य नहीं होता?...और नींद में गहरा उतरता शरद सोचता रहा कि उन लोगों ने आग की धुँधुआती लपटों के चारों ओर बैल की तरह चक्कर काट कर साथ रहने का निश्चय नहीं किया—किसी एजेंट को बीच में नहीं लिया। आख़िर स्त्री-पुरुष के बीच में एक निश्छल, आत्यन्तिक समर्पण में इस सब खानापूरी और ढोंग के लिए जगह कहाँ है? वह ज़िन्दगी भर घिसटते रहें या कल ही लड़भिड़ कर अलग हो जायें लेकिन जीवन के इस लोकोत्तर आनन्द का दुनिया के किसी भी आडम्बर से क्या मतलब? "...सब कितने झूठे हैं, कितने दिखावटी, फ़ालतू लोगों का दिमाग़..." (पृष्ठ 168) सारे रूढ़िग्रस्त ताम-झाम के बीच कभी मायादेवी का विवाह हुआ होगा लेकिन अपनी अन्तिम परिणति में वह क्या प्रमाणित करता है? आज वह बाकायदा देशबन्धु की रखैल है और तथ्य जिस तरह उद्‍घाटित होते हैं उसकी सहमति से, उसकी उपस्थिति में ही, उसके पति को ज़हर दिया गया ताकि वे दोनों निर्बंध और निष्कंटक जीवन की सुविधा पा सकें। दूसरी ओर सूरज और चन्दा का वह रोमानी प्रेम है जो जानवर की तरह किसी खूँटे से बाँध दिये जाने में ही स्त्री को अपनी सुरक्षा की अनुभूति देता है। सूरज के साथ जीने और मरने के सारे लम्बे-चौड़े वायदों का हश्र यह होता है कि पति के साथ एक बार मिलने पर चन्दा उसे पहचानने से भी इनकार कर देती है। उसे विक्षिप्त करार देकर और अपने घर का पुराना नौकर बताकर वह अपने दरोगा पति से अपनी रक्षा की गुहार लगाती है। जया और शरद से इस रूप में भेंट के बाद यह एहसास सूरज को बहुत शिद्दत से होता है कि यदि चन्दा भी जया की तरह यह साहसिक क़दम उठा सकी होती तो आज उसका जीवन कितना भिन्न होता? हिन्दू पद्धति से विधिवत् विवाह के नाम पर कपिल और उसकी गँवार पत्नी है जिसके पास कुछ देर बैठ पाना भी कितनी बड़ी यातना हो सकती है, यह जया के अनुभव से ही जाना जा सकता है। पद्‍मा अपने दूर के रिश्ते के जैसे ही भाई से प्रेम करती है जो समाज की नज़रों में अनाचार के अतिरिक्त और कुछ नहीं है और अपनी इच्छा के अनुरूप जीवन गढ़ सकने के साहस के अभाव में वह जिस घुटन का अनुभव करती है उस सबको देखते हुए शरद की बात ग़लत भी नहीं लगती है। सम्भवतः स्त्री-पुरुष सम्बन्धों के इन विभिन्न रूपों की ओर संकेत करने के कारण ही 'उखड़े हुए लोग' को युद्धोत्तर कालीन स्त्री-पुरुष के बिगड़ते-बदलते-बनते सम्बन्ध का उपन्यास कहा गया है।...

'उखड़े हुए लोग' में प्रेम के सहज और स्वाभाविक रूप पर ही लेखक का सबसे अधिक आग्रह है। शरद एक स्थल पर कहता है : "समवयस्क स्त्री-पुरुष

को एक-दूसरे के पूरक और प्रेरक के रूप में जितना भी महत्त्व उसे दिया जाना चाहिए, उससे ज़रा भी अतिरिक्त महत्त्व मैंने नहीं दिया..." (पृष्ठ 260) इस असाधारण बौद्धिक सजगता, जिसे समझ की वयस्कता भी कहा जा सकता है, के बावजूद प्रेम-सम्बन्धों की रागात्मकता और स्त्री-शरीर की श्री और सम्पदा के प्रति आकर्षण भाव कहीं भी प्रभावित और बाधित नहीं होता है। अपने स्वभाव में पर्याप्त वयस्क किस्म का यह प्रेम 'आह से उपजा होगा गान' वाली अतीन्द्रिय छायावादी प्रेम-दृष्टि का निषेध करता है जो साहस के अभाव में मन और शरीर को दो हिस्सों में बाँटकर एक झूठे आत्मसन्तोष को बढ़ावा देती है। पद्मा अपने किसी कजिन को चाहती है जो कॉलिज में प्रोफ़ेसर है लेकिन मायादेवी उसे सत्य बाबू पर डोरे डालने को प्रोत्साहित करती है। शरद और जया की तरह वह कोई साहसिक क़दम उठाने को तैयार नहीं हैं जबकि उन दोनों ने अपनी उपस्थिति से सूरज जी की तरह उसे भी गहराई तक 'परटर्ब' किया है। पद्मा मन से हमेशा-हमेशा के लिए 'उसकी' रहने के सन्तोष में ही जीना चाहती है। उसकी उदासी और आत्मलीनता, उसकी कथित रिजर्डनेस और उसकी सुस्थिर गोपन उद्वेगशीलता उसकी इसी मानसिक स्थिति का अनिवार्य परिणाम है।

राजनीतिक स्तर पर जो मूल्य दृष्टि 'उखड़े हुए लोग' में सक्रिय है वह राजनीति की अवसरवादी परिणति, नैतिक स्खलन और सत्ता लोलुपता के विरोध में मध्य वर्ग के परिवर्तनकामी क्रान्तिकारी तत्त्वों और उत्पादक वर्गों की एकजुटता की आवश्यकता को रेखांकित करती है। सत्ता और अधिकार पाकर लगता है, यशपाल के 'देशद्रोही' के बद्रीबाबू ही 'उखड़े हुए लोग' के देशबन्धु जी बन गये हैं। उनके चरित्र की परतों को लेखक ने बड़े धैर्य के साथ वैसे ही खोला है जैसे उलझे हुए ऊन के गोले को कहीं से टूटने दिये बिना सुलझाना और खोलना होता है। छद्म और मुखौटों की पीढ़ी के प्रतिनिधि की हैसियत से देशबन्धु का चरित्र 'उखड़े हुए लोग' की एक उपलब्धि माना जा सकता है गोकि चित्रांकन और व्यंग्य की जिस पद्धति को उनके चरित्रोद्घाटन के लिए काम में लाया गया है, अन्त तक उसी रूप में उसका निर्वाह नहीं किया जा सका है। अन्त में, उनके यहाँ आयोजित पार्टी के अवसर पर, बातें! बातें! बातें! शीर्षक पूरा उपन्यास ही जैसे उनके बारे में सूचनाओं के लिए नियोजित है। मायादेवी के पति की हत्या, होटल डी पेरिस का संचालन और उससे जुड़ी सूचनाएँ मायादेवी और उनके सम्बन्धों को लेकर की गयी टिप्पणियाँ और सबसे अधिक पद्मा के प्रति उनका अन्तिम सलूक जिसके कारण अन्ततः खिड़की से कूदकर उसे आत्महत्या करनी पड़ती है, ये सारी चीज़ें उपन्यास में ऐसे ही घटित नहीं होती

हैं जैसे उनके चरित्र का काफ़ी बड़ा हिस्सा हम चित्रित और घटित देख चुके होते हैं इसलिए उनका बहुत कुछ मूर्त चरित्र अन्त में अमूर्त-सा होने लगता है और कभी-कभी तो ऐसा तक लगने लगता है कि सारी मानवीय बुराइयाँ उनमें आरोपित करके उसे अतिरंजनापूर्ण तक बना दिया गया है।

देशबन्धु जी का रचा और बसाया हुआ एक पूरा संसार है जिसे कपिल मज़ाक में 'देशबन्धु' की संज्ञा देता है। इसमें पशु-पक्षी ही नहीं जीवित इन्सान भी है। शरद उनके इसी संसार में एक नवागन्तुक की हैसियत से प्रवेश करता है। उनकी पहली छाप उस पर एक सीधे, सरल और आदर्शवादी किस्म के आदमी के रूप में पड़ती है जो कुछ सुनिश्चित सिद्धान्तों और धारणाओं के सहारे अपना जीवन बिता रहा है। उनसे परिचय के एकदम शुरू में उनके प्रति सूरज जी की तल्ख़ी और आक्रामकता कुछ ग़ैरज़रूरी और बेमौक़ा-सी लगती है। सूरज जी की अकारण आक्रामकता को देखते उसे ऐसा भी लगता है कि इस शख़्स से उसकी पटेगी नहीं। लेकिन धीरे-धीरे जैसे-जैसे स्थितियाँ साफ़ होती जाती हैं वे दोनों ही चरित्र अपने वास्तविक रूप में उसके सामने उद्‌घाटित होने लगते हैं। देशबन्धु की दो मिलें हैं, सिनेमा हैं और बीसियों जगह शेयर हैं। किसी बड़ी उधारी के समय मायादेयी स्वयं बाज़ार में अपना परिचय उनके 'घर से' कहकर देती हैं। देशबन्धु की तिलिस्मी दुनिया वाली शान-शौकत के बावजूद सादगी और विचारों की ऊँचाई पर उनके उपदेश, सारे कारोबार पर अपनी मज़बूत गिरफ़्त के बावजूद अपने बेटे सत्य बाबू से अलग होने का नाटक, मिल में मज़दूरों पर हुए गोलीकाण्ड के बाद स्थिति को पकड़ से बाहर न जाने देने की उनकी चतुराई, शरद स्तम्भित रह जाता है। धीरे-धीरे सारा काम वह उसे समझाते जाते हैं। पत्रों के उत्तर और दिये जाने वाले भाषणों से लेकर उनकी आत्मकथा लिखने तक सब कुछ—लेकिन वेतन का ज़िक्र वह कभी नहीं करते। शरद इसके लिए जब भी उनसे सम्पर्क करना चाहता है तो कभी पता चलता है कि वह बीमार हैं और माया बहन उनके सिर में तेल लगा रही हैं, कभी वह किसी ज़रूरी मीटिंग में होते हैं और कभी मज़दूरों की मृत्यु से इस कदर कातर होते हैं कि रुपये-पैसे की बात करना स्वयं शरद के लिए अमानवीय लगने लगता है।

देश की प्रायः सारी क्रान्तिकारी विरासत किस तरह आज़ादी के साथ ही इन नव-धनाढ्यों की निजी धरोहर बनकर रह गयी है इसे समझने के लिए 'बिगुल' का उदाहरण काफ़ी होना चाहिए। जो 'बिगुल' कभी स्वाधीनता आन्दोलन का प्रमुख अंग था, वह अब देशबन्धु का निजी पत्र है और उसकी इस विडम्बनापूर्ण परिणति के लिए सोमा ताई ने सूरज जी को कभी क्षमा नहीं किया—उस सोमा

ताई ने, जिसकी भूमिका सूरज जी के निर्माण में अत्यन्त निर्णायक रही है.... "इस तरह 'बिगुल' की सारी क्रान्तिकारी विरासत एक पूँजीपति ने ख़रीद ली। अब मैं इसका वैतनिक नौकर हूँ, एक प्रूफ़ रीडर और क्लर्क हूँ, और 'बिगुल' देशबन्धु जी का भार है। कल यह 'स्वदेश महल' से बाहर क़दम रखेंगे तो प्रोग्राम इसमें छपेगा। और मैं उन्हें ही क्यों दोष दूँ देश की सारी क्रान्तिकारी विरासतें लोगों ने ख़रीद ली हैं और दिन-रात वे अपना प्रचार करते हैं... (पृष्ठ 258) मायादेवी, सूरज जी, शरद और पद्मा तक का इस्तेमाल देशबन्धु अपने ढंग से करते हैं—करना चाहते हैं। मिल में हुए गोलीकाण्ड के बाद जो विशाल पार्टी उन्होंने आयोजित की है उसके शुरू में ही उन्हें उपप्रधानमन्त्री सरदार पटेल की मृत्यु की ख़बर मिल जाती है लेकिन पार्टी के स्थगन का सीधा मतलब है उनकी आगामी योजना की विफलता और इसकी सम्भावना से भी वह बचना चाहते हैं। इसलिए शरद के अलावा किसी को कुछ पता नहीं होता और सब कुछ यथावत् चलता रहता है।...

जैसी स्थितियाँ हैं, उनमें शरद चीज़ों को देख और पहचान कर अपनी भूमिका तय कर सकने की हद तक ही जा पाता है। देशबन्धु का वास्तविक प्रतिपक्ष सूरज जी हैं जो अपने शार्प अन्तर्विरोधों के कारण सहज ही आकृष्ट करता है। उसे अपनी मातगिरी पर सचमुच दुख है। यह बात उसे रह-रहकर कचोटती है कि अन्य साथियों की फरारी के दिनों में अब 'बिगुल' का चार्ज उसके पास था तभी यहाँ आया! अपने अन्तर्विरोधों के स्रोतों को ख़ुद ही प्रकाशित करते हुए टिप्पणी करता है... "अब भी दिन-रात भीतर लड़ता हूँ, अपने आपको कुचलता हूँ और आप समझिए, हर वक़्त का आत्मसंघर्ष आदमी को कितना कमज़ोर बना देता है! समझौतापसन्द हो जाते हैं आप—भीतर इस द्वन्द्व को छिपाने के लिए ऊपर से लापरवाही और मजाकिया, जॉली होने का कवच पहनना पड़ता है। लगता है, यह एक-एक क्षण जो हम समय से छीन रहे हैं, क्यों न इसको हँसी-खुशी बिता दें—क्यों इसे खोया जाये? मैं मानता हूँ, मुझमें कुछ असाधारण कुण्ठा है और काम्प्लेक्स हैं, लेकिन अतीत से विरक्त और भविष्य से निराश हर आदमी किसी-न-किसी रूप में निराशावादी है, क्योंकि वर्तमान से चिपका है—ख़ुशी नहीं, विवशता से..." (पृष्ठ 258)

सूरज जी का यह क्षणवादी आग्रह अस्तित्ववादी हताशा से भिन्न उस अदम्य जिजीविषा का परिणाम है जो जीवन में विरोधी परिस्थितियों से संघर्ष के बाद अपने लिए रास्ता बनाती है और उस संघर्ष से जो हासिल होता है उसका भरसक उपयोग करना चाहती है। अविश्वास और घृणा उसके इस विकास में सहायक

शक्तियाँ रही हैं। एक स्थल पर वह शरद से कहता भी है कि नल-नील की तरह उसने हनुमान को उसकी शक्ति का एहसास करा दिया है। और जब यह एहसास उसे हो जाता है, देशबन्धु की चिन्ता किये बिना वह हड़ताली मज़दूरों के हितों की रक्षा में 'बिगुल' का सम्पादकीय लिखता है जिसके परिणामस्वरूप 'बिगुल' छोड़ना उसके लिए ज़रूरी हो जाता है। फिर तो वह शरद को भी टूटने से बचाने के लिए प्रोत्साहित करता हुआ कहता है..."हमारी छातियों पर रखे इन राक्षसों के सिंहासनों के पाप एक दिन हमारे कन्धों पर होंगे और हम इन्हें दफ़्न करने ले जा रहे होंगे—और ये इन्द्रपुरियाँ?..." (पृष्ठ 370) यह बोध सूरज जी के अन्दर अन्ततः जाग गया है कि आदमी की आवाज़, क़लम और आत्मा को हमेशा के लिए नहीं ख़रीदा जा सकता। लेकिन वह व्यक्ति जिस परम्परा और समूह की कड़ी है—उसे कभी नहीं ख़रीदा और कुचला जा सकता।

देशबन्धु के यहाँ आयोजित पार्टी में पेरिस से लौटे रजनीकान्त की रसीली बातों पर लार गिराने वाले कवि, कलाकार और तथाकथित दूसरे बुद्धिजीवी भी इसी मध्यवर्ग के लोग हैं जो इच्छा और भय के द्वन्द्व के बीच अपने आचरण और व्यवहार में इस हद तक लिजलिजे हैं जिनकी उपस्थिति मात्र मरे हुए चूहों की बदबू का भ्रम पैदा करती है। जैसी स्थिति है, वह निःसन्देह निराशाजनक है। लेकिन इसी सबके बीच आशा और आस्था की किरणें भी अवश्य हैं। देवकुमार के प्रसंग में हनीफ की मिडिल क्लास ज़हनीयत वाली दलील पर बतरा उत्तर देता हुआ कहता है..."तुम्हारे हिसाब से तो फिर यह ज़हनीयत अलग हो ही नहीं सकती। और सिर्फ़ एक इलाज रह जाता है कि मज़दूर तबके का काम मज़दूर लोग करें और किसानों का किसान। ऐसे वॉटर-टाइट पॉकेट्स बन जायें कि एक को दूसरे में क़दम रखने की इजाज़त ही न हो..." (पृष्ठ 363) हनीफ तर्क देता है कि अपने वर्ग की समस्याओं और स्थितियों को वे ही लोग बेहतर समझ सकते हैं जो स्वयं उस वर्ग से आये हैं। सैद्धान्तिक रूप से इस पर बतरा को कोई एतराज़ नहीं है लेकिन वह इस पक्ष में नहीं है कि जब तक ऐसा नहीं होता तब तक उन लोगों को हाथ पर हाथ रखकर केवल प्रतीक्षा करनी चाहिए। शरद, सूरज जी, हनीफ और बतरा जैसे लोग मध्यवर्ग के विभिन्न स्तरों वाली मानसिकता के लोग हैं जो जड़ता और यथास्थिति के विरोध में कुछ कर गुज़रने को कसमसा रहे हैं। उपन्यास के केन्द्र में बेशक शरद और जया हैं—उखड़े हुए लोग—जो सात दिन पहले उखड़कर जम सकते कि जिस आकांक्षा से जुड़ कर यहाँ आये थे उसका आज कोई अर्थ नहीं रह गया है। वे आज भी उसी तरह उखड़े हुए हैं क्योंकि जिस पुल पर चढ़कर वे आये थे, उसे वे जला चुके

हैं। वापसी का कोई रास्ता शेष नहीं है। बात सिर्फ़ नये रास्ते की खोज की ही रह जाती है। जैसी बेचैनी और कसमसाहट है, उसे देखते हुए स्थिति बहुत निराशाजनक नहीं मानी जा सकती। किसी सुनिश्चित लक्ष्य के अभाव में यह पूरा मध्यवर्ग ही उखड़ा हुआ है। लेकिन अलग-अलग स्तर और मानसिकता के लोगों में किसी राह को पाने की यह बेचैनी, सारे तर्क-वितर्क और गर्मागर्मी के बावजूद उन्हें एक सूत्र में जोड़ती है और वह सूत्र है सामाजिक-राजनीतिक जड़ता और यथास्थिति के विरोध में परिवर्तन की महती आकांक्षा का सूत्र। कहना नहीं होगा कि इसी बिन्दु पर उपन्यास का शीर्षक अपना अर्थ-विस्तार करता है और उससे जो मूल्य-दृष्टि उभरती है वह सामाजिक-राजनीतिक परिवर्तन की हिमायत और आकांक्षा वाली दृष्टि है।

राजेन्द्र यादव की कहानियाँ

नयी कहानी का सौन्दर्यशास्त्र गढ़ने में राजेन्द्र यादव की भूमिका, उनके अन्य समकालीनों की अपेक्षा, कहीं अधिक महत्त्वपूर्ण और निर्णायक रही है। लेकिन इस सौन्दर्यशास्त्र के व्यवस्थित निर्माण के बहुत पहले, जब उन्होंने कहानी लिखना शुरू किया था, वह इस ओर पर्याप्त सचेत दिखाई देते हैं। उनकी कहानियों का पहला संग्रह 'लहरें और परछाइयाँ' सन् '50 में प्रकाशित हुआ था। लेकिन आज वह इसे अपने संग्रहों में शामिल नहीं करते। कालक्रम में प्रकाशित उनका दूसरा संग्रह 'देवताओं की मूर्तियाँ' सन् '52 में आया लेकिन अब इसका महत्त्व भी वह बस इतना ही मानते हैं जितना किसी संगीतकार के लिए उसके आरम्भिक रियाज़ का हो सकता है। (एक निजी पत्र का सन्दर्भ) लेकिन संगीतकार का रियाज़ उसके एकान्त साधना कक्ष की दीवारों के बाहर अपना कोई साक्षी तैयार नहीं करता जबकि रचनाओं के प्रकाशन के बाद लेखक को यह सुविधा नहीं रह जाती है। राजेन्द्र यादव के इन दोनों संग्रहों की कहानियों और भूमिका से निस्सन्देह उनके लेखकीय सरोकार और उनके निर्माण की भावी दिशा समझने में सहायता मिल सकती है।

राजेन्द्र यादव ने जब लिखना शुरू किया वह प्रगतिवाद का उत्कर्ष काल था। एक लेखक के रूप में उनकी सबसे बड़ी समस्या यह थी कि प्रगतिवाद में आशा और आस्था के नाम पर जो बहुत कुछ यान्त्रिक और सरलीकृत निष्कर्षप्रियता हावी थी उससे मुक्त हुआ जाये। अपने निर्माण के इस सन्धिकाल में वह यशपाल और अज्ञेय को समान रूप से पसन्द करते हैं—यशपाल को उनकी जागरूक सामाजिक चेतना के कारण और अज्ञेय को सम्भवतः उनकी शिल्प सजगता के कारण। अपने समय को देखते हुए एक बहु पठित हिन्दी लेखक के रूप में उनकी छवि उभरकर सामने आयी थी जिसके लिए कुछ मनोवैज्ञानिक कारण भी सहज ही खोजे जा सकते हैं। अपने पहले संग्रह की भूमिका में ही राजेन्द्र यादव ने स्पष्ट तौर पर स्वीकार किया है, 'मात्र मनोरंजन मेरी दृष्टि में कहानी का लक्ष्य कभी नहीं है। वह किसी भाव, विचार और अनुभूति को व्यंजित करने

का साधन है—जो अपनी (कला की) सीमाओं में आबद्ध है...।' (लहरें और परछाइयाँ, भूमिका) इसी संक्षिप्त भूमिका में आगे उन्होंने इस बात का भी उल्लेख किया है कि उनकी ये कहानियाँ किन्हीं निश्चित सिद्धान्तों की सुइयों से बजाये गये रिकॉर्ड नहीं हैं। लेखक ने स्वीकार किया है कि उसने चेष्टा की है कि सुर 'नारे' न बन सकें...

राजेन्द्र यादव के दूसरे संग्रह 'देवताओं की मूर्तियाँ' में कई कहानियाँ हैं जो लेखक और उसकी कला के रिश्ते को विश्लेषित करती हैं। 'शरत् और प्रेमचन्द' में, शीर्षक से ध्वनित ऊहात्मकता और चौंकाने की प्रवृत्ति के बावजूद, भावुकता और जीवन में संघर्ष के लिए दो नाम प्रतीक रूप में प्रयुक्त हैं। यह पूरी कहानी दो समानान्तर स्थितियों के माध्यम से फ़ैज़ की उस प्रसिद्ध और बहुश्रुत उक्ति को ही अर्थ-विस्तार देने की कोशिश करती है... 'और भी ग़म हैं ज़माने में मुहब्बत के सिवा...।' प्रेमिका के लिए रोने का क्या औचित्य? आख़िर आप क्यों चाहते हैं कि जीवन भर कोई आपकी माला जपता रहे? प्रेमिका को विदा करके, भावुक स्थितियों में ऊभ-चूभ जब वह रिक्शे पर लौटता है तो रिक्शेवाले के पसीने की बूँदों (प्रेमचन्द?) के सामने उसे प्रेमिका के लिए अपने आँसू (शरत्?) स्वयं ही अर्थहीन लगने लगते हैं—'न जाने क्यों मैं स्तब्ध रह गया हूँ—एक बिजली-सी मेरे मस्तिष्क में कौंधती है—मेरे आँसू कितने निर्जीव हैं कि धरती पर पड़ते हैं और सूख जाते हैं—इसकी एक-एक बूँद जैसे तेज़ाब की तरह तीखी है—और मैं पीछे मुड़कर देखता हूँ—लगता है पीछे दोनों बूँदें साथ-साथ चली गयी हैं—एक गिरकर सूख जानेवाली और एक दूर तक पत्थर की छाती पर मचलती छनछनाती रहनेवाली।' (देवताओं की मूर्तियाँ, पृ. 19) ...पूरी कहानी में जायसी, बिहारी और कबीर से कितनी ही उपमाएँ और हवाले मौजूद हैं। प्रसाद से उद्धरण तक दिये गये हैं। कहानी के ढाँचे में निहायत ग़ैर-ज़रूरी तौर पर यह सब उपस्थित है जो लेखक के अभी हाल में ही, नया-नया हिन्दी में एम.ए. करने की छाप छोड़ता है।... 'कला, अहम् और विसर्जन' में सारी नाटकीय स्थिति के बावजूद कला को जीवन से जोड़ने का आग्रह स्पष्ट है।—'जीवन का जितना अकृत्रिम रूप तुम जन-जीवन में, निम्न जनता में पा सकते हो उतना कहीं नहीं क्योंकि वहाँ सभ्यता के पर्दे नहीं होते।'...(वही, पृ. 51) साहिर के ढंग पर लेखक सोचता है कि संस्कृति को सुरक्षित रखने के नाम पर ताज और सोमनाथ का समर्थन नहीं किया जा सकता—यह दुखी मानवता पर व्यंग्य है। नग्मा जीवन को संकट में डाल कर आग से बच्चे को निकालने के लिए संघर्ष करती है जबकि सुधीर उस दृश्य के चित्र लेने में व्यस्त है! नग्मा और उस नग्न स्त्री के उलाहने

पर वह अपना कैमरा आग में फेंक देता है और नग्मा की सहायता को दौड़ पड़ता है। वह स्त्री अपनी धोती उतारकर (लेकिन तब पंजाब में क्या औरतें आम तौर पर धोती पहनती थीं?) नग्मा को ऊपर चढ़ने में सहायता करती है ताकि बच्चे को बचाया जा सके। 'देवताओं की मूर्तियाँ' प्रगतिवादी दौर में निम्न वर्ग के चित्रण की इस प्रवृत्ति का प्रतिवाद करती है कि जैसे लेखक उनका चित्रण करके उन पर कोई अहसान कर रहा हो। लेखक अपने को उनसे ऊँचा और अलग समझ कर यदि इस कार्य में प्रवृत्त होता है तो वह उनके बारे में बहुत सतही ढंग से लिख पाने में ही सफल हो सकता है। 'देवताओं की मूर्तियाँ' का कुमार, निराला के 'निरुपमा' के कुमार की तरह, कोई छोटा काम करने में अपनी हेठी नहीं समझता। यहाँ वह बूट पॉलिश न करके चाट बेचता है और एक रचनाकार एवं व्यक्ति के रूप में अपनी अस्मिता के बचाव का संघर्ष झेलता है। उदय को वह 'मानसिक मिथ्या गौरव का शिकार बालक' मानकर अवहेलना और तिरस्कार की दृष्टि से देखता है। कुमार अपने ही वर्ग के चित्रण से लेखक के बाहर आने की बात भी करता है और जो वह लिखता है उसके लिए अपने अनुभव को प्रामाणिक बनाने पर भी ज़ोर देता है... 'अपने वर्ग के चित्रण तक ही सीमित न रहें...लेकिन जो कुछ आप कहें उसका कुछ तो अनुभव रखिए। मैं चाट बेचता हूँ, मैं सड़क पर सैकड़ों आदमियों का अध्ययन दिन-रात करता हूँ, इसीलिए मैं कहता हूँ जो कुछ आप कहें उसमें अनुभूति की शक्ति होनी चाहिए।'... (वही, पृ. 100) इसी प्रकार, आगे चलकर, वह उदय को कठघरे में खड़ा करके उससे पूछता है... 'आप एक क्षण को भी क्यों नहीं भुला पाते कि आप बड़े लेखक हैं।...' (वही, पृ. 101) वह इस बात के लिए भी उदय की ले-दे करता है कि जनता के निकट आने का नारा लगाने और प्रगतिवादी होने का दम भरने मात्र से कोई सर्वहारा का लेखक नहीं हो जाता, क्योंकि ऐसा लेखक मानसिक धरातल पर ज़रा भी नहीं बदलता और उसके स्वप्न एवं आकांक्षाएँ अभिजात वर्ग के होते हैं। उदय के आत्महत्या कर लेने की ख़बर पर कुमार की टिप्पणी है... 'और ये हमारे कलाकार भी तो न जाने कैसे हैं। ये चाहते हैं कि देवताओं की मूर्तियों की भाँति लोग इन्हें रखकर पूजते रहें, सदा इनकी चिन्ता करते रहें और इन्हें कुछ न करना पड़े।' (वही, पृ. 104) ...इस तरह से यह कहानी एक ओर यदि लेखक और समाज से उसके रिश्ते की पड़ताल करती है तो दूसरी ओर अनुभव की प्रामाणिकता को एक सिद्धान्त के तौर पर प्रस्तुत करती है जिसका पूर्ण विकास नयी कहानी के आन्दोलन में ख़ासतौर से ध्यान आकृष्ट करता है। अपने समय में प्रचलित फ़ैशनेबुल क़िस्म की प्रगतिशीलता के मुक़ाबले अनुभव

की प्रामाणिकता पर बल देकर यह वस्तुतः कहानी 'गढ़ने' और 'बनाने' वाली पद्धति और दृष्टि का ही विरोध है जिसमें एक ओर यदि बहुत से प्रगतिवादी कहानीकार शामिल थे तो वहीं दूसरी ओर जैनेन्द्र, इलाचन्द्र जोशी, भगवतीचरण वर्मा और काफ़ी हद तक अज्ञेय भी शामिल थे। अपने ढंग से यह कहानी बुद्धिजीवियों की मानसिक जड़ता को भी तोड़ती है जो अपनी सुविधा के लिए शारीरिक और मानसिक श्रम में अन्तर करके शारीरिक श्रम को केवल छोटे और बेपढ़े लोगों का ही काम मानते रहे हैं। मात्र बौद्धिक सहानुभूति से सर्वहारा का वस्तुतः कुछ भला नहीं होता है। लेकिन सोच के धरातल पर यह कहानी बहुत से अन्तर्विरोधों का शिकार है। जिस गढ़ी और बनायी गयी कहानी के विरोध में इस कहानी से एक घोषणापत्र जैसा काम लेने की कोशिश की गयी है, अपने स्वरूप में क्या वह स्वयं भी वैसी ही गढ़ी और बनायी गयी कहानी से बहुत भिन्न है? 'निरुपमा' का कुमार जब लन्दन से विदेशी शिक्षा लेकर लौटने के बाद भी सड़क पर बूट पॉलिश करता है तो वह कहीं-न-कहीं उस समूची शिक्षा पद्धति और उसका संचालन करनेवाले साम्राज्यवादी शासन का ही प्रत्याख्यान कर रहा होता है। लेकिन 'देवताओं की मूर्तियाँ' के कुमार के साथ यह सच नहीं है। दो विषयों में एम.ए. करने के बाद वह सिर्फ़ चौंकाने और झटका देने के लिए ही चाट बेचता है। उसके चरित्र की यह ग़ैर-ज़रूरी नाटकीयता उसे एक हवाई और रोमानी पात्र बनाकर छोड़ देती है—वह कहीं भी अपने समय-सन्दर्भों से गम्भीरता से नहीं जुड़ पाता है। उसके सारे सैद्धान्तिक आग्रह, उदय के विरोध में, किताबी आग्रह ही बने रहते हैं। और फिर चाट बेचकर दुनिया-जहान को जानने-समझने का उसका दावा भी एकांगी और अतिरंजित दावा है क्योंकि इस तरह दुनिया को सिर्फ़ देखा ही जा सकता है, वह भी बहुत सीमित अर्थ में, जाना नहीं जा सकता। और फिर सर्वहारा के स्तर पर उतरकर सर्वहारा से जुड़ने की बात इससे कहाँ और कैसे प्रमाणित होती है? सामाजिक विसंगतियों को गहराई से उद्‌घाटित करके कला को जीवन से जोड़ने की जो विधायक कोशिश यशपाल 'भस्मावृत चिनगारी', 'फूलो का कुर्ता' और 'धर्मयुद्ध' आदि कहानियों में करते हैं उसे क्या किसी भी स्तर पर यहाँ हासिल किया जा सका है?...

राजेन्द्र यादव की इन प्रारम्भिक कहानियों में बहुत-सी ऐसी हैं जो उनके विकास की भावी दिशा निर्धारित करती दिखाई देती हैं। 'जय गंगे' और 'खोखले खम्भे' जैसी कहानियाँ धर्म के व्यवसायीकरण और पूँजीवादी समाज की विकृतियों को, जिनमें सेक्स की विकृतियाँ भी हैं, उद्‌घाटित करने की कोशिश करती हैं। 'बेशरम' और 'बारह वर्ष : बारह घण्टे' जैसी कहानियाँ ओ. हेनरी के ढंग पर

झटका देनेवाले अन्त के बावजूद स्थितियों की विडम्बना को उजागर करती हैं। 'बेशरम' में जीवन का बहाव हमारी गढ़ी-गढ़ाई मान्यताओं को कैसे बहा ले जाता है यह तथ्य हमें हकबकाया-सा छोड़ जाता है। 'बारह वर्ष : बारह घण्टे' में हवाई आदर्श और व्यावहारिक एवं जैविक आवश्यकताओं के संघर्ष में हवाई और काल्पनिक आदर्श धूप के कोहरे की मानिन्द उड़ जाते हैं। हेम को बारह वर्ष अरुण ने भाई नहीं पिता बनकर पाला है। लेकिन अपनी बीमारी के दौरान डॉक्टर विभूति के साथ बारह घण्टे की वासना के कारण वह उसे बिना कुछ बताये चली जाती है जबकि वह उसकी समुचित सेवा-टहल के लिए ही त्याग-पत्र देकर आया है! 'पाँच रुपये की बात', 'स्वतन्त्रता दिवस' और 'मैं हारा नहीं हूँ...' आदि कहानियाँ अपने छोटे-छोटे स्वार्थों के लिए दूसरों की बड़ी ज़रूरतों और लाचारियों के प्रति उदासीन रहनेवाली मध्यवर्गीय मानसिकता को रेखांकित करती हैं या फिर देश की स्वतन्त्रता के बाद तेज़ी से विकसित होती नवधनाढ्य संस्कृति की विकृतियों को। 'मैं हारा नहीं हूँ'..., एक अन्य स्तर पर, लेखक के घोषणापत्र के रूप में सामने आती है। इस कहानी में लेखक पर यह आरोप लगाया जाता है कि वह अपने पात्रों के चयन में कैसी भी मुरव्वत और लिहाज नहीं बरतता है, घर-परिवार के लोगों को ही पतनशील संस्कृति और ह्रासशील समाज के अंग के रूप में चित्रित करता है और यह भी कि उसने स्त्री को कभी सच्चे रूप में चित्रित नहीं किया। कहानी इस विडम्बना को खोलती है कि मध्यवर्गीय समाज में भाई, जीजा या ट्यूटर बनकर ही युवक किसी लड़की के पास जा सकता है। इस समाज की युवती प्लेटॉनिक प्यार की ख़ामख़याली में मुब्तिला रहने को ही जीवन की सबसे बड़ी साधना के रूप में देखती है—वह प्रेम को जीवन के एक अनिवार्य अंग के रूप में कभी स्वीकार नहीं कर पाती है। किसी से प्रेम करके किसी से विवाह और फिर प्रेमी के लिए आदर्श निर्मल प्रेम की दुहाई का आख़िर क्या औचित्य हो सकता है? अपने बारे में इस तरह के सारे आरोपों को लेकर लेखक की प्रतिवादात्मक टिप्पणी है, 'श्रीमान्, मेरे ख़िलाफ़ जो कहा गया है, मैं उससे इनकार नहीं करता। वह सब सही है। कहना मैं यह चाहता हूँ कि यह सब मैंने जान-बूझकर किया है, अनजाने या किसी बहकावे में आकर नहीं, क्योंकि मैं बड़े प्रचण्ड रूप में रात-दिन इस बात को अनुभव करता हूँ कि हमें इस रवैये को बदलना है। मेरे मस्तिष्क में एक ऐसे समाज की तस्वीर रात-दिन झलमलाती रहती है जिसमें व्यक्ति की प्रवृत्तियाँ इतनी कुण्ठित और सड़ी नहीं होंगी और समाज इन रोगों से खोखला नहीं हो रहा होगा। हमें एक ऐसी दुनिया का निर्माण करना है जहाँ यह अंधेरगर्दी, धर्म, जाति और धन के कठघरे नहीं होंगे।'...(वही, पृ. 151)

यह लगभग एक सर्व स्वीकृत-सी धारणा है कि राजेन्द्र यादव मध्यवर्गीय जीवन के कथाकार हैं और चेख़व उनके प्रिय लेखक रहे हैं। उन्होंने चेख़व के नाटकों का अनुवाद ही नहीं किया है, उन पर एक लम्बे काल्पनिक इण्टरव्यू के अतिरिक्त उनकी कहानियों पर भी विस्तार से लिखा है। लेकिन अपने नाटकीय शिल्प में राजेन्द्र यादव की कहानियाँ चेख़व की अपेक्षा ओ. हेनरी की कहानियों के अधिक निकट लगती हैं। चेख़व ने क्रान्तिपूर्व रूस के बुद्धिजीवियों की मानसिक छटपटाहट, घुटन और हताशा को जिस व्यापक परिप्रेक्ष्य में प्रस्तुत किया है वह सब कुछ राजेन्द्र यादव की कहानियों में कहीं नहीं है। इस दृष्टि से उनका 'उखड़े हुए लोग' चेख़व वाली मानसिकता के बहुत निकट लगता है...अपने संग्रह 'जहाँ लक्ष्मी क़ैद है' की भूमिका में अपने बचाव में वह आग्रहपूर्वक इसे दोहराते हैं कि वह बेशक एक मध्यवर्गीय लेखक हैं और इसे वह अपनी लेखकीय ईमानदारी के रूप में स्वीकार किये जाने पर भी बल देते हैं कि इसके अतिरिक्त वह न कुछ और हो सकते थे और न होना चाहते हैं। जिस वर्ग के जीवन और समस्याओं की आधिकारिक जानकारी लेखक को है, उसे उसी पर लिखना चाहिए। एक मध्यवर्गीय लेखक सामान्यतः अपने वर्ग और उसकी समस्याओं के बारे में ही लिख सकता है और राजेन्द्र यादव ने कमोबेश यही किया है। मध्यवर्ग पर ही पूरी तरह अपने को केन्द्रित कर लेना बेशक कोई एतराज़ की बात न हो लेकिन यहाँ भी देखना यह होगा कि इस वर्ग के कैसे पात्रों और उनकी किस किस्म की समस्याओं से लेखक का ताल्लुक है।

राजेन्द्र यादव भारतीय समाज में स्त्री के बहुविध उत्पीड़न के प्रति सर्वाधिक संवेदनशील और कन्सर्ड महसूस करते हैं। उनकी ऐसी कहानियों में 'खेल-खिलौने', 'साइकिल', 'कुतिया', 'नास्तिक', 'तीन पत्र और आलपीन', 'लकड़हारा' और 'जहाँ लक्ष्मी क़ैद है' आदि प्रमुख हैं।...कोई लड़का बाहरी तौर पर किसी सुन्दर लड़की को देखकर विवाह का हठ करने लगे, अनशन पर बैठ जाये, तो क्या लड़की को उसके खूँटे से बाँध दिया जाना चाहिए—बिना इसकी चिन्ता किये कि लड़की की अपनी इच्छाएँ और आकांक्षाएँ क्या हैं? पुरुष शासित इस भारतीय हिन्दू समाज में वस्तुतः लड़के की इच्छा और रुचि का ही महत्त्व है। लड़की का विवाह हो जाना ही माँ-बाप की छाती से एक बोझ हट जाने जैसा है। सामान्यतः यही सोचा जाता है कि देर-सबेर जब यही करना है तो फिर अभी, जब लड़का ही पहल कर रहा है, इसमें हर्ज़ ही क्या है? लेकिन इस तरह किसी लड़के के हाथ लड़की सौंप देना, क्या नासमझ भाँजे 'पापा' की ज़िद पर कमरे में रखी गौतम बुद्ध की सुन्दर कलात्मक मूर्ति का सौंप दिया जाना ही नहीं है

जो फ़र्श पर खेले-पटके जाने से टूट जाने को अभिशप्त है? क्या उसकी नियति इससे भिन्न कुछ और हो ही नहीं सकती?...आज नीलिमा इस रास्ते जा चुकी है, कल नीरजा जाने को तैयार बैठी है। नीलिमा की असाधारण प्रतिभा और कलात्मक अभिरुचियाँ अन्ततः उसे क्या दे पाती हैं? सुधीन्द्र भाई से पूछा गया उसका सवाल जैसे इस पूरे समाज को ही सम्बोधित है—प्रतिभा और विवाह का सामंजस्य कहाँ और कैसे हो? जो गुण किसी भी दूसरे समाज में स्त्री को सहज ही सम्माननीय बना सकते हैं वे ही उसकी सबसे बड़ी त्रासदी का कारण बनते हैं... 'मेरे वायलिन और सितार में मनों धूल भर गयी है। महादेवी और मीरा के गीत मैं यहाँ गाकर सुनाऊँ तो सब उल्लुओं की तरह मुँह देखें। बात-बात में इनकी इज़्ज़त का ध्यान, बात-बात में स्त्री होने की घोषणा...सच भाई साहब, आज हृदय में बड़ी प्रचण्ड शक्ति से यह सब उठ रहा है कि काश मैं एक साधारण लड़की होती—मूर्ख और भेड़, जिसके बचपन की सारी तैयारियाँ, शिक्षा-दीक्षा केवल विवाह के लिए होती हैं और विवाह होने के बाद जैसे इन सारे झंझटों से छुटकारा मिलता है।' (खेल-खिलौने, पृ. 38) ...कहानियों में घटित कितने ही संयोगों और दूरारूढ़ सम्भावनाओं के बीच यह ख़याल ज़रूर उभरकर सामने आता है कि स्त्री जीवन की सार्थकता क्या मात्र एक शो-पीस—खेल-खिलौने—तक ही सीमित है? इस स्थिति के कैसे भी प्रतिवाद की कल्पना नीलिमा का उदाहरण बनकर, सिहरा देने को काफ़ी है। यह समाज पुरुष को भरपूर छूट देता है कि खुजैली कुतिया की तरह वह गत-यौवना स्त्री के साथ भी, उसकी जवानी में उसका हर जायज़-नाजायज़ इस्तेमाल करके, वैसा ही सलूक कर सके। इसीलिए अपनी वफ़ादारी और ममत्व के लिए पिटी वह कुतिया उस स्त्री को बहुत अपनी-सी लगती है। इस स्थिति को सामान्यतः सर्वस्वीकृत मान लिया गया है कि बैल चलता है, गाड़ी घिसटती है, साइकिल में अगला पहिया चलता है, पिछला घिसटता है। इस विचार से 'साइकिल' की रश्मि के दिमाग़ में ही जैसे कोई पहिया घूमने लगता है और देर तक घूमता रहता है। 'नास्तिक' की नीरा सारी अति नाटकीय स्थितियों के बावजूद, धर्म के नाम पर पल रही जहालत का शिकार होने से अपने को बचा नहीं पाती है। उसकी सन्तान को गंगा माई की कृपा का फल मानकर उसकी आँखों के सामने ही उसकी सास द्वारा जीवित ही जल-समाधि दे दी जाती है।

राजेन्द्र यादव की ये अधिकांश कहानियाँ समाज में सामान्य स्थितियों और सामान्य पात्रों की चिन्ता किये बग़ैर विशिष्टताओं, संयोगों और अति नाटकीय स्थितियों के सहारे विकसित होती हैं। ऐसा नहीं लगता कि ये सीधे जीवन में

से तराशी गयी कहानियाँ हैं इसीलिए जीवन की अपनी ख़ास हरारत से वे प्रायः अछूती लगती हैं। शुरू से ही राजेन्द्र यादव की छवि एक पढ़ाकू लेखक के रूप में उभरकर सामने आयी है, अपनी इस छवि के प्रति वह स्वयं भी कम सचेत नहीं हैं, इसीलिए उनकी बहुत-सी कहानियाँ ज्ञान के इस अपच से बच नहीं सकी हैं।... 'तीन पत्र और आलपीन' पुलिस अफ़सर पिता की अनुपस्थिति में उनकी ड्रॉअर में पड़े काग़ज़ों से बनायी गयी कहानी है। परिवार में स्त्री की यातना के सन्दर्भ उसमें अप्रकट और अप्रकाशित ही रह जाते हैं। लेखक का पूरा ध्यान पिता, मित्र और पत्नी से तीन पत्रों को जोड़कर कहानी बनाने की ओर है और पहले की चोट में आलपीन से चोट के प्रतीक द्वारा एक विशिष्ट स्थिति को सामान्य बनाने की कोशिश अवश्य की गयी है लेकिन कहानी की नाटकीय बुनावट और संयोग इसमें भी बाधा डाले बिना नहीं रहते। 'लकड़हारा' में झटका देने की प्रवृत्ति हास्यास्पद हो उठी है। ससुराल के लोग शोभा के विवाह मंडप में जब दहेज और लेन-देन को लेकर तकरार करते हैं और बारात वापस चले जाने की स्थिति आ जाती है तो वह बड़े नाटकीय ढंग से उन लोगों को झाड़ती ही नहीं है, प्रतिक्रिया और प्रतिशोध में, अपने सबसे निकट खड़े पुरुष नाई सुमेरा का हाथ पकड़कर उसे ही अपना पति भी घोषित कर देती है! शोभा सचमुच लोककथा की वह राजकुमारी बनने की कोशिश करती है जिसने कभी घोषणा की थी कि सबसे पहले जिस व्यक्ति का मुँह वह देखेगी उसे ही अपने पति रूप में वरण करके सारे राजपाट का स्वामी बना देगी। रास्ता चलता लकड़हारा सचमुच ही राजा बन जाता है। उस लकड़हारे की तरह स्थितियाँ सुमेरा को भी एक नाई से लोककथा का नायक बना देती हैं। लेकिन ज़िन्दगी और लोककथा में अन्तर होता है और एक को दूसरे पर लाद देने से स्थिति को हास्यास्पद होने से नहीं बचाया जा सकता। 'जहाँ लक्ष्मी क़ैद है' राजेन्द्र यादव की एक बहुचर्चित कहानी है। यहाँ लाला रूपाराम के रूप में एक ऐसे पिता की कल्पना की गयी है जो पुत्री को लक्ष्मी मानता है और जिसके मन में यह विश्वास गहराई से जमा बैठा है कि लड़की को घर से निकालते ही, उसका विवाह करते ही, उसकी सारी श्री और सम्पदा भी उसे छोड़ जायेगी। अपने बड़े भाई रोचूराम और उसकी बेटी गौरी का उदाहरण उसके इस विश्वास को पुष्ट करता है। वह उसकी ग़लती को किसी भी क़ीमत पर दोहराने को तैयार नहीं है। उसकी कंजूसी के क़िस्से लोग गहरी दिलचस्पी से बयान करते हैं। छब्बीस वर्ष की लक्ष्मी, उसकी बेटी, इस क़ैद में हिस्टीरिया का शिकार हो जाती है। उसके बाबत गोविन्द को बताते हुए चौकीदार रूपाराम के प्रति गहरी बसी घृणा के साथ कहता है... 'दौरा

न पड़े तो जवान लड़की क्या करे? उधर पिछले पाँच-छह साल से तो यह हाल है कि दौरे में घण्टे-दो घण्टे वह बिल्कुल पागल हो जाती है उछलती-कूदती है, बुरी-बुरी गालियाँ देती है, बेमतलब रोती-हँसती है, चीज़ें उठा-उठाकर इधर-उधर फेंकती है। जो चीज़ सामने होती है उसे तोड़-फोड़ देती है। जो हाथ में आता है उससे मारपीट शुरू कर देती है और सारे कपड़े उतारकर फेंक देती है। बिलकुल नंगी हो जाती है और जाँघें और छाती पीट-पीटकर बाप से कहती है—'ले, तूने मुझे अपने लिए रखा है, मुझे खा, चबा, मुझे भोग।' यह पिटता है, गालियाँ खाता है और सब कुछ करता है लेकिन पहरे में ज़रा ढील नहीं देता...' (जहाँ लक्ष्मी क़ैद है, पृ. 295) इस पूरे क़िस्से को सुनकर नया-नया आया गोविन्द लक्ष्मी के छोटे भाई द्वारा लक्ष्मी के लिए माँगी गयी पत्रिका में एक कहानी के रेखांकित अंशों की वास्तविकता समझ लेता है। क़ैद से मुक्त कराकर कहीं भगा ले चलने का उसका करुणा भरा आग्रह और वैसा न करने पर फाँसी लगाकर मर जाने की उसकी चेतावनी उसे बेचैन कर देती है... 'गोविन्द के मन में अपने आप एक सवाल उठा—क्या मैं ही पहला आदमी हूँ जो इस पुकार को सुनकर ऐसा व्यथित हो उठा है, या औरों ने भी इस आवाज़ को सुना है और अनसुना कर दिया है? और क्या सचमुच जवान लड़की की आवाज़ को सुनकर अनसुना किया जा सकता है?'... (वही, पृ. 296) किसी और ने कुछ भी किया हो लेकिन यह तय है कि गोविन्द ऐसा नहीं कर सकता। आज पूरा पौराणिक रूपक अपनी सम्पूर्णता में उपस्थित है और गोविन्द को लक्ष्मी का उद्धार करना ही होगा। अर्थ की विकृतियों और शरीर की अपनी माँग का द्वन्द्व निरूपित करना ही कहानी का मूल कथ्य है लेकिन इसके लिए पौराणिक नामों का साम्य और जिन दूसरी चमत्कार भरी युक्तियों का सहारा लेखक ने लिया है वे सब कथ्य की गम्भीरता को अप्रभावित किये बिना नहीं छोड़ते हैं।...

नयी कहानी, कहानी के शास्त्रीय ढाँचे के अस्वीकार का आग्रह लेकर आयी थी क्योंकि वह अपने समय-सन्दर्भों से जुड़ने की आकांक्षा का परिणाम थी। इस मुद्दे पर राजेन्द्र यादव ने ख़ासतौर से ज़ोर देते हुए लिखा है, 'शास्त्र के द्वारा हम किसी भी रचना के रूप, उसकी कलात्मक सफलताओं-असफलताओं को भले ही जान लें, रचना की प्रेरणा और प्राण को पाने में कोई शास्त्र हमारी सहायता नहीं कर सकता। परिवेश को समय-बोध, काल-बोध कुछ भी कह लीजिए, बात उसी सम्पूर्ण परिप्रेक्ष्य की है जो रचना को अपने साथ जोड़े रखता है, या जिससे जुड़ी रहने को रचना मजबूर है। यही कारण है कि आज रचनात्मक समीक्षा अपने समय को ही किसी-न-किसी रूप में परिभाषित करने पर ज़ोर

देती है। आधुनिकता और सामयिकता को समझने के सारे प्रयत्न संकेत करते हैं कि हम कहीं सारी कलाओं के पीछे बहनेवाली अन्तर्धारा को पकड़ने को ही अधिक आकुल हैं।' (कहानी : स्वरूप और संवेदना, पृ. 51) राजेन्द्र यादव की अपनी कहानियाँ अपने समय को कैसे और किस सीमा तक परिभाषित करने की कोशिश करती हैं या 'कलाओं के पीछे बहनेवाली अन्तर्धारा' को पकड़ने की उनकी आकुलता का स्वरूप क्या है, यह जिज्ञासा एकदम स्वाभाविक है। राजेन्द्र यादव की प्रारम्भिक कहानियों में राजनीतिक विसंगतियों की जिस समझ के संकेत मिलते हैं उनकी परवर्ती कहानियाँ न सिर्फ़ यह कि इस दिशा में विकास का कोई साक्ष्य नहीं देतीं, वह चेतना उनके यहाँ विलुप्तप्राय दीखती है। इस सन्दर्भ में पुनः 'उखड़े हुए लोग' का स्मरण आता है जिसकी स्थिति उनके सम्पूर्ण लेखन में एक अपवाद जैसी है। लेकिन फिर भी राजेन्द्र यादव के यहाँ कुछ कहानियाँ ऐसी अवश्य हैं जो बहुत व्यवस्थित ढंग से न सही अलग-अलग मुद्दों पर, अपने समय को परिभाषित करने की कोशिश का परिणाम मानी जा सकती हैं। इन कहानियों में 'लंचटाइम', 'बिरादरी बाहर', 'तलवार पंचहजारी', 'नये-नये आनेवाले' और 'प्रश्नवाचक पेड़' आदि को ख़ासतौर से देखा जा सकता है। आदमी आदमी के प्रति किस सीमा तक निर्मम—कैलस—हो सकता है, यह पूँजीवादी व्यवस्था आदमी के सूक्ष्म तन्तुओं को किस सीमा तक संवेदनहीन बना सकती है, इसका बहुत अच्छा उदाहरण 'लंचटाइम' है। वकील की ख़ामोशी और शातिरपन से शह पाकर उसके सिखाड़ी और मुंशी मुवक्किल देवीसहाय के साथ कैसे पेश आते हैं, उनकी निर्लज्ज अमानवीयता और देवीसहाय की निरीहता कहानी में परत-दर-परत खुलती चलती है। बड़ी एहतियात से रखे गये मुचड़े-मुचड़ाये एक-एक रुपये के चार नोट उनके हाथ से सबके सब झपट लिये जाते हैं, टिकट और रजिस्ट्री के नाम पर, जबकि वह अपनी इस सारी संचित पूँजी में से दो नोट काग़ज़ में से निकालकर, बार-बार गिन और देखकर, ऐसे देता है जैसे कोई बड़ी रक़म दे रहा हो जिसमें यह गुंजाइश रह सकती है कि भूल से चिपककर नोट ज़्यादा न चले जायँ! फिर उसके संकोच और बचाव की कोशिश के बावजूद उसके थैले में से दवा की खुराक़ के निशानवाली शीशी के साथ निकले सेब, सन्तरे और मुसंबी वे लोग आपस में बाँट लेते हैं। उसके बाद भी मुंशी बीड़ी के लिए पैसे माँगने में कोई परहेज़ नहीं बरतता और जब देवीसहाय अब कुछ न होने की बात बताता है तो मुंशी उसकी जेबें कुछ ऐसे टटोलता है जैसे थाने में पकड़कर लाये गये किसी जेबकतरे की तलाशी के समय टटोली जाती हैं। विडम्बना यह है कि जो जेबकतरे हैं, वे ही पुलिस की भूमिका

में हैं। अपने आक्रोश की मूक अभिव्यक्ति देवीसहाय शीशी की दवा को पास की झाड़ियों में उड़ेलकर करता है। तब तक लंच टाइम ख़त्म हो चुकता है, कोर्ट का चपरासी केस की सुनवाई के लिए अगले मुवक्क़िल की गुहार लगाने लगता है। वकील साहब झटके से उठते हैं और उनकी गले की पट्टियाँ और कॉलर हिलने लगते हैं। देवीसहाय जब शीशी की दवा उड़ेलकर डगमगाते क़दमों से बरामदे से उतर रहा होता है 'तभी बरामदे से काली मुर्गी की तरह वकील साहब गुज़र गये–दो चूजों की तरह उनके साथ मुवक्क़िल दोनों ओर लगे थे।' (जहाँ लक्ष्मी क़ैद है, पृ. 71) 'बिरादरी बाहर' में बेटी के अन्तर्जातीय विवाह के बाद बेटी और दामाद को छोड़ देने की धमकी देनेवाला बूढ़ा बाप ही बिरादरी बाहर हो जाता है। विवाह के बाद जब बेटी और दामाद पहली बार आते हैं तो पारस बाबू को छोड़कर सब लोग उनकी आवभगत में लग जाते हैं। अन्दर से कहीं वह स्वयं भी कुछ ढीले पड़ते मालूम देते हैं लेकिन अपनी इस ढिलाई को वह और भी कसकर दबाने की मुद्रा अपनाते हैं। घर में सब लोग खेलने, खाने-पीने और मौज़-मज़े में व्यस्त हैं। अन्दर के कमरे से हँसने और खिलखिलाने की आवाज़ों के साथ बने हुए पकवानों की गन्ध भी उन तक आती है लेकिन उनके अकेले खाने बैठने पर किसी को सब्ज़ी या पूरी परोसने तक की सुधि नहीं रहती है। खाते-खाते या थाली में सब्ज़ी न रहने पे रुक जाने पर, सामने दीवार पर पड़ती अपनी ही परछाईं से वे देर तक निःशब्द बोलते रहते हैं... 'अब जब तक पुकारेंगे नहीं, किसी को सब्ज़ियाँ लाने का ख़्याल नहीं आयेगा...वे फिर परछाईं को देखने लगे...ऊपर अब मिठाइयों के लिए आग्रह हो रहे थे और वे अपनी परछाईं से निःशब्द बोल रहे थे...' (किनारे से किनारे तक, पृ. 135) समय और उसके तकाज़ों से आँख चुराकर आदमी अपनों के बीच भी कैसा अकेला और निरीह हो जाता है, पारस बाबू इसकी एक मिसाल हैं। समय की गति को पहचानने से इनकार करने पर समय स्वयं ही उन्हें निर्ममता से रौंदता हुआ आगे बढ़ जाता है... 'तलवार पंच हजारी' गद्दारी और अत्याचार की विरासत के तिरस्कार की कहानी है। लालू उर्फ़ कुँवर इन्द्रजीत सिंह को विरसे में मिली ख़ानदानी तलवार उस गद्दारी की याद ताज़ा करती है जो कभी उसके पूर्वजों ने हल्दी घाटी की लड़ाई में अकबर का साथ देकर राणा प्रताप के विरुद्ध की थी। इसी की प्रतिक्रिया में वह देश-विभाजन के दिनों में राणा प्रताप और शिवाजी का नाम लेकर कितने ही विधर्मियों को मौत के घाट उतार चुका है। लेकिन फिर उसे लगता है कि कैसी भी प्रतिक्रिया परम्परा को ग़लत मोड़ देती है और वह पूर्वजों की उस तलवार को लेकर घर से भाग जाता है और बम्बई में एक होटल में

बैरागीरी करने लगता है। उसके पिता रायबहादुर गजराज सिंह को लगता है कि लालू ने ख़ानदान की नाक कटवा दी जबकि लालू इसे अपनी माँ और प्रजा पर उनके अन्तहीन अत्याचारों का विरोध मानता है। लेकिन अपना आवेश उसे स्वयं ही बड़ा नाटकीय लगने लगता है और राजेन के याद दिलाने पर वह किंचित् संकोच के साथ कहता है, 'होने को तो अब मैं तलवार लेकर अपने एक-एक पुरखे से जवाब तलब करने तो जाने से रहा, लेकिन जब सब बातें सोचता हूँ तो आँखों के आगे से एक ख़ून टपकती फ़िल्म गुज़रने लगती है। ये पुरखों का नाम ले-लेकर जीनेवाले, आनेवालों के लिए कैसी भीषण मानसिक यातनाएँ छोड़ जाते हैं, कभी नहीं सोचते! मुझे तो लगता है, मेरी सारी ज़िन्दगी अपने और अपनी विरासत में मिले संस्कारों में ही जायेगी!' (छोटे-छोटे ताजमहल, पृ. 67) लगता है अपनी इस घोषित लड़ाई के ही एक हिस्से के तौर पर अपनी ख़ानदानी पंच हजारी तलवार को तोड़कर वह चाल के लोगों के लिए उस्तरे बनवा देता है क्योंकि इस्पात बहुत अच्छा था और उसे फेंकने का उसका मन नहीं हुआ। उस तलवार की जंग लगी मूठ से, जिसमें कभी हीरे जड़े रहे होंगे, अब गली के बच्चे गिल्लीडंडा खेलते हैं। 'नये-नये आनेवाले' में भी युवा पीढ़ी की आचार-निष्ठा और सैद्धान्तिक दृढ़ता के संकेत स्पष्ट हैं। 'पास-फेल' और 'प्रश्नवाचक पेड़' में कॉलेज और यूनिवर्सिटी के अध्यापकों की दुनिया है और उनकी जो छवि इन कहानियों में उकेरी गयी है, वह किसी क़दर एकांगी होते हुए भी बहुत अवास्तविक नहीं कही जा सकती। प्रोफ़ेसर भार्गव ने एक बार वही ग़लती की है जो 'बिरादरी बाहर' के पारस बाबू करते हैं लेकिन जहाँ पारस बाबू के विरोध के बावजूद बेटी अन्तर्जातीय विवाह कर लेती है, प्रोफ़ेसर भार्गव समय रहते स्थिति की रोकथाम में सफल हो जाते हैं। लेकिन इस सफलता की जो क़ीमत उन्हें चुकानी होती है, वह कम नहीं है। वह जैसे पास होकर फेल हो जाते हैं क्योंकि नये सिरे से वही सब करने के लिए उन्हें स्वयं न सिर्फ़ यह कि स्थिति से समझौता करना होता है बल्कि अपने पूर्व छात्र और अब सहयोगी श्रीवास्तव के लिए स्वयं अपनी बेटी के लिए प्रोत्साहित भी करना होता है। और भी विडम्बना यह है कि बड़े-बड़े सिद्धान्तों और आदर्शों का वास्ता देकर यह सब करने में भी असफलता ही हाथ लगती है। 'प्रश्नवाचक पेड़' कहानी इस पेशे की सारी ग़लाज़त और टुच्चापन उभारती है। परीक्षाओं की उत्तर पुस्तकें, कुंजियाँ, सिफ़ारिशें, पूर्वग्रह और पक्षपात तथा स्टाफ रूम में बैठकर बेहद छिछली और घटिया किस्म की बातें...कोर्स के बाहर कुछ भी न पढ़नेवाले संस्कार और ज़िन्दगी की सारी ख़ुशियों को मकान जैसी चीज़ पर कुर्बान कर

देनेवाली विवेकहीन महत्त्वाकांक्षा...डॉ. चरन के नये बने मकान के आगे बबूल का प्रश्नवाचक चिह्न-सा लगनेवाला पेड़, अपने प्रतीकार्थ में चाँदनी-सी फैली ज़िन्दगी के आगे एक सवालिया निशान-सा अड़ जाता लगता है। नया मकान बनाकर वह पंखा इसलिए नहीं चलाते कि बिजली का बिल ज़्यादा आयेगा और अपने तर्क के बाद ही उन्हें महसूस होता है कि वह पसीने से बुरी तरह भीग रहे हैं।

राजेन्द्र यादव की ये कहानियाँ एक सीमित अर्थ में ही अपने समय को परिभाषित कर पाती हैं। उनके लेखकीय सरोकार एक ख़ास वर्ग की कुछ विशिष्ट चिन्ताओं से आगे नहीं जाते जिसके परिणामस्वरूप वह, एक व्यापक स्तर पर वृहत्तर सन्दर्भों के प्रति उदासीन दिखाई देते हैं। अपनी परवर्ती संग्रह 'अपने पार...' की भूमिका में राजेन्द्र यादव ने बहुत-सी कथा-स्थितियों की चर्चा करके उन पर कहानी न लिखने की बात दोहरायी है। उन्हें लगता है कि शायद हर लेखक में शेर की तरह का एक हिंस्र पशु छिपा होता है जो सिर्फ़ अपना मारा शिकार ही करना चाहता है या कम-से-कम यह विश्वास कर लेता है कि शिकार किसी और का नहीं, उसी का मारा हुआ है। इसी को वह लेखक के लिए अनुभव की प्रामाणिकता कहते हैं। नयी कहानी में अनुभव की इसी प्रामाणिकता की परिणति एक अनिवार्य अनुभववाद में जाकर होती है जिसके कारण तथ्य का संकट कहानीकार की नियति-सा बन जाता है। इसी का परिणाम यह होता है कि या तो वह ठोस और यथार्थ जीवन से हटकर फैंटेसी की रचना में प्रवृत्त होता है या फिर उसकी रचनात्मकता के स्रोत ही सूखने लगते हैं।...अपनी रचना प्रक्रिया के बारे में विस्तार से राजेन्द्र यादव ने नहीं लिखा है। लेकिन उनकी कहानियाँ पढ़कर यह आभास ज़रूर होता है कि आमतौर पर वह किसी मॉडल के आधार पर कहानियाँ लिखते हैं इसीलिए उनकी कहानियों में व्यक्ति तो मिलता है लेकिन उसके सामाजिक सन्दर्भ हमेशा ही उपस्थित नहीं रहते हैं। वैसे सैद्धान्तिक तौर पर वह 'वैयक्तिक सामाजिकता' की बात करते अवश्य हैं, और उनके इस आग्रह में यशपाल और अज्ञेय को एक साथ पाने की इच्छा ही प्रतिफलित दिखाई देती है, लेकिन अपने समय को परिभाषित करने का उनका आग्रह, एक सीमा तक, उन्हीं कहानियों में पूरा होता दीखता है जिनकी चर्चा ऊपर की गयी है, जहाँ व्यक्ति अपने पूरे सामाजिक परिप्रेक्ष्य में उपस्थित है। जब ऐसा नहीं होता है तो अपनी कुछ निजी विशिष्टताओं के साथ केवल व्यक्ति ही उभरकर सामने आता है—'भविष्यवक्ता' और 'आत्मा की आवाज़' की तरह, जो समय को परिभाषित करनेवाले उनके आग्रह को मिथ्या साबित करता चलता है। रचना-वस्तु की क्षेत्रगत सीमा उनके लिए कथ्य का संकट पैदा करती है,

जिसके कारण एक खुली हुई भरी-पूरी और बृहत्तर सन्दर्भोंवाली दुनिया उनकी कहानियों में कम ही मिल पाती है।

नयी कहानी के बारे में कभी कहा गया था कि उसका मूल स्वर प्रतीक्षा और मोहभंग का स्वर है। व्यक्ति की ही नहीं, समूचे राष्ट्र की पहचान के लिए भी इसे अपने समय का प्रामाणिक स्वर माना जा सकता है। अमरकान्त की 'डिप्टी-कलक्टरी', निर्मल वर्मा की 'परिन्दे' और राजेन्द्र यादव की 'प्रतीक्षा' के ज़रिये इस प्रतीक्षा और मोहभंग के विभिन्न स्तरों को समझा जा सकता है। इससे इन लेखकों की केन्द्रीय चिन्ता को भी सहज ही रेखांकित किया जा सकता है। अमरकान्त की 'डिप्टी कलक्टरी' उस पूरी पीढ़ी की प्रतीक्षा और अन्ततः मोहभंग की कहानी है जो आज़ादी के बाद जवान होती है। एक अनिवार्य मोहभंग में ख़त्म होती यह प्रतीक्षा लेखक के पूरे सामाजिक, राजनीतिक परिप्रेक्ष्य की समझ का साक्ष्य बनकर सामने आती है। जिस रूप में आज़ादी हमें मिली उसे देखते हुए स्थिति इससे बहुत भिन्न कुछ हो भी नहीं सकती थी। निर्मल वर्मा की 'परिन्दे' एक ऐसी अर्थहीन प्रतीक्षा की कहानी है जिसे प्रतीक्षा कहना भी शायद ठीक नहीं है। लतिका वर्षों बाद आज भी एक अनाम प्रतीक्षा के बिन्दु पर खड़ी है, नेगी की स्मृतियों से उबर न पाने के कारण, जबकि वह यह जानती है कि मरे हुए कभी वापस नहीं आते। राजेन्द्र यादव की 'प्रतीक्षा' गीता की भावात्मक हताशा की कहानी है। उसकी पूरी ज़िन्दगी ही जैसे प्रतीक्षा के पर्याय से भिन्न कुछ और नहीं रही है।...वयःसन्धि के दिनों में अपने ट्यूटर की आँखमिचौली की प्रतीक्षा, फिर बीच में प्रेमी और अब नन्दा की यह नसों को चटखाने और तोड़नेवाली प्रतीक्षा...इस प्रतीक्षा ने तो उसे जैसे अपनी ही परछाईं में बदलकर रख दिया है। पहले मिस रेमंड को लेकर और अब हर्ष को लेकर उसे नन्दा की ओर से बहुत चिन्ता होती है। नन्दा के बिना वह जैसे एकदम अधूरी और अस्तित्वविहीन-सी है। इसी नन्दा के लिए उसने जिस किसी की कैसी-कैसी बातें नहीं सुनी हैं? लेकिन नन्दा से उसके भावात्मक तादात्म्य में एक तीखी कैलकुलेटिवनेस भी शामिल है। मिस रेमंड के मामले में नन्दा को लौटा लाने में सफल हुई थी। लेकिन अब हर्ष के सन्दर्भ में उसका अपना केस कमज़ोर है। फिर भी यह सोचकर उसे सन्तोष मिलता है कि हर्ष विवाहित है और एक बच्चे का पिता भी है। दो-चार दिन नन्दा के साथ मौज-मज़ा करके अन्ततः उसे वापस जाना ही है और वह फिर उसके पास वापस आयेगी। इसीलिए उसकी टुकड़ों में बँटी लम्बी प्रतीक्षा की यातना वह सह लेती है। यहाँ मोहभंग की यातना से अधिक समझौते की चतुराई मौजूद है और गीता यही कहती है। 'प्रतीक्षा' पर यह आक्षेप बेमानी

है कि लेखक ने लेस्बियन सम्बन्धों को आधार बनाकर कहानी क्यों लिखी। इन सम्बन्धों का अत्यन्त सांकेतिक, सजीव और कलात्मक अंकन कहानी की उपलब्धि भी माना जा सकता है लेकिन 'प्रतीक्षा' की सबसे बड़ी सीमा यह है कि वह व्यक्ति का अतिक्रमण करके अपने समय-सन्दर्भों की कहानी नहीं बन पाती है। कुल मिलाकर वह गीता की कहानी बनकर ही रह जाती है।...

नयी कहानी की एक प्रमुख प्रवृत्ति के तौर पर राजेन्द्र यादव के यहाँ भी स्त्री-पुरुष सम्बन्धोंवाली कहानियों की संख्या ख़ासी बड़ी है। इनमें प्रेम की अशरीरी धारणा के प्रतिवाद से लेकर सम्बन्धों के टूटने की पीड़ा तक की कहानियाँ शामिल हैं। बहुत-सी कहानियाँ ऐसी भी हैं जिनके केन्द्र में स्त्री की आत्मसजगता और समय के आर-पार देख सकनेवाली विवेक-बुद्धि को भी सहज ही देखा जा सकता है। शुरू से ही राजेन्द्र यादव प्रेम को एक ठोस वास्तविकता के रूप में स्वीकार किये जाने पर बल देते रहे हैं। इस मामले में वह न तो शरीर की भूमिका को कहीं नकारते हैं और न ही जैनेन्द्र कुमार की तरह शरीर और मन के कृत्रिम विभाजन के लिए छद्म दार्शनिक तर्कजाल बिछाते हैं। अगर कोई स्त्री शरीर एक को और मन दूसरे को देकर स्वयं अपने को झुठलाने की कोशिश करती है, तो राजेन्द्र यादव उसके तर्कों की सुरक्षा-पंक्ति को ढहाते हुए उसकी इस विवशता के वास्तविक कारणों तक पहुँचना चाहते हैं। यह प्रक्रिया स्वाभाविक रूप से उन्हें स्त्री को उसके पूरे सामाजिक परिप्रेक्ष्य में देखनेवाले परिणाम की ओर ले जाती है। 'मेरा तन मन तुम्हारा है...' कहानी में वह मुहावरे के इस छद्म को स्वीकार नहीं कर पाते। विवाह के थोड़े से अरसे में ही अपने परिवार के गढ़ में अपने को सुरक्षित और आत्मतुष्ट मान लेनेवाली युवती से वह पूछते हैं—'और मन कहाँ है? इस तन के अथाह सागर में मन खो गया है—डूब गया है। तन का सागर—जिसमें वैभव ने एक तूफान ला दिया है।'... (खेल-खिलौने, पृ. 11) 'एक कमज़ोर लड़की की कहानी' की सविता भी इसी दुर्बलता की शिकार है। अकारण चमत्कार पैदा करने की प्रवृत्ति का शिकार होने के कारण लेखक उसके दोहरे अन्त की कल्पना करता है, सुखान्त और दुखान्त, लेकिन वस्तुतः पति और प्रेमी में से सिर्फ़ एक को चुन न पाने के कारण ही सविता कमज़ोर है और उसकी इस कमज़ोरी के कुछ निश्चित सामाजिक कारण हैं। इन दोनों के मुक़ाबले 'नीराजना' की नीराजना अपनी आत्मसजगता के रहते ही अपने और अपने प्रेमी के प्रति अधिक ईमानदार रह पाती है। परिवार के विरोध के बावजूद वह अपने पूर्व अध्यापक रवि के साथ ही विवाह का निर्णय लेती है और आत्मनिर्भर बन कर ही वह ऐसा कर सकती है। जब वह उसे बताती है कि अब कभी इलाहाबाद

न लौटने के लिए वह उसके पास मसूरी आयी है तो बत्तियाँ आसपास ही नहीं जलतीं, रवि की आँसू भरी आँखों में भी दीपमालाएँ झलमला उठती हैं। वैसे कहानी यहीं ख़त्म हो जाती है लेकिन लेखक ये दो पंक्तियाँ और भी जोड़ता है–'किन्हीं रानी साहिबा को लादे एक शानदार रिक्शा पीछे से गुज़र गया, जिसे तीन कुली पीछे से धकेल रहे थे, दो आगे से खींच रहे थे...' (जहाँ लक्ष्मी क़ैद है, पृ. 138) नीराजना और रवि की कहानी का यह अन्त क्या संकेतित करता है?...लेखक जैसे पूछना चाहता है कि क्या वैभव और सम्पन्नता के बन्धन नहीं होते? चाहे परिवार द्वारा हो या पति द्वारा नीराजना इस ढोयी और धकेली जानेवाली नियति को अस्वीकार करके ही यहाँ तक आ सकी है।... 'एक खुली हुई साँझ' की मधु जब शिवेन का परिचय अपने सुपरिधानित पति से करवाती है तो शिवेन को एक संस्कारगत धक्का जैसा लगता है। वह अन्त तक इस स्थिति के लिए, एक महिला के इस खुलेपन के लिए, अपने को तैयार नहीं कर पाता है। सब कुछ वास्तविक और ठोस होते हुए भी कभी तो उसे फोकस के बाहर के चित्र जैसा धुँधला लगता है, तो कभी उसे भ्रम होता है कि कहीं पान में उसने ज़र्दा तो नहीं खा लिया है।

राजेन्द्र यादव की कुछ कहानियों में या तो कोई तीसरा आदमी बाकायदा सशरीर उपस्थित है या फिर उसके होने का सन्देह ज़हर बनकर नसों में घुलता रहता है। 'पुराने नाले पर नया फ्लैट' में यह पुराना नाला वीरू के पति के पूर्व प्रेम का है जो दीप्ति की चिट्ठियों के माध्यम से अभी भी बना हुआ है, और नया फ्लैट उनके अपने सम्बन्धों का है जो कॉलोनी में नये मकान की तरह ही हवा के हर झोंके के साथ बदबू का भभका भी साथ लिये है। इसी की प्रतिक्रिया में वीरू अपने इच्छित पुरुष मित्र के रूप में लेखक का इस्तेमाल करके बड़ी बेबाकी के साथ पत्र लिखने की शुरुआत करती हैं जबकि वह जानता है कि वह तो महज़ एक माध्यम है, नहीं तो ये पत्र किसी के भी नाम हो सकते थे। दीप्ति का हर पत्र हवा के एक झोंके की हैसियत रखता है जो नाले की गन्दी हवा भी घर में ले आता है। कभी-कभी वीरू को लगता है कि अपराधिनी दीप्ति नहीं है, वह है जो उसका हिस्सा खा रही है और कभी चौबीसों घण्टे साथ, एक ही छत के नीचे रहनेवाला उसका पति ही उसे एकदम अजनबी और बेगाना-सा लगने लगता है। अपनी इस अनुभूति के लिए कोई नाम या अर्थ तलाश पाने में वह असफल रहती है।... 'किनारे से किनारे तक' में यह तीसरी सत्ता सशरीर उपस्थित नहीं है। अपनी बारह-तेरह वर्ष की साली की बातों के सहारे मानिक संकेतों को इस तरह बुन लेता है कि उसे लगने लगता है कि उसका बेटा अनूप विवाह के पूर्व

पत्नी के पड़ोसी के बेटे रूबी की शक्ल का है, आज कलकत्ता में वह जिसके साथ बहुत आग्रहपूर्वक ठहरा हुआ है। दक्षिणेश्वर जाते समय रूबी को नाव से ढकेल देने की दुर्दान्त इच्छा उसकी इसी भयानक रूप से सर्जनशील कल्पना का परिणाम है। उसकी वह पूरी यात्रा इसी ऊहापोह और मानसिक द्वन्द्व में कटती है। जिस तरह सारे संकेतों और कल्पित स्थितियों की जुगाली मानिक करता है, वह सब उसे एक मनोवैज्ञानिक केस जैसा बना देता है। उसके इस कथित सन्देह का आधार भी बहुत अवास्तविक और अतिरंजित लगता है।...

अतीत के प्रति मोहासक्त बनानेवाली स्थितियाँ राजेन्द्र यादव के यहाँ नहीं के बराबर हैं। एक समय कभी गहराई से प्रेम कर चुके पात्र भी बहुत बाद में कभी मिलने पर जिस संयत ढंग से व्यवहार करते हैं उसे देखते हुए कभी-कभी लगता है कि या तो उनकी पहलेवाली आवेग तरलता झूठी थी या फिर आज का बेहद शान्त और संयत व्यवहार ग़लत है। 'पेट्रोल पम्प' का अजय कहने को सन्ध्या से कहता अवश्य है, 'अभी भी तुम्हें देखकर पुराना सब दोहराने को मन करता है...' लेकिन फ़ोन करने का आग्रह करके जब वह उसे अपना कार्ड देता है तो उसे यह लगे बिना नहीं रहता कि उसका एक क़ीमती कार्ड बेकार ही ज़ाया हुआ। जिसका अतीत उसके लिए अब महज़ एक पेट्रोल पम्प है जहाँ डेटिंग के लिए निमन्त्रण देता बड़ा-सा बोर्ड लगा था—जहाँ से ज़रूरी ईंधन लेकर आदमी अपनी आगे की यात्रा पर चल देता है।... 'खेल' की लेखा तीस वर्ष की कुँवारी युवती है जो अपने से सात वर्ष छोटे दिवाकर को बातों ही बातों में 'लड़की' और 'औरत' का अन्तर ही नहीं बता देती है, गढ़ी हुई, कहानी सुनाकर अपने को कहीं बहुत मासूम भी साबित करना चाहती है। खेल—ब्रिज—वह नहीं है जो अन्दर कमरे में हो रहा है, खेल सचमुच वह है जो बालकनी पर लेखा और दिवाकर के बीच चल रहा है। एक कमज़ोर क्षण में, अपने सीने पर टिके लेखा के सिर को जब वह अपनी ओर करना चाहता है, शायद चूमने के इरादे से, तो वह उसे फ़ौरन रोक देती है। कम-से-कम यह अब उसे सीखना नहीं है कि इस मामले में कहाँ और कब कितनी छूट दी जा सकती है।... 'छोटे-छोटे ताजमहल' में सम्बन्ध विच्छेद की दो कहानियाँ हैं लेकिन भावुक बनानेवाली रोमानी स्थितियों से लेखक बहुत सचेत भाव से अपने को बचाता है। वह ताज के रोमानी मिथ को तोड़ता है। एक बार राका और देव के सन्दर्भ में विजय विछोह का ग़ैरज़रूरी साक्षी बनाकर लाया गया था, और दूसरी बार अब वह स्वयं ही साक्षी है और स्वयं ही भोक्ता भी। जून की टीकमटीक दोपहरी में उसने मीरा को मिलने का समय दिया है। उसकी प्रतीक्षा में जिन सम्भावित स्थितियों की कल्पना वह करता

है उनमें से एक उसके चश्मे के दोनों काँचों में झाँकते दो छोटे-छोटे ताज के बिम्ब भी हैं जिन्हें देखकर वह तरह-तरह की कल्पनाओं में खो जाने की कल्पना करता है। उसे यह भी लगता है कि मीरा की आँखों में नमी का आभास तक नहीं है। देव विवाह के सात वर्ष बाद राका की ताज देखने की इच्छा पूरी कर सका था, लेकिन वही उनके विच्छेद का दिन भी था। उनके बीच मुनमुन भी था लेकिन फिर भी असाधारण संयम के साथ उन्होंने स्थिति को स्वीकार किया था—एक-दूसरे के प्रति ज़रा भी कटु हुए बिना। विजय और मीरा के अपने मामले में ये भावुक बनानेवाली स्थितियाँ और कम हैं। उस चिलकती धूप में उन दोनों के बीच एक अभेद्य मौन गीले कम्बल की तरह पसरा रहता है जिसमें कभी-कभी यह भ्रम अवश्य होता है कि मीरा शायद कुछ बोली है। आज प्रेम में शाश्वत जैसा शायद कुछ नहीं होता। जीवन में उसकी स्थिति मीरा के चश्मे के काँचों में कल्पित छोटे-छोटे ताज के बिम्बों की तरह ही रह गयी है, जो बैठने का कोण बदल लेने मात्र से झलमलाकर आँखों से ओझल भी हो सकते हैं...

राजेन्द्र यादव की कहानियों में सम्बन्धों के टूटने की प्रक्रिया भी अंकित है और उसके परिणाम भी। 'टूटना'...टूटने की प्रक्रिया की कहानी है जबकि 'लौटते हुए'...और 'अपने पार'...जैसी कहानियाँ उसके परिणामों को संकेतित करती हैं। 'टूटना' में लीना और किशोर के टूटने की लम्बी यातनादायी प्रक्रिया लीना के पिता दीक्षित और किशोर की असम्बोधित अघोषित लड़ाई से शुरू होती है। इस लड़ाई में प्रतिद्वन्द्वी कहीं भी आमने-सामने न होकर भी एक-दूसरे से भिड़े रहते हैं। उनकी इस भिड़न्त में सबसे अधिक भोगती और टूटती है लीना। किशोर के वर्ग संस्कार उसे जिस हीनता ग्रन्थि का शिकार बना देते हैं उससे उसकी मुक्ति दीक्षित को हरा देने के बाद ही मिल पाती है। एक अप्रत्यक्ष और अदृश्य रूप से लड़ी गयी लड़ाई भी अपने परिणामों में कितनी भयंकर हो सकती है, वह पूरे दाम्पत्य जीवन को किस सीमा तक झकझोर सकती है, इसका सूक्ष्म विश्लेषण ही 'टूटना' को राजेन्द्र यादव की एक प्रमुख कहानी बना देता है। आठ वर्ष खोकर अब लीना की ओर से समझौते का संकेत किशोर के अपने अन्दर भी एक अनुकूल प्रतिक्रिया ही उठाता है और उसके अपना दिल्ली जाना कैंसिल कर देने से ही यह साफ़ हो जाता है कि वह स्वयं भी टूटने की इस भयावह स्थिति से बचाव चाहता है। 'लौटते हुए' सम्बन्ध विच्छेद की हताशा और उसके कारण मृदुला के तिल-तिल टूटने की कहानी है। अपने परिवेश को झेल पाने के लिए इसके बाद उसे एक ऐसे झूठ को कवच बना लेना ज़रूरी हो जाता है जिसके बिना दो क़दम भी चल पाना दुश्वार है। एक ओर दफ़्तरी माहौल में ओछी और

बात-बात में कहानी सूँघती निगाहें हैं तो घर पर अपनी बेटी से बोला गया यह झूठ कि उसके पापा हवाई दुर्घटना के शिकार हो चुके हैं, उसकी आत्मा पर बोझ बनकर सवार है।...'अपने पार'...टूटने के इस परिणाम को बच्चे के कोण से देखती है। बहुत संक्षेप में, महज़ कुछ संकेतों में ही, मूल्यों के विघटन और परिवार पर उसकी भयावह छाया के जो संकेत कहानी में उभरते हैं वे महत्त्वपूर्ण हैं। बच्चा केवल अपने जन्मदिन पर ही कभी-कभार अपने पिता के पास जाता है जो किसी दूसरी महिला के साथ रहते हैं, जिसका परिचय उसे वह उसकी मम्मी बताकर देते हैं। जब वह ऐसा करते हैं तो उसकी अपनी मम्मी गुमसुम बैठी रहती है—या तो दूसरी तरफ़ कहीं और देखती हुई या अपने गले की ज़ंजीर को दाँतों से दबाये हुए। कभी-कभी उसकी इच्छा होती है कि वह अपनी मम्मी से पूछे कि तुम मेरे लिए एक पापा नहीं ला सकतीं? तुम्हारे गले में हाथ डालनेवाले अंकल नहीं, पापा चाहिए...लेकिन वह यह सब कुछ कह नहीं पाता है, केवल सोचकर रह जाता है। लेकिन इसकी अनिवार्य प्रतिक्रिया से क्या वह सचमुच बच पाता है? घर लौटकर वह पाँव पटकता है, गिलास फोड़ता है, बाल नोचता है। मम्मी कहती हैं—बिल्कुल अपने पापा की तरह कर रहा है।...' फिर वह रोने लगती हैं। पलंग पर लेटकर। उसे रोते देखकर मैं भी रोने लगता हूँ। उसे चूमता हूँ, उससे लिपटता हूँ। उसकी छातियों पर लदकर, उसके पल्ले से आँखें पोंछता हूँ। मम्मी मुझे पहचानती नहीं है। ध्यान से देखकर कुछ याद करने की कोशिश कर रही है। पता नहीं, मम्मी को देखते देखकर मुझे क्या हो जाता है। लगने लगता है कि जैसे मैं मैं नहीं पापा हूँ...फिर हम दोनों चिपककर सो जाते हैं।'... (अपने पार, पृ. 4)

अपनी रूपक और प्रतीक कथाओं के सन्दर्भ में राजेन्द्र यादव विधाओं की शुचिता का सवाल उठाते हुए ऐसी किसी शुचिता—सैंक्टिटी—को स्वीकार करने को तैयार नहीं हैं। यह ठीक है कि विधा का नियामक रचनाकार होता है और अपनी सर्जनात्मक ज़रूरतों के अनुरूप वह उनमें मनचाहा रद्दोबदल कर सकता है। कहानी को अपने अनुभव और सर्जनात्मक संघर्ष के मुताबिक़ ढालने की कोशिश में ही मुक्तिबोध की कहानियाँ कहानी के प्रचलित और स्वीकृत ढाँचे से बहुत अलग पड़ जाती हैं, लेकिन फिर भी वे कहानियाँ ही हैं। अपनी इन कहानियों के रूप को लेकर स्वयं राजेन्द्र यादव भी बहुत स्पष्ट नहीं हैं। उनका आग्रह केवल एक ही चीज़ को लेकर है कि उनकी इन कहानियों को अपने समय की सच्चाइयों के रूप में ही लिया जाये... 'मैं साग्रह कहना चाहूँगा कि मेरी ये कहानियाँ—आप इन्हें रूपक, फैंटेसी, प्रतीक या किसी भी कठघरे में रखें—आज

की सच्चाइयों की कहानियाँ हैं।'...(ढोल और अन्य कहानियाँ, भूमिका) इस हालत में उनकी अपनी कसौटी पर ही, इन कहानियों के परीक्षण-विश्लेषण की कोई सार्थकता हो सकती है। अब सवाल सिर्फ़ यही रह जाता है कि आज की उन सच्चाइयों का रूप और स्तर क्या है जिनके उभरने की बात इन कहानियों के सन्दर्भ में कही गयी है?...'ढोल' का अनाम नायक–क्लर्क–अपनी सुरक्षा के लिए जिसे शक्ति और सिद्धि की तरह अपनाता है, धीरे-धीरे मालूम होता है कि वह ढोल ही सच और वास्तविक हो गया है और वह स्वयं एक 'बाहरी आदमी' की हैसियत में उतर आया है। शुरू में उसके लिए अभ्यस्त होने में कम तकलीफ़ नहीं होती है, लेकिन फिर धीरे-धीरे वह उसका इस हद तक अभ्यस्त हो जाता है कि उसके कारण ही वह स्वयं अपनी नज़र में 'महान्' और 'विशेष' दिखाई देने लगता है। अन्ततः उसका अपना व्यक्तित्व विलीन होकर सिर्फ़ ढोल का अस्तित्व ही रह जाता है–उसकी अरथी पर बैठकर अभिनन्दन और अभिवादन स्वीकारने के लिए...जोखिम और अद्‌भुत की लालसा, सम्पूर्ण निष्ठा और समर्पण से बचा कर कैसे आदमी को जोखिम के बदले फिर उसकी ख़ुशफ़हमी के सन्तोष की ओर मोड़ देती है 'सिंह वाहिनी' इस सत्य को उभारती दिखाई देती है। जब जोखिम राजकुमारी के पूरे अस्तित्व पर छा जाता है, उससे पूरे समय और निष्ठा की अपेक्षा रखने लगता है, तो वह जोखिम से अधिक उसके आडम्बर को ही अपनी ज़िन्दगी की ज़रूरत बना लेती है। 'अन्धा शिल्पी और आँखोंवाली राजकुमारी' रूप की भौतिक और आध्यात्मिक सत्ता के समन्वय पर ज़ोर देती है–उसकी अलग-अलग सत्ता के प्रतिनिधि बनकर दोनों ही कहीं अधूरे हैं। अपनी-अपनी ऊँचाई से नीचे गिरकर अर्थात् दूसरे के सत्य को स्वीकारने पर ही वे पूर्ण होते हैं। 'ग़ुलाम', 'गड़बड़ी पैदा करनेवाले' और 'परी नहीं मरती' आदि कहानियाँ भी अपने समय की विडम्बनाओं को छूती अवश्य हैं और इस अर्थ में शायद उन्हें आज की सच्चाइयों की कहानियाँ भी कहा जा सके। लेकिन ये कहानियाँ समय की सच्चाइयों से जुड़ने का हल्का-सा सन्तोष लेखक–और शायद उसके पाठक को भी–भले ही दे लें, क्या वे किसी सच्चाई का गम्भीर अन्वेषण करके किसी विडम्बना का बहुत तीखा बोध करा पाने में सफल होती हैं? 'ग़ुलाम' में ग़ुलामी की मानसिकतावाली विडम्बना है तो 'परी नहीं मरती' में अच्छाई की आत्यन्तिक विजय का आशावादी स्वर है, जो विडम्बना को तीखा बनाने के बजाय, आज के सन्दर्भ में, उसे भोथरा ही अधिक बनाता है। 'अभिमन्यु की आत्महत्या' अकारण उलझाव और जटिलता की शिकार है। उसमें न तो आत्महत्या के कारण कन्विसिंग बनकर उभरते हैं, और न ही उसके न करने के कारण। आज की

स्थिति की उन विडम्बनाओं का कोई बोध कहानी में नहीं उभरता है, जो आदमी की ज़िन्दगी को जीने-मरने की समस्या में बदलकर रख दे।

शिल्प चमत्कारों के प्रति राजेन्द्र यादव का मोह शुरू से ही रहा है। अपने संग्रहों की भूमिकाएँ भी वह सीधे-सादे ढंग से लिखने में कम यक़ीन करते हैं। उनकी कहानियों के शीर्षक प्रतीकों के प्रति उनके असाधारण लगाव को स्पष्ट करते हैं। डायरी, पत्र, कहानियों के दोहरे अन्त और कभी-कभी पाठकों को सीधे सम्बोधन की प्रवृत्ति उनकी कहानियों को एक वैविध्य तो देती है लेकिन यह अतिशय शिल्प सजगता उनकी गम्भीरता को क्षति भी पहुँचाती है।...राजेन्द्र यादव की महत्त्वपूर्ण और सार्थक कहानियाँ वे ही हैं जो प्रयोग की अकारण शोख़ी और चमत्कार से बचकर अपनी रचनावस्तु को गम्भीरता से अन्वेषित और पुनः सर्जित करती हैं। इसीलिए कभी-कभी ऐसा भी लगता है कि रचनावस्तु की क्षीणता को वह अपनी शिल्प सजगता से पूरा करने की कोशिश में लगे हैं। कहानी के क्षेत्र में, अपने दूसरे समकालीनों की तुलना में, उनका लम्बा गतिरोध भी इस रचनावस्तु के संकट का ही एक स्वाभाविक परिणाम जैसा लगता है। इसे विडम्बना ही कहा जायेगा कि जैनेन्द्र कुमार और अज्ञेय के विरोध की आक्रामकता अपनी अन्तिम परिणति में उनसे बहुत भिन्न कुछ और साबित न हो।...

स्वाधीनता का सपना अर्थात् कथा-जगत की बाग़ी मुस्लिम औरतें

सन् 1949 में प्रकाशन के बाद नारीवादी आन्दोलन की बाइबिल समझी जाने वाली अपनी पुस्तक 'दि सेकिंड सेक्स' में सिमोन द बोउवार ने लिखा था—स्त्री पैदा नहीं होती, बनायी जाती है। समाज कोई भी हो, पितृसत्ता अपने हिसाब से, अपनी ज़रूरतों, संस्कारों और अभिरुचियों के अनुसार स्त्री की छवि गढ़ती है और निर्मित करती है। सिमोन ने जब अपनी पुस्तक लिखी थी, पश्चिम में वह नारीवादी आन्दोलन का शुरुआती दौर था। मार्क्सवाद के प्रति अपने गहरे आशावादी दृष्टिकोण के कारण वे समझती थीं कि समाजवादी व्यवस्था में स्त्री की स्थिति ठीक होगी। बाद में सोवियत संघ के अपने अनुभव के बाद उन्होंने पाया कि और समाजों की तुलना में स्त्री की स्थिति बेशक बेहतर होने पर भी वह पुरुष की सत्ता और दमन, उसके प्रति किये जाने वाले असमान एवं भेदभावपूर्ण व्यवहार से पूरी तरह मुक्त नहीं थी। इसी आधार पर अपने दृष्टिकोण में आये परिवर्तन की बात वे सत्तर और अस्सी के दशकों में एलिस श्वेजर के साथ अपने लम्बे शृंखलाबद्ध साक्षात्कारों में स्वीकार करती हैं। जहाँ पहले वे स्त्री की स्थिति और नियति को वर्ग संघर्ष से जोड़कर देखती थीं और मानती थीं कि सामाजिक व्यवस्था के बदलने से स्त्री की स्थिति भी बदलेगी, वहीं बाद में वे एक अलग और स्वतन्त्र स्त्रीवादी आन्दोलन की तात्कालिक और पूर्णकालिक उपस्थिति पर ज़ोर देने लगी थीं और तब ही उन्होंने घोषणा की थी—मैं नारीवादी हूँ।

जब पश्चिम में और समाजवादी व्यवस्था में भी, स्त्री की स्थिति यह है तो बहुत कुछ क़बीलाई प्रकृति वाले मुस्लिम समाज में स्त्रियों की स्थिति का अनुमान सहज ही लगाया जा सकता है। पिछले दिनों पाकिस्तानी लेखिकाओं—तहमीना दुर्रानी, किश्वर नाहीद, अतिया दाउद आदि की जो आत्मकथाएँ छपी हैं, उनमें स्त्री की सुगबुगाहट और उसके बदले तेवरों का आभास पाया जा सकता है। तसलीमा नसरीन अपने बांग्लादेश में इसी कट्टरपन्थी सोच का शिकार होकर

आज भी बेवतन भटक रही हैं—अपने सिर पर लाख टके की घोषणा के साथ।

वस्तुतः इसी समाज में स्त्री की स्थिति का जायज़ा लेने और उसके प्रतिरोध की प्रकृति को समझने के विचार से राजेन्द्र यादव ने 'हंस' के एक विशेषांक की योजना बनायी थी। 'कथा-जगत की बाग़ी मुस्लिम औरतें' उसी विशेषांक का संशोधित-परिवर्तित रूप है। पुस्तक की पूर्णता की दृष्टि से इसमें बहुत-सी सामग्री उस विशेषांक के बाद जोड़ी गयी है और अब यह पाकिस्तान, भारत और बांग्लादेश की मुस्लिम लेखिकाओं के बाग़ी तेवरों के आईने की शक्ल में प्रस्तुत है। इसके दोनों सम्पादकों—राजेन्द्र यादव और मुशर्रफ़ आलम ज़ौक़ी—की अलग-अलग भूमिकाओं के साथ। अपनी भूमिका 'बेज़ुबानी ज़ुबान हो जाये' में राजेन्द्र यादव जहाँ स्त्री की कुछ बुनियादी समस्याओं पर विचार करते हैं, ज़ौक़ी संकलन की कहानियों तक अपने को सीमित रखते हुए लेखिकाओं के बाग़ी तेवरों के प्रसंग में कहानियों की अन्तर्वस्तु का विश्लेषण करते हैं।

समाज हिन्दू, मुस्लिम, ईसाई या फिर कोई और हो सकता है, स्त्री की बुनियादी स्थिति कमोबेश सब कहीं समान है। भाषा बदली हुई हो सकती है, लेकिन उसे नियन्त्रित करने वाले सूत्रों की एक अदद 'मनुस्मृति' सब कहीं मौजूद है। उसके बारे में कुछ मोटे-मोटे तथ्य ये हैं कि उसका अपना कोई 'घर' नहीं होता, क्योंकि घर पिता, पति या फिर पुत्र का होता है। स्त्री की सारी कोशिश यही होती है कि इसी पराये घर को अपना समझ और मानकर वह अपने जीवन की सार्थकता सिद्ध करती रहे। जिस तरह उसका कोई अपना घर नहीं होता, उसी तरह उसका अपना कोई धर्म, अपनी भाषा-भूषा और पहचान नहीं होती। उसका सब कुछ पुरुष का दिया हुआ है। उसमें 'अपना' कहने के लिए उसके पास कुछ नहीं है, लेकिन इन सारे दमन, उत्पीड़न और आतंक के बावजूद इतिहास में कई नाम हैं जहाँ वह बहुत नीचे से उठकर शिखर तक पहुँची है। देह के साथ 'देह की भाषा' उसका एक ऐसा अमोघ हथियार है जो सारी बन्दिशों के बीच संकेतों और प्रतीकों में अपनी बात कहने की एक सटीक और अचूक भाषा विकसित करने को प्रोत्साहित करता रहा है। एक दमित और बन्द समाज में वस्तुतः सांकेतिक भाषा की यह पगडण्डी ही स्त्री के लिए अपनी मुक्ति की लड़ाई में एक बड़ा सहारा रही है।

'कथा-जगत की बाग़ी मुस्लिम औरतें' चूँकि मुस्लिम हैं, ज़ाहिर है उनकी कहानियाँ अधिकतर उर्दू में ही लिखित हैं, लेकिन उर्दू के बाहर बांग्ला, हिन्दी और अंग्रेज़ी की कुछ रचनाओं को संकलन में शामिल करके उसे प्रायः समूचे भारतीय उपमहाद्वीप का एक प्रतिनिधि संकलन बनाने का लक्ष्य स्पष्ट है। मुख्य सम्पादक

के रूप में राजेन्द्र यादव की यह कोशिश भी यहाँ नहीं रहती कि अधिकतर उत्तेजक, भड़काऊ और विवादास्पद अंशों को ही यहाँ दिया जाये—जैसे ख़ासतौर से तसलीमा नसरीन के 'बचपन के दिन' में से बहुत कुछ छोड़कर सिर्फ़ सात वर्ष की उम्र में स्वयं उनके मामा द्वारा उन पर बलात्कार का प्रसंग।

संकलन की कहानियों की रेंज काफ़ी बड़ी और व्यापक है। इसमें जहाँ एक ओर अंग्रेज़ी में प्रकाशित सन् 1905 में, बेगम रुकैया सखावत हुसैन की 'सुल्तानाज ड्रीम' अनुवाद में 'सुल्ताना का सपना' नाम से मौजूद है, वहीं उर्दू की अनेक चर्चित और विवादास्पद रही लेखिकाओं की कहानियाँ शामिल हैं। इनमें अंगारे-ग्रुप की रशीद-जहाँ के साथ ही इस्मत चुग़ताई, मुमताज शीरीं, बाजिदा तबस्सुम, जमीला हाशमी, हाजरा मसरूर जैसी प्रतिष्ठित लेखिकाओं के साथ अपेक्षाकृत बाद में आयी और मुख्यतः पाकिस्तान में रही-बसी लेखिकाओं की कहानियाँ भी हैं। जाहिदा हिना, इल्ताफ फातिमा, फरखन्दा लोधी, सर्जना गजदर, मुसर्रत लुगारी, निगम अज़ीम, फ़हमीदा रियाज़, परवीन आतिफ, तरन्नुम रियाज़, गजाल जैगम आदि तक बड़ी संख्या में लेखिकाएँ मौजूद हैं। एक देश से अब तक तीन बन चुके देशों की अनेक भाषाओं की कहानियों एवं आत्मकथाओं के इतने बड़े संकलन में कुर्रतुलऐन हैदर की कोई कहानी न होने से किसी को भी हैरानी हो सकती है। इसके लिए मुशर्रफ़ आलम ज़ौक़ी बाकायदा तर्क भी प्रस्तुत करते हैं। वे लिखते हैं, 'कुर्रतुलऐन हैदर की दुनिया इस सम्बन्ध में थोड़ी भिन्न थी, अर्थात् वह औरत के सम्बन्ध में बहुत हद तक उलझन भरी थी, यानी उनकी आपबीतियों में महिला के लिए उनका जला-कटा रुख ऐसा था, जैसे कोई घमण्डी राजकुमारी अपनी दासियों को नफ़रत भरी निगाह से देख रही है...चाहे उनमें फ़िल्म एक्ट्रेस नरगिस हों या कोई तुर्रम खान। कुर्रतुलऐन हैदर ने कभी महिला समस्याओं की परवाह नहीं की। उनके पास अतीत का एक झरोखा था, जिसके आगे-पीछे उनकी आँखें कुछ भी देख सकने की स्थिति में नहीं थीं..' (भूमिका, पृ. 36)। यह आलोचना नहीं, पूर्वाग्रह और ज़िद की भाषा है। बेशक कर्रतुलऐन हैदर के पास अतीत का एक झरोखा था, जिसमें प्रायः सब कहीं एक अभिजात समाज और उसकी समस्याएँ थीं, लेकिन अतीत के इसी झरोखे से उन्होंने 'आग का दरिया' और 'निशान्त के सहयात्री' जैसे अपने उपन्यासों में संस्कृति और क्रान्ति के मसलों पर कारगर हस्तक्षेप किया। उनके यहाँ उदास और असफल प्रेम की ढेरों कहानियाँ हैं जहाँ समाज की रिवायतें और रूढ़ियाँ प्रेम को अंजाम तक नहीं पहुँचने देतीं और ज़िन्दगी पतझड़ के उजाड़ मौसम में पेड़ से झरे पत्तों की खड़खड़ाहट में बदल जाती है। हम किसी से सहमत-असहमत हो

सकते हैं, लेकिन अपने पूर्वाग्रहों के कारण, चयन के अधूरेपन की क़ीमत चुका कर, सम्पादकों को इस स्वेच्छाचारी रवैये से बचना चाहिए था।

रुकैया सखावत हुसैन की 'सुल्ताना का सपना', 'हंस' में उसके लगभग पुनराविष्कार के बाद, एक नयी तरह से चर्चा में आयी। पितृसत्तात्मक सामाजिक संरचना के विरुद्ध, फन्तासी के रूप में, अपने खिलन्दड़े अन्दाज़ में कहानी गहरे हस्तक्षेप का उदाहरण है। यहाँ लेखिका एक स्त्री राज का सपना देखती हैं जिसमें वस्तुतः सारी शक्ति स्त्रियों के पास है। पुरुष यहाँ वे काम करते हैं, जो सामान्यतः स्त्रियों को घरों में करने होते हैं। यहाँ लेखिका ऐसे मूलगामी सुधारों की ओर संकेत करती हैं जो सदियों से स्त्री-उत्पीड़न के मुख्य कारण रहे हैं। यहाँ स्त्री-शिक्षा पर विशेष ज़ोर है। इक्कीस वर्ष की आयु से पहले लड़की के विवाह पर पाबन्दी है। लड़कियों के अलग विश्वविद्यालय हैं जिनमें पुरुषों का प्रवेश वर्जित है। सबसे मज़े की बात यह है कि यहाँ आदमी उसी तरह क़ैद और पर्दे में है, जैसे सामान्यतः मुस्लिम परिवारों में तब स्त्री रहती थी, लेकिन पढ़ी-लिखी और तरक़्क़ीपसन्द स्त्री के लिए भी रसोई के मामले में कोई ढील नहीं है। बड़ी और कायदे की रसोई पर ज़ोर है, क्योंकि खाने का लुत्फ़ ज़िन्दगी का एक अहम हिस्सा है। यह शायद उस समाज की परिचित और प्रचलित स्थिति के विरुद्ध एक प्रतिवाद है जिसमें आख़िर में स्त्री के खाने की नौबत आने तक कभी सालन नहीं बचता, कभी गोश्त और चावल। स्त्री-राज में भी यदि औरत सन्तोष और तृप्ति से नहीं खायेगी तो फिर कब और कहाँ खायेगी? कहानी पढ़ी-लिखी औरत के सम्बन्ध में प्रचारित और प्रचलित इस धारणा को तोड़ती है कि पढ़ने-लिखने के बाद औरत रसोई के रख-रखाव के काम की नहीं रहती।

इसी तरह रशीद जहाँ की 'दिल्ली की सैर' भी औरत के लिए एक वर्जित दुनिया का द्वार खोलती है। यहाँ फरीदाबाद से दिल्ली तक रेल का छोटा-सा सफ़र औरत-आदमी की दुनिया के अन्तर को बहुत भेदक दृष्टि से देखता है। यहाँ प्रायः सब कहीं मर्द 'मर्दुओं' और 'शोहदों' की शक्ल में सामने आते हैं। लेखिका अपनी ओर से कोई टिप्पणी नहीं करती, लेकिन बरसों बाद ज्ञानरंजन की लिखी 'फेंस के इधर और उधर' की दोनों तरफ़ की जिन्दगियों का अन्तर परत-दर-परत खुलता चलता है।

पित्तृसत्ता से, उसके अन्तर्विरोधों और अत्याचारों से मुक्ति की कल्पना स्त्री के लिए सब कहीं एक उत्तेजक कल्पना बनकर आती है। मुमताज शीरीं की 'आईना' में आईने का एक टुकड़ा जैसे औरत के अतीत का आईना बन जाता है, जिसमें जहरा अपना अतीत देखती है और उसे परवीन को सुनाती है। बहुत

एहतियात से छिपाकर रखा गया आईने का वह टुकड़ा एक ओर यदि पति की ज़्यादतियों से बचाव का एक कवच है तो वहीं वह प्रेम की उस दुर्निवार चाह का एक प्रतीक भी जिसमें ज़िन्दगी भर वह अपना अक्स देखती रही हैं। जमीला हाशमी की 'शीरीं' और फरखन्दा लोधी की 'कूपी' सीधे तौर पर औरतों के मसायल की कहानियाँ नहीं हैं, जिस तर्क के आधार पर कुर्रतुलऐन हैदर को चयन से बाहर रखा गया है, लेकिन वे यादगार कहानियाँ ज़रूर हैं। 'शीरीं' में कुत्ते और नैरेटर लड़की के बीच हमदर्दी का एक ऐसा रिश्ता कायम है जो आदमी से आदमी के रिश्ते पर एक अर्थपूर्ण टिप्पणी भी है। अपनी प्रकृति में यह टिप्पणी कुछ वैसी ही है, जैसे कभी प्रभा खेतान ने अमेरिकी समाज की हक़ीक़त को 'आओ, पेपे घर चलें' में खोलने की कोशिश की थी। मेहमान बतौर आये शीरीं में, घटित बदलाव दूसरों को उसका जंगलीपन लगता है। अपने प्रति उसकी बेहिसी अम्मी को चिढ़ाती है। घर में दूध, रोटी, पानी और गोश्त जो भी उसे खाना है, 'मैं' के हाथ से ही खाना है। नौकरी के लिए उसके बाहर रहने का समय वस्तुतः शीरीं के लिए एक मुश्किल समय होता है। उसके द्वारा की गयी शैतानियों की एक लम्बी फेहरिश्त रोज़ उसे अम्मी से सुनने को मिलती है। अपने प्रति शीरीं के इस उद्दाम लगाव को देखकर वर्षों पहले कभी समुद्री यात्रा में सफ़र में मिले उस लड़के की याद उसे आती है जो उसके द्वारा पहने जाने वाले लिबास में अपनी पसन्द की फ़रमाइश करता था। अपने लिए उसकी यह दीवानगी उसे अच्छी लगती थी...'उसे फूल अच्छे लगते थे। मुझे कहता, इस रंग में तुम डेजी लग रही हो। अजीब दीवाना-सा बच्चा था। समझदार भी और सीधा भी। एक शाम उसने फ़रमाइश की कि मैं उसके साथ नाचूँ। लहरों के तेज़ संगीत पर हम क़दमों से क़दम मिलाये और बाँहों के सहारे झूलते रहे और जब हम अन्धेरे स्थान में गये तो उसने अपना सिर मेरे सीने से लगा दिया। मुझे अपने कमज़ोर बाजुओं के घेरे में ले लिया और मुझसे उसी तरह लगा खड़ा रहा...' (पृ. 136)। शीरीं की तरह किसने उसे इस तरह टूटकर चाहा है। अम्मी व्यंग्य से कहती हैं कि वह उसे अपनी औलाद की तरह चाहती है। शीरीं की असली मालकिन, उसकी बड़ी बहन मेहर जब जद्दा में कुछ दिन और रुकने का दबाव डालती है और वह कराची में शीरीं की परेशानी का वास्ता देती है तो व्यंग्य में वह कहती है—उसके बिना वह विधवा न हो जायेगी। शीरीं के प्रसंग में उसे 'वे' सब याद आते हैं जो कभी उसकी ज़िन्दगी में थे—उसकी राह से गुज़रे थे या फिर वह स्वयं कभी जिनकी राह में आयी थी। वह भी, जिसका दिल उसने जेबा की तरफ़ से मोड़ना चाहा था। शीरीं ने जब-तब यह सवाल उसके मन में उठाया है—क्या आदमी इतनी निश्छल, अटूट और असीम-मोहब्बत के लायक है?

'कूपी'—क्यूपिड—अभिजात समाज के चोंचलों का शिकार है। घर की नौकरानी के बेटे हुमायूँ को एक तरह से गोद लेकर परिवार में शामिल कर लिया जाता है। उसके लिए शिक्षा सहित और दूसरी चीज़ों की अच्छी व्यवस्था की जाती है। बुरे और ख़राब असर से बचाने के लिए कुछ समय बाद उसकी माँ को भी उससे मिलने नहीं दिया जाता। उसके बड़े होने पर जब एक-एक करके चीज़ें घर से ग़ायब होने लगती हैं तो उसकी ओर भी लोगों का ध्यान जाता है। देर तक घर से उसका ग़ायब रहना भी शक पैदा करता है। फिर एक दिन पुलिस कोठी में उसकी लाश लेकर पहुँचती है। उसने आत्महत्या कर ली थी। अपने सुख और शौक़ के लिए जैसे एक नन्हे पौधे को जड़ से उखाड़कर बरबाद कर दिया जाता है। घर की अंग्रेज़ी पढ़ी जवान लड़की उसे एक रोमांटिक-सा नाम तो दे सकती है, उसके मानसिक विकास की जटिलताओं को नहीं समझती। कहानी की विशेषता यह है कि कूपी के प्रति सारी ऊपरी हमदर्दी के बावजूद अभिजात समाज के अपने अन्तर्विरोध परत-दर-परत खुलते चलते हैं।

इन बाग़ी लेखिकाओं की कहानियों में अधिकतर बग़ावत पुरुष के तन्त्र और वर्चस्व से है जिसमें एक तरफ़ औरत और आदमी के बीच का फ़र्क़ है, तो दूसरी तरफ़ औरतों के उत्पीड़न की बेहिसाब मिसालें भी सामने आती हैं। मुसर्रत लुगारी की 'मामूली बातें' में छह बच्चों की माँ सुरैया बानो का शौहर नशेड़ी होने पर भी आख़िर 'मर्द जात' है। जब वह आधी रात के बाद लौटता है, इन्तज़ार करके बच्चे सो चुके होते हैं। बीवी को बालों से पकड़कर न सिर्फ़ वह अपने शौहर होने का हक़ जताता है, उसे घर से निकाल भी देता है। गहरे आहत भाव से वह स्वीकार करती है, 'औरत हूँ और औरत वह कसूर भी मान लेती है जो वह करती तक नहीं...' (पृ. 186)। रात को दो बजे तक बच्चों को सुलाकर वह उसके इन्तज़ार में जागती है। फिर पूरी रात उसे उसका पंखा झलना होता था ताकि वह आराम से सो सके। इस बीच उसे बाथरूम तक जाने की इजाज़त नहीं थी, क्योंकि इससे उसकी नींद में खलल पड़ता था। सुरैया की छोटी-छोटी सी मामूली बातें सुनने वालों की ख़ुशियों और मुस्कराहटों पर ताला ठोंक देती हैं। नुरुल हूदा शाह की 'ज़िन्दगी का ज़हर' में औरत क़बीलाई समाज के माहौल और रिवायतों की शिकार है। बचपन में ही फिरदौस को अहमद से 'मंसूब' कर दिया जाता है। बड़े होने पर इसी तर्क से वह उससे रिश्ता बनाता है और परिणाम में 'खून और गोश्त का लोथड़ा' फिरदौस की नियति बनकर कभी उसका पीछा नहीं छोड़ता। अहमद विदेश जाकर बस जाता है। भाई वहीं जाकर उसके मारने की योजना बनाता है—जैसे वहाँ भी सिन्ध के क़बीलाई समाज की तरह सब इतना आसान हो। बाप ने अभी हाल में ही बिना निकाह के महरी 'डाल' ली है और फिरदौस

हमराज नौकरानी जेब के सहारे सलीम और जमील जैसे लोगों के पास भटकने को मजबूर है। शादी के प्रस्ताव पर सलीम इसे हदीस और कुरान के ख़िलाफ़ बताकर अपना फ़ैसला सुना देता है। अजल का अज़ाब जैसे उसके ख़ून की हर बूँद में समा गया है। तनहाई में आँखें बन्द किये सिगरेट के कश लेते हुए जैसे ज़िन्दगी में गहरे उतरे इस ज़हर को वह शिद्दत से महसूस करती रहती है।

निगार अज़ीम 'अक्स' में पिता के प्रति बेटी के लगाव जैसे नाज़ुक और संवेदनशील मुद्दे को कलात्मक विश्वसनीयता के साथ अंकित करती हैं। कहानी में एक सख़्तमिजाज़ पिता का ख़ाका है जो स्कूल में मास्टर हैं। क्यारी में फूल-पौधों की साज-सँवार के बीच वे कुरान की कोई सूरत बोलते जाते थे। बच्चों को बीस बार कहलवाते थे—झूठ बोलना गुनाह है, या दिल की बात नहीं माननी चाहिए, क्योंकि दिल ग़लत काम करवाता है। बड़ा होने पर सब बच्चों से अधिक उन्हें महर में ही अपना अक्स दिखाई देता है। शायरी और लेखन के मामले में यही सख़्तमिज़ाज पिता महर का आयडियल बन जाते हैं। उनकी शायरी उसे प्रेरित करती है। अब्बा की पाकीज़गी और बेटी का उनके होने के कारण उनके कई पेज चिपके हुए हैं। अब उन्हें खोलने के लिए पेपर कटर तो चाहिए ही। यूँ जेब में रखी कंघी से भी काम चलाया जा सकता है, लेकिन यदि यह हाशिया छोड़कर भागने लगी, तो तूँतड़े बाहर लटकते दिखेंगे। फिर यदि आपके बालों में जूँ हुई, तो फिर वहाँ पहुँचकर वह दीमक से दोस्ती कर सकती हैं। हो सकता है, अनुदान मिलने के बाद जब किताबों का नया जत्था आये, तब तक जूँ और दीमक की दोस्ती हो जाये और वे 'आओ आओ नये लॉट पर लूमटे' कहते हुए चहकने लगें। यह खीरे के 'झाग निकालने वाले पोर्शन' की ही तरह एक कड़वी सच्चाई है। हाँ, यह बात दीगर है कि हम इसे मानने को तैयार नहीं। हम कहेंगे, 'देखिए न कितनी किताबें छप रही हैं। कितनी पत्रिकाएँ निकल रही हैं, कितना बड़ा इन्वेस्टमेंट है, क्या बात करते हो आप,' वग़ैरह-वग़ैरह। अपन को इस बात की नहीं पड़ेली है कि ये जो पाठक नामक प्राणी होता है, वह कहाँ है और वह वहाँ क्यों है, यहाँ क्यों नहीं। यह जो लिखा जाता है, उसकी पहली शर्त होनी चाहिए पठनीयता। बदक़िस्मती से हमारे लेखकों का यही पाया कमज़ोर है। ओपनिंग कर रहे हैं और फास्ट बॉलर को खेलना नहीं आता। स्पिनर लाओ तो चौके-छक्के उड़ाएँगे। आलोचक को पढ़वाओ। देखो क्या तारीफ़ करता है। भई, मुहब्बत को कुछ ख़ास दिल महसूस होते हैं, ये नगमा है, जो हर साज पे गाया नहीं जाता, मगर जनाब है बनने-सँवरने का तब ही मज़ा, कोई देखने वाला आशिक तो हो। जब क़द्रदान होता है, तभी फलदान होता है, लेकिन साहित्य के

इस दीमकीय दौर में भी कुछ किताबें ऐसी ताज़ी हवा के झोंके की मानिन्द आती हैं, जिन्हें एक बार पाठक पढ़ना शुरू करता है, तो इच्छा होती है, पढ़ते रहो-पढ़ते रहो, यह जो आनन्द मिल रहा है, यह जो रस बरस रहा है, वह कभी थमे नहीं, चलता ही रहे, 'जो भी है, बस यही इक पल है' गीत की तरह। यदि पिछले दो दशक में छपी ऐसी किताबों की गिनती की जाये, तो उनकी संख्या दहाई तक भी बमुश्किल पहुँचेगी। प्रह्लाद अग्रवाल की 'आधी हक़ीक़त आधा फ़साना', पंकज बिष्ट का 'लेकिन दरवाज़ा', नरेश सक्सेना की 'समुद्र तट पर हो रही बारिश', मक़बूल फिदा हुसैन की 'हुसैन की कहानी : अपनी ज़ुबानी', रवीन्द्र कालिया की 'ग़ालिब छुटी शराब', यशवन्त व्यास की 'अपने गिरेबाँ में' और अमृतलाल वेगड़ की 'सौन्दर्य की नदी नर्मदा' व 'अमृतस्य नर्मदा'। कान्तिकुमार जैन की 'लौट कर आना न होगा' और 'जो कहूँगा सच कहूँगा' इसी शृंखला की कड़ियाँ हैं।

'जो कहूँगा सच कहूँगा' मूलतः संस्मरणात्मक किताब है, जिसमें साहित्य की रोशनी में चुनचुनाते बड़े सितारों (गजानन माधव मुक्तिबोध, नामवर सिंह और शिवमंगल सिंह सुमन) के साथ-साथ आमतौर पर खद्योत सम समझ लिये गये साहित्यकारों, लेखकों, पीएचडी अभिलाषियों के व्यक्तित्व और उनकी प्रवृत्तियों को तत्कालीन समय की सच्चाइयों के साथ उकेरा गया है। वे संस्मरण कभी हृषिया की फ़िल्मों की तरह गुदगुदाते हैं, कभी साइकिल के कैरियर की तरह चिमटी खोड़ते हैं, कभी इन्तज़ार की लम्बी खिंच रही घड़ियों की तरह बेचैन करते हैं, तो कभी रेलवे रिज़र्वेशन के काउंटर की क़तार में आगे खड़े मुसाफ़िर की व्यर्थ की पूछताछ की मानिन्द झुंझलाते हैं। इन तमाम गुदगुदाहटों, झुंझलाहटों के संग-संग चलते हुए पाठक उसी समय में, उसी काल में, उसी स्थान पर और उन्हीं लोगों के बीच पहुँच जाता है और कब वह ख़ुद इस किताब का एक पात्र बन जाता है, उसे पता ही नहीं चलता। जब तन्द्रा टूटती है, तो पता चलता है कि ये कहाँ आ गये हम, यूँ ही साथ-साथ चलते। आमतौर पर संस्मरणों के साथ सबसे बड़ी दिक़्क़त यह होती है कि दीन-दुनिया के संस्मरण सुनाते-सुनाते संस्मरणकार ख़ुद से इतनी मुहब्बत करने लगता है कि चौदह पृष्ठों के अफ़साने में दस पृष्ठों पर वह, वह और सिर्फ़ वही दिखलाई पड़ता है। मुख्य पात्र तो बेचारा उस बेरोज़गार दूल्हे की तरह हो जाता है, जिसके बराती, घराती और अतिथि तो अपने पैंट की सिलवटों से लगाकर सेंट की क़िस्मों तक की चर्चा करते हैं, बेचारे दूल्हे को कोई नहीं पूछता, लेकिन यहाँ कान्तिकुमार ख़ुद को उतना ही दिखाते हैं, जितना अल्फ्रॅड हिचकॉक और सुभाष घई अपनी फ़िल्मों में ख़ुद को। बिल्कुल मेहमान कलाकार के रूप में। कान्ति जी बीच-बीच में आते हैं, झलक

दिखलाते हैं और एक बार फिर पाठक व पात्र के बीच से ख़ुद को हटा लेते हैं। इससे संस्मरणों में ताज़गी और मुख्य पात्र के प्रति उत्सुकता, दोनों ही बने रहते हैं। कान्ति जी बात में बात और उसमें से भी बात पैदा करने में माहिर हैं। जब वे आचार्य नन्ददुलारे वाजपेयी जी पर संस्मरण लिखते हैं, तो वाजपेयी जी तो दिखते ही हैं, उनके आदरणीय पं. द्वारिकाप्रसाद मिश्र, उनके विभाग के साथी प्रेमशंकर नज़र आते हैं, उनके ख़ास यार शिवकुमार श्रीवास्तव नज़र आते हैं। मुसीबत के मारे कुलसचिव भी दिखते हैं। ये तमाम पात्र भी लेखक के इशारे पर मेहमान कलाकार के रूप में आते हैं। अपनी पारी खेलकर ओझल हो जाते हैं, फिर कोई पात्र आता है, लेकिन मुख्य पात्र कहीं छिपता नहीं। वे घूम-फिर कर फिर उस पर आ जाते हैं, दुनिया गोल है, की तरह। यह कान्तिकुमार जी की क़लम का ही कमाल है कि वे रामविलास शर्मा (डिपो मैनेजर, समीक्षक नहीं) के बारे में इतनी रेशेदार भाषा में लिखते हैं कि वह हजम तो होती है, पाठक रामविलास जी से दोस्ती करने की इच्छा करने लगता है और अन्त तक पहुँचते-पहुँचते उसे ऐसा लगता है कि अपने रामविलास शर्मा तो डिपो मैनेजर ही हैं, समीक्षक-वमीक्षक नहीं। पाठक एक रामविलास शर्मा जी से ही नहीं, उन राजनाथ पाण्डेय जी से भी जुड़ता है, जो कान्ति जी की बिटिया के लिए आटे की लोई से खिलौने बनाते-बनाते 'बहू, पानी गरम कर दो, हम नहावेंगे', 'बहू, आज हम खिचड़ी खायेंगे' कहते रहते हैं। पाठक को वह नयी-नवेली दुलहन भी याद रहती है, जो गौना होने के तत्काल बाद अपने पीएच.डी. सम्बन्धी वायवा में 'शेखर : एक जीवनी' उपन्यास की यह मौलिक विशेषता बताती है कि पूरे उपन्यास में शेखर एक बार भी नहीं हँसा।

कान्ति जी पहाड़ पर जाकर या यूरोप के एयरकंडीशंड प्रति बालेहाना मोहब्बत का अन्दाज़ कहानी में बहुत बारीकी से बुना गया है। जब अब्बा का प्रोस्टेट का ऑपरेशन होने को था और घर मेहमानों से भरा था, रात में अपने बिस्तर से उठकर बेख़याली में कब वह उनके बिस्तर पर चली जाती है उसे पता ही नहीं चलता। सुबह अब्बा की कुलबुलाहट और धीमी आवाज़ में निकला स्वर—भई मेरे पास कौन लेट गया? सुनकर उसे अपने किये का अहसास होता है।

इन कहानियों में किसी राजनीतिक बग़ावत के स्वर भले ही उतने मुखर न हों, लेकिन धर्म के प्रति इन लेखिकाओं का रुख़ सब कहीं बहुत स्पष्ट और बेबाक है। कुरान और शरीयत का वास्ता देकर उन्हें प्रायः ही दबाया और सताया जाता है। धर्म सब कहीं उनके शोषण और उत्पीड़न का मुख्य कारक है। सईदा गजदर की 'अजानों के देश में'—'अजान सुनकर वह अब भी सिर पर आँचल

रखती थी और अपनी कमाई को सरासर मेहनत की कमाई समझती थी, बल्कि ख़ून-पसीने की कमाई, हाँ उसमें उसकी आबरू, उसकी शर्म का ख़ून शामिल था...' (पृ. 182)। गाँव का चौधरी हो या शहर का सेठ, औरत से एक ही तरह की मज़दूरी के क़ायल हैं। मुफ़्त की रोटी तो अपना आदमी भी नहीं खिलाता है। शरई कानून में रिश्वत जुर्म है—औरत की बेबसी का फ़ायदा नहीं। सच्चाई पर परदा डालने के लिए फीचर लेखिका के लिए एडिटर का सुझाव है कि सारा इलजाम औरत पर डाल दिया जाये। भरसक सेठ ने उसकी मदद की है। फिर वह किसी ऊँचे ओहदे या किसी एम.एल.ए. से ताल्लुक रखता है। फीचर में वह यह दिखाये जाने पर ज़ोर देता है कि उसने औरत को इज़्ज़त की ज़िन्दगी की राह दिखाई है। लेखिका इस हालत में फीचर के बजाय अफ़साने लिखने का इरादा करती है, 'लोग आर्ट के नाम पर नंगी तस्वीर देख सकते हैं मगर आईने में स्वयं को नंगा देखकर चीख़ उठते हैं'...(पृ. 184)। वाजिदा तबस्सुम की 'उतरन' और फ़हमीदा रियाज़ की 'पर्सनल एकाउंट' आदि कहानियों में इस व्यवस्था को नंगा करके औरत की अपनी पहचान का संघर्ष स्पष्ट है।

संकलन को ऐतिहासिक और वैचारिक दृष्टि से पूर्ण बनाने के लिए जहाँ इस्मत चुग़ताई की 'लिहाफ' से लेकर नासिरा शर्मा की 'संगसार' जैसी चर्चित कहानियों को शामिल किया गया है, वहीं तहमीना दुर्रानी, किश्वर नाहीद, तसलीमा नसरीन आदि की पूर्व प्रकाशित आत्मकथाओं के कुछ अंश भी यहाँ मौजूद हैं। ज़रूरी नहीं कि कहानियों में प्रतिरोध की चेतना भी उभरकर सामने आये। इन कहानियों का मुख्य उद्देश्य पुरुष वर्चस्व वाले तन्त्र और समाज में प्रेम को गुनाह समझकर उत्पीड़ित स्त्री के विभिन्न रूपों की निशानदेही है। प्रेम की सहज स्वीकृति वाले समाज में ही स्त्री को पुरुष की बराबरी का दर्जा हासिल हो सकता है। इस तरह इन कहानियों को प्रेम के पक्ष में तर्क की एक लम्बी शृंखला के तौर पर भी पढ़ा जा सकता है। ये कहानियाँ स्त्री के जीवन में प्रेम के लिए स्पेस बनाती हैं और इस प्रक्रिया में उस सब कुछ के विरोध में खड़े होने का साहस दिखाती हैं—धर्म, राजनीति से लेकर क़बीलाई समाज की निरंकुश बर्बरता तक सब कुछ के विरोध में—जो प्रेम की राह रोकता है। ये प्रेम की सहज स्वीकृति के सपने और संघर्ष का हिस्सा है।

'आपका बंटी' : सही पते पर पहुँची चिट्ठी

नयी कहानी के सिद्धान्त निरूपण और सिद्धान्त निर्माण की प्रक्रिया में जिसे 'अनुभव की प्रामाणिकता' के रूप में प्रस्तुत किया गया, शैलेश मटियानी के सम्पादन में, 1968 में प्रकाशित 'विकल्प' के वृहद् कथा-विशेषांक में प्रकाशित अपने लेख 'प्रामाणिकता की तलाश' में मैंने उसे 'अनुभूति की प्रामाणिकता' कहे जाने पर ज़ोर दिया था। अनुभव से अनुभूति तक की यह यात्रा ही वस्तुतः लेखक को अनुभववाद की संकीर्णता से निकालकर एक बड़े और व्यापक समाज से जोड़ती है। मन्नू भंडारी का 'आपका बंटी' 1971 में प्रकाशित हुआ। इसके कुछ समय बाद ही जनवरी 1972 में मोहन राकेश का आकस्मिक निधन हुआ। 'आपका बंटी' की संक्षिप्त भूमिका 'जन्मपत्री : बंटी की' में बाँकुरा की एक शाम जिस पी. के फ़ोन आने और रेस्त्राँ में मिलने के अनुरोध का ज़िक्र है, यह मान कर चला जा सकता है कि, नाम की सारी गोपनता के बावजूद, वह शख़्स, मोहन राकेश थे। ओमा शर्मा को दिये गये अपने साक्षात्कार में पूछे गये, एक प्रश्न के उत्तर में कि बंटी को लेखिका ने कहाँ से पकड़ा, मन्नू भंडारी कहती हैं, 'एक बंटी तो ख़ैर मोहन राकेश के परिवार से ही था। उनकी पहली पत्नी से। राकेश उसे वापस लाना चाह रहे थे क्योंकि तलाकनामे की शर्तों के मुताबिक यदि माँ दूसरी शादी करेगी तो उस बच्चे की कस्टडी छोड़नी पड़ेगी। बच्चे की माँ दूसरी शादी करने जा रही थी। मैंने न उस बच्चे को देखा था, न उसकी माँ को, मगर मैंने सोचा जो बच्चा 12-13 साल की उम्र तक माँ के साथ रहा है उसे एक नये माहौल में कितनी तकलीफ़ होगी? राकेश की दूसरी पत्नी के भी बच्चा होने वाला था। मैंने राकेश जी से पूछा कि कैसे करेंगे तो बोले मैं उसे हॉस्टल में भर्ती करा दूँगा। तो फिर मैंने कहा कि जिस माँ के साथ वह रह रहा है उसी के साथ रहने में क्या बुराई है? लेकिन राकेश नहीं माने। मैं उस बच्चे के बारे में सोचते हुए ख़ूब परेशान हुई। दूसरा एक बंटी धर्मवीर भारती के परिवार में था और तीसरा, आप नहीं जानते, एक परिचित के परिवार से। इन तीनों बच्चों ने गड्डमड्ड होकर एक सामाजिक समस्या के रूप में एक अलग ही बच्चे को मेरे भीतर ज़िन्दा

कर दिया।' (मेरे साक्षात्कार, संस्करण 2015, पृ. 30-31) उपन्यास की अपनी उल्लिखित भूमिका में, बंटी के प्रसंग में, मन्नू भंडारी पिता के 'लगाव' और माँ के 'आसंग' के अन्तर पर ख़ासतौर से ज़ोर देती हैं। यहीं वे लेखिका के रूप में बंटी के 'नयी माँ' के साथ चले आने का उल्लेख करते हुए विस्तार से उसकी जन्मपत्री तैयार करती हैं। 'आपका बंटी' इस तरह लेखिका के निजी अनुभव का हिस्सा न होकर उसकी उसी अनुभूति का हिस्सा है जो एक अपरिचित किशोर होते बच्चे के प्रति उसे हार्दिकता और गहरी संवेदना से जोड़कर एक सामाजिक समस्या के रूप में प्रस्तुत किया जाने को प्रोत्साहित करता है। कान्ता भारती का उपन्यास 'रेत की मछली' या मोहन राकेश की प्रतीक बोझिल कहानी 'एक और ज़िन्दगी' उस निजी अनुभव की ही प्रामाणिक अभिव्यक्तियों के रूप में मौजूद हैं।

अपनी इस भूमिका में मन्नू भंडारी स्वीकार करती हैं कि 'आपका बंटी' के तीन कोण अजय, शकुन और स्वयं बंटी है। लेखिका के रूप में उनकी टिप्पणी है, 'शायद यही कारण है कि मैं इस त्रिकोण की किसी एक भुजा को न अस्वीकार कर सकी, न ही ग़लत सिद्ध कर सकी। पात्र अपनी-अपनी दृष्टि-संवेदना की सीमाओं में एक-दूसरे को ग़लत-सही कहते रह सकते हैं, लेकिन देखना यह ज़रूरी होता है कि लेखकीय समझ किसी के प्रति पक्षपात तो नहीं कर रही? ग़लत और सही कोई हो सकते हैं तो वे अजय, शकुन और बंटी के आपसी सम्बन्ध। इस पूरी स्थिति की सबसे बड़ी विडम्बना ही यह है कि इन सम्बन्धों के लिए सबसे कम ज़िम्मेदार और सब ओर से बेगुनाह बंटी ही इस ट्रैजेडी के त्रास को सबसे अधिक भोगता है। शकुन-अजय के सम्बन्धों का तनाव और चटख बंटी की नस-नस में ही प्रतिध्वनि होती है। स्थिति की इस विडम्बना ने ही मेरे मन में एक आतंक जगाया था। शकुन-अजय के आपसी सम्बन्धों में बंटी चाहे कितना ही फ़ालतू और अवांछनीय हो गया हो, परन्तु मेरी दृष्टि को सबसे अधिक उसी ने आकर्षित किया। वस्तुतः उपन्यासकार के लिए अप्रतिरोध चुनौती, सहानुभूति और मानवीय करुणा के केन्द्र सिर्फ़ वे ही लोग हो पाते हैं जो कहीं न कहीं फ़ालतू हो गये हैं...' (आपका बंटी, राधाकृष्ण पेपरबैक्स, संस्करण 2014, पृ. x)

मन्नू भंडारी 'आपका बंटी' के लिए दो दृष्टि बिन्दुओं को आधार बनाकर अपनी रचना-यात्रा शुरू करती हैं। पति-पत्नी, अजय बत्रा और शकुन के बीच सबन्ध विच्छेद के बाद बंटी माँ के साथ है। तलाक को अभी क़ानूनी रूप भले ही न दिया गया हो, व्यवहार में स्थिति यही है। अजय और शकुन के बीच काफ़ी कुछ मध्यस्थ के रूप में, कलकत्ता से वकील चाचा आते हैं। पेशे से वकील होने के नाते भी वे इस काम को सलीके से करने की क्षमता रखते हैं। परिवार

के पुराने मित्र और हितैषी होने के साथ ही वे बंटी के प्रति ख़ासतौर से सदय और संवेदनशील हैं। उसके लिए पिता का सन्देश, सूचना और भेंट सौगात वे ही लेकर आते हैं। इस कठिन दौर में भी उनका आना बहुत कुछ परिवार में एक घटना की तरह होता है। उम्र और अनुभव ने सान चढ़ाकर जैसे उनकी नज़रों को बहुत पैना बना दिया है। जब-तब ऐसा भी लगता है कि लेखिका जो सीधे नहीं कह सकती उसके लिए भी वे एक उपयुक्त माध्यम हैं। कथा के विकास की प्रक्रिया में मन्नू भंडारी यह काम वस्तुतः अपने दो पात्रों से लेती हैं—फूफी और वकील से। घर की पुरानी नौकरानी फूफी भी इस संयुक्त गृहस्थी का हिस्सा रही है और अब शकुन के साथ है।

खिंचते और घिसटते सम्बन्धों को देखते वकील मित्र का ही यह सुझाव था कि सम्बन्धों को निभाने की ख़ातिर अपने को ख़त्म कर देने से अच्छा है सम्बन्ध को ही ख़त्म कर देना। बंटी के प्रति शकुन का असामान्य लगाव देखकर शकुन को उनका सुझाव है, 'तुम केवल बंटी की माँ ही नहीं हो, इसलिए बंटी की माँ की ही तरह मत जियो, शकुन की तरह भी जियो...' (वही, पृ. 43)

छोटे-बड़े अन्तरालों के बीच वे जब भी शकुन के यहाँ आते हैं, शकुन और बंटी के सम्बन्धों में उन्हें कुछ असामान्य-सा लगता है, और वे निःसंकोच अपनी बात को शकुन से शेयर भी करते हैं।

अपने अनुभव एवं पर्यवेक्षण के आधार पर उन्हें लगता है कि बंटी उस रूप में बड़ा और विकसित नहीं हो रहा है, जैसा उसकी उम्र के एक बच्चे को होना चाहिए। उन्हें लगता है—ही शुड ग्रो लाइक ए बॉय, लाइक ए मैन...। सुझाव के तौर पर ही बातों-बातों में वे शकुन से कहते हैं, 'कल से मैं देख रहा था कि किस कदर वह अभी भी तुमसे चिपका-चिपका रहता है। अपनी उम्र के बच्चों का साथ उसके लिए बहुत ज़रूरी है और वह तो उसे इस घर में मिल नहीं सकता...' (वही, पृ. 40)

पापा से अलग ममी के साथ बंटी को जो परिवेश मिला है सारी सुख-सुविधाओं और उसके एकाधिकारवादी अहं को तुष्ट कर पाने के बावजूद वह उसके विकास की दृष्टि से अधूरा है। शकुन लड़कियों के एक कॉलेज की प्रिंसिपल है। माली, चौकीदार आदि छोटे-मोटे पदों को छोड़कर वहाँ सभी स्त्रियाँ हैं जिनका वास्ता बंटी से भी पड़ता है। बाहर के दोस्तों में लिये-दिये टीटू है। लेकिन टीटू की दोस्ती से अधिक उसकी माँ सामाजिक प्रतिक्रियाओं एवं टिप्पणियों के रूप में ही अधिक महत्त्वपूर्ण है।

फूफी ने उसे शुरू में पिता के साथ भी देखा है। बीच-बीच में दर्ज उसकी टिप्पणियों से यह स्पष्ट है कि अजय के मर्दवादी रवैये की अपेक्षा उसकी

सहानुभूति स्वाभाविक रूप से शकुन के साथ है। पति-पत्नी के बीच जब अन्ततः अलगाव की नौबत आती है, फूफी शकुन के साथ आ जाती है। फूफी की सारी सहेज-सँवार के बीच बंटी जब-तब उससे बहुत उग्र एवं उद्दण्ड रूप में पेश आता है। उसकी सुनाई जाने वाली राजा-रानी, राजकुमार-राजकुमारियों की कहानियों का भी उस पर कोई असर नहीं होता। मेज़ पर से दलिया का उछाला गया कटोरा फैलकर पूरे कमरे में बिखर जाता है। फूफी को इसमें बंटी के मर्दवादी भविष्य का संकेत दिखाई देता है। इसी से वह अनुमान लगाती है कि उसके लिए महतारी के इस तरह हलकान होने के बावजूद उसके साथ वह क्या और कैसा सलूक करेगा? शकुन को दिखाने के लिए ही वह कमरा साफ़ भी नहीं करती है। उसके बड़बड़ाने की चिन्ता किये बिना पापा की लायी हुई बड़ी-सी बन्दूक लेकर वह बगीचे की ओर चला जाता है। बंटी की विभाजित मानसिकता और उसके समग्र विकास पर पड़ने वाले उसके प्रभाव का संकेत एक अन्य प्रसंग में भी देखा जा सकता है। वह सर्किट हाउस से पापा के साथ ताँगे पर ममी के पास लौट रहा है क्योंकि शाम को आठ बजे जब माली उसे लेने पहुँचता है, वे लोग घूमकर लौटे नहीं थे। चुप और सोचते पापा और अपने बीच उसे किसी और का अहसास हुए बिना नहीं रहता...'उसने बड़े थिरकते मन से पापा की ओर देखा। पापा एकदम चुप क्यों हैं? अँधेरे में चेहरा ठीक से दिखाई नहीं दे रहा है। वह चाहता है, पापा कुछ बोलते चलें, कलकत्ता चलने की बात ही कहें या उसे लड़के वाले खेल ही खेलने की बात कहें, पर कुछ तो कहें। बोलते हुए पापा उसे अपने बहुत पास लगने लगते हैं। चुप हो जाते हैं तो लगता है जैसे पापा कहीं दूर चले गये हैं। जैसे उसके और पापा के बीच कोई और आ गया है...' (वही, पृ. 57)

उम्र के हिसाब से, जानकारी के अभाव में, बहुत-सी बातें उसके मन में उठती हैं जिन्हें वह ममी से पूछना चाहता है। बहुत-सी चीज़ों का अनुमान अपनी ओर से लगाकर वह ख़ाली जगहों को भरने की कोशिश भी करता है। टीटू और उसकी ममी द्वारा बहुत फूहड़ और क्रूड रूप में पूछे गये सवाल भी उसे परेशान करते हैं। पापा जब एक दिन को उससे मिलने आते हैं, सारे दिन अपने साथ घुमाते हैं। उसकी पसन्द की चीज़ें दिलवाते हैं। कलकत्ता के बारे में उसे विस्तार से बताते हुए छुट्टियों में उनके साथ कलकत्ता चलकर घूमने देखने को उकसाते हैं। पापा के जाने के बाद वह एक अजीब से ख़ालीपन से घिर जाता है...अधिकतर उनके बारे में ही सोचते हुए।

वकील चाचा जब कोर्ट की कार्रवाई के लिए शकुन से बात करने आते हैं, बंटी को वहाँ से हटाने की कोशिश करते हैं। कभी-कभी उनके और शकुन के

मन में यह भी आता है कि बंटी अब बड़ा हो रहा है, अपनी उम्र और अनुभव के हिसाब से औसत से कुछ ज़्यादा ही जानता-समझता है, और चूँकि सारा कुछ उसी से सम्बन्धित है, उसे विश्वास में लेकर सब कुछ उसे स्पष्ट बता देना चाहिए। लेकिन फिर भी उसे बता देने की अपनी स्पष्ट सीमाएँ हैं। ममी के कोर्ट जाने के समय पूछने पर भी जब उसे कुछ बताया नहीं जाता है, वह स्वतः अनुमान एवं कल्पना के अनुसार नक्शे बनाता है। टुकड़ों-टुकड़ों में यहाँ-वहाँ से सुनकर जिस निष्कर्ष पर वह पहुँचता है वह यह है कि ममी-पापा की 'पक्की-कुट्टी' हो जायेगी। एक बार जब टीटू से उसकी लड़ाई हुई थी, एक-दूसरे के पास की चीज़ों को भी घण्टे भर के अन्दर ही अदला-बदली हो गयी थी, पक्की-कुट्टी जो थी। आज ममी कहती हैं—वह उनका ही है अब...पर वह भी किसी की चीज़ है क्या? है तो किसकी? ममी की या पापा की? नहीं, वह ममी का ही है, ममी के ही तो पास रहता है। पापा उसे प्यार करते हैं, वह भी पापा को प्यार करता है, पापा उसे अच्छे भी लगते हैं, पर पापा उसे लेना क्यों चाहते हैं?...'ममी के रुँधे हुए स्वर और अँसुवाई आँखों ने बंटी को भीतर तक दहला दिया। पर ममी के प्रति सारे लाड़-प्यार और उनके दुख में दुखी होने के बावजूद एक क्षण को मन में यह बात ज़रूर आयी—पापा को वह कैसे भूलेगा? पापा तो उसे बहुत अच्छे लगते हैं।'...(वही, पृ. 71)

बंटी के विभाजित एवं असामान्य व्यक्तित्व के रूप में विकसित होने की समूची प्रक्रिया को मन्नू भंडारी सूक्ष्मता और कलात्मक निपुणता से अंकित करती हैं। ममी-पापा की 'पक्की कुट्टी' के बाद वह जैसे यकायक 'बड़ा' हो जाता है। मेज़ पर रखी पापा की फोटो भी उनके दिये सामान के साथ उठाकर वह अलमारी में रख देता है। पापा के बारे में अब सोचना भी नहीं है। कभी पापा का ख़याल आ जाने या अनजाने ही उनका ज़िक्र कर बैठने पर वह उँगलियों से क्रॉस बनाकर मानो की गयी ग़लती पर क्षमा-याचना और प्रायश्चित्त करता है। उसमें आया यह परिवर्तन फूफी की चिन्ता बढ़ाता है। समय और उम्र के हिसाब से बहुत पहले इस तरह उसका 'बूढ़ा' हो जाना अन्दर कहीं उसे आहत करता है।

बंटी और डॉ. जोशी का पहला इन्काउंटर स्कूल से मिली किताबों का ममी द्वारा कवर न चढ़ाये जाने और लॉन में बैठी डॉ. जोशी से बतिया रही होने पर होता है। पास ही मेज़ पर चाय के बर्तन पड़े हैं। गाड़ी में जोत और अमि के साथ खिड़की की सीट को लेकर भी बीच में दबकर बैठे होने पर उसे अपने 'फालतू' होने का बोध गहराई से होता है। जोशी किसी प्रसंग में शकुन से टिप्पणी भी करते हैं—'ही हसबैंड्स यू टू मच।' बंटी इसे 'हसबैंड्' से जोड़कर

पापा के बारे में कहा गया कुछ समझता है। जोशी से ममी की निकटता देखकर उसमें स्वामित्व-पजेसिव होने का भाव और बढ़ता है। डॉ. जोशी को सेंट की शीशी से सेंट हथेली पर निकालकर उनकी साड़ी पर मलते देख जैसे वह आपे से बाहर हो जाता है। इसी की अप्रत्यक्ष एवं अदृश्य प्रतिक्रिया में खिलौनों को लेकर वह अमि से भिड़ पड़ता है जिसकी परिणति ममी द्वारा उसके गाल पर चाँटे की ज़ोरदार आवाज़ के रूप में होती है, जो ममी के साथ लम्बी अवधि में उसका पहला अनुभव है। विदेशी सेंट की वह जादुई शीशी जो डॉ. जोशी उन्हें देते हैं, उसके और ममी के बीच अनजाने ही एक 'शत्रु' बनकर खड़ी हो जाती है। उनकी अलमारी में से एक दिन उसे निकालकर, सेंट मिट्टी में लौट शीशी को वह यथावत रख देता है।

ममी के कॉलेज वाले घर से उखड़कर बंटी जैसे सब कहीं उखड़ा और फ़ालतू हो जाता है। 'बस जहाँ वह होता है वहीं नहीं रहता और सब जगह रहता है, सब कुछ देखता है...' (वही, पृ. 150) डॉ. जोशी की कोठी के बाहरी कमरे की दीवार पर बना लाल तिकोन उसके उस फ़ालतू होने के अहसास को गहराता है—यानी दूसरे के बाद तीसरा बच्चा फ़ालतू, जो वह है। अगले दिन शाम छह बजे डॉ. जोशी जब उसे लम्बी ड्राइव पर अकेले ले जाने का वायदा करते हैं उसे लगता है कि ममी को मना कर देने के बारे में कहीं वह उनसे सचमुच 'पापा' ही न कहने लगे। लेकिन वायदा करके भी न आ पाने पर दीवार वाले लाल तिकोन पर उसे जैसे कई रंग पुते दिखाई देते हैं। जोशी के आने पर उसकी उग्र प्रतिक्रिया होती है—अलमारी से निकालकर कपड़े, रंगों के ट्यूब्स और शीशियाँ सब कुछ निकालकर वह बाहर फेंक पैरों से रौंदने लगता है। इसकी परिणति ममी द्वारा फिर उसकी पिटाई में होती है।

अनावश्यक और फ़ालतू होने का यह अहसास जैसे बंटी का स्थायी भाव बन जाता है। ममी के कॉलेज वाले घर में बगीचे के पेड़-पौधे और हरीतिमा उसे सहारा देते हैं, लेकिन उसके सहज विकास को वास्तविक दिशा वहाँ भी नहीं मिल पाती। वह अपने साथ और बराबरी के बच्चों के बीच ही मिल सकती है। जिस तरह वह डॉ. जोशी के यहाँ फ़ालतू होता है, उसी तरह कलकत्ता आकर पापा के परिवार में भी कोई अन्तर उसे नहीं दिखाई देता। जैसे कभी डॉ. जोशी को वह 'पापा' नहीं मान पाता, कलकत्ता में मीरा को 'ममी' नहीं मान पाता। वह उसके लिए हमेशा 'उनकी' बनी रहती है और मीरा भी उसे 'बच्चा' ही कहती है। यह दूरी और फ़ालतूपन के बोध को और बढ़ाता है। फिर कलकत्ता की कुछ अपनी अतिरिक्त समस्याएँ भी हैं। पापा, मीरा और गोद के थुलथुल

बच्चे के साथ बहादुर के लिए दो कमरों वाला एक छोटा-सा घर है। तनाव और घबराहट में डॉ. जोशी के यहाँ जब उसने बिस्तर में सू-सू कर ली थी, किसी को ज़रा भी पता हुए बिना ममी ने उसी पर अपना शॉल डालकर चुपचाप उसके कपड़े बदलवा दिये थे। यहाँ वैसा ही होने पर बहादुर उसके कपड़े बदलवाता है और मीरा के कहने पर गद्दे का उतना हिस्सा धोकर सूखने को सड़क की ओर वाली बालकनी की दीवार पर डाल देता है। इन छोटी-छोटी घटनाओं के कारण जड़ से उखड़कर जैसे वह अपना मानसिक सन्तुलन ही खो बैठता है। दो स्कूलों में प्रवेश के लिए टेस्ट देकर भी उसका प्रवेश नहीं हो पाता। मीरा झुँझलाती भी है कि अजय को उसे वहाँ परीक्षा के बाद ही लेकर आना था। स्कूल में जब टीचर उससे पूछता है—'वॉट इज़ योर फादर?' वह उत्तर देता है? 'माई मदर इज़ प्रिंसिपल...' उसे वस्तुतः पता ही नहीं है कि उसके पिता क्या हैं। सीमित आय में हॉस्टल के ख़र्च पर भी मीरा कसमसाती है। ज़िद में अजय के आगे और कोई विकल्प भी नहीं है। ट्रेन में हॉस्टल का स्टेशन आने पर उतरने की तैयारी में गड्डमड्ड हुए चेहरे उसके उस भविष्य का स्पष्ट संकेत देते हैं, जिसे बनाने और सँवारने के लिए ही उसे हॉस्टल में भेजा जा रहा है...'आँसू-भरी आँखों के सामने डिब्बे की हर चीज़ बैठे हुए अजनबी लोगों के चेहरे पहले धुँधले हुए, और धुँधले हुए और फिर एक-दूसरे में मिल गये। पापा का चेहरा भी उन्हीं में मिल गया और फिर धीरे-धीरे सारे चेहरे एक-दूसरे में गड्ड-मड्ड हो गये...' (वही, पृ. 208)

छत्तीस वर्ष की हुई शकुन का अजय के साथ कुल मिलाकर कोई दसेक वर्ष का विवाहित जीवन रहा है—तलाक को बाकायदा क़ानूनी रूप देने तक। पिछले सात वर्षों से बंटी को उसने अकेले ही पाला है। विच्छेद में न उसकी पहल है, न ही इच्छा। अजय के जीवन में मीरा की उपस्थिति पर उसका कोई वश न था। वकील मित्र द्वारा बंटी के प्रति अजय के लगाव की बात सुनकर और बीच-बीच में अजय के बंटी से मिलने आने पर उसे सन्तोष था कि शायद बंटी ही उनके बीच कोई पुल बन जाये। अजय के द्वारा बंटी को खिलौने भिजवाने पर भी उसे लगता था जैसे यह सिर्फ़ बंटी के लिए ही नहीं हैं—बंटी को माध्यम बनाकर इसमें कहीं वह भी शामिल है। उस दिन अजय के पास से लौटने पर वह देर तक बंटी को दुलारती-पुचकारती रही थी, मानो बंटी वहाँ से अकेला नहीं लौटा है, अपने साथ अजय को भी ले आया है। लेकिन कल की वकील चाचा की बात से जैसे सारी उम्मीदें समाप्त हो गयी हैं। सम्बन्धों को रेशे-रेशे विश्लेषण करने के बाद वह उसी निष्कर्ष पर पहुँची है कि दोनों ने एक-दूसरे को प्यार कभी किया ही नहीं।

सात वर्षों में विभागाध्यक्ष से प्रिंसिपल होने तक अपने को बढ़ाने से अधिक कहीं अजय को गिराने की भावना थी। उसके मन में अजय के साथ न रह पाने का दंश उतना नहीं है जितना उसे हरा न पाने का दंश है। जो हुआ, उसकी पहल यदि उसकी ओर से होती? उसके साथ मीरा के बजाय उसके अपने साथ किसी और की कल्पना उसे रोमांचित करती है। डॉ. जोशी के साथ रहकर कुछ दिन में ही अजय के लिए सात वर्ष बर्बाद कर देने का अहसास तेज़ी से होता है। आदमी का साथ कैसा भरा-पूरापन दे सकता है, यह उसने चन्द दिन डॉक्टर के साथ रहकर ही जाना है। छत्तीस की उम्र में भी किशोर उम्र वाला उल्लास और यौवन वाली उमंग लौट आयी है। डॉक्टर के साथ होते ही एकान्त की इच्छा और एकान्त होते ही...बंटी अगर उसके और अजय के बीच सेतु नहीं बन सका तो वह उसे अपने और डॉक्टर के बीच खाई भी नहीं बनने देगी। पढ़ी-लिखी और आधुनिक होने पर भी इस सम्बन्ध को लेकर अन्दर कहीं वह घोर अन्धविश्वासी भी है। शुभ दिन और शुभ मुहूर्त देखकर ही वह सोमवार को चार बजे के बाद डॉक्टर के नये घर में जायेगी जबकि इस परिवर्तन के लिए जैसा कि डॉक्टर ने कहा भी था, दोनों को छुट्टी होने से रविवार का दिन सुविधाजनक था। शकुन माली और चपरासी को बंटी के सारे पेड़-पौधों को नये घर में लाने-उगाने का आदेश देती है। बंटी को वह डॉ. जोशी को 'पापा' कहने को समझाती है। अपना उदाहरण भी देती है—जोत और अमि उसे 'ममी' कहते हैं कि नहीं। लेकिन बंटी का सीधा जवाब है—उनकी ममी मर चुकी है। उसके पापा अजय बत्रा कलकत्ता में हैं। वह अरूप बत्रा है, जोशी नहीं। बंटी के प्रसंग में अपने इस सन्ताप को वह छिपा नहीं पाती कि वह कुछ ऐसे अपराध की सजा भुगत रहा है जो वस्तुतः उसने किया ही नहीं। उसके प्रसंग में अगर कोई असली गुनहगार है तो वे हैं—अजय और स्वयं वह...'सच हम लोग शायद बंटी को एक साधन ही समझते रहे। अपने-अपने अहं, अपनी-अपनी महत्त्वाकांक्षाओं और अपनी-अपनी कुण्ठाओं के सन्दर्भ में ही सोचते रहे। बंटी के सन्दर्भ में कभी सोचा ही नहीं...' (वही, पृ. 187)

छत पर अकेली जब वह अजय के साथ कलकत्ता चले गये बंटी के बारे में सोच रही होती है, बंटी के लिए रोती हुई, बाहर से आकर पुकारते हुए डॉ. जोशी भी वहीं आ जाते हैं। डॉक्टर की सबल बाँहें उसे घेर लेती हैं—रोने से बरजते हुए। उन सबल बाँहों के नीचे दो नन्ही-नन्ही बाँहें अनदेखे-अनजाने ही जैसे मसल दी जाती हैं।

बंटी से सम्बन्धित और उसके सम्पर्क में आने वाला कोई व्यक्ति नहीं

चाहता कि बंटी दुखी हो। अपनी-अपनी स्थिति और प्रकृति के हिसाब से सब उसे प्रेम करते हैं और सुखी देखना चाहते हैं। कोई उसके प्रति आन्तरिक ममत्व के कारण ऐसा करता है, कोई उसके प्रति करुणा एवं दयावश। दरअसल बंटी की समस्या किसी एक व्यक्ति के कारण पैदा हुई समस्या है ही नहीं। उसकी समस्या की जड़ उसकी स्थिति और समूचे परिवेश में गहराई से धँसी है। बंटी के पापा अजय बत्रा उसे बहुत प्यार करते हैं। ताँगे पर सर्किट हाउस से ममी के पास उनके साथ आने पर वह पहली बार उन्हें ताँगे वाले पर ग़ुस्सा करते देखता है और डर जाता है। वे उसे लड़कों वाले खेलों के लिए प्रोत्साहित करते हैं और चाहते हैं कि वह अपनी उम्र और साथ के बच्चों के साथ खेले और एक पुरुष के रूप में उसका विकास हो। उसकी पढ़ाई-लिखाई, तैराकी, दोस्तों के साथ आदि के बारे में वे उससे ढेरों सवाल करते हैं। जब वे उससे कलकत्ता की बातें करते हैं, कभी छुट्टियों में वहाँ जाकर कुछ समय बिताने के प्रसंग में, कलकत्ता की और चीज़ों के साथ पी.सी. सरकार के जादू का आकर्षण भी उसके मन में उभरता है। फिर अचानक बंगाल की जादूगर औरतों की सुनी-सुनाई बातें उसके मन में उठती हैं, जो आदमी को भेड़ा बनाकर रखती हैं। बाद में ममी के शादी कर लेने के बाद जब वह अजय के साथ हमेशा के लिए कलकत्ता चला जाता है, भिन्न परिवेश की अपनी दुश्वारियों के बावजूद मीरा उसे किसी रूप में परेशान नहीं करती। मीरा की गोद का बच्चा अभी बहुत छोटा है। बंटी के प्रति मीरा के सम्बन्धों की औपचारिकता उसे 'बच्चा' कहकर उसका सम्बोधन आदि उसकी प्रकृति का हिस्सा है। नयेपन की झिझक भी इसमें हो सकती है। धीरे-धीरे यह सम्बन्ध सहज और स्वाभाविक भी हो सकता था। मीरा की समस्या किसी भी स्तर पर बंटी के साथ समायोजन की न होकर, अजय द्वारा बंटी को हॉस्टल में रखने के निर्णय के कारण परिवार पर पड़ने वाले आर्थिक दबाव की है। यह और भी भयावह इसलिए लगती है कि उसके गोद के बच्चे के बड़े होने के साथ ही उसके अपने ख़र्चे और ज़िम्मेदारियाँ बढ़ने वाली हैं।

डॉ. जोशी शहर के एक बड़े और प्रतिष्ठित डॉक्टर ही नहीं हैं उनका व्यक्तित्व कहीं बहुत आश्वस्तकारी है। वह बहुत सुलभ दृष्टि के आदमी हैं और बंटी को हर प्रकार से सहयोग करते हैं। पहली पत्नी के अपने बच्चों—जोत और अमि—में से अमि के साथ बंटी की लड़ाई में शकुन द्वारा बंटी को पीट दिये जाने पर वे बंटी का पक्ष लेते हैं और शकुन को इसके लिए बरजते हैं। उसके लिए वे एक अलग अलमारी और पढ़ने की मेज़ की व्यवस्था करते हैं। उसके लिए जो मेज़ वह लाते हैं वह और बच्चों की मेज़ों से कहीं बेहतर है। उनकी सुलझी

हुई दृष्टि और जीवन में कैसी भी भावुकता से बचाव का सबसे अच्छा उदाहरण शकुन द्वारा पूछे गये उनकी पत्नी प्रमीला के साथ उनके जीवन सम्बन्धी सवाल का उत्तर है। वे कहते हैं, 'प्रमीला के साथ का जीवन वह जैसा भी था अच्छा या बुरा मेरा इतना निजी है कि मैं उसे किसी के साथ शेयर नहीं कर सकता। तुम ग़लत नहीं समझना और बुरा भी मत मानना। वह सब एक अध्याय था जो उसी के साथ समाप्त हो गया और अब मैं उसे किसी के साथ खोलना नहीं चाहता। चाहूँ तो भी खोल नहीं सकता। शायद अपने सामने भी नहीं...' (वही, पृ. 110) बंटी की उग्रता, उलाहना और आवेश को देखते वे आदेशात्मक स्वर भी अपनाते हैं। लेकिन कुल मिलाकर बंटी, शकुन और अजय के प्रसंग में उनके व्यवहार में एक अद्भुत सधाव सब कहीं लक्षित किया जा सकता है।

फूफी और वकील चाचा को किसी हद तक लेखिका के मुख-पात्र भी माना जा सकता है। वे दोनों ही अजय-शकुन की समूची पृष्ठभूमि से परिचित हैं और बिना किसी पूर्वग्रह के सच्चाई की तह तक पहुँचने की स्थिति में हैं। अपने-अपने ढंग से वे दोनों ही शकुन को व्यावहारिक सुझाव देते हैं और चाहते हैं कि वस्तुस्थिति को जैसे और जितना भी सँभाला जा सके अच्छा है। फूफी पूरी तरह से अजय के विरोध में और शकुन के पक्ष में मोर्चा सँभाले है। हीरालाल को ताप चढ़ने पर जब उसे बंटी के साथ अजय से मिलवाने सर्किट हाउस जाने को कहा जाता है, वह साफ़ मना कर देती है। उसके इस इनकार में अजय को लेकर उसकी नापसन्दगी स्पष्ट है। अन्तिम क़ानूनी कार्रवाई के लिए शकुन के कोर्ट जाने के बाद जब बंटी उससे वस्तुस्थिति जानना चाहता है, झुँझलाकर वह कहती है, 'गयी हैं भाड़ झोंकने...' (वही, पृ. 63) फिर वह अजय के बहाने समूचे पुरुष वर्ग की ज़्यादतियों पर उग्र टिप्पणी करती है, 'हम कहते हैं तुम यहाँ से चले जाओ बंटी भय्या। हमारे तन-बदन में आग लगी है इस बखत। बहू को ले जाकर थाना-कचहरी में खड़ा करेंगे। मर्दानगी दिखायेंगे। अरे हाथ पकड़कर निभाने की मर्दानगी जिनमें नहीं होती, वह ऐसे ही मर्दानगी दिखाते हैं। अनबन किसमें नहीं होती, तो क्या ब्याही औरत को यों छोड़ दिया जाता है?' (वही) नौकरानी से अधिक वह परिवार के एक बुजुर्ग की हैसियत से हस्तक्षेप करती है। शकुन के डॉ. जोशी से विवाह के विरोध में वह स्पष्ट और मुखर टिप्पणी करती है, 'जबानी यूँ ही अन्धी होती है बहू जी, फिर बुढ़ापे में उठी हुई जवानी! महासत्यानाशी! साहब ने जो किया तो आपकी मट्टी पलीद हुई, आप जो कर रही हैं, इस बच्चे की मट्टी पलीद होगी। चेहरा देखा है बच्चे का? कैसा निकल आया है जैसे रात-दिन घुलता रहता है भीतर ही भीतर...' (वही, पृ. 120)

बंटी के प्रति उसे आत्मीय लगाव है। उसके अकेलेपन को वही राजा-रानी की लोक-कथाओं से भरती है। बंटी के प्रति शकुन के असामान्य लगाव एवं व्यवहार पर वह उसे चेताती भी है। डॉ. जोशी के यहाँ वह किसी भी क़ीमत पर जाने को राज़ी नहीं होती। आदमियों की बहुत सेवा कर ली। अब थोड़ी भगवान की सेवा करेगी, इस तर्क से वह हरिद्वार चली जाती है। हरिद्वार जाने के लिए ट्रेन की प्रतीक्षा में प्लेटफार्म पर वह बंटी से सटी खड़ी रहती है। बंटी की कसम देकर ही शकुन उसे सौ रुपये का नोट दे पाती है। छोटी-सी सन्दूकची भर बस। अपने कठिन और ख़राब क्षणों में बंटी को बार-बार उसे याद करना फूफी को उपन्यास का एक स्मरणीय चरित्र बना देता है।

पचास के दशक के उत्तरार्द्ध में जब मन्नू भंडारी ने लिखना शुरू किया एक आन्दोलन के रूप में नयी कहानी अपने नामकरण और सिद्धान्त निरूपण की प्रक्रिया से गुज़र रही थी। अपने नये स्वरूप और विधान के लिए जब तब वह काव्योपकरणों को मूल स्रोत के रूप में देख उनकी ओर मुड़ रही थी। कहानी में वह कथानक के ह्रास, बिम्ब-विधान और प्रतीक बहुलता का दौर था। जिस अनुभव की प्रामाणिकता पर वह ज़ोर दे रही थी, वह उसकी व्यापक अन्तर्वस्तु को सीमित करके अनुभव की संकीर्णता में सीमाबद्ध कर रही थी। कहानी में मन्नू भंडारी सघन सामाजिक अन्तर्वस्तु, ब्योरों की पुनर्स्थापना और देशज भाषा का छौंक लेकर आयी। बंटी की जो समस्या मोहन राकेश के लिए अनुभव की प्रामाणिकता के रूप में थी, मन्नू भंडारी को वही अनुभूति की प्रामाणिकता थी। 'आपका बंटी' 1971 में प्रकाशित हुआ। नयी कहानी आन्दोलन तब न सिर्फ़ समाप्त हो चुका था, उसके बाद ज्ञानरंजन, दूधनाथ, कालिया, काशी की नयी पीढ़ी कहानी में पूरी तरह स्थापित हो चुकी थी। काव्योपकरणों की बहुलता और अतिरेक के बाद कहानी फिर उस सबसे मुक्ति की दिशा में सक्रिय थी।

बंटी को लेकर मोहन राकेश ने अपनी कहानी 'एक और ज़िन्दगी' लिखी। कहानी में बीना और प्रकाश के विच्छेद के बीच कोई बड़ा और बुनियादी कारण मौजूद नहीं है। कुल मिलाकर वह विपरीत रुचियों और अहं की लड़ाई है। कोर्ट वाले दृश्य में उड़कर अन्दर आ गयी चिड़िया को वे चलते हुए पंखे से जख्मी होता दिखाते हैं। कहानी में वह चिड़िया ही बंटी का प्रतीक है। इस तरह पंखे से कटकर वह बंटी के भविष्य का संकेत देती है।

मन्नू भंडारी 'आपका बंटी' को एक सामाजिक समस्या के रूप में अंकित करती हैं। यह काम वे गहरी वस्तुपरकता के साथ किसी का भी पक्ष लिये बिना

करती हैं। पति-पत्नी के अहं की लड़ाई में दोनों ओर से बंटी को एक शस्त्र की तरह इस्तेमाल किये जाने का प्रसंग यहाँ भी है, लेकिन इसके बाहर और परे भी बहुत कुछ है। बंटी अपनी उम्र के जिस दौर में है, उसमें बच्चे के स्वस्थ एवं समग्र विकास की दृष्टि से जितना माँ के प्यार की ज़रूरत होती है, उतनी ही पिता के प्यार और संरक्षण की। यही बंटी को नहीं मिल पाता। अपनी ज़मीन से उसके उखड़ने और सब कहीं व्यर्थ तथा फ़ालतू होते जाने का बोध वस्तुतः उसकी इसी मनःस्थिति से शुरू होता है। कथानक की प्रस्तुति के लिए मन्नू भंडारी द्वारा दो दृष्टि बिन्दुओं का चुनाव अकारण नहीं है। उपन्यास के कुछ अध्याय यदि बंटी के दृष्टि बिन्दु से लिखे गये हैं तो कुछ शकुन के। शकुन की मानसिकता एवं तनावों को बंटी के दृष्टि बिन्दु से नहीं समझा जा सकता था। फूफी, माली-चपरासी की जो बेहद आत्मीय और देशज दुनिया मन्नू भंडारी रचती हैं उसमें ब्योरों और लोकतत्त्व की एक विशिष्ट भूमिका है। फूफी द्वारा बंटी को सुनाई जाने वाली राजा-रानी, राजकुमार, राजकुमारी और दैत्यों की कहानियाँ, भूख लगने पर भेष बदलकर अपने ही बेटे को खा जाने वाली सोनल रानी की कहानी, पेड़-पौधों और कला के प्रति उसके आकर्षण को देखते रंगों-ट्यूब्स की उसकी भरी-पूरी दुनिया—इनमें से कुछ भी बंटी को बचा नहीं पाता। मन्नू भंडारी शकुन और अजय को, मोहन राकेश के बीना और प्रकाश की अपेक्षा गहरी वस्तुपरकता से अंकित करती हैं। वे किसी को दोषारोपित नहीं करतीं लेकिन स्त्री के रूप में कहानी का दृष्टि बिन्दु वे स्वाभाविक रूप से शकुन को बनाती हैं। अनौपचारिक विच्छेद की स्थिति में शकुन का पक्ष और जीवन वे विस्तार से अंकित करती हैं, लेकिन पक्ष वे बंटी का ही लेती हैं। एक लेखक के रूप में उनकी सफलता भी यही है कि बंटी की इस समस्या को वे भावुकता और करुणा से बचाकर मानसिक यन्त्रणा और सामाजिक प्रश्नाकुलता में ढाल पाने में सफल होती हैं। उन्हें यह सन्तोष हो सकता है कि इस अर्थ में बंटी के रूप में लिखी गयी उनकी चिट्ठी सही पते पर पहुँची है।

मन्नू भंडारी ने 'आपका बंटी' राजेन्द्र यादव को समर्पित किया है। सन् 1959 के बाद इस बीच मन्नू के विवाह को बारह वर्ष का समय बीत चुका था। विवाह और परिवार के प्रति राजेन्द्र यादव का रवैया एकदम शुरू में ही स्पष्ट था। उस सबको जानने-समझने के लिए मन्नू भंडारी को बारह वर्ष नहीं, बारह महीने ही पर्याप्त थे। इसी अवधि में रचना—टिंकू—उनके अन्दर पलने लगी थी। इस अवधि में विविध प्रसंगों में राजेन्द्र यादव के छलात्कारों में देखने जानने को

उनके लिए कुछ बचा नहीं था। मन्नू भंडारी ने 'आपका बंटी' राजेन्द्र यादव को समर्पित करते हुए पर्याप्त स्नेह का आभास देते हुए उन्हें उनके पहले नाम से सम्बोधित किया है। यह वस्तुतः उनके लिए 'घर' और 'रचना' के बचाव की ही एक कोशिश थी। बंटी वाली नियति से रचना टिंकू–को उनके बचाने की यह कोशिश यहाँ स्पष्ट लक्षित की जा सकती है।

'महाभोज' का महत्त्व

मन्नू भंडारी ने अपना लेखन उस दौर में शुरू किया जब नयी कहानी आन्दोलन अपने पैरों पर खड़ा होने लगा था और 'अनुभव की प्रामाणिकता' एवं 'भोगा हुआ यथार्थ' जैसे नारे तत्कालीन साहित्यिक परिदृश्य पर छाये हुए थे। यहाँ उस आन्दोलन के सामाजिक विचलन पर किसी टिप्पणी का कोई अवसर नहीं है। ग़ौर करने की बात सिर्फ़ यह कि घोर आत्मपरकता के उस दौर में भी अपने समकालीनों के बीच वे एक ऐसी लेखिका के रूप में अपनी पहचान बना रही थीं जो बृहत्तर सामाजिक सन्दर्भों से जुड़ने की आकांक्षा रखती हैं। ऐसा नहीं है कि उस दौर में भी उनके यहाँ प्रेमानुभव और अपनी परम्परागत सीमाओं से बाहर आती आत्मचेतस युवती की उपस्थिति न हो। इस मुद्दे पर पर्याप्त सजग होने पर भी उस स्त्री को उसके समूचे सामाजिक सन्दर्भों के बीच रखकर देखती हैं। सामाजिक संस्थाएँ—मुहल्ला, आसपास के सच्चे या फिर बनाये हुए सम्बन्धी—इन सबकी भरी-पूरी उपस्थिति के बीच ही उनकी नायिकाएँ अपने को गढ़ती और विकसित करती हैं। पिछले दिनों 'हंस' में उनकी जो जन्मपत्री छपी है, उसमें भी उन्होंने अपने पिता के तानाशाह जैसे रवैये के बीच प्रायः ही उनसे छिपाकर अपनी उस सामाजिक सक्रियता के ब्यौरे दिये हैं जो तब घर-परिवार में अच्छी और सुशील समझी जाने वाली लड़की के लिए अच्छी नहीं समझी जाती थी। इसी सन्दर्भ में अपनी सारी रचना प्रक्रिया पर टिप्पणी करते हुए वे लिखती हैं—"अपनी इस रचना प्रक्रिया के दौरान कुछ बातें अनायास ही मेरे सामने उजागर होकर उभरीं। अपने भीतरी 'मैं' के अनेक-अनेक बाहरी 'मैं' के साथ जुड़ते चले जाने की चाहत में मुझे कुछ हद तक इस प्रश्न का उत्तर भी मिला कि मैं क्यों लिखती हूँ? इस सारी प्रक्रिया ने मुझे उत्तर के जिस सिरे पर ला खड़ा किया, वही एकमात्र अन्तिम है, ऐसा दावा तो मैं आज भी नहीं कर सकती, लेकिन वह भी एक महत्त्वपूर्ण पहलू तो है ही। किसी भी रचना के छपते ही इस इच्छा का जगना स्वाभाविक है कि अधिक से अधिक लोग इसे पढ़ें, केवल पढ़ें ही नहीं बल्कि इससे जुड़ें भी—संवेदना के स्तर पर भागीदार भी बनें।"

(हंस जनवरी-फ़रवरी, 2007, पृ. 20) रचना के साथ संवेदना के स्तर पर भागीदारी की यह आकांक्षा ही वस्तुतः उन्हें एक लेखक के रूप में पाठक-निरपेक्ष लेखक होने से बचाती है। यही कारण है कि लेखक की सामाजिक लोकप्रियता को वे न उपेक्षा की चीज़ मानती हैं, न ही उपहास की, लेकिन वे रचना के सन्दर्भ में इसे अन्तिम सत्य मानने से भी इनकार करती हैं। रचना के असली मानक की ओर संकेत करते हुए वे आगे लिखती हैं—"असली मानक तो होता है रचनाकार का दायित्वबोध, उसके सरोकार, उसकी जीवन-दृष्टि और उसकी कलात्मक निपुणता। यहाँ कलात्मक निपुणता को मैं पूरे बलाघात के साथ ज़रूर रेखांकित करना चाहूँगी, क्योंकि यही आपके गहरे से गहरे यथार्थबोध को संवेदना के धरातल तक ले जाती है।" (वही)

मन्नू भंडारी अपने पाठकों का सम्मान करने वाली लेखिका हैं। पाठक की भूमिका वे रचना के प्रकाशन के बाद शुरू हुई मानती हैं। उनकी रचना की ग्रहणशीलता उनके पात्रों के साथ पाठक की संवेदनात्मक हिस्सेदारी और इससे भी आगे जाकर रचना में उठायी गयी समस्याओं द्वारा उसके झकझोर जाने, सोचने की अपरिहार्यता—ये कुछ ऐसे मुद्दे हैं जो उनकी रचना की सफलता-असफलता के निकष बनते हैं। स्पष्ट ही आत्यन्तिक किस्म के आत्मपरक और भाषायी खिलन्दड़ेपन वाले लेखन से इस तरह की अपेक्षाएँ नहीं की जा सकतीं।

उपन्यास के क्षेत्र में मन्नू भंडारी भले ही राजेन्द्र यादव के साथ सहयोगी उपन्यास के रूप में लिखित 'एक इंच मुस्कान' (62) से अपनी रचना-यात्रा शुरू करती हैं, लेकिन उनकी स्वतन्त्र पहचान की दृष्टि से 'आपका बंटी' (71) ही उनका पहला उपन्यास है। यहाँ वे स्वातन्त्र्योत्तर भारतीय समाज में बदलते स्त्री-पुरुष सम्बन्धों के परिप्रेक्ष्य में सम्बन्ध विच्छेद की त्रासदी को पति या पत्नी की दृष्टि से न देखकर उस त्रासदी से सर्वाधिक प्रभावित उनके बच्चे बंटी की दृष्टि से देखती हैं। बहुत-सी आवर्जनाओं एवं निषेधों से मुक्त होकर अपनी ज़िन्दगी पर अपना अधिकार मानकर जीने की प्रवृत्ति इधर बढ़ी है। शकुन और जय, अपने-अपने ढंग से विस्थापन की जटिल प्रक्रिया से गुज़रकर काफ़ी कुछ सामान्य जीवन जी पाने की स्थिति में आ जाते हैं, लेकिन बंटी के साथ ऐसा नहीं होता। वह इस पूरे उपन्यास का नियोजक सूत्र है और अन्ततः शकुन ही उसके बारे में सही दृष्टि अपनाने में सफल होती है, जिसमें उसे कैसी भी भावमय के रूप में समझे जाने के बजाय उसके स्वतन्त्र व्यक्तित्व के विकास और पुनर्वास के महत्त्व को रेखांकित किया गया है। उसके इस भावनात्मक पुनर्वास की सम्पूर्ण प्रक्रिया को लेखिका ने गहरी संवेदनशीलता के साथ अंकित किया है।

उसकी अपनी समूची जादुई दुनिया परी जगत, राजकुमार, राजकुमारियों की कहानियों, पेड़-पौधों, फूल-पत्तियों तक ही इस प्रक्रिया में एक विशिष्ट भूमिका है। कॉलेज के बंगले से केवल पौधे ही नहीं उखाड़े जाते हैं, बंटी भी जड़ों से उखड़ता है—ठीक उन पौधों की तरह। शीशियाँ सिर्फ़ उसके रंगों की ही नहीं टूटती हैं, उसकी अपनी ज़िन्दगी के सारे रंग भी बिखर जाते हैं। ये सारे संकेत उपन्यास के टेक्सचर में गहरी कला-दृष्टि के साथ बुने गये हैं। विच्छेद की इस त्रासदी को मन्नू भंडारी श्रीकान्त वर्मा के 'दूसरी बार' की तरह केवल देह के स्तर तक सीमित करके नहीं देखतीं। उनके रचनात्मक सरोकार अधिक गम्भीर, दूरगामी और वृहत्तर सामाजिक सन्दर्भों को छूने वाले हैं।

इसके बाद उनका 'महाभोज' (79) अन्तर्वस्तु के विस्तार का एक अभूतपूर्व और विस्मयकारी उदाहरण है। महिला लेखन की स्थापित छवि को वह एक झटके से तोड़ता और ध्वस्त करता है। भारतीय राजनीति के अमानवीय, क्रूर और संवेदनहीन चरित्र पर वह एक बेबाक टिप्पणी है। कमलेश्वर के 'काली आँधी' के साथ उसे रखकर अपने समय की राजनीति के प्रति दो लेखकों के रोमानी और यथार्थ दृष्टिकोण के अन्तर को समझा जा सकता है। एक उपन्यास के रूप में, 'महाभोज' की प्रकृति और प्रयोजन की दृष्टि से लेखिका की इस भूमिकानुमा टिप्पणी का विशेष महत्त्व है—"अपने व्यक्तिगत दुख-दर्द, अन्तर्द्वन्द्व या आन्तरिक 'नाटक' को देखना बहुत महत्त्वपूर्ण, सुखद और आश्वस्तिदायक तो मुझे भी लगता है, मगर जब घर में आग लगी हो तो सिर्फ़ अपने अन्तर्जगत में बने रहना या उसी का प्रकाशन करना क्या ख़ुद ही अप्रासंगिक, हास्यास्पद और किसी हद तक अश्लील नहीं लगता? सम्भवतः इस उपन्यास की रचना के पीछे यही प्रश्न रहा हो। इसे मैं अपने व्यक्तित्व और नियति को निर्धारित करने वाले परिवेश के प्रति ऋण-शोध के रूप में देखती हूँ।" (महाभोज : 'संस्मरण' 85, पृ. 8)

' 'महाभोज' राजनीति की क्रूरता और समूचे तन्त्र की संवेदनहीनता की कहानी है। जनता के तन्त्र के नाम पर जो व्यवस्था देश की स्वाधीनता के बाद विकसित की गयी है अपने मूल चरित्र में वह कितनी जन विरोधी और अमानवीय है, 'महाभोज' इसे बहुत गहराई और बारीकी के साथ अंकित करता है। उपन्यास गाँव सरोहा में बिसू—बिसेसर—नामक एक दलित युवक की हत्या से शुरू होता है। गाँव शहर से बीस मील की दूरी पर है। इसके एक महीने पहले यहीं इसी गाँव में, हरिजन टोले में आग लगा दी गयी थी जिसमें कितने ही लोग ज़िन्दा जलकर मर गये थे। गाँव में शान्ति और व्यवस्था की दृष्टि से जो थाना है, वह इस समूची व्यवस्था का एक जीवन्त प्रतीक है। ख़बर शहर में

पहुँचते ही मन्त्रियों, नेताओं और पत्रकारों की गाड़ियों का जैसे ताँता लग जाता है। आग से उठने वाले धुएँ के बादल तो एक ही दिन में छँट गये, पर शहरी गाड़ियों से उठने वाली धूल के बादल कई दिन मँडराते रहे,' (वही, पृ. 10)। और जैसा कि ऐसी घटनाओं में हमेशा होता है तुरत-फुरत थाने के दोनों कांस्टेबलों को मुअत्तिल कर दिया जाता है।

आगजनी की उस घटना के बाद विसू की हत्या जैसे इस सोये पड़े गाँव को एक बार फिर झकझोर देती है। ऐसा नहीं है कि विसू कोई बड़ा आदमी है। महत्त्व न आदमी का होता है, न घटना का, बात सिर्फ़ मौक़े की है। इस समय सरोहा में पत्ते का हिलना भी एक घटना की अहमियत रखता है क्योंकि डेढ़ महीने बाद ही यहाँ उपचुनाव होना है। विधानसभा की एक ख़ाली सीट का चुनाव इसलिए ही सुर्ख़ियों में है, क्योंकि भूतपूर्व मुख्यमन्त्री सुकुल बाबू इसी सीट से खड़े हो रहे हैं। 'सुकुल बाबू क्या खड़े हो रहे हैं, समझ लीजिए पिछले चुनाव में हारी हुई पूरी की पूरी पार्टी खड़ी हो रही है; ताल ठोंक कर ललकारती हुई—सत्तारूढ़ पार्टी के पूरे अस्तित्व को चुनौती देती हुई' (वही, पृ. 12)। अपने राजनीतिक संन्यास की घोषणा कर चुके सुकुल बाबू के जनता की सेवा के अपने संकल्प पर पुनर्विचार करते हुए मैदान में आते ही स्थिति गम्भीर हो गयी है। यह सीट सत्ता और विपक्ष दोनों के लिए प्रतिष्ठा से अधिक अस्तित्व का सवाल बन गयी है। यही कारण है आज हर घटना को इस सीट से जोड़कर देखा-परखा जा रहा है। वरना और दिन होते तो क्या विसू और क्या विसू की मौत!

अपनी प्रकृति में 'महाभोज' एक राजनीतिक उपन्यास ही है, लेकिन वह प्रगतिवादी दौर के यशपाल या दूसरे लेखकों की तरह राजनीतिक पार्टियों के विचारधारात्मक संघर्ष और अन्ततः वामपन्थी राजनीति में आस्था के लगभग सुनिर्दिष्ट संकेत के साथ समाप्त नहीं होता है। वह सत्तावादी के रूप में कांग्रेस के वर्ग-चरित्र पर टिप्पणी करके सन्तुष्ट नहीं होता बल्कि अपने समय की समूची राजनीति की क्रूर और जनविरोधी प्रकृति को बेहद तीखी और बेधक दृष्टि से उद्घाटित करता है। यशपाल से चलकर 'महाभोज' तक न तो राजनीति वैसी ही रही है और न ही विरोध, संघर्ष और दृष्टि उस रूप में बचे रह गये हैं। राष्ट्र, राज्य और पार्टी से चलकर अब ज़ोर व्यक्तिगत स्वार्थ के लिए किये जाने वाले सत्ता संघर्ष पर केन्द्रित है। सत्तापक्ष और विपक्ष दोनों की राजनीति यहीं से संचालित होती है।

राजनीतिक उपन्यासों के सन्दर्भ में प्रायः ही चरित्रों एवं घटनाओं के विकास में पूर्व निर्धारित और काफ़ी कुछ यान्त्रिक निष्कर्षों की शिकायत की जाती रही है।

वस्तुपरकता के अभाव में वे निष्कर्ष लेखक की अपनी पक्षधरता के हिसाब से बदलते और आकार ग्रहण करते हैं। इस दृष्टि से 'महाभोज' में सत्तापक्ष के मुख्यमन्त्री के रूप में दा साहब का चरित्र अपनी वस्तुपरकता एवं विश्वसनीयता के कारण अद्‌भुत कलात्मक संयम का उदाहरण है। ऐसा नहीं है कि उपन्यास में और पात्र न हों, लेकिन वे प्रायः सब दा साहब के चरित्र से ही नियन्त्रित और संचालित हैं बहुत कुछ उनकी चली कई चालों के समर्थन या विरोध की प्रतिक्रिया में बढ़ते और विकसित होते। उनके इस व्यक्तित्व के सन्दर्भ में लेखिका की टिप्पणी है : 'दा साहब का पूरा व्यक्तित्व ही जैसे भव्यता के फ्रेम में मढ़ा हुआ है। गौर वर्ण और कसा हुआ शरीर, कहीं भी एक इंच फ़ालतू चरबी नहीं दिखाई देती शरीर पर। दिखती है तो केवल गरिमा। जीवन में संयम और आहार-व्यवहार में नियम, यही असली राज़ है उनकी गठी हुई देह और गरिमामय व्यक्तित्व का। बोलते भी हैं तो आवाज़ में अधिक उतार-चढ़ाव नहीं आता। एक ही स्वर में बोलते हैं—धीरे-धीरे! शब्द मात्र जीभ से फिसले नहीं लगने लगता है हर शब्द जैसे किसी गहरे सोच-विचार की उपज है। हलकी बात कभी किसी ने नहीं सुनी होगी दा साहब के मुँह से, अपने विरोधियों के लिए भी नहीं। व्यवहार में ऐसा सन्तुलन व संयम बड़ी साधना से ही आता है और दा साहब का जीवन—साधना का इतिहास! साधना की आग में तपकर ही कुन्दन सा निखर आया है उनका व्यक्तित्व' (पृ. 13/14)। कम शब्द और सधी हुई आवाज़, जैसे कहीं कोई हड़बड़ी नहीं है। पूरी तरह से रहस्यमय और अभेद्य। बरसों से छाया की तरह साथ रहने वाले लखन सिंह को भी लगता है कि दा साहब को पूरी तरह जान पाना मुश्किल है। कभी उनके बहुत निकट रहकर असन्तुष्टों की जमात में शामिल हुए लोगों में से उनके बारे में एक की राय है—'अरे यों तो धोती के नीचे सभी नंगे और ससुरी इस राजनीति में तो धोती के बाहर भी नंगे, पर दा साहब एकदम अपवाद। धोती के नीचे भी धोती ही निकलेगी, इस गीता बाँचने वाले के। खाल खींचने पर ही सामने आ सकता है इसका नंगापन' (पृ. 179) उनके सन्दर्भ में की गयी इस टिप्पणी पर सारे बदन को थरथरा देने वाला एक सम्मिलित ठहाका लगता है।

विशू की हत्या को किसी कदर आवेश के साथ जब लखन सिंह ने अपनी ही हत्या बताकर दा साहब की ओर इस आशा से देखा कि मानो ख़बर देकर उसने इन्हें दहला दिया है तो उनके मुँह से निकली 'हूँ' की हुंकार; स्थिति का ठीक-ठीक जायज़ा लेने के आश्वासन से अधिक कुछ नहीं कहती। पद के प्रलोभन में अविवेकी न बनने की सलाह वे प्रायः ही अपने सहयोगियों को देते

हैं और चाहते हैं कि उनकी राजनीति को धर्म की नीति के रूप में लिया जाये। ज़बान पर लगाम और व्यवहार में ठहराव लाने की सलाह वे सिर्फ़ लखन सिंह को ही नहीं देते, भरसक अपने व्यवहार में भी इसे उतारने की कोशिश करते हैं। 'लगाम' और 'ठहराव' उनके सामान्य व्यवहार से अधिक उनकी रणनीतिक-मुद्रा है, जो उनके लिए रक्षाकवच भी है और विरोधी के विरुद्ध उपयोग में लाया जाने वाला हथियार भी। उनकी कथनी और करनी के बीच के दबे-दबे कोने व्यंग्य की प्रच्छन्न अन्तर्धारा में डूबते-उतराते दिखाई देते हैं।

होने वाले उपचुनाव के प्रसंग में विसू की हत्या को दा साहब आत्महत्या सिद्ध करना-करवाना चाहते हैं जबकि विपक्षी सुकुल बाबू उसे हत्या बताकर गाँव में मीटिंग भी कर चुके हैं। उसी मीटिंग में वे सत्तापक्ष यानी दा साहब से उस हत्या का जवाब भी माँग चुके हैं। सुकुल बाबू स्वयं प्रदेश के मुख्यमन्त्री रह चुके हैं और पिछले चुनाव में हुई पराजय के बाद राजनीति से अपने संन्यास की घोषणा के बावजूद वे जैसे अपनी राजनीति के पुनर्वास की आशा में ज़मीन-आसमान एक किये हैं। अपने-अपने ढंग से दोनों के लिए ही यह चुनाव सामान्य चुनाव से अधिक कुछ है जो उनके अस्तित्व की चिन्ता बनकर उन पर छा जाता है। करने को सुकुल बाबू भी कुछ छोड़ते नहीं, लेकिन सत्ता और पद के कारण जितनी और जैसी सुविधा दा साहब को है, उन्हें नहीं है। पत्रकारिता, नौकरशाही, विपक्ष और अपनी ही पार्टी के असन्तुष्टों को एक-एक करके जिस तरह दा साहब साधते और नाथते हैं, उनके उस रणनीतिक कौशल में ही उनकी सफलता के संकेत निहित हैं। लेकिन उनकी यह सफलता देश में जनतन्त्र के नाम से जानी जाने वाली इस व्यवस्था के लिए क्या निहितार्थ रखती है, इसके उद्घाटन में ही 'महाभोज' की वास्तविक कृतकार्यता है।

इसी प्रसंग में दा साहब को 'मशाल' में सम्पादक दत्ता की याद आती है जिसे छः महीने पहले उन्होंने काम की अधिकता के बहाने इंटरव्यू को मना कर दिया था। उसके आने की ख़बर मिलने पर वे अपने आदमी को थोड़ी देर बाद ही आई.जी. सिन्हा का फ़ोन लगा देने को कहते हैं। दत्ता के सामने सिन्हा का फ़ोन कुछ इस अन्दाज़ में आता है जैसे वह स्वयं अपनी ओर से बात कर रहा हो। दा साहब उसे पुलिस के कर्तव्यों और जनता के लिए आतंक एवं भयमुक्त समाज की ज़रूरत पर एक लम्बा भाषण देते हैं। वे इसके लिए सिन्हा को फटकारते हैं कि विसू के मामले में लोग गवाही देने को भी तैयार नहीं हैं। पुलिस की तफ़तीश से पहले ही सुकुल बाबू वहाँ मीटिंग करके इसे हत्या बताकर उनसे जवाब माँग रहे हैं। यह 'हत्या' नहीं आत्महत्या का मामला है। यह दिशा-निर्देश सिन्हा को

वे ही देते हैं। यही सन्देश दत्ता के लिए भी देते हैं और अगले दिन आने वाले 'मशाल' के अंक में फ्रंट पेज पर विसू की हत्या की ही ख़बर छपती है। इसके लिए दा साहब दत्ता को पहले अख़बार की ज़िम्मेदारी समझाते हैं। प्रेस के साथ हुई आपातकाल की ज़्यादतियों के लिए माफी माँगते हैं और विज्ञापन के कोटे की बात भी करते हैं, जो पिछले दिनों जिन कुछ अख़बारों के लिए बन्द था उनमें 'मशाल' भी था। अपनी ज़िम्मेदारी और सच्चाई के प्रति वे दत्ता को सचेत रहने की आत्मीय सलाह देते हैं और आप कहने के साथ ही 'दा साहब ने गर्दन को हल्का-सा आगे करके ऐसी नज़रों से देखा कि दत्ता बाबू को लगा जैसे नज़रों से ही ज़िम्मेदारी की पोटली सरकी और दत्ता साहब के कन्धे पर लग गयी' (पृ. 49) इसके बाद—'मशाल' निरन्तर अपने सचेत होते जाने का प्रमाण देता है और दा साहब की इच्छा को वह उनका आदेश मानकर चलता है।

उनके सहयोगी जब सुकुल बाबू की रैली रोकने या उसमें विघ्न डालने के लिए उन्हें उकसाते हैं तो बहुत शान्तिपूर्वक दा साहब प्रजातान्त्रिक व्यवस्था में विपक्ष के अधिकार की बात करते हैं। सुकुल बाबू की रैली होती है और 'मशाल' में इसके लिए गृहमन्त्रालय के सहयोग की प्रशंसापूर्ण टिप्पणी भी छपती है। उन्हीं के मन्त्रिमण्डल में शिक्षा मन्त्री त्रिलोचन सिंह विसू की मौत को दा साहब के मन्त्रिमण्डल की मौत की घोषणा करते हैं। उसे यह भी आपत्ति है कि बिना किसी से पूछे चुनाव में दा साहब ने अपने आदमी लखन सिंह को टिकट कैसे दे दिया। स्वास्थ्य मन्त्री राव और विकासमन्त्री चौधरी भी असन्तुष्टों के रूप में उसके साथ हैं। दा साहब पार्टी के प्रदेश अध्यक्ष अप्पा साहब को साध कर त्रिलोचन को पार्टी से निलम्बित करवा देने में सफल होते हैं, क्योंकि त्रिलोचन चुनाव तक रुककर भी सहयोग को तैयार नहीं है। राव और चौधरी में से राव को शिक्षामन्त्री वाला ख़ाली पद देकर वे चौधरी को अनुशासन, धैर्य और प्रतीक्षा के लाभ की ओर संकेत करते हैं।

गाँव के सुकुल की काट के लिए मीटिंग करके विसू के बाप हीरा को अपने साथ लाकर मंच पर बिठाते हैं और विसू की हत्या के आक्रोश और विरोध को ठण्डा कर देते हैं। ग्रामीण जनता के लिए वे ग्राम उद्योग योजना की घोषणा करते हैं और विसू के साथ पूरा न्याय किये जाने का आश्वासन देते हैं। पाण्डे से जोरावर के अपने नामांकन की ख़बर पाकर वे विचलित नहीं होते। घर के आदमी की तरह वे उसका स्वागत करते हैं, बिना ऐसा कोई संकेत दिये कि उसके नामांकन की ख़बर उन्हें मिल चुकी है। उसके आरोपों को वे शान्त भाव से सुनते हैं और फिर पुत्तन की दुकान पर टिटहरी के दो बच्चों के साथ विसू

के आख़िरी बार चाय पीने के उल्लेख से उसकी हवा निकाल देते हैं। उसकी रही सही हवा से सक्सेना की जाँच और बिन्दा के आगजनी के प्रमाण जुटाकर दिल्ली जाने की बात कहकर निकाल देते हैं। जोरावर को भोजन कराये बिना न दा साहब जाने देते हैं और न जमना बहन, लेकिन खाते समय दा साहब चर्चा को कहीं भी जोरावर की फ़ाइल के बाहर भटकने नहीं देते।

विसू की मौत की जाँच के दौरान एस.पी. सक्सेना बिन्दा के इस आरोप को कि विसू की हत्या की गयी है, हत्या करने वाले व्यक्ति और हत्या के सम्भावित कारणों के बारे में जानना चाहते हैं। बिन्दा आवेश की रौ में कहता है–'और जो ज़िन्दा हैं, वे अब जी नहीं सकते अपने इस देश में मार दिये जाते हैं कुत्ते की मौत। जैसे विसू मार दिया गया। सोच-सोच कर दिमाग़ की नसें फटने लगती हैं' (पृ. 135) और वह सचमुच दोनों हाथों से अपना माथा पकड़ लेता है। बिन्दा के साथ आयी उसकी पत्नी यकमा उसकी पीठ सहलाते हुए याचनाभरी निगाहों से सक्सेना की ओर इस आशय से देखती है कि यह उत्तेजना बिन्दा के लिए भारी पड़ सकती है। अपनी इस गवाही के दौरान बिन्दा सक्सेना से यह भी पूछता है कि जब दा साहब 'मशाल' के सम्पादक दत्ता और डी.आई.जी. सिन्हा सबका निष्कर्ष यही है कि विसू ने आत्महत्या की है तो फिर दुबारा जाँच का यह नाटक क्यों हो रहा है। रुकमा के आँसू बिन्दा के सारे तैश और आवेश को धो देते हैं और वह बेहद कातर स्वर में सक्सेना से कहता है, 'ऐसा आतंक आपने कहीं नहीं देखा होगा साहब। लोगों के घर-ज़मीन और गाय-बैल ही रेहन नहीं रखे हुए हैं, जोरावर और पंच के यहाँ उनकी आवाज़ और ज़बान तक बन्धक रखी हुई है। कोई चूँ तक नहीं कर सकता।' उसकी आवाज़ में फिर आक्रोश घुलने लगा और कनपटी की नसें फड़कने लगीं। ग़ुस्से में वह कह उठा–'मन करता है फावड़ा लेकर दो टुकड़े कर दूँ जोरावर के। फिर चाहे फाँसी पर ही लटक जाऊँ' (पृ. 139) पहले सक्सेना भी इसे विसू और रुकमा की प्रेम कहानी के बीच बिन्दा के आ जाने के कारण हताशा में विसू की आत्महत्या का मामला ही समझता है, लेकिन धीरे-धीरे अतीत की उसकी कायरता और पश्चात्ताप उसे सच का पक्ष लेने को उकसाते हैं। लोगों के लिए आमतौर पर ग़ैरज़रूरी होने पर भी वह पुत्तन चाय वाले की गवाही के द्वारा सच की तह तक पहुँचता दिखाई देता है। दा साहब के पास जोरावर की फ़ाइल गाँव के बहाने से हीरा की गवाही में विसू की हत्या में जोरावर का नाम और ऐसे ही अन्य संकेत जोरावर पर ही शक की सूई टिकाते हैं। सब कुछ ठीक हो जाने पर इस चुनाव के सन्दर्भ में, अपने बड़बोलेपन में वह दावा भी करता है–जोरावर के रहते वही वोट देगा जो बूथ तक पहुँचेगा। उसके इस दावे में दा साहब के लिए उसकी ज़रूरत और

हैसियत स्पष्ट है। जोरावर को बचाने के लिए ही, जिसके विरुद्ध पर्याप्त प्रमाण बिन्दा और उसके माध्यम से सक्सेना के पास उपलब्ध हैं, दा साहब विसू की आत्महत्या वाली अपनी थीसिस बदल देते हैं। सिन्हा और 'मशाल' के माध्यम से वे इसे 'हत्या' में परिवर्तित करते हैं। उनकी इस नयी थीसिस में हत्यारा बिन्दा है, जिसके यहाँ विसू ने अपनी मौत के पहले आख़िरी बार खाना खाया था और सब कुछ बहुत योजनाबद्ध तरीक़े से करके बिन्दा स्वयं गाँव के बाहर चला गया था।

यही बिन्दा सक्सेना को सन् 42 के दिनों के अपने साथी दिनेश की याद दिलाता है जो उसके साथ सचिवालय पर तिरंगा फहराने गया था। वह वहीं पकड़ लिया गया था, जबकि स्वयं सक्सेना भाग आया था। दिनेश की आँखें जैसे आज वर्षों बाद भी सक्सेना का पीछा करती हैं। अपने निष्कर्षों के लिए उसके अड़ जाने पर दा साहब स्वयं सिन्हा को इस जाँच का निर्णय देने को कहते हैं और वही सब करवा लेते हैं, जो और जैसा वे चाहते हैं। बिन्दा विसू की हत्या के अपराध में पकड़ लिया जाता है। हमेशा की तरह सक्सेना की पदावनति होती है और सिन्हा की आई.जी. के रूप में पदोन्नति हो जाती है। 'मशाल' का कोटा बढ़ जाता है। उसके कर्मचारियों को मिठाई ही नहीं मिलती, बोनस की सम्भावनाएँ भी दिखाई देने लगती हैं। शुरू में विसू की लाश नोचते गिद्ध अपने बदले हुए रूप में अन्त में भी मौजूद हैं। स्वयं दा साहब जमनाबाई द्वारा केसरिया सन्देश और बनारसी लंगड़े का महाभोज करते हैं। दूसरे लोगों की अलग-अलग पार्टियाँ होती हैं। सक्सेना, लोचन और बिन्दा अलग-अलग कारणों से, सत्ता और व्यवस्था की धरती पर काँटों की तरह उगे दिखाई देते हैं, जिन्हें अपने-अपने ढंग से उखाड़कर फेंक दिया जाता है। चुनाव में अभी भी दो-चार दिन बाकी हैं, लेकिन उसके नतीजे साफ़ हैं। कोनों में बँटा आयोजित यह महाभोज जिस सफलता के उपलक्ष्य में है, उसमें होने वाला यह चुनाव भी शामिल है और सफलताएँ उसी मूल सफलता की छोटी-बड़ी शाखाएँ हैं।

यशपाल के 'झूठा सच' की तरह अब निष्कर्ष उतने मुखर भले ही न हों, लेकिन उसके संकेत कथा के विन्यास में बहुत कलात्मक रूप में विन्यस्त हैं। स्वयं दा साहब का अभिन्न लेखन बहुतों को नाराज़ करके जिसे इस चुनाव में दा साहब ने टिकट दिलवाया है, जोरावर द्वारा दी गयी दावत में उदास हैं। उसे हर आदमी के चेहरे पर बिन्दा की उग आयी आँखें दिखाई देती हैं—अंगारों की तरह धधकती हुई आँखें। अपने रिसर्च प्रोजेक्ट के लिए दिल्ली से आये बुद्धिजीवी महेश शर्मा को भले ही कोई आसान हो, जो गाँव में कास्ट स्ट्रगल और क्लास स्ट्रगल पर शोध करने आया है, क्योंकि उसके शोध की प्रकृति उसे 'तटस्थ' रहने को बाध्य करती है, लेकिन रुकमा और सक्सेना अब इस लड़ाई

को आगे बढ़ाएँगे जो अधिकारों और न्याय के लिए विसू ने शुरू की है और बिन्दा जिसमें शामिल हुआ था। गाँव में आगजनी और विसू की मौत के प्रमाणों की फ़ाइल उनके साथ है। दिल्ली जाने वाली गाड़ी के डिब्बे में रोती हुई रुकमा को ढाढस बँधाते सक्सेना का स्वर बहुत परिचित सा लगता है। उसे बिन्दा का धोखा होता है, लेकिन वह जेल में है। बिन्दा की आँखें और स्वर का यह फैलता हुआ दायरा वस्तुतः इस जन विरोधी क्रूर और हत्यारी राजनीति का प्रतिपक्ष है।

अपनी प्रकृति में राजनीतिक उपन्यास होने पर भी 'महाभोज' ब्योरों और वृत्तान्त की स्फीति से बचकर अपने लिए एक ऐसा संरचनात्मक ढाँचा तैयार करता है, जिसमें व्यंग्य, व्यंजना और अर्थगर्भी संकेतों के लिए गुंजाइश निकलती चलती है। विसू और बिन्दा के आदर्शों की लड़ाई वह विवरणात्मक ढंग से प्रस्तुत नहीं करता। विसू की हत्या के बाद पुलिस द्वारा की गयी तफ़तीश के द्वारा पुलिस के अधिकारियों और उन्हें संचालित करते नेताओं की इच्छा राजनीति के विरुद्ध जो सूत्र उभरते हैं, वे अपनी कसावट और व्यंजना में ही प्रभावी हैं। भैरव प्रसाद गुप्त के 'भाग्य देवता' और अमृत राय के 'धुआँ' से भिन्न 'महाभोज' का रचना विधान स्फीति और ब्योरों के बहिष्कार पर बल देता है। अपनी अर्थगर्भिता और संयम में वह प्रौढ़ और वयस्क बन पड़ा है। 'महाभोज' में अंकित दुनिया राजनीति की तिकड़मों और सड़ाँध से ऊभ-चूभ है। मन्नू भंडारी इस दुनिया के रेशों को बहुत पारदर्शी दृष्टि से देखती हैं और गहरी रचनात्मक पीड़ा के साथ उसकी परतें खोलती हैं। ऊपरी तौर पर हत्या केवल विसू की होती है लेकिन हमारे समय की राजनीति का जो चित्र अपनी जटिलता में उभरकर आता है उससे ख़तरनाक और दूरगामी संकेत उभरते हैं। यह जन से शुरू होकर उसके तन्त्र की हत्या का पीड़ापूर्ण साक्ष्य है।

'महाभोज' दलित वर्ग की दुनिया में जाकर भी वहीं तक सीमित नहीं है। वह दलितों के उत्पीड़न और संघर्ष को वृहत्तर सामाजिक-राजनीतिक सन्दर्भों से जोड़ कर देखता है। वह इस तथ्य को अपनी बहस के दायरे में नहीं लाता कि दलित ही दलित-विमर्श का प्रामाणिक भाष्य कर सकता है। उसका संवेदनात्मक विस्तार इस तथ्य को रेखांकित करता है कि उनके हितों और संघर्ष की लड़ाई में व्यापक सहयोग की एक विशिष्ट और निर्णायक भूमिका है। अभी हाल में 'कथादेश' में प्रकाशित राजेन्द्र यादव के साक्षात्कार में दलित और ग़ैर-दलित लेखक के बीच 'अधिकार' और 'करुणा' का जो विभाजन किया गया है, 'महाभोज' ऐसे किसी विभाजन को अस्वीकार करता है। वह करुणा और रियायत के हाशिये से बाहर आकर अधिकार की उनकी लड़ाई को केन्द्रीय महत्त्व देता है और उसे एक बड़ी लड़ाई में बदलता है।

सवाल पूछती 'एक कहानी यह भी'

मन्नू भंडारी 'एक कहानी यह भी' को अपनी आत्मकथा नहीं, अपने रचनाकर्म पर केन्द्रित लेखकीय-यात्रा कहती और मानती हैं। औरों से भी वे इसे इसी रूप में लेने का आग्रह करती हैं। यहाँ वे अपने समय, परिवेश और रचना-सन्दर्भों का खुलासा करती हैं। वे अपनी रचनाशीलता के प्रेरक स्रोतों और उसे प्रभावित करने वाले कारकों की चर्चा भी करती हैं। पचास के दशक के उत्तरार्ध में 'कहानी' में प्रकाशित 'मैं हार गयी' और 'तीन निगाहों की एक तस्वीर' जैसी कहानियों से उन्होंने अपनी बेहद सम्भावनापूर्ण रचना-यात्रा शुरू की थी। एक लेखक के रूप में अपनी पहचान की जो धुँधली-सी इच्छा उनके मन में सुगबुगायी थी, कलकत्ता के एक स्कूल में अध्यापकी करते हुए उसे ही जतन से पालने-पोसने की प्रक्रिया में वे राजेन्द्र यादव के सम्पर्क में आयी थीं, धीरे-धीरे यह सम्बन्ध, परिवार के लोगों के विरोध के बावजूद कैसे विवाह की मंज़िल तक पहुँचा, इसकी जानकारी भी यहाँ मिलती है। इस विवाह के विरोध में पिता का स्वाभाविक तर्क एक तो शायद उसकी अन्तर्जातीय प्रकृति रही हो, राजेन्द्र यादव की अपंगता भी इसका एक कारण हो सकती है। उन्हें शायद लगता हो कि लेखक के रूप में राजेन्द्र यादव की सारी प्रतिष्ठा के बावजूद शुरू में प्यार का यह उत्साह आगे चलकर अनेक कुण्ठाओं को जन्म दे सकता है, लेकिन सारे दबावों के बीच मन्नू भंडारी अपने लिए किये गये फ़ैसले पर अटल थीं। इस सारी कहानी को राजेन्द्र यादव भी 'मुड़-मुड़ कर देखता हूँ...' में बता चुके हैं कि कैसे कलकत्ता में, कुछ मित्रों और मन्नू के बहन-बहनोई की उपस्थिति में बहुत सादगी के साथ विवाह सम्पन्न हुआ। अपने संस्मरण 'राजेन्द्र यादव मार्फत मननोहन ठाकौर' में ठाकौर भी विस्तार से इस प्रसंग की चर्चा कर चुके हैं। इस आयोजन में वे राजेन्द्र यादव के मित्र, सहयोगी और अभिभावक की सम्मिलित भूमिका में थे।

हिन्दी के युवा होते और हो चुके लोगों के लिए यह सपनों और ऊँची उड़ान के लिए डैने खोलने एवं पर फड़फड़ाने का दौर था। अपने सपनों की प्रकृति का कुछ आभास राजेन्द्र यादव 'प्रेत बोलते हैं' और 'उखड़े हुए लोग' जैसे अपने

उपन्यासों में दे चुके थे। रूढ़ और दकियानूसी रीति-रिवाजों से मुक्त एक स्वतन्त्र बुद्धिजीवी लेखक के रूप में जमने और बढ़ने का सपना लिये ही वे आगरा से कलकत्ता गये थे। चेख़व पर लिखे अपने कल्पनात्मक संस्मरण और उनके नाटकों के अनुवाद की प्रक्रिया में ख़ासतौर से 'तीन बहनें' की स्वप्नजीवी नायिका के सन्दर्भ में, कहीं न कहीं उनकी अपनी आकांक्षा के रंग भी घुले-मिले थे। इसी सपने को पाल-पोसकर बड़ा करने की अपनी आकांक्षा के रहते ही, तब या बाद में उन्होंने कोई कायदे की नौकरी नहीं की। उनका सारा ज़ोर एक स्वतन्त्र लेखक के रूप में रहने और जीने पर था। लेखन, प्रकाशन और सम्भवतः किसी पत्रिका का सम्पादन, यही उनका सपना था। आज भले ही उनका रचनात्मक लेखन छूटे एक अरसा बीत चुका हो, अक्षर प्रकाशन बन्द हो चुका हो, लेकिन पिछले बीस वर्षों से 'हंस' ने उन्हें और उन्होंने 'हंस' को आश्चर्यजनक रूप से सँभाला और साधा है। बहुत कुछ साझा प्रसंगों वाली इस कहानी को राजेन्द्र यादव 'मुड़ मुड़ कर देखता हूँ' में अपने हिसाब से लिख चुके हैं। तब 'तद्‌भव' में प्रकाशित उसके एक खण्ड पर अपनी प्रतिक्रिया व्यक्त करते हुए मन्नू भंडारी ने एक टिप्पणी लिखी थी—'देखना है तो इसे भी देखो' अब 'एक कहानी यह भी' उनकी रचनात्मक आकांक्षाओं के विकास और फिर गहरे मोहभंग की स्तब्धकारी पीड़ा के एक साक्ष्य के रूप में हमारे सामने है।

मन्नू भंडारी का जन्म भले ही मध्य प्रदेश के भानपुर गाँव में हुआ हो, उनकी यादों का सिलसिला अजमेर के ब्रह्मपुरी मुहल्ले से शुरू होता है। यहाँ अपने दो मंज़िला मकान के परिवेश पर टिप्पणी करते हुए वे लिखती हैं, 'ऊपरी मंज़िल पर पिता का साम्राज्य था। वहाँ निहायत अव्यवस्थित ढंग से फैली-बिखरी पुस्तकों-पत्रिकाओं और अख़बारों के बीच वे या तो कुछ पढ़ते रहते थे या फिर 'डिक्टेशन' देते रहते थे। नीचे हम सब भाई-बहनों के साथ रहती थीं हमारी बेपढ़ी-लिखी व्यक्तित्वहीन माँ—सबेरे से शाम तक हम सबकी इच्छाओं और पिताजी की आज्ञाओं का पालन करने के लिए सदैव तत्पर' (एक कहानी यह भी, पृ. 15) अजमेर से पहले पिता इन्दौर में थे, जहाँ कांग्रेस में सक्रियता के साथ समाज-सुधार के कामों में उन्होंने ख़ासी प्रतिष्ठा पायी थी। जैन होने पर भी वे आर्यसमाज की विचारधारा से प्रभावित थे। पेशे से वे कोशकार और विद्वान थे। उनकी कुण्ठा का मूल कारण यह था कि ख्याति और प्रतिष्ठा के अनुरूप उनके पास पैसा नहीं था और मेहमाननवाज़ी तथा हाथ का खुलापन उन्हें परेशान रखता था। हाथ खींचकर ख़र्च करने की यातना उनमें चिढ़ पैदा करती थी। दिन-ब-दिन उनकी छीजती आर्थिक स्थिति ने उनके सारे

सकारात्मक पहलुओं को निचोड़ना और सोखना शुरू कर दिया था। पाँच भाई-बहनों में मन्नू सबसे छोटी थी। उन्हीं की मानें तो काली और बचपन में दुबली-पतली और मरियल सी। उम्र में उनसे दो वर्ष बड़ी सुशीला के गोरे रंग और स्वस्थ हँसमुख गुदगदे शरीर के कारण पिता जब तब दोनों की तुलना करते हुए जो कहते थे उसने उनके मन में कहीं गहरे कुण्ठा और हीन भाव की जड़ें भी रोपीं।

अपने रचनात्मक विकास एवं संस्कार अर्जन की प्रक्रिया में मन्नू भंडारी दो व्यक्तियों का उल्लेख ख़ासतौर से करती हैं। इनमें से एक उनके पिता हैं जो अपने आतंक और उससे पैदा हुई स्वाभाविक दूरी के बावजूद कहीं उन्हें गहरे में प्रभावित करते थे। अजमेर में उनकी शिक्षिका शीला बहन जी ने साहित्य में उनकी रुचि विकसित की। बाद में वे दिल्ली के इन्द्रप्रस्थ कॉलेज में चली गयी थीं। जब कलकत्ता में मन्नू भंडारी ने बालीगंज शिक्षा सदन में नौकरी की तो यही शीला जी उनके अन्दर कहीं बहुत गहरे बैठी थीं। मन्नू भंडारी लिखती हैं, 'अपनी छात्राओं के साथ सम्बन्ध बनाते समय मैं हमेशा अपने भीतर शीला जी की उपस्थिति महसूस करती थी। उन्हीं की तरह मैं भी छात्राओं को किताबें पढ़ने को कहती और अतिरिक्त पीरियड में हम लोग उन पर चर्चा करते,' (वही, पृ. 34)। बाद में लड़कियाँ घर आने लगीं और शादी हो जाने पर राजेन्द्र यादव भी प्रायः इस चर्चा में शामिल रहते।

अपने कलकत्ता प्रवास और उसमें भी बालीगंज शिक्षा सदन की नौकरी को मन्नू भंडारी कई कारणों से महत्त्वपूर्ण और उल्लेखनीय मानती हैं। यहीं कलकत्ता में रहते वे वहाँ नाट्य संस्था 'अनामिका' से जुड़ीं और नाटक के संस्कार अर्जित किये, जिन्होंने बाद में 'बिना दीवारों का घर' और 'महाभोज' के नाट्य रूपान्तर को सम्भव किया। यहीं वे श्यामानन्द जालान और प्रतिभा अग्रवाल के सम्पर्क में आयीं। वस्तुतः इन्हीं लोगों की पहल पर 'अनामिका' का गठन और निर्माण हुआ था और उसकी पहली मीटिंग उनकी बहन सुशीला के घर पर ही हुई थी। 'अनामिका' की गतिविधियों पर टिप्पणी करते हुए वे लिखती हैं : 'अनामिका' में केवल नाटक ही नहीं होते थे वरन् नृत्य-संगीत के कार्यक्रम भी बराबर होते रहते थे। वर्षा के दिनों में वर्षा-मंगल, होली पर फाग...सरस्वती पूजा पर बसन्त के नृत्यगीतों से हॉल गूँज उठता था। हाँ, नाटक के क्षेत्र में हिन्दी के मौलिक नाटकों की कमी सबसे बड़ा संकट थी। इसलिए जब-तब अनूदित नाटकों के मंचन से इसकी पूर्ति की जाती थी। देखते ही देखते अनामिका हिन्दी भाषा-भाषी लोगों के बीच एक बहुत ही लोकप्रिय संस्था हो गयी और केवल इसके सदस्यों की

संख्या में ही इजाफा नहीं हुआ, बल्कि अभिनय, नृत्य, संगीत के क्षेत्र में नयी-नयी प्रतिभाएँ भी उभकर सामने आने लगीं...(वही, पृष्ठ 35)।

स्कूल के पुस्तकालय के लिए पुस्तकों की सूची तैयार करवाने के प्रसंग में उनकी भेंट राजेन्द्र यादव से हुई। यहीं कलकत्ता में उनकी एकमात्र सन्तान टिंकू का जन्म हुआ। यहीं रहकर उन्होंने कहानियाँ लिखीं और यहीं रहते हुए उनके दो संग्रह 'मैं हार गयी' और 'तीन निगाहों की एक तस्वीर' छपे और लेखक के रूप में उनकी पहचान बनी। यहीं विवाह के बाद, लक्ष्मीचन्द्र जैन के आग्रह पर 'ज्ञानोदय' में उनके सहयोगी उपन्यास 'एक इंच मुस्कान' का धारावाहिक प्रकाशन हुआ। मुझे आज भी याद है कि एक महीने मन्नू भंडारी की नियमित किस्त न छपकर इस आशय की एक सूचना छपी थी कि उन्होंने एक नयी रचना की है, इसलिए उपन्यास की नियमित किस्त नहीं जा पा रही है। इस 'रचना' के आधार पर ही शायद टिंकू का नाम रचना रखा गया। यहीं कलकत्ता में रहते उन्हें प्रभा खेतान और सुधा अरोड़ा जैसी छात्राएँ मिलीं। अपनी इस पूँजी को छोड़कर, बहुत बेमन से वे दिल्ली गयीं और बसी थीं।

राजेन्द्र यादव के सम्पर्क में आने से पहले मन्नू भंडारी की सात-आठ कहानियाँ छप चुकी थीं और कलकत्ता में ही रहने के कारण जब-तब कॉफ़ी हाउस में राजेन्द्र यादव का देखा गया चेहरा उन्हें याद था। परिचय के बाद बढ़ी इस आत्मीयता पर मन्नू भंडारी की टिप्पणी है, 'दो-चार मुलाक़ातों के बाद ही यह परिचय मित्रता में बदल गया, जिसका मुख्य आधार था लेखन। राजेन्द्र का उपन्यास 'उखड़े हुए लोग' छपकर ख्याति अर्जित कर चुका था और यह ख्याति गरूर बनकर तो नहीं, सुरूर बनकर राजेन्द्र के चेहरे से छलकती रहती थी। यह तो बाद में मालूम हुआ कि इस सुरूर के उपादान कहीं और भी थे। वे मेरी कहानियों को सुनते, उन पर सलाह सुझाव भी देते। कुछ बातें ज़रूर मेरे गले उतरतीं, पर अधिकतर को पचा पाना मेरे बूते से बाहर था। मेरी कहानियाँ होती थीं—सीधी, सरल और पारदर्शी। चाहें तो सपाट और बचकानी के खाते में भी डाल सकते हैं पर पाठकों की व्यापक प्रतिक्रिया और स्वीकृति मुझे बराबर मिलती रही और मेरा सन्तोष उसी के साथ जुड़ा हुआ था और राजेन्द्र के सुझाव होते थे बड़े पेचदार और गुड्ढल—उनके व्यक्तित्व की तरह ही। मेरे लिए बस यही बड़े सुख-सन्तोष की बात थी कि एक लेखक—स्थापित, यशस्वी और पूरी तरह लेखक—मेरे मित्र हैं' (वही, पृष्ठ 40)।

मन्नू भंडारी के इस उद्धरण में इन सम्बन्धों को समझने के कुछ ज़रूरी सूत्रों को लक्षित किया जा सकता है। 'उखड़े हुए लोग' के प्रसंग में 'सुरूर के

उपादान कहीं और होने' का जो संकेत है वह पर्याप्त व्यंजक और अर्थगर्भी है। यह सम्भवतः मीता की ओर संकेत है। वैसे तो शायद हर लेखक के साथ कमोबेश यह होता है लेकिन राजेन्द्र यादव और मोहन राकेश ख़ासतौर से युवा पीढ़ी की पाठिकाओं के बीच ही अपने लेखन का प्रभाव मापने-परखने वाले लोगों में रहे हैं। राजेन्द्र यादव के जिस गुट्ठल और पेचदार व्यक्तित्व की ओर मन्नू इशारा करती हैं, आगे आने वाले दिनों में उनका साबका उसी से पड़ना था। बहरहाल, अपनी इसी मित्रता के सहारे, सन् 57 में इलाहाबाद में अमृतराय और अन्य लेखकों द्वारा आयोजित साहित्यकार सम्मेलन में वे राजेन्द्र यादव के साथ ही वहाँ गयीं। यहीं पहली बार उनकी भेंट मोहन राकेश, रेणु, कमलेश्वर, अमरकान्त, नामवर सिंह आदि से हुई। मित्रता, स्वीकृति, बढ़ते हुए सम्पर्क सूत्र और साहित्य के आकाश में ऊँची उड़ान की आकांक्षा का ही परिणाम यह था कि इलाहाबाद से लौटकर सिर्फ़ बीस-बाईस दिन में उन्होंने एक उपन्यास लिख कर पूरा किया था।

राजेन्द्र यादव से हुए अपने बेहद सादगीपूर्ण विवाह को मन्नू भंडारी 'पंचायती शादी' के रूप में याद करती हैं। शादी को रोक देने के आदेश वाले पिता के तार आख़िरी दिन तक आते रहे थे। गोविन्द जी कनोड़िया के लॉन में विवाह के रजिस्टर पर दोनों ने हस्ताक्षर करके फूलमालाएँ बदली थीं, मनमोहन ठाकौर ने राजेन्द्र के पिता और स्कूल के प्रेसिडेंट भगवती प्रसाद खेतान ने मन्नू के पिता की भूमिका अदा की थी। उसी लॉन में रिसेप्शन मन्नू और उनके बहन-बहनोई की ओर से हुआ था और रात का खाना गोविन्द जी की ओर से। पहली रात उन्होंने भँवरलाल सिन्धी के घर में बितायी थी। इसी अर्थ में यह पंचायती शादी थी, जिसमें मन्नू-राजेन्द्र का प्रायः कुछ नहीं था।

इस विवाह के बाद आगरा-दिल्ली की अपनी यात्रा को मन्नू भंडारी आज भी उल्लास से याद करती हैं। आगरा में राजेन्द्र के परिवार में, जो विवाह में नहीं पहुँचा था, परम्परागत रीतिरिवाजों के बीच उनका स्वागत हुआ था—एक बहू के रूप में। दिल्ली स्टेशन पर मोहन राकेश ने दोनों को बाँहों में भरकर गर्मजोशी से स्वागत किया था। सत्येन्द्र शरत और उनकी पत्नी उषा ने उनकी दावत की थी। लेखकों की इस आत्मीय बिरादरी में शामिल होकर मन्नू कुछ अतिरिक्त रूप से उत्साहित थीं। बाद में जब राजेन्द्र अपने आर्थिक आधार की टोह के विचार से दिल्ली में ही रुक गये थे, अकेले ही कलकत्ता लौटी मन्नू को जैसे कहीं कोई अकेलापन नहीं था 'क्योंकि उठते-बैठते, सोते-जागते मैं हमेशा अपने भीतर राजेन्द्र की उपस्थिति महसूस करती थी...' (वही, पृ. 47)। इसी

मनःस्थिति में भरपूर उमंग और उत्साह के बीच सह-जीवन के सुख-दुख और ज़िम्मेदारियाँ मिल कर बाँटने की इच्छा तथा साहित्य की दुनिया में ऊँची उड़ान की आकांक्षा के साथ ही मन्नू ने अपने नये जीवन का नक्शा बनाकर उसमें कल्पना के गाढ़े रंग भरे थे। इसके लगभग तत्काल बाद की स्थिति पर टिप्पणी करते हुए मन्नू भंडारी लिखती हैं : पर ज़िन्दगी शुरू करने के साथ ही लेखकीय अनिवार्यता के नाम पर राजेन्द्र ने 'समानान्तर ज़िन्दगी' का आधुनिकतम पैटर्न थमाते हुए जब कहा कि 'देखो छत हमारी ज़रूर एक होगी लेकिन ज़िन्दगियाँ अपनी-अपनी होंगी–बिना एक-दूसरे की ज़िन्दगी में हस्तक्षेप किये' बिल्कुल स्वतन्त्र, मुक्त और अलग तो मैं तो बिल्कुल अवाक्! आधुनिकतम जीवन के इस पैटर्न से मेरा कोई परिचय नहीं था, परिचय तो दूर, दूर-दूर तक इसकी कोई कल्पना तक मेरे मन में नहीं थी। राजेन्द्र ने भी मित्रता के दौरान तो ऐसी किसी बात का कभी कोई संकेत तक नहीं किया था। मैं तो साथ आयी थी सब तरह के अलगाव को दूर करके एक हो जाने के लिए, पूरी तरह घुलमिल जाने के लिए, यह सब सुनकर तो मुझे लगा कि सिर पर छत का आश्वासन देकर जैसे पैर के नीचे की ज़मीन ही खींच ली हो। (वही, पृ. 48/49)। पहली बार मन्नू को जैसे झटका सा लगता है। राजेन्द्र यादव की 'समानान्तर ज़िन्दगी' की अवधारणा का सूत्र भी इसी झटके में जैसे उनके आगे खुल जाता है। कभी लेखन, कभी आधुनिकता और कभी किसी और लेबल के नीचे राजेन्द्र यादव द्वारा फलसफा गढ़ने की इस कुशलता को समझने की शुरुआत भी जैसे यहीं से होती है। इन सारी स्थिति का निष्कर्ष यह था कि 'इस सह जीवन सभारंग' विवाह के निमन्त्रण पत्र पर राजेन्द्र ने यही छपवाया था, एक बड़े ही अजीब किस्म के अलगाव से शुरू हुआ। एक लेखक-कलाकार के स्वतन्त्र, उन्मुक्त और कैसे भी हस्तक्षेप से परे स्वायत्त जीवन के नाम पर यह अकेलापन ही मन्नू की नियति बनकर जैसे ज़िन्दगी भर उन पर हावी रहा।

अपने लेखन और कला को पालने-पोसने एवं सँवारने के नाम पर ली जाने वाली छूट में राजेन्द्र यादव के व्यक्तित्व के वे पक्ष धीरे-धीरे मन्नू के आगे खुलते हैं, परत-दर-परत, जिन्हें वे उनके व्यक्तित्व के पेच और कीलों के रूप में देखती हैं। मन्नू से बाकायदा प्रेम विवाह के बाद वे मीता को आश्वासन देते हैं कि उनका विवाह भले ही मन्नू से हो गया हो, उससे उनके सम्बन्ध बने रहेंगे। इस आश्वासन पर वे अमल भी करते हैं। मन्नू को बताये बिना वे उसके साथ पहाड़ की सैर पर जाते हैं और इसके लिए ख़र्चे की जो व्यवस्था एक प्रकाशक से पुस्तक की अग्रिम राशि के रूप में करते हैं, उसमें आयी कहानियाँ, उनकी

और आधी मन्नू भंडारी की शामिल की जाती हैं और उन्हें इसकी कोई भनक तक नहीं लगने दी जाती। किसी महिला के साथ अशोभन स्थिति में देखे जाने पर पत्नी की सहज और त्वरित प्रतिक्रिया उन्हें किसी गँवार और असभ्य औरत की प्रतिक्रिया लगती है। अज्ञेय की तरह वे ईर्ष्याविहीन प्रेम का तर्क तैयार करते हैं। अपने लेखक को स्वतन्त्र रखने के लिए वे नौकरी नहीं करते लेकिन मन्नू की नौकरी पर न उन्हें कहीं कोई आपत्ति है, न ही वे उसके साथ घर-परिवार में किसी किस्म के सहयोग को तैयार हैं। नौकरी पर गयी पत्नी के पीछे बेटी को देखने-सँभालने की ज़िम्मेदारी उठाकर उनका लेखकीय अहं कुण्ठित होता है।

पिछले दिनों शिवदान सिंह चौहान पर लिखा गया कोई संस्मरण पढ़ रहा था। जब उनकी पत्नी विजय पढ़ाकर लौटीं तो बात करते सज्जन से क्षमा माँग कर वे उनके लिए चाय बनाते हैं। ऐसे किसी सहयोग की राजेन्द्र यादव से मन्नू को कोई अपेक्षा न थी। इस स्थिति का सबसे विडम्बनापूर्ण पक्ष यह था कि जिस कला के नाम पर वे यह सब कर रहे थे, वही निरन्तर छीज रही थी। अपने मित्रों और साथियों के बीच, अपनी प्रतिभा, क्षमता और योग्यता की ओर से पूरी तरह आश्वस्त दीखने की कोशिश के बावजूद वे बेहद हताश और कुण्ठित होते जाते हैं। उनकी इस हताशा और कुण्ठा का दंश भी, पत्नी होने के नाते, अन्ततः मन्नू को ही झेलना पड़ता था...'कारण कुछ भी हो, कहीं भी हो, कठघरे में तो मुझे ही खड़ा किया जाता था और बिना शब्दों के प्रहार करने की कला से मैं कितनी ही अनभिज्ञ होऊँ, आहत तो होती ही थी। इन्हें कभी घर (जिसे मेरे साथ नत्थी करके इन्होंने अपने को सब प्रकार की ज़िम्मेदारियों से मुक्त कर रखा था) दमघोंटू लगता था तो कभी विवाहित जीव मेरी अपेक्षाएँ जकड़न भरी, जिसके नीचे इनकी रचनात्मक ऊर्जा सूखती जा रही थी...' (वही, पृ. 88)। इसके प्रतिकार का एक सरल, सीधा और ईमानदार उपाय यह था कि वे घर और पत्नी से अलग हो जाते। लेकिन इसमें भी कठिनाई थी...मुश्किल यह थी कि घर से मिलने वाली सुविधाओं की...जो भी, जैसी भी...इन्हें आदत हो गयी थी। और चूँकि उन सुविधाओं का जुगाड़ तो मैं ही करती थी, सो यह न घर से अलग हो पाते थे...न ही मुझे छोड़ पाते थे (वही, पृष्ठ 89)। चाहे टिंकू को तीसरी बार निकली मीजल्स हो या फिर छोटी बहन को 106 डिग्री बुखार, मीटिंग या दोस्तों के बीच के तयशुदा कार्यक्रम में कोई अन्तर नहीं पड़ता था। बेटी को डॉक्टर को दिखाने का अवसर इसलिए नहीं था, क्योंकि साहित्य अकादेमी की किसी मीटिंग में जाना था। इनके निकलने के बाद ही मोहन राकेश के फ़ोन से पता चलता है कि मीटिंग का तो बहिष्कार करने की बात थी। राकेश इस बात पर झल्लाये

भी कि एक फ़ैसला लेने के बाद वह अकेला वहाँ पहुँच गया! लेकिन घटना का क्लाइमेक्स तब हुआ, जब उसी शाम भारत आयीं उषा प्रियंवदा का फ़ोन आया कि राजेन्द्र ने बताया था कि बीमारी की वजह से आप सबेरे राजेन्द्र के साथ नहीं आयी थीं—आतीं तो आपसे मिलना हो जाता...अपने में यह अकेला प्रसंग नहीं है। मन्नू की यह शिकायत वाजिब है कि मुड़-मुड़ कर पीछे देखने पर उन्हें सिर्फ़ अपनी प्रेमिकाएँ ही दिखाई देती हैं—वह टिंकू भी नहीं जिस पर आज वे इतना निर्भर हैं। इसका कारण भी साफ़ है—उस दौरान टिंकू कभी ज़िन्दगी में रही हो तो दिखाई दे।

पत्नी और सहयोगी लेखक के साथ राजेन्द्र यादव के व्यवहार का एक उदाहरण 'एक इंच मुस्कान' के लिखे जाने की बात तय हो जाने के बाद मिला था—विवाह के प्रायः अगले वर्ष ही। उसके लिए राजेन्द्र यादव ने अपनी कोई रचना न लेकर मन्नू के उस उपन्यास को ही आधार बनाने का प्रस्ताव किया जो मन्नू ने इलाहाबाद के साहित्यकार सम्मेलन से लौटकर लिखा था। अभी वह संशोधन और परिष्कार की प्रतीक्षा में था। थोड़ी हिचकिचाहट के बाद मन्नू अन्ततः इसे स्वीकार कर लेती हैं। उपन्यास छप जाने के बाद जब 'ज्ञानोदय' में ही उसकी रचना-प्रक्रिया पर लेखकों की टिप्पणियाँ छपीं तो मन्नू ने इस प्रसंग में राजेन्द्र यादव के व्यवहार की चर्चा भी की, अपनी लिखी जा रही किस्त वे हमेशा ड्रॉअर में ताला लगाकर रखते थे जिससे मन्नू को उसकी हवा न लग सके। इसका नतीजा यह होता था कि मन्नू को अपनी किस्त के लिए पत्रिका के अंक का इन्तज़ार करना होता था, क्योंकि अंक आ जाने के बाद ही वे आगे की कथा और पात्रों की मति-गति के प्रसंग में कोई निर्णय ले पाने की स्थिति में होती थीं।

जैसा कि शीर्षक से ध्वनित होता है, मन्नू भंडारी की 'एक कहानी यह भी' की मूल योजना कभी भले ही राजेन्द्र यादव की आत्मकथा 'मुड़-मुड़ कर देखता हूँ' की प्रतिक्रिया में बनी हो, वे इसे केवल वहीं तक सीमित नहीं रखतीं। खुरचे हुए घावों से बहते मवाद, जिसकी शुरुआत वे राजेन्द्र यादव की उक्त आत्मकथा से मानती हैं, से वे जल्दी ही उबरती हैं, इसके लिए वे जो उपाय—डिवाइस अपनाती हैं, वह इस आत्मकथा को अपने समय से संवाद में ढालता और बदलता है। यहाँ अपने निर्माण और विकास के पड़ावों पर रुकती हुई वे धीरे-धीरे आगे बढ़ती हैं। विद्यालय में शीला बहन जी द्वारा साहित्य की खिड़की खुलने के बाद वे जैनेन्द्र, अज्ञेय, यशपाल आदि के प्रभाव को बहुत आत्मीयता से याद करती हैं, यशपाल के 'पार्टी-कामरेड' की गीता की तरह अपने मुहल्ले की बड़ी-बड़ी

मूँछों वाले गुण्डों का सामना करने की हिम्मत जुटाने और सहसा ही उससे सामना हो जाने पर उस हिम्मत के साथ छोड़ने का प्रसंग वे रोचक ढंग से पेश करती हैं। 'कहानी' में अपनी पहली कहानी के प्रकाशन के थ्रिल को भी वे याद करती हैं—भैरव प्रसाद गुप्त के प्रति गहरी कृतज्ञता के साथ। यहाँ वे अपनी रचना-प्रक्रिया पर भी टिप्पणी करती हैं—इस रहस्य को खोलते हुए कि उनके आरम्भिक दो संग्रहों की कहानियाँ लिखी चाहे जहाँ गयी हों, उनके प्रायः सभी पात्र और प्रसंग अजमेर में मुहल्ले की उस ज़िन्दगी का ही हिस्सा थे जिसे उन्होंने निकटता और आत्मीयता से जाना-देखा था।

अपनी इस कहानी में मन्नू भंडारी इमरजेंसी, इन्दिरा गांधी की हत्या और सिख विरोधी दंगे, फ़िल्में 'रजनीगन्धा' और 'स्वामी', नाटक 'महाभोज' के मंचन आदि के अनुभव और इस सबसे बहुत कुछ नया जानने-सीखने की ललक आदि अनेक प्रसंगों की चर्चा करती हैं। इन्दिरा गांधी की तानाशाही और इमरजेंसी के विरोध में जिन धर्मवीर भारती ने 'मुनादी' जैसी कविता लिखी, इमरजेंसी के दौरान उसी क़लम से 'सूर्य के अंश' लिखे जाने पर वे अपनी हैरानी को भी छिपाती नहीं हैं। बेलछी की दिल दहला देने वाली घटना पर कैसे उन्होंने अपने उपन्यास 'महाभोज' का ताना-बाना बुना, शिमला के गेस्ट हाउस में रहकर सिर्फ़ पच्चीस दिन में उसे पूरा किया—यह सब आज उन्हें अकल्पनीय ही नहीं, अविश्वसनीय भी लगता है। उपन्यास के साथ गहरे जुड़ाव की प्रक्रियाएँ कैसे कच्चे माल के गोदान से निकले किशोरावस्था में निकट से देखे गये, राजस्थान की राजनीति में सक्रिय वास्तविक दा साहब और मिरांडा हाउस में मिले उस शोध छात्र ने महेश का चरित्र उनके आगे खड़ा कर दिया था जिसने निरपेक्ष भाव से स्थितियों से सीधे न जुड़ने की शर्त लगाये जाने पर, अपनी मिली-मिलाई फेलोशिप छोड़ दी थी।

अपने इन संस्मरणों को मन्नू भंडारी मुख्यतः लेखकीय यात्रा पर केन्द्रित 'मेरी ज़िन्दगी की यह कहानी' कहती हैं और इन्हें इसी रूप में लिखे जाने का आग्रह करती हैं। उनके पास प्रभा खेतान की तरह अपने परम्परागत मारवाड़ी समाज में व्यवसाय, प्रेम और सर्जनात्मकता के लिए संघर्ष का कोई तिकोन न था और न ही मैत्रेयी पुष्पा की तरह अपने अतीत के उत्खनन द्वारा एक नारीवादी लेखिका के आविर्भाव का लक्ष्य। यही कारण है कि मन्नू भंडारी की 'एक कहानी यह भी' अपनी प्रकृति में आत्मकथा की संरचना की दृष्टि से 'अन्या से अनन्या' और 'कस्तूरी कुण्डल बसै' से भिन्न प्रकाशवती की 'लाहौर से लखनऊ तक' और भीष्म साहनी की 'आज के अतीत' के अधिक निकट है। भले ही नेपथ्य में

वाद्य संगीत की तरह राजेन्द्र यादव की उपस्थिति वहाँ शुरू से आख़िर तक बनी रहती है, लेकिन वह उसका मुख्य एवं अन्तिम लक्ष्य नहीं है।

आज हिन्दी में ऐसी लेखिकाएँ भी हैं जो नारीवादी लेखन की सारी सक्रियता के बीच और बावजूद नारीवादी कहे और माने जाने पर आपत्ति करती हैं। मन्नू भंडारी की 'एक कहानी यह भी' उसके लिए एक कसौटी का काम कर सकती है। राजेन्द्र यादव और उनके द्वारा 'हंस' के मंच से प्रायोजित नारीवादी विमर्श में अपनी सारी सक्रियता के साथ और बीच ये नारीवादी लेखिकाएँ मन्नू भंडारी की अपेक्षा राजेन्द्र यादव के साथ दीखती हैं। जैसा कि मन्नू भंडारी संकेत करती हैं वैवाहिक सम्बन्ध की गरिमा का निर्वाह न करने वाले व्यक्ति के लिए विवाह संस्था के विरुद्ध झण्डा उठाना वाजिब ही नहीं, अनिवार्य भी है। लेखक की रचनात्मक और व्यक्तित्व की स्वतन्त्रता के नाम पर अपने लिए देह के स्तर पर ली जानेवाली छूटें इस विमर्श को यदि देह की स्वतन्त्रता पर ही केन्द्रित करके देखे जाने को उकसाती हैं तो इसे समझा जा सकता है। अपने इन संस्मरणों में मन्नू भंडारी उस कटुता से प्रायः मुक्त रह सकी हैं जो उन्होंने अपनी तीन लघुकथाओं के एक कोलाज में एक कलाकार को केन्द्र में रखकर व्यक्त किया है। एक भिन्न प्रसंग में, सम्बन्धों की लम्बी साझेदारी को कर्तार सिंह दुग्गल ने नाखून और मांस के रूपक द्वारा व्यक्त किया है। यहाँ ऐसे ही सम्बन्धों को मन्नू भंडारी बहुत संयत ढंग से उकेरती हैं। एक आत्मकथ्य के रूप में 'एक कहानी यह भी' इस सवाल का उत्तर अवश्य माँगती है कि नारी विमर्श के प्रसंग में आपका अपना पक्ष इसमें कहाँ है? आपका चुनाव और उस पर खड़े होने की जगह ही चीज़ों के प्रति आपका रवैया तय करता है। ग़लत को चुनकर आप सही के साथ नहीं हो सकते।

मन्नू भंडारी की कहानियाँ

सन् '57 में 'कहानी' में प्रकाशित अपनी पहली कहानी 'मैं हार गयी' को अपने जीवन की एक घटना मानते हुए बरसों बाद मन्नू भंडारी लिखती हैं, "आज सोचती हूँ तो आश्चर्य होता है कि कैसे कहानी जब तक पन्नों पर लिखी जा रही थी, जाने कितने अगर-मगर, दुविधा-संकोच, झिझक मन को घेर रहे थे...विश्वास ही नहीं होता था कि जो कुछ लिखा है, वह किसी लायक भी है, लेकिन छपकर आते ही मन आत्मविश्वास से भर उठा, मुझे लगने लगा जैसे मेरी कहानी ही नहीं, मैं स्वीकृत हुई हूँ, मेरा अपना वजूद स्वीकृत हुआ है—अपनी एक अलग विशिष्ट पहचान बनाता हुआ वजूद..." (नायक खलनायक विदूषक, 'मेरी कथा-यात्रा' शीर्षक भूमिका, पृ. VII) अपने वजूद की यह स्वीकृति और स्वतन्त्र पहचान ही वस्तुतः उस दौर की कहानी में स्त्री को एक भिन्न पहचान देती है जिसे 'नयी कहानी' कहा जाता है, नयी कहानी का यह आन्दोलन, मोटे तौर पर, सन् '55 से सन् '64 के बीच चला और इसमें जिन महिला कथाकारों की विशेष हिस्सेदारी थी, उनमें कृष्णा सोबती और उषा प्रियम्वदा के साथ मन्नू भंडारी भी हैं।

आज लगभग दो दशकों से मन्नू भंडारी रचनात्मक रूप से लगभग चुप हैं, वैसे भी उन्होंने अधिक नहीं लिखा, लेकिन उनके कम लिखने और इस चुप रहने में एक गुणात्मक अन्तर है। मन्नू भंडारी के कुल जमा पाँच कहानी संग्रह प्रकाशित हुए। 'मैं हार गयी' शीर्षक से उनका पहला संग्रह सन् '57 में ही आया वह भी राजकमल प्रकाशन से। किसी भी नये लेखक के लिए इससे बड़ी किसी स्वीकृति की कल्पना दुष्कर है। उसके अगले वर्ष अर्थात् सन् '58 में उनका दूसरा संग्रह 'तीन निगाहों की एक तस्वीर' प्रकाशित हुआ। इसके बाद विवाह, परिवार और कलकत्ता से दिल्ली आने के परिणामस्वरूप नये परिवेश के नये दबावों के कारण उनका तीसरा संग्रह 'यही सच है' सन् '64 में आया—दूसरे संग्रह के ठीक आठ वर्ष बाद उनका चौथा संग्रह 'एक प्लेट सैलाब' सन् '70 में आया। इसके बाद सन् '77 में प्रकाशित 'त्रिशंकु' उनका पाँचवाँ और अन्तिम संग्रह है। इन कहानियों की रचनावधि में ही उन्होंने और लेखन भी किया। अपने लेखन के

लगभग आरम्भिक दौर में ही उन्होंने राजेन्द्र यादव के साथ 'एक इंच मुस्कान' लिखा जो 'ज्ञानोदय' में धारावाहिक प्रकाशन के बाद सन् '62 में पुस्तकाकार छपा। उन्होंने 'आपका बंटी' (1971) और 'महाभोज' (1979) जैसे उपन्यास लिखे। 'बिना दीवारों का घर' नामक नाटक लिखने के साथ ही 'महाभोज' का नाट्य रूपान्तर किया और उसकी अनेक प्रस्तुतियों में स्वयं उपस्थित रहीं। शरत्चन्द्र के उपन्यास 'स्वामी' का पुनर्लेखन किया और बासु चटर्जी के लिए उसकी और अपनी कहानी 'यही सच है' की पटकथाएँ भी लिखीं, यह सब मोटे तौर पर सन् '57 और '80 के बीच हुआ। इसके बाद प्रायः दो दशकों में उन्होंने नहीं के बराबर लिखा। इस समूची अवधि में उनकी तीन कहानियाँ और एक संक्षिप्त आत्मकथ्य ही प्रकाशित हुए हैं। उनकी सम्पूर्ण कहानियों का प्रकाशन 2002 में 'नायक खलनायक विदूषक' शीर्षक से हुआ है। इसमें बाद की तीन कहानियों में से दो शामिल हैं। इसके बाद 'तद्भव' में प्रकाशित उनकी 'करतते मरदां' ही बचती है जिसके बारे में अनुमान करना मुश्किल नहीं है कि वह उस संकलन की तैयारी के बाद लिखी जाने के कारण ही इसमें नहीं है। एक लेखक के रूप में मन्नू भंडारी की रचनात्मक यात्रा में बाधा और चुप्पी के दौर पर कोई टिप्पणी करने से पूर्व ज़रूरी यह है कि उनकी इन कहानियों पर पहले कुछ बात कर ली जाये।

मन्नू भंडारी के पहले संग्रह 'मैं हार गयी' की कहानियों के साथ कोई भूमिका नहीं थी, लेकिन संग्रह की कई कहानियाँ कहानी में घटित बदलाव को स्पष्ट करती हैं। 'पंडित गजाधर शास्त्री' और 'दो कलाकार' जैसी कहानियाँ नयी कहानी के वैचारिक संघर्ष के साथ उसकी सामाजिक भूमिका का संकेत भी देती हैं। किंचित् अतिरंजना के बावजूद 'पंडित गजाधर शास्त्री' का कथा-नायक पुरानी पीढ़ी का एक प्रतिनिधि चरित्र है जो अपनी अल्प पूँजी के सहारे युवा पीढ़ी की सारी रचनात्मक सक्रियता की उपेक्षा करता है। यह कहानी स्त्री के प्रति भी एक परिवर्तित दृष्टि को साग्रह रेखांकित करती है। यह कहानी पुरानी पीढ़ी की निर्मम आलोचना का रचनात्मक जोखिम भी उठाती है। इसी तरह 'दो कलाकार' एक गढ़ी और बनायी गयी कहानी है जो जीवन में रचना और कर्म की एकता पर बल देती है। चित्रा की तरह जीवन में कर्म के प्रति उदासीन रहने वाले लोग ही वस्तुतः रचना में कलावाद का सहारा लेते हैं। चित्रा के चित्र 'कन्फ्यूजन' में अमूर्तन और प्रतीक बहुलता को लेकर अरुणा की टिप्पणी प्रकारान्तर से नयी कहानी में घुसपैठ करती इन प्रवृत्तियों की आलोचना भी है। स्त्री के प्रति जिस स्वेच्छाचारी सामन्ती दृष्टि के विरोध का एक हल्का-सा आभास 'पंडित गजाधर

शास्त्री' में मिलता है, 'मैं हार गयी' और 'तीन निगाहों की एक तस्वीर' की कितनी ही कहानियों में लेखिका उसे विस्तार देती हैं। 'घुटन' और 'ईसा के घर इन्सान' जैसी कहानियाँ सामाजिक रूढ़ियों और धार्मिक वर्जनाओं के नाम पर स्त्री के अपने व्यक्तित्व को कुण्ठित करने की प्रवृत्ति का विरोध करती हैं। 'घुटन' में मोना और प्रतिभा दोनों ही अपने-अपने ढंग और कारणों से इस घटना की शिकार हैं। एक के सन्दर्भ में बढ़ती उम्र का कुँआरापन है, पारिवारिक दायित्व की चक्की में उसे पीसता हुआ, वहीं दूसरे प्रसंग में भौंड़ी रुचियों वाले पति की संगत की घुटन है। 'ईसा के घर इन्सान' में यह घुटन चर्च और उससे सम्बद्ध कॉलेज के कथित अनुशासन और धार्मिक वर्जनाओं से पैदा हुई है जो लूसी और एंजिता को कुण्ठा एवं उन्माद की अन्धी गली में ठेल देती है। इन निषेधों और वर्जनाओं के हिसाब से जीवन को ढाल लेने की उपलब्धियाँ भी अन्ततः क्या हैं? 'एक कमज़ोर लड़की की कहानी' की रूप आख़िर क्या हासिल करती है? अपने जीवन के छोटे-छोटे निर्णय भी वह कभी पिता तो कभी चाचा-चाची और ललित के कारण स्थगित-परिवर्तित करती रहती है। जब ललित के साथ वह सब कुछ छोड़कर एक नये जीवन की ओर क़दम उठाने का निर्णय लेती है, इस बार उसके वकील पति ही अपने एक पुराने मित्र की मुसीबत की कहानी सुना कर उसके निर्णय का सारा गणित गड़बड़ा देते हैं। मित्र की पत्नी वही सब कर लोगों की जगहँसाई और उपहास का कारण बनी थी जो आज रात वह ललित के साथ करने जा रही है...'रात का एक बजा था। रूप की आँखों से एक-एक करके आँसू टपकते जा रहे थे और उसके सूटकेस से एक-एक करके कपड़े बाहर निकलते जा रहे थे...' (वही, पृ. 82)। 'जीती बाजी की हार' की मुरला नारी की सहज आकांक्षाओं के आगे परास्त होकर ही सुख अनुभव करती है। संस्कारों और मूल प्रवृत्तियों के विरुद्ध अपना संघर्ष उसे व्यर्थ लगने लगता है। जीवन-भर कुँआरी रह सकने के पुरस्कार के रूप में अपनी सखी से उसकी बेटी माँगकर वह ऐसे किसी पुरस्कार की निःसारता पर जैसे मुहर लगा देती है। 'गीत का चुम्बन' की कतिका अपनी सहज वृत्ति से हाड़-मांस की एक जीती-जागती युवती है जो निखिल द्वारा किताबी स्त्री की भावुक कल्पना के विरोध में अपना तीखा आक्रोश व्यक्त करती है। इन कहानियों में मन्नू भंडारी एक ऐसी स्त्री की छवि प्रस्तुत करती है जो अर्थहीन विधि-निषेधों के तिए जीवन बरबाद करने की अपेक्षा अपने ढंग से जीवन जीना चाहती है।

मन्नू भंडारी की पढ़ी-लिखी, आत्मसजग स्त्री में घटित ये परिवर्तन 'दीवार, बच्चे और बरसात' तथा 'तीन निगाहों की एक तस्वीर' में भी देखे

जा सकते हैं। 'हार' पुरुष की सारी घोषित उदारता के बावजूद स्पर्धा और प्रतिद्वन्द्विता के दुष्परिणामों की कहानी है। 'दीवार, बच्चे और बरसात' में गिरने वाली दीवार वस्तुतः ईंट-मिट्टी की ही नहीं है, इससे कहीं अधिक वह सामाजिक रूढ़ियों की है जिसे गिराकर नयी रोशनी का कल्ला, सारी हाय-हाय और कोहराम के बीच, फूटकर बाहर आ ही गया है, 'तीन निगाहों की एक तस्वीर' दर्शाना की तस्वीर है जो नैना, हरीश और स्वयं दर्शाना के अपने आत्मकथ्य से मिल कर पूरी होती है। 'छोटे सिक्के' की लक-दक फैशनेबुल किस्म की छात्राओं को लेकर सधे और संयत व्यंग्य का कौशल आश्वस्त तो करता ही है, मन्नू भंडारी की उस विशेषता की ओर भी संकेत करता है जहाँ अपनी समकालीन कथा लेखिकाओं में वे लगभग अकेली हैं, यह वस्तुतः प्रेमचन्द और यशपाल से उपलब्ध रचना-दृष्टि है जिसका ऐसा ही प्रौढ़ और कलात्मक उपयोग, मन्नू भंडारी से पहले सिर्फ़ चन्द्रकिरण सोनरेक्सा में दिखाई देता है। आगे चलकर मन्नू भंडारी ने 'त्रिशंकु', 'तीसरा हिस्सा' और 'स्त्री-सुबोधिनी' जैसी अपनी कहानियों में व्यंग्य की अन्तर्धारा का और भी रचनात्मक उपयोग किया। नयी कहानी की आत्मग्रस्तता के दौर में यह एक उल्लेखनीय विशेषता थी जिसकी ओर तब लोगों का उतना ध्यान नहीं गया। 'सयानी बुआ', 'अकेली' और 'मज़दूरी' जैसी कहानियों में उन्होंने वृद्धों को केन्द्र में रखकर 'बूढ़ी काकी' और 'चीफ़ की दावत' वाली कथा-परम्परा का विकास किया। उनकी 'अभिनेता' और 'मैं हार गयी' जैसी कहानियों में सामाजिक मूल्यों के व्यापक क्षरण की चिन्ता बहुत स्पष्ट है। ये कहानियाँ लेखिका की नैतिक-सामाजिक चिन्ता का साक्ष्य हैं जिसका सुसंगत विकास उसके परवर्ती लेखन में देखा जा सकता है।

मन्नू भंडारी अपने समय-सन्दर्भों के प्रति बहुत सजग हैं। वर्तमान व्यवस्था के अन्तर्विरोधों को वे बहुत बेधक दृष्टि से पकड़ती हैं। 'क्षय' में क्षय क्या कुन्ती के पापा को ही है? यह वस्तुतः उस समूची व्यवस्था का क्षय है जो अपने लिए चुने गये शिक्षण कार्य को लेकर कुन्ती के सारे आदर्शों को तार-तार कर देती है। मन्नू भंडारी के यहाँ एक ओर यदि अपने संघर्षों में धीरे-धीरे छीजती और असमय बुढ़ाती जाती कुन्ती जैसी युवतियाँ हैं, वहीं 'नकली हीरे' की मिसेज़ सरन जैसी स्त्रियाँ भी हैं जो नवधनाढ्य वर्ग की चकाचौंध से बुरी तरह आक्रान्त हैं। वे अपनी छोटी बहन इन्दु को लेने इसलिए स्टेशन नहीं जाती, क्योंकि उसने अपनी मर्ज़ी से एक मामूली स्कूल मास्टर से विवाह कर लिया है। दो वर्ग-दृष्टियों के विसादृश्य को मन्नू भंडारी बहुत सूक्ष्मता से उभारती हैं। इन्दु जल्दी ही उन्हें यह अनुभव करा देती है कि ज़िन्दगी में सुख दौलत और प्रदर्शन की राह से नहीं

आता है। 'तीसरा हिस्सा' और 'अलगाव' जैसी कहानियाँ इसी वर्ग-दृष्टि का विस्तार हैं। 'अलगाव' अपने मूलरूप में वह बीज-कथा है जिसे आधार बनाकर आगे उन्होंने 'महाभोज' लिखा।

थोड़ा आश्चर्यजनक लगते हुए भी यह सच है कि प्रचलित अर्थों वाली प्रेम-कथाएँ मन्नू भंडारी ने अधिक नहीं लिखीं। अपनी पीढ़ी में वे कदाचित अकेली लेखिका हैं जो स्त्री को विभिन्न पारिवारिक रिश्तों और सामाजिक सन्दर्भों में अंकित करती हैं। उनके यहाँ ना तो दादी, माँ, बुआ, पत्नी, पुत्री, प्रिया आदि स्त्री के विभिन्न रूप मिलते हैं। उनके यहाँ स्त्री का निजी जीवन और उसकी आकांक्षाएँ न हों, ऐसा नहीं है, लेकिन अपने पारिवारिक और सामाजिक सन्दर्भों में ही वह अधिक सार्थक होती और लगती है। एक भिन्न प्रसंग में वे लिखती हैं, 'आज नारी अपने को हर स्थिति में मिसफिट महसूस करती है, क्योंकि उसका विकास समाज के स्वरूप सन्दर्भ में न होकर अभी तक समस्या के रूप में हुआ है। किसी को हमेशा समस्या के ही रूप में देखते रहना यूँ भी नार्मल नहीं रहने देता, क्योंकि वह देखना डॉक्टर का देखना है, जहाँ व्यक्ति केवल विभिन्न बीमारियों को अभिव्यक्त करने का माध्यम भर होता है। मैं समझती हूँ कि नारी अलग खड़ी हुई कोई ऐसी थ्योरम या प्रॉब्लम नहीं है जिसे चार आदमी बैठ कर हल करने का सन्तोष पायें। यदि समाज के प्रति उसके कर्तव्य और अपेक्षाएँ पुरुष के ही समान हैं, तो उसकी कोई समस्या अकेली उसकी समस्या नहीं है, वरन् समग्र जीवन की समस्या है। एक-दूसरे के लिए समान रूप से समस्या और समान हल होते हैं...' (नयी कहानियाँ, मई '63 में मन्नू भंडारी द्वारा सम्पादित विशेषांक सम्पादकीय, पृ. 5) अपने इसी आग्रह के रहते मन्नू भंडारी स्त्री को उसके समूचे सामाजिक परिप्रेक्ष्य में अंकित करती हैं। किसी विशेष कहानी के सन्दर्भ में उसकी कोई सामाजिक-पारिवारिक पहचान उसका सिर्फ़ एक हिस्सा होती है, उनकी पूरी स्त्री उन विभिन्न सन्दर्भों को जोड़ने और मिलाने से ही बनती है।

प्रेम कहानियों के रूप में मन्नू भंडारी की जिन कहानियों का उल्लेख किया जा सकता है, उनमें 'यही सच है', 'एक बार और', 'ऊँचाई' आदि प्रमुख हैं। इन कहानियों के सन्दर्भ में सबसे महत्त्वपूर्ण बात यह है कि इनमें मन्नू भंडारी बोल्ड और आक्रामक दिखने की कोशिश नहीं करती हैं। ये कहानियाँ विचार और संवेदना का एक ऐसा रसायन तैयार करती हैं, जिसके तत्त्वों को, वैज्ञानिक विश्लेषण के लिए भी अलग करके देख पाना मुश्किल है। हर कहीं वे प्रथम प्रेम की उत्कट आवेगधर्मिता को विशेष महत्त्व देती हैं। इसके लिए उनकी नायिकाएँ

अपने सुरक्षित और सुनिश्चित वर्तमान को भी दाँव पर लगा देने में कोई संकोच नहीं करतीं। ये कहानियाँ नैतिक-अनैतिक के सवाल से उतना नहीं टकरातीं जितना एक परिस्थिति विशेष में उनके अन्तर्द्वन्द्व को महत्त्व देती हैं। संयोग से इन तीनों कहानियों की नायिकाओं के जीवन में दो पुरुष हैं, जिनमें किसी को लेकर भी, मात्र सती-साध्वी समझी जाने के लिए, वे अपने को छलती नहीं हैं। इनमें 'यही सच है' का वैचारिक आधार अपेक्षाकृत कमज़ोर है। यहाँ दीपा का अन्तर्द्वन्द्व ही मुख्य है जो अलग-अलग क्षणों में निशीथ और संजय दोनों को ही सच के अतिरिक्त कुछ और मानने को तैयार नहीं है। संजय के सम्पर्क में आकर दीपा एक तरह से निशीथ को भूल गयी थी। निशीथ उसे भूला नहीं है, यह इसी से स्पष्ट है कि तीन साल बाद भी वह अकेला है और दीपा के कलकत्ता आ जाने की सम्भावना उसे नये उत्साह से भर देती है। संजय के प्रति प्यार से अधिक वह कृतज्ञता के भाव से बँधी है, क्योंकि उसने उसे ऐसे समय में सहारा दिया था जब निशीथ की ओर से हताश होकर वह टूटने की स्थिति को पहुँच चुकी थी। इन दोनों के बीच दीपा का द्वन्द्व नैतिक-अनैतिक से परे वर्तमान को ही जीने-भोगने के क्षणवादी आग्रह का परिणाम है जिसे अस्तित्ववादी दर्शन में ख़ूब बढ़ा-चढ़ा प्रस्तुत किया जाता रहा है, लेकिन जीवन सिर्फ़ निर्णयहीनता और अन्तर्द्वन्द्व के सहारे ही नहीं जिया जा सकता। 'एक बार और' की बिन्नी ने कभी यह सोचा भी नहीं था कि उसके और कुंज के बीच औपचारिकता ऐसे धूसर वीरान मैदान की तरह पसर जायेगी, लेकिन सच यही है और इसका प्रमाण उसकी अप्रत्याशित वापसी है। वह उसके साथ कई दिन रहने का कार्यक्रम बना कर गयी थी। कुंज के द्वारा ड्रेसिंग टेबल पर शायद जान-बूझकर छोड़ दिये गये मधु के पत्र से सच्चाई को समझ लेना मुश्किल नहीं होता। इसके बाद कुंज का स्पर्श उसे सर्द और नितान्त अनुभूतिहीन लगने लगता है, यही स्पर्श जो उसके होश सँभालते ही उसके लिए पुरुष का पहला स्पर्श था। सड़क के दोनों ओर दूर-दूर तक फैले मैदान के ऊपर तने आकाश में सप्तऋषि मण्डल का दिप-दिप करके चमकता प्रश्नवाचक क्या बिन्नी के भविष्य का संकेत नहीं है? सब कुछ को अनहुआ करके वह नन्दन के प्रति वैसी उत्कटता नहीं जता पाती, जैसी उसे जतानी चाहिए।

'ऊँचाई' की शिवानी ग्यारह वर्ष बाद अतुल से मिलती है। पुरी में अचानक हुई यह भेंट इस क्रम को आगे भी बढ़ाती है। शिवानी अब विवाहित है, माँ है, लेकिन अतुल को उसके निर्जन बान्धवहीन घर में अकेला देखकर उसे पीड़ा होती है। क्या बरसों वह उसके कारण ही रुका बैठा रहा है? प्रिटी को हॉस्टल

में छोड़कर वह दूसरी बार इलाहाबाद पहुँच जाती है, उसे बाकी कुछ हतप्रभ करती हुई। इस प्रसंग को लेकर वह अपने पति शिशिर को न धोखा देती है, न ही पीड़ा पहुँचाना चाहती है। वह सिर्फ़ अपने को पीड़ा से बचाना चाहती है। वह शिशिर के इस विश्वास को तोड़ती है कि अपने किये पर शिवानी पश्चात्ताप करेगी और क्षमा माँगेगी। शिशिर के कान एक मर्मविदारक सिसकी सुनने को और उसकी बाँहें शिवानी की निर्जीव देह को सँभालने के लिए अधीर हो रही थीं, पर वैसा कुछ नहीं होता—शिवानी रोती है, न ही कटे पेड़ की तरह उसकी बाँहों में आ गिरती है। एक संस्कारगत धक्के के बावजूद शिशिर सँभल जाता है—गरम पानी के कुण्ड में डाले गये पैर की तरह जिसे एक-दो बार पानी गर्म लगता है और फिर आराम मिलने लगता है। इन कहानियों का उल्लेखनीय पक्ष यह है कि इनकी नायिकाओं को नैतिक-अनैतिक की परम्परागत कसौटी पर नहीं कसा जा सकता। वे स्त्री-मन के सोच और तनावों को बहुत सूक्ष्मता से उभारती हैं। न वे स्त्री के आगे पुरुष को हीन और छोटी साबित करती हैं और न ही प्रेमी के आगे पति को। अपने प्रथम प्रेम के प्रति उत्कट प्रगाढ़ता का भाव उनमें पूरी तरह सुरक्षित है।

मन्नू भंडारी की सम्पूर्ण कहानियों के इस संकलन 'नायक खलनायक विदूषक' की कुल जमा पचास कहानियों में सैंतालिस सन् '77 तक आ चुके उनके पाँच संग्रहों में शामिल हैं जबकि पिछले लगभग पच्चीस वर्षों में उनकी लिखी सिर्फ़ दो कहानियाँ ही इसमें हैं—संकलन की शीर्षक कहानी के अतिरिक्त 'नमक'। इसके बाद की उनकी एक और कहानी 'करतूते मरदां' जो वस्तुतः तीन लघु-कथाओं के एक कोलाज के रूप में है—'तद्भव'-8 में आयी है। पच्चीस वर्षों में इन तीन कहानियों के अतिरिक्त उन्होंने एक संक्षिप्त आत्मकथ्य लिखा है जिसका एक अंश ही इस संकलन की भूमिका 'मेरी कथा-यात्रा' के रूप में इस्तेमाल हुआ है। एक अन्य रचना 'देखना है तो इसे भी देखो।...' उन्होंने इस बीच लिखी है जो वस्तुतः राजेन्द्र यादव की आत्मकथा 'मुड़-मुड़ के देखता हूँ' के उत्तर में एक तरह से मन्नू भंडारी अपना पक्ष प्रस्तुत करती हैं। मन्नू भंडारी की इस लम्बी रचनात्मक चुप्पी का संकेत भी उनकी इन्हीं रचनाओं में पाया जा सकता है। अपनी कहानियों के रचनात्मक शिफ्ट के सन्दर्भ में मन्नू भंडारी ने अपनी कठिनाई का उल्लेख भी किया है। उनके आरम्भिक दो संग्रहों 'मैं हार गयी' और 'तीन निगाहों की एक तस्वीर' की प्रायः सभी क़हानियाँ सिर्फ़ दो वर्षों में लिखी गयीं, उसके बाद जैसे-जैसे उनकी कहानियों में रचनात्मक सजगता बढ़ी, वे संश्लिष्ट और जटिल होती गयीं और तब लिखना उतना आसान भी नहीं रह गया।

वैसे भी आरम्भिक कहानियों की पृष्ठभूमि प्रायः ही अजमेर की है, जिसमें कहानियों के पात्र उनके पूरी तरह देखे-समझे और परिचित लोग थे, जबकि बाद की कहानियों के साथ यही स्थिति नहीं रह गयी थी, लेकिन फिर भी इस दौर में ही मन्नू भंडारी का रचनात्मक विकास हुआ और वे हिन्दी कहानी और उपन्यास में अपनी एक विशिष्ट पहचान बना सकीं।

मन्नू भंडारी की 'नमक' सामन्ती पृष्ठभूमि में संस्कार की जकड़न की कहानी है। भीमा कहार हवेली में जीवन भर की अपनी चाकरी के एवज में कुँवर जी से, उन्हीं के कहने और प्रोत्साहन पर, अपनी इच्छा से कुछ माँग नहीं पाता। पाँच पीढ़ियों में बेटे से कुछ अलग करवाने की उसकी कामना अन्दर घुटकर ही दम तोड़ देती है। कोशिश करके भी वह 'खम्यांरर, धणी' के आगे कुछ नहीं बोल पाता और ज़मीन पर लोटकर पत्ते की तरह काँपने लगता है। पाँच पीढ़ियों से रगों में बहता हवेली का नमक अपना असर दिखाये बिना नहीं रहता।

मन्नू भंडारी की शेष बची दो कहानियाँ 'नायक खलनायक विदूषक' और 'हिम्मते मरदां' ही वस्तुतः वे कहानियाँ हैं, जो 'नमक' की संस्कारगत जड़ता को तोड़कर अन्ततः अपनी बात कहती हैं, ये दोनों ही बेहद निजी सन्दर्भों की कहानियाँ हैं, लेकिन मन्नू भंडारी इसे अच्छी तरह जानती हैं कि निजी सन्दर्भों को कैसी भी कटुता और आत्ममुग्धता से बचाकर बृहत्तर सामाजिक सन्दर्भों से कैसे जोड़ा जाता है। 'नायक खलनायक विदूषक' की पारुल अनेक स्तरों पर अनेक तरह के युद्ध झेल रही है। उसका पति अमित उसकी शालीनता और संस्कारशीलता को नकली, पाखण्डपूर्ण और ज़िन्दगी के टुच्चे टोटकों से अधिक और कुछ नहीं समझता। पारुल नौकरी करती है और अमित लेखक है। पति-पत्नी के बीच पारुल की माँ का कैसा भी हस्तक्षेप पति को बर्दाश्त नहीं है। ऐसा कुछ करती माँ उसे खलनायिका जैसी लगती है। पारुल की सुरुचि, सलीका और करीना देखकर उसे पहले का अपना कमरा याद आता है जिसमें वह बादशाह की तरह रहता था। अमित को लगता है कि माँ और बेटी मिलकर उसके विरुद्ध कोई षड्यन्त्र कर रही हैं। अमित अपने नाटक की हीरोइन नन्दा को बनाना चाहता है। निर्देशक के नाते उभरती हुई प्रतिभाओं की कद्र करना उसका फ़र्ज़ है। मंच के साथ जुड़ी होने के बावजूद पारुल इतना नहीं समझती कि निर्देशक का फ़र्ज़ क्या है, ज़रूरत क्या है और यदि वह बेवजह कष्ट पाती है तो इसमें कुछ नहीं किया जा सकता। '...मेरे एक-एक निर्देश को वह वेदवाक्य की तरह मानती है, मेरे लिए आदर और सम्मान उसके रोम-रोम से जैसे झरता रहता है...मेरे हल्के-से इशारे पर अपने को पूरी तरह होम करने को तैयार रहती

है तो क्यों नहीं लूँ उसको?' (वही, पृ. 489)। अपने इस तर्क पर उसे लगता है कि न होने पर भी पारुल कहीं सामने है–अपने तने हुए चेहरे के साथ। पारुल की माँ उसे एक लिफ़ाफ़ा देती है। अपनी बात उनसे न कहने के लिए उसे और पारुल को उलाहना देती है और उसके टैरेस-थियेटर की वकालत करती है। उन्हें सचमुच अच्छा नहीं लगता कि थोड़े से पैसों के लिए उसका नाटक रुका रहे। यह सब सुनकर उसे लगे बिना नहीं रहता कि नायक को ताज पहने इन दोनों महिलाओं–पारुल और उसकी माँ–की नज़र में यह शुरू से ही एक विदूषक की भूमिका में रहा है। मन होता है कि नोटों की इस गड्डी को चिन्दी-चिन्दी करके फेंक दे। उसे लगता है कि उसका सारा अस्तित्व, पुरुषत्व और पौरुष निरे मांस के बेजान लोथेड़े में बदल गया है। नन्दा पिछले कुछ समय से उसके लिए 'मुक्ति' का पर्याय बन गयी है। पारुल के अनकहे बोलों पर निछावर होने को उत्सुक नन्दा अदृश्य घावों पर मरहम का काम करती है। वह फिर एक पूर्णपुरुष की तरह जी उठता है...'उस समय इस त्रास से नन्दा, केवल नन्दा को मुक्त कर सकती है। उसके ख़याल मात्र से उसके निर्जीव शरीर में बिजली-सी दौड़ गयी...' (वही, पृ. 491) एक क्रूर और प्रतिहिंसात्मक संकल्प के साथ वह उठता है। सामने पड़ी नोटों की गड्डी को जेब के हवाले करता है। होटल में बढ़िया कमरा, लज़ीज़ और महँगा खाना और अपने स्वामित्व के साथ नन्दा के 'होने' की कल्पना उसे रोती-बिसूरती पारुल को ठिकाने लगा देने का सन्तोष भी देती है। मंच पर हमेशा नायक की भूमिका करने वाला अमित वैसा ही संकल्प के साथ खलनायक की भूमिका अदा करने खटाखट सीढ़ियाँ उतर जाता है।

लेखक और कलाकार के चोले वाला यही नायक 'करतूते मरदां' की तीन अलग-अलग कहानियों का भी केन्द्रीय पात्र है। कहीं वह गीतकार की भूमिका में है, कहीं नामी-गिरामी फ़िल्मी हस्ती की और कहीं कथाकार के अपने अति परिचित हुलिया में। इन तीनों के कारनामे, तीन घटनाओं के रूप में, नासमझ मूर्ख स्त्रियों के लिए सुल्ली के बड़े भाई की चेतावनी के तौर पर याद किये जा सकते हैं। अच्छे लगने पर मजमे में बैठकर इनके गीत सराह लो, कोई अच्छी फ़िल्म देखनी हो तो हॉल में बैठकर या टी.वी. पर देख लो, कहानी या उपन्यास पत्रिका किताब में पढ़कर प्रसन्न हो लो–'बस इसके आगे कभी मत बढ़ना, इनके रचने वालों के पास कभी भूलकर भी मत जाना और बहुत फेराबन्दी करने पर भी अपने पास फटकने तक मत देना...महालुच्चों की जात होती है इनकी...' (तद्भव-8, अक्तूबर '02, पृ. 107)।

बहुत कुछ अपने निजी विचलन को अपनी समूची पीढ़ी की नैतिक

लम्पटताओं से जोड़ देने में राजेन्द्र यादव को कमाल हासिल है, इसकी आलोचना को 'आर्य समाजी धिक्कार के दण्डविधान' की संज्ञा देकर वे पहले ही अपने बचाव की मुद्रा अपना चुके हैं। हर नये प्रेम-सम्बन्ध को संगीत की एक नयी लय की तरह ताज़गी देने की बात स्वीकार कर लेने के बाद 'परिवार' और 'दाम्पत्य' जैसी संस्थाएँ व्यर्थ अवरोध ही हो सकती हैं। अपने सन्दर्भ में देह-जिज्ञासा की जिस उम्र के गुज़र जाने की बात वे कहते हैं, आदत पड़ जाने पर वह शायद कभी नहीं गुज़रती। मन्नू भंडारी के रचना-कर्म को एक बड़े बंजर में बदल देने वाली अनेक स्थितियाँ 'मुड़-मुड़ के देखता हूँ...' में बिखरी पड़ी हैं, राजेन्द्र यादव के 'छलात्कारों' के पूर्वार्द्ध पर मन्नू भंडारी ने 'तद्भव'-6 में अपनी बहुत संयत एवं सन्तुलित प्रतिक्रिया 'देखा तो इसे भी देखते...' शीर्षक से व्यक्त की है। मन्नू भंडारी की टिप्पणी का एक अंश है, 'कुछ भी देना जिसे अपनी स्वतन्त्रता का हनन लगता है, वह कैसे बड़े सहज भाव से ऐसी ग़ैरवाजिब हरकतों को अपना अधिकार समझ लेता है?' फिर थोड़ा आगे चलकर गहरी पीड़ा के साथ वे कहती हैं, 'जिसे घर हमेशा बन्धन लगता रहा हो, उसे घर से मिलने वाली सारी सुविधाओं की अपेक्षा क्यों रही? लेखक के नाम पर जिसके पास स्वतन्त्रता की एक लम्बी फेहरिस्त थी...अपनी ज़रूरत, सुख-सुविधा के हिसाब से जिसने उसका खुलकर उपयोग भी किया वह इतनी सहजता से भूल ही जाता है कि उसकी पत्नी भी लेखक है...' (तद्भव-6, अक्तूबर 01, पृ. 27) इस अपने लम्बे और बंजर काल-खण्ड में मन्नू भंडारी ने वस्तुतः दूसरों के भूल जाने का मूल्य ही चुकाया है। भारतीय समाज में स्त्री के अधिकारों और स्वतन्त्रता का मुखौटा पहने मर्दों ने प्रायः हर क्षेत्र में अपनी 'करतूते मरदां' से स्त्री के जीवन को एक बीहड़ और अन्ततः बंजर में बदला है। चाहे जया भादुड़ी हो या डिम्पल कपाड़िया और मन्नू भंडारी, पुरुष की निरंकुशता की क़ीमत स्त्री ने हमेशा सर्जना के बलिदान से चुकायी है। औरों की तरह मन्नू भंडारी को भी इस सदमे से उबरने में लम्बा समय लगा है। यह एक अच्छी ख़बर है कि रचनात्मक दृष्टि से वे फिर सक्रिय होने की स्थिति में हैं। नायक का मुखौटा पहने लोग कैसे विदूषक और खलनायक बनकर दूसरों का जीवन नरक बना देते हैं, मन्नू भंडारी की नयी सक्रियता का प्रस्थान बिन्दु यही सच है।

एक इंच मुस्कान : एक कथा-प्रयोग के पीछे का सच

राजेन्द्र यादव और मन्नू भंडारी का सहयोगी उपन्यास 'एक इंच मुस्कान' अपने पूर्ववर्ती कथा-प्रयोगों 'बारह खम्बा' और 'ग्यारह सपनों का देश' से अलग होकर भी बहुत कुछ इसी परम्परा का उपन्यास था। अज्ञेय के 'प्रतीक' में प्रकाशित 'बारह खम्बा' और 'ज्ञानोदय' में ही प्रकाशित 'ग्यारह सपनों का देश' इस अर्थ में एक असफल प्रयोग के उदाहरण थे क्योंकि वे दस-ग्यारह लेखकों के बीच खींचतान का उदाहरण बनकर रह गये। वे लेखक भिन्न शहरों, रचना-प्रवृत्तियों और कथा-पीढ़ियों से सम्बद्ध थे और एक कथा-प्रयोग के रूप में इन उपन्यासों के लिखे जाने से पूर्व न तो वे आपस में कभी मिले थे, न ही किसी स्तर पर उनमें कोई विचार-विमर्श हुआ था। यही कारण था कि इन उपन्यासों के कथानक और पात्रों को लेकर लेखकों को भरपूर स्वेच्छाचारी और अराजक सुलूक की छूट मिल सकी। उन्हें पूरा कर पाने में भी व्यावहारिक कठिनाइयों का अभाव नहीं था।

इसके विपरीत 'एक इंच मुस्कान' के साथ यह सुविधा थी कि उसे सिर्फ़ दो लेखकों द्वारा लिखा जाना था। वे लेखक एक ही शहर में साथ-साथ रहते थे। प्रस्तावित उपन्यास के प्रसंग में परस्पर विचार-विमर्श की सुविधा थी और कलकत्ता में ही होने से सम्पादकों की पकड़ के अन्दर थे। उनके लिए एक पूर्वनिश्चित थीम को आधार बनाकर अपने-अपने लैंगिक पात्रों को सँभालना था, मोटे तौर पर तय हुआ कि उपन्यास के पुरुष पात्रों को राजेन्द्र यादव और स्त्री पात्रों को मन्नू भंडारी को सँभालना है। यह अपेक्षा स्वाभाविक थी कि इस तरह दोनों लेखक अपने-अपने पात्रों से न्याय कर सकेंगे और दोनों पक्षों का पर्याप्त विश्वसनीय एवं प्रामाणिक रूप कथा में प्रस्तुत किया जा सकेगा।

इस तरह एक कथा-प्रयोग के रूप में 'एक इंच मुस्कान' जनवरी, 1961 से 'ज्ञानोदय' में शुरू हुआ। उपन्यास की शुरुआत राजेन्द्र यादव को करनी थी और समापन मन्नू भंडारी को। उल्लिखित पूर्ववर्ती कथा-प्रयोगों की तरह यहाँ ऐसी कोई मजबूरी नहीं थी कि शुरू करने वाले लेखक को ही उपन्यास का समापन भी करना था। लेकिन चीज़ें वैसी आसान नहीं होती हैं जैसी वे ऊपरी तौर पर शुरू

में दिखाई देती हैं। उनकी जटिलताएँ और दुश्वारियाँ बाद में धीरे-धीरे खुलती और सामने आती हैं।

उपन्यास की शुरुआत तीन सागरों के मिलन-स्थल कन्या-कुमारी में लेखक अमर की स्मृतियों से होती है। कभी उसके जीवन में रंजना थी, 'फिर अमला आयी और आज वह निपट अकेला है–उन दोनों की स्मृतियों के बीच। रंजना उसके जीवन में हमेशा बनी रहने के आश्वासन के साथ आयी थी, अमला एक दोस्त की तरह आयी थी, भिन्न रुचियों और लगावों वाले जैसे उसके और भी अनेक दोस्त थे। अमर के जीवन में आने से पहले उसने उससे एक शर्त रखी थी–रेल के मुसाफ़िरों वाली नियति के साथ वे पास आयेंगे। ऊब जाने पर कभी भी उन्हें परिधि के बाहर जाने की छूट होगी और दूसरा व्यक्ति इसका कारण भी नहीं पूछेगा। अमला की इस उपस्थिति के कारण रंजना आज उससे अलग और दूर है। सुना है कि वह अब एक बच्चे की माँ है। जाने से पूर्व उसने उसके लिए एक चिट छोड़ी थी, 'तुम्हारी साधना और अपने प्यार के हित में मैं जा रही हूँ। कुछ भी कटु कहा-किया हो तो माफ़ करना। यह समझना कि हमने एक-दूसरे को ग़लत समझा...' (एक इंच मुस्कान, पहला संस्करण, 1963, पृ. 10)

अपने शारीरिक और मानसिक भटकाव के बीच अब अमर के सामने एक ओर यदि सामने उफनते सागरों की तरह गहरा उद्वेलन और अशान्ति है तो दूसरी ओर ढेरों स्मृतियाँ और उनसे निकले सवाल। रंजना की चिट के साथ एक पत्रांश भी है, जिसमें अमला की मृत्यु से फैली सनसनी का उल्लेख है। मामले को अतिरिक्त सावधानी से दबा दिये जाने का संकेत भी है। रात को वह अच्छी-भली थी और ऐसी कोई बात नहीं थी। रंजना की चिट्ठी भी सवाल उठाती है। क्या रंजना अपने इस नये साथ पर सुखी है? कभी मिलने पर दोनों किस तरह मिलेंगे? अमला की मृत्यु हत्या है या आत्म-हत्या?

दोनों लेखकों की आपसी उठा-पटक और संवाद-विवाद के बाद अन्ततः जिस कहानी पर इस सहयोगी उपन्यास को लिखे जाने की बात तय हुई वह वस्तुतः मन्नू भंडारी का ही एक अधूरा पड़ा उपन्यास था। कभी पहले उसका लिखित अंश पढ़कर राजेन्द्र यादव ने उसका शीर्षक सुझाया था–'एक इंच मुस्कान'। लेकिन जब उसी उपन्यास का यह अंश सहयोगी उपन्यास के पहले अध्याय के रूप में 'ज्ञानोदय' में आया, उसे पढ़कर मन्नू के अनुसार ही वे काफ़ी स्तब्ध और हतप्रभ थीं। उनकी मूलकथा में इस तरह न तो कहीं संरचनात्मक स्तर पर पूर्वदीप्ति का चमत्कारपूर्ण तकनीकी कौशल था और न ही अमला की मृत्यु की कोई परिकल्पना थी। अब मन्नू भंडारी के लिए मुख्य चुनौती काफ़ी

कुछ इसी सेट कर दिये ढाँचे के अनुसार चलना और आगे बढ़ना था। एक झटके में ही, सहयोगी के रूप में प्रस्तावित और परिकल्पित दो लेखक, एक तरह से दो प्रतिद्वन्द्वी लेखकों में ढल और बदल चुके थे। रचना के धारावाहिक प्रकाशन पर व्यापक पाठक-वर्ग की अपेक्षाओं एवं प्रतिक्रियाओं के साथ आपसी संवाद-सूचनाओं के बीच मित्रों-परिचितों ने भी प्रतिद्वन्द्विता और प्रतिस्पर्धा के इस भाव को सान पर चढ़ाया। इस प्रसंग में मन्नू भंडारी की टिप्पणी है, 'प्रतिद्वन्द्वि ता की जो भावना उस दिन जागी, सो निरन्तर बढ़ती ही गयी और पाठकों और मित्रों ने इस भाव पर और सान चढ़ाई और सचमुच ही इसमें सहयोगी कम और प्रतिद्वन्द्वी अधिक हो गये। सोचती हूँ, आज तो यह स्वीकार करने में भी मुझे संकोच नहीं करना चाहिए कि जहाँ इस भावना ने मुझे प्रेरित और प्रोत्साहित किया, वहीं कभी-कभी अनजाने ही कथा के साथ अन्याय भी करवाया...' (रचना-प्रक्रिया सम्बन्धी वक्तव्य, वही, पृ. 322)

राजेन्द्र यादव का अपना अनुभव भी बहुत भिन्न नहीं था। वे लिखते हैं, 'धीरे-धीरे मैंने पाया कि उपन्यास को मेरे लिए एक चैलेंज-चुनौती का रूप दे दिया गया है। और कठिनाई यह थी कि यहाँ मेरी लेखकीय शक्ति दो भागों में बँट गयी, इस चैलेंज को स्वीकार करूँ या उस उपन्यास को सिर्फ़ एक कथा-प्रयोग-कौतुक होने से बचाऊँ। हस्ब मामूल मन्नू मेरी ख़िलाफ़ पार्टी में थी। सहयोगी लेखिका, प्रतियोगी लेखिका हो गयी थी..' (वही, पृ. 307)

एक सहयोगी उपन्यास के रूप में 'एक इंच मुस्कान' 'ज्ञानोदय' के चौदह अंकों में छपा। मुझे याद है मन्नू भंडारी का एक अंश एक माह स्थगित रहा था और उपन्यास का हिस्सा छपने के बजाय उनकी बेटी—रचना के जन्म और बधाई की सूचना छपी थी। उपन्यास समाप्त हो जाने के बाद दो अलग-अलग अंश लेखकों के रचनात्मक अनुभव और रचना-प्रक्रिया को लेकर छपे थे। इस प्रकार, मोटे तौर पर प्रायः डेढ़ वर्ष पाठकों के बीच इस सहयोगी उपन्यास की हलचल बनी रही। आगे कोई बात करने से पहले इस पर भी कुछ विचार कर लेना उपन्यास को समझने की दृष्टि से उपयोगी होगा कि धारावाहिक प्रकाशन की स्थिति ने भी क्या इसे किसी स्तर पर प्रभावित किया है? विक्टोरियन इंग्लैंड में जब डिकेंस और थैकरे के बड़े-बड़े उपन्यास लम्बी अवधि तक पत्रिकाओं में धारावाहिक प्रकाशित होते थे, लेखकों का अनुभव था कि पाठकों की मानसिक अपेक्षाओं और माँगों के अनुरूप उन्हें अपने मूल कथानक में काफ़ी कुछ बदलना और उन अपेक्षाओं के हिसाब से जोड़ना-घटाना होता था। मन्नू भंडारी ने अपने वक्तव्य में इस ओर जो संकेत किया है, उसका उल्लेख किया जा चुका है।

राजेन्द्र यादव का अपना अनुभव भी इससे बहुत भिन्न नहीं था, 'पाठकों को चाहे जितना सफल और रोचक लगा हो—लेकिन रचना की आन्तरिक अन्विति में गहरी कमज़ोरी आ गयी है—यह एहसास मुझे लगातार कचोटता रहा। शायद यह इस प्रकार के प्रयोग की कमज़ोरी थी और इसका कोई इलाज नहीं था। डेढ़ साल की अवधि में जाने कितनी तरह के आन्तरिक और बाह्य प्रभावों ने उपन्यास में मोड़ और जोड़ दिये थे, फिर स्वतन्त्र अध्याय को पाठकों की प्रत्यक्ष और परोक्ष प्रत्याशा ने मर्यादित कर दिया था। अनजाने और अवचेतन मन में उपन्यास के पात्र और कथ्य की स्वाभाविक माँग नहीं—बल्कि पाठकों की सम्मतियाँ और प्रतिक्रियाएँ हर चैप्टर के शैली-शिल्प की निर्धारण हो जाती थीं। अब जो एक साथ पढ़ने वाले को यह दो साइज के कैमरों से खींचे गये चित्रों का एलबम अधिक, एक सूत्रबद्ध फ़िल्म कम लगे।' (वही, पृ. 313)

सागर के ज्वार और चट्टानों से पछाड़ खाती लहरों के जिस आन्तरिक हाहाकार का संकेत राजेन्द्र यादव ने अपने आरम्भिक अध्याय में दिया था, मन्नू भंडारी को उस कथा के आरम्भिक सूत्र पकड़ने थे। एक मध्यवर्गीय लेखक के रूप में जब अमर अपनी पत्र-मित्र और प्रशंसिका अमला से मिलने कलकत्ता पहुँचता है, तीन टुकड़ों में बँटी उसकी विशाल कोठी देख विस्मित से अधिक वह स्तम्भित होता है। भैया-भाभी और पिता के साथ वह उसी में रहती है। साल भर से होते रहने वाले पत्राचार के बावजूद आख़िर वे एक-दूसरे के बारे में कितना जानते हैं? अमर ने उसके बारे में सोचा था कि शायद उसी की तरह वह कोई मध्यवर्गीय लड़की है, जिसे साहित्य में रुचि है। अमर में विचारों की आग है, भावों में गहराई और अनुभूतिजन्य टीस है...'और पत्र...पत्र तो वह सचमुच ऐसे लिखता है कि मन बँधकर डूब जाये...' (वही, पृ. 16) अमला के साथ भी शायद ऐसा ही हुआ है। किसी विदेशी फेलोशिप के सिलसिले में जब यहाँ आने की योजना बनी, अमर के मन में शायद यही था कि अपनी कल्पना की अमला को आज वास्तविक रूप में देखने का अवसर मिलेगा। इसी दृष्टि से शायद अमला भी अपने को तौलती और तैयार करती रही है। अमला की मुस्कराहट पर कभी कैलाश ने मन के बँध जाने की बात कही थी। तब से ही शायद उसने यह सायास मुस्कान अपना ली है—बायीं ओर से अधिक और दायीं ओर के तनिक से ओंठ फैलाकर लायी गयी मोहक मुस्कान जिससे चेहरे का लावण्य और मोहकता बढ़ जाती है। इसी मुस्कान से आज उसे अमर का स्वागत करना है। कन्धे पर श्वेत फर का चेस्टर झुलाती अभिजात और गरिमापूर्ण अमला स्टेशन से उसे अपनी डिसोटो में लेकर आती है। अतिथियों वाले बड़े-से कमरे में बैठा अमर

अमला को कुछ आक्रोश-युक्त खिन्नता से भरा लगता है। अमला उसके आक्रोश को भी समझती है और खिन्नता को भी। अपनी कल्पना पर इतना बड़ा आघात पड़ते देख अमर शायद अन्दर ही अन्दर भन्ना रहा है। सामने बैठी अमला में उसकी कल्पना की अमला कहीं खोकर तिरोहित हो गयी है। वह जैसे अपनी मध्यवर्गीय हीनता की ग्रन्थि से दबा और संकुचित है। वह कुछ दिन रुकने के विचार से आया था, लेकिन अब शाम को ही लौट जाने की अपनी इच्छा भी जता देता है। चारों ओर वैभव और विलास के उपकरणों को देख जैसे उसका यह हीनता-बोध और बढ़ता है। ज़मीन पर सरकता अमला की सफ़ेद रेशमी साड़ी का पल्ला उसे और राजसी एवं गरिमापूर्ण बनाता है।

अमर को जैसे आज एक के बाद एक झटका लगने का दिन है। जब वह स्वयं नौकरी करती है। परिवार का भार उठाने के लिए उसका बँधा-बँधाया वेतन पर्याप्त है। इससे तो विवाह के बाद अमर और निश्चित होकर अपना काम कर सकेगा। गहरे आक्रोश में डूबी मन्दा जब अमर के कमरे पर पहुँचती है, अमर की हालत देखकर उसका सारा क्रोध गहरी करुणा और सहानुभूति में ढल जाता है। बढ़ी हुई दाढ़ी, निशक्त ज़र्द चेहरा लिए वह तेज़ बुखार में तप रहा था। कई बार मन्दा के कुंडी खटखटाने पर अन्दर से बन्द दरवाज़े को जैसे-तैसे खोलकर वह फिर निढाल-सा खाट पर लेट जाता है। गन्दा और अस्त-व्यस्त कमरा और बिना पानी की उल्टी पड़ी सुराही। रंजना भी वहीं आ जाती है। वह अमर को सँभालती ही नहीं, जब भी एकान्त मिलता है अपने उत्कट प्रेम से उसे दुलारकर वह जैसे उसे एक नया जीवन देती है।

टंडन भी इस मुद्दे पर अमर को घेरता है। स्वस्थ हो जाने पर जब अमर के साथ वह सड़कों पर भटकता है, रंजना और अमला को लेकर अमर से उसकी बहुत बातें होती हैं—निश्चल, आत्मीय और अन्तरंग। अपने अनिश्चित जीवन और अस्थिर स्वभाव का हवाला देकर अमर सब कुछ टण्डन पर ही छोड़ देता है। इस पर वह अपनी सहमति जताता है कि विवाह एक सप्ताह में ही हो जाना चाहिए ताकि फिर उसके भटकने और बिदकने की गुंजाइश न रह जाये। वापसी में, भटकते हुए रात में ग्यारह बजे के बाद ऑटो में बैठा जब अमर घर लौटता है, दूर से दरवाज़ा दिखाई देने पर उसे लगता है कि वहाँ रंजना उसकी प्रतीक्षा में खड़ी है।

अमला संयत, मर्यादित और आक्रोशहीन युवती है। उसके दुख और काफ़ी कुछ मुक्त स्वभाव ने पिता को उसके प्रति पर्याप्त उदार बना दिया है। उन्हें न इस बात पर आपत्ति है कि वह कैलाश से विवाह कर ले और न किसी और

व्यक्ति से। वे सिर्फ़ उसे व्यवस्थित देखना चाहते हैं। एक बार वे उसके पति किशोरी से हुई भेंट की चर्चा भी उससे करते हैं। वह अपने किये पर दुखी है और गहरे पश्चात्ताप की स्थिति में हर सम्भव प्रतिकार को तैयार है। लेकिन इस प्रसंग में अमला की अनिच्छा देख वे फिर बात को आगे नहीं बढ़ाते। अमर की उपस्थिति ने, वास्तविक से अधिक उसकी आशंका ने कैलाश को अमला से दूर ठेल दिया है। अपने जन्मदिन पर, शिमला में अकेले भटकते हुए, कलकत्ता में इस आयोजन पर हुई भव्य पार्टियों की उसे याद आती है। आज यह दिन कितना सूना, उदास और अवसाद में डूबा बीत रहा है। सब ओर से कटकर, उस सघन एकान्त में जब वह अमर के साथ अपने भविष्य के सपने बुन रही होती है, अमर के उपन्यास की पाण्डुलिपि उसे मिलती है। टंकित पाण्डुलिपि का समर्पण उसने अपने हाथ से लिखकर उसे ही किया है—जिसके दबाव और प्रोत्साहन पर अन्ततः यह उपन्यास पूरा हो सका है। उसके साथ एक बहुत संक्षिप्त पत्र में यह सूचना भी है कि बहुत जल्दी में तुरत-फुरत निर्णय के फलस्वरूप उसने रंजना से विवाह का फ़ैसला कर लिया है।

विवाह के बाद अमर के लिए सबसे बड़ी समस्या गृहस्थी से जुड़ने की है। उसकी निरामरण काया और श्वेत परिधान पर हैरत जताता है, बिना किसी संकोच के अमला उसे बताती है कि वह पति द्वारा परित्यक्ता है। सत्रह की उम्र में विवाह के एक साल बाद ही उसके पति ने उसे त्याग दिया था। इस बात को भी अब दस बरस बीत चुके हैं। आज वह सत्ताईस की है। शुरू में यह वेश उसकी मजबूरी था, अब वह उसकी रुचि में ढल चुका है। उसकी हँसी और खिलखिलाहट और विषादहीन मुद्रा ही वस्तुतः अमर को स्तब्ध करती है। उसके विस्मय को देख वह उससे पूछती है, 'पर तुम्हीं बताओ आज से दस साल पहले जो घटना घट गयी उसे लेकर क्या उम्र भर रोती रहूँ? लोग समझें दुर्भाग्य मैं तो नहीं समझती।' (वही, पृ. 23)

पति के अतिरिक्त भी संसार में बहुत कुछ ऐसा होता है जो नारी के जीवन को पूर्ण बना सकता है। फिर अमर को जैसे हतप्रभ करते हुए वह उसी से सीधे पूछती है—उस जैसे प्रगतिशील लेखक के गले भी क्या यह बात उतर नहीं रही है?

अमर के साथ घूमने निकलने पर कैलाश का परिचय वह अपने मित्र के रूप में कराती है—मनलायक मित्र। कैलाश को देख अमर के मन में जैसे अन्धड़ उमड़ता है, जिज्ञासा भरे अनेक प्रश्नों का अन्धड़ और अमला के शब्द 'मनलायक मित्र' जैसे इस अन्धड़ को और तेज़ कर देते हैं। उसे लगे बिना नहीं रहता कि

अमला के साथ उसकी स्थिति एक फ़ालतू दर्शक की है। वह इसमें हिस्सा लेने को नहीं, सिर्फ़ चुपचाप देखने को है। अन्ततः एक व्यापारी की बेटी के रूप में अमला अमर के आगे यह प्रस्ताव भी रखती है कि जितना पैसा उसे विदेशी फेलोशिप से मिलेगा, उतना वह उसे देगी। शर्त यही है कि अपनी कला से किसी प्रकार का समझौता किये बिना वह निश्चिन्त होकर काम करे और दो साल में एक कृति उसे दे। वह वान गॉग का उदाहरण भी उसके सामने रखती है।

राजेन्द्र यादव के काफ़ी कुछ अबूझ-अमूर्त और रहस्य की धुन्ध में लिपटे पात्रों को मन्नू भंडारी जैसे धो-पोंछकर अधिक जीवन्त और वास्तविक पात्रों में ढाल देती हैं। अमला के साथ उन्होंने यही किया था, अब रंजना अमर की उदासी और खोए-खोएपन को बेधती और नीरस करती है। अमला के प्रसंग में वह पर्याप्त शंकालु और सन्देहशील है। अमर के साथ बुने गये सपनों की उजास जैसे उसके समूचे व्यक्तित्व में समाई है—उसके पोर-पोर में। अपने लेखन के भविष्य की दृष्टि से विवाह न करने का उसका काफ़ी कुछ नाटकीय-सा फ़ैसला रंजना को जैसे सिहरा देता है। अमर की उदासी के प्रति उसकी सारी संवेदनशीलता एक झटके में हवा हो जाती है।

अमर के मित्र टण्डन की पत्नी मन्दा—मन्दाकिनी—टण्डन के मना करने पर भी रंजना को लिखा उसके पिता का पत्र लेकर अमर को घेरती है। घोर पराजय और हताशा की स्थिति में ही उन्होंने रंजना को अमर से विवाह की अनुमति दी है। अमर के सुझाव और आमन्त्रण पर ही रंजना अपना घर-परिवार छोड़कर दिल्ली आयी थी। अब वह किस मुँह से वापस जाकर इस परिवर्तित वस्तुस्थिति को बतायेगी। रंजना 'हनीमून' शीर्षक से राजेन्द्र यादव द्वारा लिखित अंश, पूरी तरह से इसी पर केन्द्रित है। यह नवदम्पती का वास्तविक और किसी कदर रोमानी हनीमून न होकर, विवाह के बाद का वह जीवन है जो आगामी संकट का कुछ आभास देता है। अमर का परिवर्तित और अनुशासन में जकड़ा जीवन जैसे अपने घर में ही उसे मेहमान बना देता है। आर्थिक समस्या अपनी जगह है, और वह अपने उत्कट रूप में है, लेकिन उससे कहीं बड़ी समस्या है बरसों से बनी अपनी दिनचर्या का बदलना। दिनभर काम के बाद शाम को जब उसके बाहर निकलने का समय होता है, रंजना थकी-हारी लौटकर कहीं बाहर जाने की स्थिति में नहीं होती।

अमर के अपने व्यवहार में जो स्वच्छन्द और अराजक तत्त्व हैं घर-गृहस्थी के बीच उनके कोने परेशान करते हैं। रंजना की छुट्टी का दिन, रविवार को ख़ासतौर से जब वह आराम करना या पति के साथ कहीं घूमने-फिरने का कार्यक्रम बनाना

चाहती है, अमर के दोस्त आ टपकते हैं। दोस्तों की भी छुट्टी इतवार को ही होती है। दोस्तों के साथ अपनेपन और आत्मीय व्यवहार वाली शर्त वह जब-तब दोहराता है। इसका परिणाम यह होता है कि छुट्टी का दिन ही रंजना के लिए सबसे भारी और मुश्किल बीतता है।

रंजना को यह कहीं गहरे में कचोटता है कि विवाह अमर के लिए कितना व्यर्थ और बेमानी है। टण्डन दम्पती के साथ रंजना को कॉफ़ी हाउस में मिलने को कहकर भी वह बरसों पहले कभी एक ही मकान में रही शकुन को अचानक बड़ा-सा तानपूरा लिए सड़क पर जाते देख उसी के साथ अड्डेबाजी में रमा रहता है। अपना 'सब कुछ' अमर को देकर भी उसे लगता है कि अमर को उसका 'कुछ नहीं' चाहिए। जब सुलह-सफ़ाई के मूड में सिरदर्द का बहाना बनाकर वह कॉलेज से जल्दी लौट आती है, देखती है कि कमरे में अमला हथेलियों में अमर का मुँह थामे उस पर झुकी है। फिर अमला के बुलाने पर भी वह अमर के साथ 'गेलॉर्ड' में नहीं जाती और स्टाफ-मीटिंग का बहाना करके घर में ही पड़ी रहती है। अमला के बारे में सफ़ाई देते हुए अमर रंजना से कहता है, 'अब तो यही कह सकता हूँ कि जो उसे प्राप्त है उसे वह भोग नहीं पाती, अस्वीकार कर देती है और एक अदेखे, अनजाने सुख के पीछे भागती है जो शायद उसे कभी प्राप्त नहीं होगा।' (वही, पृ. 199) रंजना से यह सब कह चुकने के बाद ही उसे याद आता है कि यह तो कभी टण्डन ने उसके बारे में कहा था।

रंजना को कातर और दुखी देखकर उस पर ख़ूब प्यार जताते हुए वह प्रलाप जैसा करता है, 'पर नहीं रंजना, अब मैंने सोच लिया है कि तुम्हें सुखी करना ही मैं अपने जीवन का चरम लक्ष्य बना लूँगा। मैं सब कुछ छोड़ दूँगा—घूमना-फिरना, मित्रों का साथ, अमला से सम्बन्ध यहाँ तक कि पढ़ना-लिखना भी। कहीं नौकरी करूँगा और सद्‌गृहस्थ और अच्छा पति बनकर रहूँगा। अब मैं अमर होकर नहीं जिऊँगा, रंजना का पति होकर जिऊँगा, केवल रंजना का पति। तुमने मेरे लिए घर-बार परिवार छोड़ा, मैं भी तुम्हारे लिए सब कुछ छोड़ दूँगा...फिर तो तुम ख़ुश रहोगी न?' (वही, पृ. 203) यह सब कहते-कहते अमर की आँखों से अनायास आँसू छलक पड़ते हैं और उसका स्वर कहीं बहुत करुण और तरल हो आता है।

जब बार-बार वह उससे पूछता है कि वह क्या चाहती है, वह बहुत कातर स्वर में कहती है, 'मेरे उस अमर को लौटा दो...' (वही, पृ. 204) वह उस अमर को वापस चाहती है जिसके लिए कभी रंजना और लेखन दो विरोधी चीज़ें नहीं थीं।

लेकिन इस सबका भी हश्र आख़िर क्या होता है? अमर के झूठ एक-एक करके, परत-दर-परत उसके आगे खुलते चलते हैं। जब किसी भी रूप में उसके

साथ अपना निर्वाह उसे दुष्कर लगता है, हल्ली से टैक्सी मँगवाकर वह घर छोड़ देती है। लेकिन रंजना के जाने के बाद भी क्या वह सुखी हो पाता है? रंजना के लिए महिलाओं से मित्रता की जो दुहाई वह कवच की तरह इस्तेमाल करता है, उसका वह कवच टूट जाता है। रंजना अपने संस्कारों में बँधी है। वह मानती और समझती है कि स्त्री पुरुष की या तो पत्नी होती है, या फिर भाभी, बहन या ऐसे ही किसी रिश्ते से जुड़ी। अमर उसे कहीं इस साँचे में फिट होता नहीं दीखता, इसलिए दोनों अपने-अपने ढंग से दुखी हैं।

घर छोड़ने के बाद रंजना अमर को पत्र लिखकर भी उसे पत्र लिखने को मना करती है। अपने लिखने का उसका तर्क है, 'लगता है इस अध्याय को सदा के लिए समाप्त करने से पहले यदि मन की सारी घुटन तुम पर उड़ेलकर मुक्त नहीं हुई तो मुझसे जिया भी नहीं जायेगा?' (वही, पृ. 237) पत्र में ही वह बताती है कि उसकी डायरी और अमला के पत्र उसने पढ़ लिए हैं। फिर वह उस विश्वासघात—छलात्कार—के लिए उसे दोषी सिद्ध करते हुए पूछती है, 'प्यार उससे करोगे पर क्योंकि उसे पा नहीं सकते, इसलिए रहोगे मेरे साथ?...' (वही, पृ. 242) रंजना की सखी मीरा के अमर को लिखे पत्र से यह संकेत मिलता है कि रंजना शायद गर्भवती है। अतः उसे प्यार और सुरक्षा की आवश्यकता है। उसी के अनुरोध पर वह फिर दिल्ली आ जाती है। ज़िम्मेदारियों से भागने के अपने स्वभाव के कारण, गर्भ की पुष्टि हो जाने पर रंजना पर एक तरह से दबाव बनाकर अमर उसे नष्ट करवा देता है। नर्सिंग होम की बेहद चौड़ी सीढ़ियों पर एक ओर नर्स का सहारा लेकर रंजना उतर रही थी, दूसरे किनारे पर अमर। यह दूरी केवल सीढ़ियों के दो छोरों की दूरी ही नहीं है। अपने मन की बात वह मीरा को लिखती है, 'और मुझे लग रहा था कि हम दो ऐसे किनारे हैं जिन्हें अब कोई सेतु बाँध नहीं सकेगा, हम कभी एक नहीं हो सकेंगे। साथ रहकर भी दूर...एक होकर भी अलग...' (वही, पृ. 253)

अपने पत्र में अमला अपनी यह इच्छा व्यक्त करती है कि आगामी शरदपूर्णिमा को वह मेड़ाघाट में नर्मदा पर एक डोंगी पर हो और अमर उसके साथ रहे। इसी पत्र में वह दिल्ली आने और एक फ्लैट ख़रीदकर वहीं रहने की इच्छा भी जताती है। कल्पना में ही अमर अमला के पत्र का उत्तर देता है। रंजना के प्रसंग में उसे सिन्दबाद की याद आती है जिसकी पीठ पर एक बूढ़ा सवार है और उसे आराम दिये बिना कुत्ते की तरह दौड़ रहा है। क्या उसके अपने प्रसंग में रंजना भी यही कुछ कर रही है? रंजना उसे सम्पूर्ण और अविकल चाहती है। उसे यह बर्दाश्त नहीं है कि वह अपना कोई अंश बचाकर किसी और के लिए

रख ले। रंजना बेशक एक ईर्ष्यालु पत्नी हो सकती है लेकिन कला सबसे ज़्यादा ईर्ष्यालु पत्नी है। वह किसी क़ीमत पर आंशिक अधिकार बर्दाश्त नहीं करती, 'लेकिन क्या करूँ, 'सुखी गृहस्थ' होने के यश की बात मन में ही नहीं आती... क्योंकि यह विश्वास आज भी छूटता नहीं कि शायद कुछ बड़ा कर सकूँगा...' (वही, पृ. 277)

मेड़ाघाट की तरह पुरी में भी अमला चाहती है कि काश अमर उसके साथ होता। उसे तार देकर बुलाती भी है। लेकिन उसकी 'ना' अमला को आहत करती है। कलकत्ता में अनेक पारिवारिक दुरभिसन्धियों से भागकर वह पुरी के एकान्त में आयी थी, लेकिन वह ऊब और अकेलापन तो यहाँ भी उसके साथ है। यह अकेलापन अब उससे सहा नहीं जाता। जी चाहता है, कोई साथ हो जो उसके साथ घूमे, रेत पर बैठकर घरौंदे बनाये, हाथ पकड़कर समुद्र में नहाये, घण्टों बात करे। अपने में खोयी, गहरे उन्माद जैसी स्थिति में भीगे और शरीर से चिपके वस्त्रों में किसी अपरिचित द्वारा लिया गया चित्र उसे एक क्षण को अव्यवस्थित कर जाता है। मेहरा स्वयं एक पर्यटक और शौकिया चित्रकार है जो उसी होटल में ठहरा है। अपने-अपने अकेलेपन में जब वे एक-दूसरे के निकट आने की प्रक्रिया में होते हैं, आकस्मिक रूप से अमर का आ पहुँचना न ही अमर को अच्छा लगता है, न ही मेहरा को। अमला इसे अनुभव कियं बिना नहीं रहती। फिर लगता है जैसे अमला को उसकी मनचाही मुराद मिल गयी है। सागर की रेत में अमर के साथ उसका उन्मुक्त अभिसार जैसे उसकी सारी अतृप्ति को बहा ले जाता है। लेकिन इस अभिसार के बीच भी कोई द्वन्द्व है जो अमला को मथता है और वह बदन से चिपके गीले अस्त-व्यस्त कपड़े, मिट्टी सने गीले छितराए केश सँभालती हुई होटल की ओर चल पड़ती है, उद्भ्रान्त-सी लड़खड़ाती हुई। विमूढ़-सा अमर उसके पीछे है। एक बड़ी-सी लहर भीषण गर्जन करती हुई अमला के पैरों के पास बिखरकर चूर-चूर हो गयी। एक क्षण को वह ठिठकती है और चारों ओर फैले फेन को देख वह फिर चल देती है। अमर ने बीच में उसे सहारा देना चाहा तो वह उसे झिड़क देती है, 'तुम्हारे सहारे की ज़रूरत नहीं है अमर! अशक्त होकर भी आज अमला इतनी निर्बल नहीं है कि उसे तुम्हारे सहारे की ज़रूरत हो...' (वही, पृ. 298) उसी तरह आगे बढ़ते हुए वह पीछे मुड़कर नहीं देखती कि अमर उसके पीछे-पीछे आ रहा है या वहीं जहाँ का तहाँ खड़ा रह गया है।

पिता की मृत्यु का तार पाकर उसे कलकत्ता लौटना होता है। फिर जैसे सब कुछ अमर की स्मृतियों का हिस्सा जैसा बनकर बाकी है। फेनीले पारदर्शी

कफ़न के नीचे होठों पर निष्प्राण-सी मुस्कान लपेटे कभी अमला दिखाई देती है और कभी सिसकती मासूम रंजना... 'उसका मन हुआ वह भी उन्हीं लोगों के बीच जाकर लेट जाये और उस पर भी फेन का झीना तरल कफ़न पड़ जाये...' (वही, पृ. 302)

एक सहयोगी कथा-प्रयोग के रूप में 'एक इंच मुस्कान' मुख्यतः अमला, रंजना और अमर की कथा है। एक सहयोगी प्रयास के रूप में उसके लेखन के पीछे एक विचार यह भी था कि स्त्री और पुरुष पात्रों को अपने-अपने ढंग से दोनों लेखक सँभालेंगे और इस प्रकार उन्हें अधिक सहज जीवन्त एवं प्रामाणिक रूप में देख पाने की अपेक्षाएँ उपन्यास में बढ़ी थीं। लेकिन अपने-अपने वक्तव्यों में दोनों ही लेखकों ने इसे स्वीकार किया है कि शुरू से ही वे सहयोगी कम प्रतिद्वन्द्वी अधिक थे। सजाने-सँवारने और बनाने से अधिक उनके मन में मुख्य भाव यह था कि कैसे वे एक-दूसरे के पात्रों को अधिक-से-अधिक अन्धी सुरंग में फँसाकर अपने प्रतिद्वन्द्वी लेखक को मात देते हैं। राजेन्द्र यादव तो इस पर ख़ुश होते हैं कि उन्हें जहाँ सिर्फ़ अमर को ही देखना और सँभालना था, मन्नू भंडारी का काम दोहरा था—अमला और रंजना के रूप में।

अमला साधारण लोगों के बीच राजसी गरिमा से पूर्ण है। वह सहज बुद्धि की स्वामिनी है जिसने अपने विवेक को निरन्तर सान पर चढ़ाया है। पति द्वारा त्यागे जाने की कोई कुण्ठा उसके मन में नहीं है। पति और परिवार को छोड़कर वह 'विशिष्ट' बनने की चाहत रखती है जो वह बन भी जाती है। साधारण लोगों में अपने वर्ग के कारण और अपने वर्ग में अपनी असाधारण बौद्धिकता के कारण। रंजना से विवाह के फ़ैसले के बाद रंजना को कभी अमर की अमला के बारे में कही गयी बात एक झटके से याद आती है, 'फिर भी ऐसा है उसका व्यक्तित्व कि आदमी एक बार देख ले तो ज़िन्दगी भर भूल नहीं सकता...' (वही, पृ. 64) कैलाश से अपने सम्बन्धों का विश्लेषण वह तार्किक रूप में करती है और अन्ततः इसी निष्कर्ष पर पहुँचती है कि उसमें उसकी अपार सम्पत्ति का आकर्षण ही प्रबल है। वह हीन रुचियों से घृणा करती है—शराब, कैबरे और क्लब वाली उसकी वर्गीय जीवन-शैली उसे नापसन्द है। वह साधन और माध्यम के रूप में अपने प्रयोग की छूट नहीं देती। वह स्वयं साध्य बनकर जीना चाहती है, 'कोई मुझे प्यार करे, मेरे व्यक्तित्व को, मेरे अस्तित्व को, मेरी अच्छी-बुरी चीज़ को' (वही, पृ. 103) जीवन में वह बन्धन और सीमाओं को स्वीकार नहीं करती। अमर के प्रति उसके आकर्षण का मुख्य कारण यही है कि वह उसके धन को नहीं, उसके व्यक्तित्व को चाहने का बोध जगाता है। उसका भेजा गया

चेक वह उसे वापस लौटा देता है। इस विचार मात्र से वह गहरी पुलक से भर जाती है कि अमर के लिए वह प्रेरणा बनेगी। अपने अगले उपन्यास के लिए जब अमर उससे अपने बारे में सामग्री माँगता है, वह उसी में जुटी रहती है और दिन में यह सब कुछ करके रात को गहरी तृप्ति और सुख की नींद सोती है।

रंजना अमर के प्रति आत्यन्तिक रूप से समर्पित है। वह कमाऊ और आत्मनिर्भर युवती है। उसे अमर को संरक्षण एवं सुरक्षा देने का भाव सर्वोपरि है ताकि सब कुछ से मुक्त होकर वह अपना काम कर सके। अगली गर्मियों में विवाह का आश्वासन अमर ने ही उसे दिया था। फेलोशिप मिलने पर वह बाहर चला जायेगा, बाद में वह उसे भी बुलायेगा। यदि ऐसा नहीं हुआ तो यहीं किसी नौकरी का जुगाड़ करके वे साथ रहेंगे। पूरे उपन्यास में पृष्ठभूमि में उमड़ते, हहराते, चट्टानों से टकराते उद्वेलित और अशान्त समुद्र की एक विशिष्ट भूमिका है। सूर्यास्त के समय समुद्र में डूबता सूरज जैसे सिर्फ़ सूरज नहीं उसका अपना अस्तित्व और समूचा भविष्य भी है, 'रंजना चुपचाप खड़ी हो गयी। उसने एक बार समुद्र की ओर देखा। अन्धकार में डूबी काली-काली लहरें उसे बड़ी भयंकर लगीं। इन्हीं लहरों ने सूर्य को निगल लिया था। जुहू का सूर्यास्त। क्यों व्यर्थ ही उसने इतने समय से इस दृश्य के साथ इतनी रोमानी कल्पनाएँ जोड़ ली थीं? किसी का अस्त भी कभी सुखकर हुआ है?' (वही, पृ. 65) दूर अँधेरे में उफनते अशान्त उद्वेलित सागर की तरह ही उसका मन है—अस्थिर और विचलित। कभी वह सोचती है कि उसकी राह अनिश्चित है। एक अपरिचित व्यक्ति की तरह वह अमर के जीवन में नहीं रहेगी। क्या उसका अपना कोई अहं और आत्म-सम्मान नहीं है? लेकिन फिर उसे लगता है, 'मेरा कोई आत्म-सम्मान नहीं, कोई अहं नहीं...मेरा तो अमर है...केवल अमर है।...' (वही, पृ. 69)

विवाह को लेकर टण्डन अमर को गरियाता है। जीवन में बहुत-सी लड़कियाँ आती हैं, हरेक से तो विवाह नहीं कर लिया जाता। रंजना के पक्ष में उसका तर्क है, 'मगर एक बात मैं कहूँगा अगर शादी करने की बात कहीं भी ज़रा भी मन हो, तो यही लड़की है जिससे तुझे अपने हित में, अपने लेखन के हित में शादी कर लेनी चाहिए—क्योंकि यही लड़की है जो तुझे सिर्फ़ तेरे बैटर सेल्फ अर्थात् लेखन को नहीं—बल्कि खुद तुझे सारी कमजोरियों और कमियों के साथ प्यार करती है...' (वही पृ. 138-139)

अमर एक जटिल और दुरूह पात्र है जो गहरे में कहीं मध्यवर्गीय कुण्ठाओं और हीनता-बोध का शिकार है। अपने वक्तव्य में राजेन्द्र यादव स्वयं उसे 'आज के संक्रान्तिकालीन बुद्धिजीवी की ट्रेजेडी और व्यक्तित्व के स्खलन' के रूप में

देखते हैं। वह लेखक है और समाज में एक लेखक के रूप में ही अपनी स्वीकृति चाहता है। इसी कारण अपने प्रति वह औरों से अलग और भिन्न व्यवहार की अपेक्षा करता है। उसका सारा संघर्ष वस्तुतः और मूलतः एक लेखक के ही रूप में स्थापित होने का संघर्ष है। उसी के हिसाब से वह सामाजिक प्रतिष्ठा चाहता है। पश्चिम के समाज में लेखक की कितनी प्रतिष्ठा और सम्मान है, आर्थिक दृष्टि से वे कैसे सम्पन्न और सुरक्षित हैं, यह सोच भी, कहीं-न-कहीं उसकी परेशानी को बढ़ाती है। जुहू तट पर सूर्यास्त के समय रंजना के साथ बितायी गयी सन्ध्या को वह एक तरह से कभी अमला द्वारा उससे ही कहे गये शब्दों को दोहराता है, 'जानती हो रंजना, हर प्रकार का समझौता कला को पथभ्रष्ट करता है।' (वही, पृ. 62) विवाह स्वयं अपने में एक समझौता है जो आदमी को और अनेक समझौतों की ढलान पर ला खड़ा करता है। मन की दुर्बलतावश यदि उसने कभी ग़लत निर्णय लेकर उससे विवाह की हामी भरी भी तो उसे वापस लौटना होगा—अपने किये को अनकिया करते हुए।

जब टण्डन उससे उसके और अमला के बीच समान और सजातीय तत्त्वों की बात पूछता है तो उसका उत्तर है, 'हाँ यही कॉमन हो सकता है कि हम दोनों अपनी-अपनी समस्याओं और परिधियों से ऊपर उठने की बेचैनी को महसूस करते हैं—शायद यह बेचैनी ही कॉमन है।...' (वही, पृ. 137) जब टण्डन उसके प्रति रंजना की सेवा और समर्पण की बात करता है, अमर का उत्तर है, 'यह भी हो सकता है कि मैं कहीं अपने भीतर उस मध्यकालीन भारतीय नारी की पूजा से ही डरता होऊँ...हो सकता है बाँध डालने वाला यह प्यार मुझे अपने से भारी लगता हो...' (वही, पृ. 138)

वह विवाह और परिवार का सुख न चाहता हो, ऐसा नहीं है। लेकिन उसके दायित्व और मर्यादा से मुक्त रहकर वह स्वेच्छाचारी और बोहेमियन जीवन जीता है। दाम्पत्य की मर्यादा उसे जैसे न कहीं छूती है, न बाँधती है। उसके तनाव अधिकांशतः उसके अपने पैदा किये तनाव हैं। उसके कारण ही उसका लेखन प्रभावित होता है जो अन्ततः उसे तोड़कर उसके बिखराव का कारण बनता है। शकुन के साथ मिले मौनी'दा से भी उसकी चर्चा का मुख्य विषय कलाकार के लिए परिवार और विवाह ही होता है। रंजना के साथ उसने एक सुस्थिर और सुरक्षित जीवन की कल्पना की थी लेकिन उसका अनुभव इससे उलट रहा, 'मैंने रंजना का साथ इसीलिए तो चाहा था कि अपने लेखन को निखार सकूँगा...और आज पाता हूँ कि वह लेखन ही सबसे नगण्य हो उठा है बस रह गयी है एक अदृश्य और उद्धत रस्साकशी कि कौन किसे अपनी ओर खींच ले...कौन किसे

झुका ले...' (वही, पृ. 277) एक प्रबुद्ध व्यक्ति के आत्मान्वेषण की जिस सफल या असफल प्रक्रिया के तौर पर राजेन्द्र यादव ने अमर की परिकल्पना की थी, अमर का बिखराव कहीं-न-कहीं उस प्रक्रिया का ही एक अनिवार्य परिणाम है।

पचास वर्ष से भी पहले एक कथा-प्रयोग के रूप में जब 'एक इंच मुस्कान' का धारावाहिक प्रकाशन हो रहा था, राजेन्द्र यादव और मन्नू भंडारी को निकट से जानने वाले लोगों के लिए यह अनुमान लगाने में कोई मुश्किल नहीं थी कि यह वस्तुतः उनकी अपनी ही कहानी है। तब उन दोनों के विवाह को मुश्किल से तीन वर्ष हुए थे और इस उपन्यास के लेखन-प्रकाशन के बीच ही उनकी पहली और इकलौती बेटी रचना–टिंकू–का जन्म हुआ था। 'रचना' के नामकरण में भी रचना के रूप में इस उपन्यास की भी एक विशिष्ट और निर्णायक भूमिका थी। लेकिन लोगों के सारे अनुमानों को ध्वस्त करते हुए अपने वक्तव्य में मन्नू भंडारी ने लिखा, '...नहीं जानती क्यों पर कइयों के मन में यह भ्रम उत्पन्न हो गया है कि यह कथा हमारी अपनी कथा है–लोग मुझे रंजना समझते थे और राजेन्द्र को अमर। आश्चर्य तो तब होता था कि कलकत्ता में रहकर और हम लोगों को जानकर भी वे इस तरह का सन्देह करते थे। राजेन्द्र भी लेखक हैं और अमर भी...रंजना भी पढ़ाती है और मैं भी...बस इसके अतिरिक्त मैं नहीं सोचती कि कोई भी साम्य हम लोगों में है। राजेन्द्र अमर जैसे प्रवंचक, स्खलित और निष्ठाशून्य नहीं हैं और मैं रंजना जैसी सीधी, समर्पिता नहीं। अमला की तलाश में तो अभी भी तीरन्दाजियाँ हो रही हैं...' (वही, पृ. 324-325)

आज इतने लम्बे फासले पर खड़े होकर चीज़ों को देखने पर यह लगे बिना नहीं रहता कि मन्नू भंडारी का यह वक्तव्य वस्तुतः उन दरारों को टीपने-मूँदने का ही एक कृत्रिम प्रयास था जो इस सम्बन्ध के बीच तब ही उभरने लगी थीं। यह परिवार और दाम्पत्य को बचाने का एक स्त्रियोचित उद्यम ही अधिक था। आज 'राजेन्द्र यादव मार्फत मनमोहन ठाकौर', 'मुड़-मुड़कर देखता हूँ', 'एक कहानी यह भी' आदि के अतिरिक्त भी मन्नू भंडारी के इस वक्तव्य को झुठलाने वाले प्रमाण प्रकाश में आ चुके हैं। राजेन्द्र यादव और मन्नू भंडारी की शादी कलकत्ता में घेर-घारकर उसी तरह ठाकौर दम्पती ने करवाई जैसे कि 'एक इंच मुस्कान' में अमर और रंजना की शादी टण्डन करवाता है। अमर और रंजना ही नहीं टण्डन और मन्दा को भी ज़रा-सा खुरचने पर मनमोहन और कमला के चेहरे साफ़ उभरते दिखाई देते हैं। अभी हाल के एक साक्षात्कार में स्वयं राजेन्द्र यादव की आत्म-स्वीकृति है, 'ये ठीक है कि हमें विवाह नहीं करना चाहिए था। यह बात है भी, डिस्कस भी हुई है और मन्नू ने लिखी भी है। राकेश ने मन्नू

को समझाया भी था। मेरे कहने से ही समझाया था। मन्नू ने भी कहा था, तय बीच में यह भी हो गया था कि हम शादी नहीं करेंगे। मन्नू लौट गयी थी सुशीला जी के साथ लेकिन जब मैं कलकत्ते गया तो ठाकुर साहब ने दूसरी तरह से घेरकर, शोर मचाकर शादी करवा दी। मैं ख़ुद को डिफेंड नहीं कर रहा हूँ, जो हो गया बस उसको बयान कर रहा हूँ...' (राजेन्द्र यादव के साक्षात्कार : यातना, संघर्ष...स्वप्न, (सं.) अजय नावरिया, संस्करण 2010, पृ. 41)

राजेन्द्र यादव को अमर की तरह प्रवंचक, स्खलित और निष्ठाशून्य न होने का प्रमाण-पत्र भी वस्तुतः गृहस्थी बचाने के उस स्त्रियोचित उद्यम का ही परिणाम है। अमला के प्रसंग में चालू तीरन्दाजियों का ज़िक्र स्वयं अपने को झुठलाना और धोखा देना है। कोई भी पात्र ज्यों का त्यों काग़ज़ पर नहीं उतार दिया जाता, इसे मन्नू भंडारी से बेहतर कौन जान सकता है। अमला भी रानी-मीता और इसी प्रकार के अन्य वास्तविक पात्रों का एक संश्लिष्ट रूप है। ज्योतिकुमारी के सहयोग से लिखित 'स्वस्थ व्यक्ति के बीमार विचार' नामक राजेन्द्र यादव के जो कन्फैशन प्रकाशित हुए हैं वे मन्नू भंडारी के उल्लिखित वक्तव्य की अपेक्षा कहीं अधिक ईमानदार और पारदर्शी हैं। रानीखेत में रानी के जिस 'सम्पूर्ण सम्भोग' का बहुत चित्रात्मक वर्णन राजेन्द्र यादव ने किया है, वह वस्तुतः इस विवाह के लगभग तत्काल बाद की ही परिघटना है। तब वे अपना उपन्यास 'अनदेखे अनजाने पुल' लिखे जाने का ज़िक्र करते हैं। यह उपन्यास सन् 62-63 में मोहन राकेश द्वारा सम्पादित 'सारिका' के तीन अंकों में धारावाहिक रूप से प्रकाशित हुआ था। रतिक्रिया के बाद उनकी छाती पर मुक्के मारकर रानी अपना यह मलाल भी जताती है कि पिछले पाँच-छह साल से उसे क्यों वंचित रखा? यह रानी ही क्या मीता है? मीता के साथ, बाद में मन्नू भंडारी ने जब-तब राजेन्द्र यादव के पहाड़ पर जाने की बात लिखी है। उनसे झूठ बोलकर और जब-तब उनके हिस्से की रायल्टी भी प्रकाशक से अग्रिम लेकर। अपने इसी कन्फैशन के अनुसार आइसेनोफीलिया के दौर में, अपने मित्र श्यामानन्द जालान के सुझाव पर मनाली के पास रायसिन में राजेन्द्र यादव आगरा से रानी को लेकर गये और एक महीना वहाँ रहे। बाद में टूंडला-कानपुर के बीच किसी गर्ल्स कॉलेज में रानी के प्रिंसिपल हो जाने पर भी उनका आना-जाना बना रहा जहाँ रानी की नौकरानी छुटकी उनके सम्बन्धों को समझकर उनका विशेष ध्यान रखती थी। रानी ही नहीं, इसी प्रसंग में सात और महिलाओं का उल्लेख भी राजेन्द्र यादव 'इत्यादि' के साथ करते हैं, भले ही वे सम्पर्क 'सम्पूर्ण सम्भोग' वाली स्थिति तक नहीं पहुँचे।

मन्नू भंडारी से इस विवाह को लेकर राजेन्द्र यादव के मन में तब भी न कोई भ्रम था, न ही कैसा भी मोह। उनकी स्पष्ट स्वीकृति है, 'मैं बन्धन नहीं निभा सकता। बन्धन मुझे स्वीकार नहीं। शादी भी एक तरह का बन्धन ही है। जब आप शादी कर लेते हैं, तो अपने तरीक़े से जी नहीं सकते। कई नियम बन्धन बनकर आपको कंट्रोल करने लगते हैं। पति को ऐसा होना चाहिए, पत्नी को ऐसा करना चाहिए। तो शादी करते ही मैं भी ऐसे ही बन्धनों में घिर गया। इसीलिए शादी निभा नहीं पाया क्योंकि बन्धन मैं सह नहीं सकता।'...(स्वस्थ व्यक्ति बीमार विचार : राजेन्द्र यादव और ज्योतिकुमारी, संस्करण, 2012, पृ. 148) मन्नू भंडारी कुछ भी कहें, राजेन्द्र यादव के आगे यह स्थिति तब भी स्पष्ट थी जब 'एक इंच मुस्कान' लिखा जा रहा था। उनके द्वारा लिखित अंशों में इसे बहुत स्पष्ट और पारदर्शी रूप में देखा जा सकता है। मन्नू भंडारी के स्पष्ट नकार के बावजूद राजेन्द्र यादव प्रवंचक, स्खलित और निष्ठाशून्य भले ही हों, लेकिन वे अनेक मध्यवर्गीय लेखकों और चरित नायकों की तरह ढोंगी और पाखण्डी नहीं थे। यही वस्तुतः उनकी शक्ति और ऊर्जा का स्रोत है।

राजेन्द्र यादव और उनका 'हंस'

राजेन्द्र यादव का 'हंस' अगस्त 1986 में अपनी पहली उड़ान भरकर उनके निधन नवम्बर 2013 तक अबाध उड़ता रहा। उसके स्तम्भों को उन्होंने दूसरे लेखकों की पुस्तकों के शीर्षकों को आधार बनाकर पहचान दी। उनका सम्पादकीय 'हंस' की एक विशिष्ट पहचान था, उसका मुख्य आकर्षण भी। अपनी पर्याप्त विवादास्पद प्रकृति के बावजूद लोग उत्सुकता से उसके लिए अगले अंक की प्रतीक्षा करते थे। उसका शीर्षक राजेन्द्र यादव ने यशपाल के उपन्यास 'मेरी तेरी उसकी बात' के आधार पर रखा। 'हंस' ने पाठकों के पत्रों को भी विशेष महत्त्व दिया और भरसक इसके लिए प्रेरित किया कि वे उसमें केवल रचना की प्रशंसा न करें उसका तर्कपूर्ण विश्लेषण करें। ये पाठकों की प्रबुद्ध साझेदारी का एक रूप था। उस स्तम्भ का नाम काशीनाथ सिंह के उपन्यास के आधार पर 'अपना मोर्चा' था। इसी तरह बहस और विवाद के लिए उन्होंने निर्मल वर्मा के कहानी-संग्रह 'बीच बहस में' को आधार बनाया। समीक्षा का स्तम्भ जैनेन्द्र कुमार के उपन्यास के नाम पर 'परख' था और भारत भारद्वाज का 'समकालीन सृजन सन्दर्भ' राजेन्द्र यादव की ही संस्मरणों की किताब 'औरों के बहाने' पर आधारित था। मोटे तौर पर तीन दशकों तक उनके सम्पादन में निकला 'हंस' ऐसी पत्रिका के रूप में सामने आया जो प्रायः हर विधा की उत्कृष्ट रचनाओं की पहचान बना। उसकी एक जनतान्त्रिक पहचान इस अर्थ में बनी कि वह विचार और बहस का एक खुला मंच था जो किसी के भी विरोध में अपनी बात कहने की छूट मुहैया कराता था। 'हंस' पूरी तरह से राजेन्द्र यादव की पत्रिका थी। उसमें उनके आग्रह-पूर्वाग्रह और दुराग्रह स्पष्ट उभरकर सामने आते हैं। 'हंस' ने उनके अपने व्यवस्थित लेखन को भी पूरी तरह से प्रभावित किया। इस पूरी अवधि में उन्होंने जो कुछ लिखा 'हंस' में ही लिखा। उसी से उनकी किताबें भी बनीं।

राजेन्द्र यादव ने भैरव प्रसाद गुप्त की तरह पत्रिका में सन्तुलन साधने की चिन्ता नहीं की। निर्मल वर्मा, भैरव प्रसाद गुप्त के बहुत पसन्द के लेखक नहीं थे। लेकिन 'कहानी' में उनकी ढेरों कहानियाँ भैरव ने प्रकाशित कीं। इसी तरह

और बहुत-सी सामग्री के साथ ऐसा हुआ। 'कहानी' में पूरी छूट उन्हें शायद कभी नहीं मिली। एक पन्ने का सम्पादकीय 'कहानी की बात' तो श्रीपत राय लिखते ही थे, अन्य रचनाओं के सम्बन्ध में भी उनका निर्णय ही अन्तिम होता था।

सन् 1968 में मैंने अपना कोई लेख 'कहानी' में भिजवाया। तब सतीश जमाली उसमें आ गये थे। उनका पत्र मुझे मिला कि श्रीपत जी आपका लेख अपने साथ दिल्ली ले गये हैं। उनके आने पर ही उसके बारे में आपको बताया जा सकेगा। भैरव प्रसाद गुप्त 'कहानी' में निर्मल वर्मा की कहानी छापते थे और अपनी अल्पकालिक पत्रिका 'समारम्भ' में वे उसके विरुद्ध लेख लिखते थे—'जी हाँ, अँधेरे के ख़िलाफ़। मंटो भैरव जी के प्रिय लेखक थे। उनकी कहानी 'टोबाटेक सिंह' 'कहानी' में ही छपी थी। उनके असामयिक और आकस्मिक निधन पर 'कहानी' की ही सहयोगी पत्रिका 'उपन्यास' का अंक मंटो पर केन्द्रित किया था। मंटो का इकलौता छोटा-सा उपन्यास 'बग़ैर उनवान' उन्होंने 'राजो और मिस फरिया' शीर्षक से छापा था। मंटो की कुछ कहानियाँ और कृश्न चन्दर, बेदी, इस्मत चुग़ताई आदि उर्दू लेखकों के संस्मरणों से उन्होंने उस अंक को जैसे-तैसे पूरा किया था। फिर भी वह कुल मिलाकर एक पतला-दुबला अंक ही रहा था—मंटो की तरह ही।

राजेन्द्र यादव को 'हंस' में कोई बंदिश नहीं थी। वहाँ हर चीज़ उनकी पकड़ में थी—जब-तब ग़ैरज़रूरी सम्पादकीय हस्तक्षेप के साथ। ईरान की पृष्ठभूमि पर नासिरा शर्मा के उपन्यास 'सात नदियाँ एक समन्दर' पर उनसे पूछकर मैंने लिखा था, बहुत मन से। बहुत सारे किन्तु-परन्तु के बाद वह समीक्षा उन्होंने छापी यह कहकर कि वैसे ही बहुत से मसले पड़े हैं, एक और क्यों बढ़ाया जाये!

ऐसे व्यक्तिगत उदाहरण और भी हैं। राजपाल एंड संस के विश्वनाथ ने व्ही शांताराम की जीवनी छापी थी। तब उसका मूल्य चार सौ रुपये था। मैंने उसे मँगवाकर पढ़ा था और उस पर लिखने की इच्छा जताई थी। उनका कहना था—अकेली एक किताब पर क्या लिखा जायेगा। ऐसी ही दो-चार किताबों को मिलाकर लिखें। सन्हैया लाल ओझा का उपन्यास 'सम्भवामि' हड़प्पा—हरियूपिया—की सभ्यता-संस्कृति पर महत्त्वपूर्ण उपन्यास है। उसकी कथा तीन स्तरों पर चलती है। बंगाल में ज्योति वसु की वामपन्थी सरकार के दौर अर्थात् वर्तमान खुदाई में निकली किर्चियों को आधार बनाकर नाज़ी विचारधारा के विरोध और हड़प्पा का अपना समय। राजेन्द्र यादव 'सम्भवामि' नाम सुनकर ही बिदक गये। उनका कहना-समझना था—कृष्ण पर आप क्या और क्यों लिखेंगे, उस पर अब लिखने को क्या है! वे यह सुनने को ही तैयार नहीं थे

कि 'सम्भवामि' वस्तुतः है क्या! उस उपन्यास को लेकर सन्हैया लाल ओझा के साथ जो और जैसी दुर्घटना घटी, उसका वर्णन मैंने उन पर लिखे अपने संस्मरण और उस उपन्यास पर लिखते हुए किया है। अमृत लाल नागर के निधन के बाद उनका अपना एक लम्बा संस्मरण मैंने उन्हें भिजवाया। क़रीब पूरे साल वह वहाँ पड़ा रहा। फिर एक दिन कुछ आवेश में मैंने उन्हें लिखा। उनका तर्क था—अमृत लाल नागर की आग को उन्होंने बुझते हुए देखा था और वह संस्मरण उन्होंने लौटा दिया। बाद में शानी की 'अक्षरा' में जब वह छपा उसकी व्यापक प्रतिक्रिया हुई। उसमें परिवार-भाव वाली बात के प्रसंग में रमेश चन्द्र शाह ने मुझे पत्र लिखा। राजेन्द्र यादव का अपना तर्क था—परिवार से कोई लेखक बड़ा नहीं होता। उस संस्मरण में देवकी नन्दन खत्री पर मेरा मोनोग्राफ अपने बाल-सखा ज्ञानचन्द जैन से सुनकर उन्होंने मुझे अपनी विस्तृत प्रतिक्रिया भी लिखी थी। 'चन्द्रकान्ता' के बारे में कुछ ऐसी बातों का उल्लेख भी किया था जो खत्री जी के निजी जीवन से सम्बद्ध थीं। तब उन्होंने उसे प्रकाशित करने का आग्रह भी किया था। उन्होंने लिखा था, 'चन्द्रकान्ता' के सम्बन्ध में एक बड़े भेद की बात तुम्हें बतला दूँ। एक बार स्व. राय कृष्ण दास जी बातों की मौज में मुझसे कह गये थे, फिर किसी को बतलाने के लिए मना भी किया था। राम जाने कब उठ जाऊँ, और बात संग ही चली जाये। इसलिए, तुम्हें लिखकर अपने को हल्का कर रहा हूँ। बनारस के कुछ रईस लोग किसी वेश्या के कारण देवकी नन्दन खत्री से नाराज़ हो गये। उन्होंने किसी पर्व-स्नान के दिन देवकी नन्दन जी की युवा और अत्यन्त सुन्दरी पत्नी को घाट पर से उड़वा दिया। बाद में वह जौनपुर में वेश्या बना दी गयी। देवकी नन्दन जी का दूसरा विवाह हुआ। स्व. दुर्गा प्रसाद खत्री आदि दूसरी की सन्तति थे। पहली का नाम था चन्द्रकान्ता। बाद में जौनपुर में चन्द्रकान्ता और देवकीनन्दन जी की भेंट भी होती रही। इस दूसरी पत्नी से भी यशस्वी सन्तानें हुईं और चन्द्रकान्ता सन्तति की भी यशोपताका फहरा रही है... फिर अन्त में मुझे ताकीद करते हुए उन्होंने लिखा, 'अभी इस घटना का इस्तेमाल न करना। अभी तो दूसरी के पोते जीवित हैं। तुम्हारी वृद्धावस्था आने तक उसके सकड़-लकड़ पोते होंगे, तब सँभालकर शायद लिख सकोगे।' राजेन्द्र यादव ने मुझे सुझाव दिया था—यह प्रसंग आपके लिए असुविधा पैदा कर सकता है।

सामयिक महत्त्व के विषयों को केन्द्र में रखकर 'हंस' में बहुत से महत्त्वपूर्ण और आगे के लिए उल्लेखनीय बनी रहने वाली सामग्री प्रकाशित हुई। तीन दशकों की अवधि 'हंस' के प्रसंग में, एक विशाल जंगल की तरह है। स्वाभाविक ही, सर्वेक्षण और मूल्यांकन के लिए कोई सिरा तो पकड़ना होगा। मेरे

सामने 1995 की फ़ाइल है। इसी को आधार बनाकर आगे बढ़ा जायेगा। अपने सम्पादकीय लेखों में राजेन्द्र यादव ने सामाजिक-धार्मिक विद्रूपताओं, हिन्दुत्व की बढ़ती हुई आहतों, देशी-विदेशी अपने समकालीन लेखकों आदि को आधार बनाकर अपनी बात कही है। विषय कोई भी हो अपने समय से अपनी बात जोड़ने का हुनर उनके पास था और यह बहुत-कुछ उनकी शैली का हिस्सा जैसा था। मार्च 1995 के उनके सम्पादकीय का शीर्षक है 'डरता कौन है शानी से'। शानी की मृत्यु के समय मैं उड़ीसा में था, पता ही नहीं चला। जब वे राम मनोहर लोहिया अस्पताल में थे, मैनेजर पाण्डेय और मैं अक्षर कार्यालय गये थे। उन्हें देखने अस्पताल चलने का प्रस्ताव भी राजेन्द्र यादव ने रखा था। लेकिन बातों में ही इतनी देर हो गयी कि रात में उस समय जाना उनके लिए भी असुविधाजनक हो सकता था। फिर जे.एन.यू. लौटने के लिए सवारी भी तलाशनी थी। संस्मरण का आत्मीय स्पर्श देते हुए राजेन्द्र यादव शानी के महत्त्व को रेखांकित करते हैं। मुस्लिम समाज की सड़न को केन्द्र में रखकर उनका 'काला जल' अक्षर प्रकाशन से उन्होंने ही छापा था। अपनी बात राजेन्द्र यादव इस तरह शुरू करते हैं, 'इसी छह फ़रवरी को हिन्दी कथाकार शानी नहीं रहा। गुर्दों की लम्बी बीमारी से लड़ते-लड़ते हार गया। 62 वर्ष का था। तभी से मैं सोच रहा हूँ कि अगर हिन्दी में शानी नहीं होता तो हम क्या कुछ अधूरे होते? ऐसे वाक्य कहने का रिवाज हो गया है। फिर भी मुझे लगता है शानी की उपस्थिति एक ऐसी आग की तरह थी जो रोशनी भी देती है और जलन भी। चालीस वर्षों की लम्बी दोस्ती में मैंने दोनों को महसूस किया है। वह तकियों के सहारे लेटा था और मैं कुर्सी पर इस तरह बैठा था कि आमने-सामने बात करने में कोई दिक़्क़त न हो...' (हंस, मार्च '95, पृ. 5)

शुरू में शानी को बोलने में कुछ दिक़्क़त हुई फिर वह बोलने लगे। पिछले कुछ वर्षों में उन्होंने ढेरों बीमारियाँ ले ली थीं। शानी की त्रासदी गुलशेर खान शानी से शानी और फिर गुलशेर खान शानी बन जाने की यात्रा में निहित है। यानी पहले वह मुसलमान था, फिर सिर्फ़ शानी था—एक लेखक और फिर गुलशेर खान शानी। धीरे-धीरे वह मुसलमान हिन्दी लेखन में सिमट गया। 'अभी दिल्ली दूर है' को शानी अपनी आत्मकथा रूप में लिखना चाहते थे। लेकिन जब यह इरादा उनके मन में आया तो उनकी ज़िन्दगी में सिर्फ़ पाँच दिन बचे थे। राजेन्द्र यादव कहते हैं कि अगर उसने अपनी आत्मकथा लिखी होती तो उन्होंने उन्हीं के उपन्यास के नाम पर उसका नाम 'साँप और सीढ़ी' रखा होता। शानी में एक ओर यदि जगदलपुर के आदिवसी की जिजीविषा थी तो पठान

होने की आक्रामकता भी थी। यह उनकी जिजीविषा ही थी कि हार्ट अटैक और निमोनिया जैसी कई बीमारियों की सरहदें छूकर वे लौट आये थे। छोटी-पिछड़ी जगह की कचोट या बी.ए. से आगे न पढ़ पाने के मलाल को वे अपने लेखन से पूरा करना चाहते थे। शानी को सामने रखकर राजेन्द्र यादव जगद्गुरुओं और हिन्दुत्व प्रेमियों को भी चपेट में लेते हैं, 'अगर शानी न होता तो हम आत्ममुग्धों, संस्कृति-धर्म की स्वघोषित इकहरी महानताओं के शंखों-घोंघों में क़ैद जगदगुरुओं को झकझोर कर कौन दिखाता कि बहुसंख्यकों के बीच अकेले और असुरक्षित होना क्या होता है। क्या होता है पाकिस्तान, बंगलादेश और कुवैत में हिन्दू होकर रहना। तसलीमा नसरीन की मानवीय पक्षधरता के सामने हमारी अहंकारी धार्मिक 'साबार ऊपर मानुष' (सत्य) की किताबी चीत्कार कितनी बौनी और टुच्ची है।' इन्हीं अल्पसंख्यकों को राजेन्द्र यादव एक झटके में अफ्रीकी नीग्रो से जोड़ते हैं—जेम्स कॉल्डविन, रिचर्ड राइट और अलेक्स हेले से। दूसरे दर्जे का नागरिक और एक अलग नस्ल के रूप में देखे जाने का विरोध शानी ने हमेशा किया। राजेन्द्र यादव की टिप्पणी है, 'हो सकता है शानी कुछ ज़्यादा ही 'लाउड' हो मगर वह 'फेक' तो नहीं ही था... हाँ जटिल और क्लिष्ट ज़रूर था जो इन अस्वाभाविक स्थितियों में हर कोई हो जाता है...' (वही, पृ. 10) इस तरह वृहत फलक की चीज़ों को देखना और हर तरह की धार्मिक कट्टरता की बखिया उधेड़ना राजेन्द्र यादव का मुख्य सम्पादकीय सरोकार है।

इस पर विस्मित हुआ जा सकता है कि 'हंस' के बहुत पहले लिखे और पुराने सम्पादकीय आज की स्थितियों पर उतने ही, बल्कि कुछ अधिक प्रासंगिक जान पड़ते हैं। अपने एक सम्पादकीय 'बुर्कों की वापसी' में वे लिखते हैं, 'वर्चस्व का एक अर्थ सर्वसत्तावाद भी है। इसे अपने आपको बचाये और बताये रखने के लिए पूरा एक तन्त्र बनाना पड़ता है। तन्त्र के पुर्जे आतंक, दण्ड और भय या लोभ के औज़ारों से सत्ता का उद्देश्य पूरा करते रहते हैं। अपनी सुरक्षा के लिए झक मारकर शेष को इस वर्चस्ववादी तन्त्र से जुड़ा रहना होता है, वे स्वयं सत्ता बन जाते हैं, उनके अस्तित्व के हितों के लिए यह ज़रूरी है।' (हंस, फ़रवरी 1995, पृ. 5) इस वर्चस्व को स्थायी बनाये रख सकने के लिए बाकायदा एक 'दर्शन' की ज़रूरत होती है। आज केन्द्र की सत्तावादी पार्टी जो कर रही है, लगता है यह सब उसी को देखकर लिखा गया है।

भूमण्डलीकरण के दौर में बाज़ार की भूमिका ने सबसे ज़्यादा स्त्री को प्रभावित किया है। चयन के बाद ब्रह्माण्ड सुन्दरियाँ बाज़ार का हिस्सा बन जाने को मजबूर हैं। वे चाहे कितना ही अपनी बुद्धि और प्रत्युत्पनत्व का हवाला दें,

वे शैंपो, लिपिस्टिक, साबुन, सेंट और प्रसाधन की इसी तरह की सामग्री बेचती नज़र आती हैं। अन्ततः अपना भविष्य उन्हें फ़िल्मों में दिखाई देता है। भारतीय या किसी समाज और धर्म में सबसे सन्तप्त और पीड़ित प्राणी स्त्री है। उसका थोड़ा-सा भी खुलापन उसके विरुद्ध खड़ा हो जाता है... राजेन्द्र यादव के एक सम्पादकीय के अंश हैं, 'मगर सतयुग हो या त्रेता, जलना नैना साहनी को ही है। यहाँ वह सामाजिक गतिविधियों में भाग लेती थी, महत्त्वाकांक्षी थी, अनेक लोगों से सम्पर्क थे, कुछ शायद घनिष्ठ भी थे और सार्वजनिक पहचान ने उसे दुःसाहसी बना दिया था। उसकी हत्या तो होनी ही थी...' (हंस, सितम्बर, 1995 पृ. 5) इस अंश को पढ़ें और बताएँ कि इसे अक्टूबर 1994 में लिखा माना जा सकता है? 'यह स्मारकों के ध्वंस का युग है। इसके 'नायक' जानते हैं कि जिन देशों को नष्ट होना होता है जिनका कोई भविष्य नहीं होता, वे सबसे पहले एमनैसिया यानी स्मृति नाश के शिकार होते हैं। इसी चतुर्दिक स्मृति नाश का महान आदर्श पूरा कर रहे हैं हमारे महानायक! वे बुलडोजर के रूप में सभी कुछ ध्वस्त करेंगे फिर अपने स्मारक खुद बनायेंगे। शायद हलाकू और चंगेज़ खां की तरह खोपड़ियों के टीले' (हंस, मूर्तियाँ बेचने की कला, अक्टूबर 1994, पृ. 07) नवम्बर 1995 के सम्पादकीय में बहुत तल्ख़ और जब-तब गाली-गलौज की हद तक जाकर वे अपनी बात कहते हैं, 'और सारा समाज आज चमत्कारों या चमत्कारी नायकों से गुंजायमान है—कहीं गणेश जी दूध पी रहे हैं कहीं मालाएँ गिरा या धारण कर देवियाँ आशीर्वाद दे रही हैं तो कहीं विष्णु और कृष्ण साक्षात् दर्शन दे रहे हैं—सचमुच नहीं तो स्वप्नों में या फिर फ़िल्मों और टी.वी. सीरियलों में। कथाओं, कीर्तनों और जागरण की जो गली-गली में भरमार है। इन्हें पालते और इनसे पलते राजनेता हैं...' (हंस, पृ. 5/6, नवम्बर 1995) तब एक चन्द्रास्वामी होता था, आज सब चन्द्रास्वामी हैं।

इलाचन्द्र जोशी मनोविश्लेषणात्मक धारा के उपन्यासकार के रूप में ख्यात हैं। वे कवि और आलोचक भी थे—एक बहुपठित व्यक्ति जो उन चन्द लोगों में थे जो शरत्चन्द्र से मिलने बंगाल तक गये। सन् 1954 के 'कहानी' विशेषांक में उनकी कहानी 'सर्कस का खेल' छपी थी जो स्त्री के प्रति सामाजिक व्यवहार की परतों को गहरे विडम्बना-बोध के साथ छीलती है। अपने सम्पादकीय 'कुछ चिन्ताजनक टीपें' में राजेन्द्र यादव उनके एक उपन्यास 'निर्वासित' से शुरू करके, गहरे आवेश और आक्रोश की भाषा में, कहाँ-कहाँ घूमते भटकते हैं, इसे देखा जा सकता है। पढ़ाई और जानकारी का उनके पास अकूत ख़ज़ाना है। सम्पादकीय का शीर्षक उन्हें कहीं और कुछ भी बताने की छूट देता है।

इलाचन्द्र जोशी के 'निर्वासित' को वे इसलिए याद करते हैं कि वह भारतीय साहित्य का ऐसा पहला उपन्यास है जिसमें लेखक आउट साइडर की अवधारणा रखने की कोशिश करता है। उपन्यास का प्रकाशन 1944 के आस-पास पहले धारावाहिक रूप से 'सरस्वती' में हुआ था। यह देश-विभाजन का दौर था और विश्वयुद्ध की समाप्ति के बाद का भी...'हथियारों की होड़, मारकाट, हस्याकांडों, शरणार्थियों के क़ाफ़िले, युद्धबन्दियों के मुक़दमे, बेकारी, महँगाई, साम्प्रदायिक दंगे, विभाजन की विभीषिका के बीच अपने को स्तब्ध और अजनबी पाता है उपन्यास का मध्यवर्गीय नायक। जड़ से उखड़कर जो घटना उसे स्तब्ध कर देती है, वह है हिरोशिमा-नागासाकी पर पहले ऐटम बम का हमला और देखते-देखते दोनों शहरों का स्वाहा हो जाना...मेरी जानकारी में ऐटम बम पर यह पहली मानवीय कथा-प्रतिक्रिया थी और इसका काल पाँचवें दशक का उत्तरार्ध है। बाद में तो उससे लाखों गुना घातक और संहारक ऐसे बम बनते चले गये, जो धरती और आस-पास के ग्रह नक्षत्रों को कितनी बार समाप्त कर देंगे—हमारे लिए आज यह सब सूचनाएँ हैं। इसी पहले ऐटम बम गिराने वाले क्लाड ईथरली पर मुक्तिबोध ने एक लम्बी कहानी भी लिखी। बाद में कहीं अख़बारों में पढ़ा कि दोनों पायलेट में से एक ने आत्महत्या कर ली और दूसरा पागलखाने में मरा—इलाचन्द्र जोशी के नायक की तरह।' (हंस, जून 1997, पृ. 04) इलाचन्द्र जोशी मुक्तिबोध की तरह मार्क्सवादी नहीं थे। उनकी छवि मार्क्सवाद के विरोधी की छवि ही थी। धर्मवीर भारती के सम्पादक मण्डल में 1954 में जब 'आलोचना' का उपन्यास विशेषांक आया, प्रेमचन्द और उनकी परम्परा को नकारने की कोशिश में जिन तीन प्रेमचन्दोत्तर उपन्यासों पर लिखवाया गया उनमें से एक इलाचन्द्र जोशी का 'संन्यासी' भी था।

भाषा की मर्यादा का सवाल भी अपने इसी सम्पादकीय में राजेन्द्र यादव उठाते हैं। बम्बई से प्रकाशित 'इलस्ट्रेटेड वीकली' में प्रीतिश नन्दी से बात करते हुए तत्कालीन उपप्रधानमन्त्री ताऊ देवीलाल ने कह दिया, 'राजीव गांधी गांडू है।' '...अब बोलो यह कोई भाषा हुई? सुनकर सारा अंग्रेज़ी और भाषायी प्रेस बौखला उठा था। पहले तो न जाने कहाँ से खोजकर इसका अंग्रेज़ी पर्याय लाया गया ताकि समझाया जा सके कि यह कितना अश्लील और घिनौना शब्द है। जिस व्यक्ति के लिए और जिस समाज में यह इस्तेमाल किया गया है वहाँ इससे भयानक कोई गाली नहीं हो सकती। हफ़्तों ताऊ की वह खिंचाई होती रही कि सारा गँवारू अक्खड़पना 'उसकी' 'उसमें' घुस गया मगर आज? मेरी तौब्बा.... जिधर देखो उधर 'बहनचोद', 'मादरचोद' की शब्दावली गूँज रही है—कहाँ की

संसद और कहाँ की मर्यादा...क्या यही सब सुनने के लिए ऋषियों और पूर्वजों ने भाषा को इतना सजाया, सँवारा और निथारा था?' (वही, पृ. 4/5)

राजेन्द्र यादव इधर साहित्य में बढ़ी हुई स्त्री और दलित की चर्चा भी करते हैं। वे लिखते हैं, 'इधर अपनी उपेक्षा को दलित माफ़ नहीं कर पाये। जो मार्क्सवाद उनका सच्चा साथी और वैचारिक हथियार हो सकता था, उन्होंने उसी के साथ जुड़ने से इनकार कर दिया। उन्हें महसूस होने लगा कि मार्क्सवादी भी वर्ण-व्यवस्था से मुक्त नहीं हैं–कामरेड बाहर क्रान्ति करते हैं, इधर उसके घर में सत्यनारायण की कथा या करवाचौथ व्रत चलता रहता है। जो साम्प्रदायिक वर्ण-व्यवस्था उसके घर में घुसी है उससे आख़िर कब तक वह बचेगा?...' (वही, पृ. 6) राजेन्द्र यादव की बात में झूठ भले न हो, अपवाद कामरेडों में भी हो सकते हैं, लेकिन तीज और करवाचौथ पर सुषमा स्वराज की गहरी भरी माँग राजनीजि में उस धार्मिक दख़ल का ही आरम्भिक रूप था जो आज धार्मिक 'दर्शन' में बदल चुका है।

कभी कृष्णा सोबती ने निर्मल वर्मा की काव्यात्मक और संगीतात्मक भाषा पर चुटकी लेते हुए कहा था कि कभी वे अपनी गली में घूमते सूअरों को भी देख लेते तो उनके लिए अच्छा था। राजेन्द्र यादव दलितों-वंचितों की चर्चा के प्रसंग में, वैसे ही व्यंग्य निर्मल वर्मा के साथ अशोक वाजपेयी और विद्यानिवास मिश्र के नाम और जोड़ते हैं जो संस्कृति, सोच, भाषा की ऐसी अन्तरराष्ट्रीय सार्वभौमिकता और देश को कालातीत अन्तरिक्ष देंगे। निर्मल वर्मा की कहानियों पर लिखते हुए नामवर सिंह ने 'कालातीत कलादृष्टि' कहकर ही उनका मूल्यांकन किया था। अनेक हिन्दी लेखक विश्वनाथ प्रताप सिंह की सांस्कृतिक अभिरुचि कविता और कला की प्रशंसा करते थे। उनके यहाँ उनका ख़ूब आना-जाना भी था। अपने एक सम्पादकीय में राजेन्द्र यादव लिखते हैं, 'हमें देखना है कि भीषण और विस्फोटक स्थितियों के शेर पर सवार विश्वनाथ जी अपनी घोषणाओं से जय-जयकार पाते हैं या कार्यों और परिणामों से...मगर यह निर्भर सिर्फ़ इसी बात पर करेगा कि जानी-अनजानी दिशाओं से आने वाले दबावों, लिहाजों, धमकियों और चुनौतियों के ख़िलाफ़ वे संयुक्त मोर्चा बनाते हैं या 'कॉकस'....उनकी टोकरी में भरे हैं एक-दूसरे की टाँग खींचने वाले केंकड़े...या जैसे-तैसे तराजू के पल्ले में ठूँसे गये मेढक और बाहरघात लगाये भेड़िए...मुँह लगे ख़ून के चटखारे लेती भ्रष्ट नौकरशाही और पतनशील जर्जर आत्महन्ता सामन्ती व्यवस्था की विरासत...' (हंस, जनवरी 1990, पृ. 8)। नये वर्ष की शुभकामनाओं के साथ वे यह चेतावनी

भी देते हैं कि अभी सत्ता बदली है, व्यवस्था नहीं। विश्वनाथ प्रसाद सिंह व्यवस्था के शिकार नहीं, सवार बनकर आयें।

राजेन्द्र यादव ने कोई तीस बरस की लम्बी कालावधि में अपने सम्पादकीय लिखे। न उन्हें विषयों का टोटा था और न ही अपनी बात कहने में कोई संकोच-परहेज। 'हंस' मुख्यतः कथा-पत्रिका थी और है। लेकिन कोई ज़रूरी मुद्दा और कथेतर गद्य का कोई रूप ऐसा नहीं था जो इनसे बचा हो। एक लम्बे अन्तराल के बीच दो अंकों की सामग्री का विश्लेषण ही वस्तुतः इसका गवाह हो सकता है कि 'हंस' की वास्तविक प्रकृति क्या थी और सम्पादक के रूप में राजेन्द्र यादव की अपेक्षा उससे क्या थी। 'आक्रोश' और 'जुनून' सम्पादक के तौर पर राजेन्द्र यादव के बीज-शब्द हैं। सनसनी फैलाकर और चंग पर रखकर जब-तब वे अपने लेखकों की फजीहत का मज़ा कैसे लेते थे, इसके उदाहरणों की भी कमी नहीं है।

यहाँ सर्वेक्षण और मूल्यांकन के लिए 'हंस' के दो अंक मेरे सामने हैं। एक अप्रैल 1990 का और दूसरा दिसम्बर 1995 का। दोनों ही अंकों के सहयोगी सम्पादक हरिनारायण हैं, 'हंस' की पाठशाला में पढ़-सीखकर बाद में 'हंस' की ही पाँत वाली उन्होंने अपनी पत्रिका 'कथादेश' निकाली। इसी क्रम में दूसरा नाम गौरीनाथ का है जिन्होंने वाया 'हंस' और अक्षर प्रकाशन ही अंतिका प्रकाशन और 'बया' जैसी पत्रिका निकाली।

अप्रैल 1990 का जो अंक है उसमें राजेन्द्र यादव का सम्पादकीय अमृतलाल नागर पर है जिनका 23 फ़रवरी 1990 को शिवरात्रि के दिन निधन हुआ। उनके मूल्यांकन के परिप्रेक्ष्य पर उनकी टिप्पणी है, वे उन कथाकारों की पीढ़ी में लगभग अन्तिम थे जो स्वतन्त्र होने तक वयस्क हो चुकी थी। उनकी सारी मानसिकता स्वतन्त्रता संग्राम के दौरान विकसित हुई। उन्होंने समृद्धि भी देखी और अभाव भी। अंग्रेज़ी शासन भी भुगता और सामन्तवादी संस्कार भी जिये। राष्ट्रीय आन्दोलनों से भी जुड़े और साहित्य से भी। मूलतः उनकी संवेदना उसी माहौल में पनपी और पकी। (हंस, अप्रैल 1990, पृ. 04) राजेन्द्र यादव इस ओर भी संकेत करते हैं कि अक्सर वे पुराने की ओर लौटते हैं। 'बूँद और समुद्र' उनका सर्वश्रेष्ठ उपन्यास है। सन् 1951 में डेढ़ महीने की दक्षिण-यात्रा में राजेन्द्र यादव उनके साथ ही थे। क्षणे तुष्टः क्षणे रुष्टाः का उनका लहरदार व्यक्तित्व और सबको गले लगाने की उदार आत्मीयता और एक-एक खम्भे और मूर्त्ति के स्वरूप पर लहालोट हो जाने की गहरी समझ। अमृतलाल नागर बम्बई और लखनऊ में फलने-फूलने वाले ऐसे बोधिवृक्ष थे जिनकी जड़ें आगरा में राजेन्द्र

यादव के मुहल्ले से ही रस खींचती थीं। उन्हें वे बहुत-कुछ हिन्दी के चेख़व जैसे लगते थे। चेख़व का अपना, काल्पनिक इंटरव्यू उन्होंने नागर जी को ही समर्पित किया था, श्री अमृतलाल नागर को जिनकी तस्वीर मेरे मानसिक चेख़व से बहुत मिलती है। राजेन्द्र यादव लेखकों की उस परम्परा का निर्वाह करने वाले लेखक-सम्पादक नहीं हैं जो निधन की लांड्री की तरह देख श्रद्धांजलि अर्पित करते हुए लेखक की सीमाओं के उल्लेख से परहेज़ बरतते हैं। रामजी बाबा या बाद में सूर-तुलसी को लेकर उनका रहस्यवादी-सा श्रद्धा-भाव उनके गले नहीं उतरता। इसी तरह हिन्दुत्व, कम्युनिज्म, इतिहास, अध्यात्म, समाजशास्त्र, पुरातत्व, सामन्तवाद या बाकी कर्मकाण्डों का 'सर्वसंग्रहवाद' वे नहीं पचा पाते। आधे पन्ने की अपनी टिप्पणी में किसी का नाम लिए बिना वे नागर जी पर वह सब कह देते हैं जिसे प्रायः निधन के अवसर पर कहने से बचा जाता है। वे इसका भी आत्मीय उल्लेख करते हैं कि वे हमेशा उनके बड़े भाई बने रहे और उनकी अनुपस्थिति को वे इसी व्यक्तिगत सन्दर्भ में महसूस कर पाते हैं। भाषा और बोलियों पर ऐसी पकड़ देखने के लिए लोग बहुत दिन तरसेंगे। उनका दस्तावेज़ी लेखन हमेशा हमें बार-बार अपनी ओर बुलायेगा।

'हंस' मूलतः कथा-पत्रिका थी लेकिन अपनी प्रकृति में वह उससे कहीं ज़्यादा थी। चन्द ग़ज़लें और दो पृष्ठों पर कुछ कविताएँ उसमें भले ही छपती रही हों, उसका मूल सरोकार गद्य-विधाएँ ही थीं। उसका जो एक सुस्थिर ढाँचा राजेन्द्र यादव ने खड़ा किया कमोबेश आज भी वह बना है। इस अप्रैल 1990 के अंक में भी दस कहानियाँ उसमें हैं। रघुनन्दन त्रिवेदी 'एक कहानी की कहानी' के साथ, बाद में काफ़ी प्रसिद्ध हुई संजय खाती की कहानी 'पिंटी का साबुन' भी है। मिलान कुंदेरा की चेक कहानी 'खेल-खेल में' के अतिरिक्त आनन्द संगीत (घर), अरविन्द चतुर्वेदी (अपने-अपने बियाबान), अलका पाठक (साबितरी), शिव कुमार शिव (भाईचारा), श्रीनिवास उद्‌गाता (कब और...), हरदर्शन सहगल (कब्ज़ा), परदेशीराम वर्मा (ऋण) प्रकाशित हैं। इन कहानियों में पर्याप्त विविधता है। इनमें से अधिकतर लेखक आगे दूर तक गये और इस बात की पुष्टि की कि सम्पादक ने ग़लत घोड़े पर दाँव नहीं लगाया है। सामान्य कहानियों के अतिरिक्त सम्पादक ने विशेष महत्त्व देकर प्रायः हर अंक में एक 'लम्बी कहानी' छापी। इस अंक में बांग्ला लेखक प्रमोद मित्र की 'तेलनापोता की खोज' है। यह लम्बी कहानी 'हंस' की विशिष्ट पहचान बनी। बाद में राजेन्द्र यादव और अर्चना वर्मा के संयुक्त सम्पादन में, दो खण्डों में, पच्चीस वर्ष की अवधि 1986-2011 में प्रकाशित कहानियों का पुस्तकाकार प्रकाशन हुआ। संकलित कहानियों के बहाने

कहानी की भाषा पर सामान्य रूप से टिप्पणी करते हुए राजेन्द्र यादव ने लिखा, 'यथार्थ हमें अनुभव देता है, उसे हम भाषा में ढालकर अनुभूति और संवेदना के रूप में, साक्षात्कृत करते हैं। ये संवेदनाएँ लगभग भाषा का ही पर्याय बन जाती हैं (और) उसे अभिव्यक्ति स्तर तक उठाती हैं। भाषा जब स्वयं संवेदना बनने लगती है तो कविता के रूप में अपने को व्यक्त करती है। कथा में भाषा अपनी द्रवणशील प्रकृति के अनुकूल प्रभाव और सम्प्रेषण को गहन और आत्मीय बनाती है। अनुभव से अनुभूति तक की यह संश्लिष्ट यात्रा अनुभव को इतिहास और भूगोल की सीमाएँ तोड़कर पाठकों और श्रोताओं को तादात्म्य के लिए प्रेरित करती हैं। वरना न टॉलस्टाय का इतिहास, भूगोल हमारा है न 'चित्रलेखा' का। मगर दोनों में कुछ ऐसा है जो मुझे उद्वेलित, स्पंदित ही नहीं करता, मेरे अन्तरजगत को समृद्ध भी करता है।' (लम्बी कहानियाँ—2, भूमिका) इन दोनों खण्डों में कुल मिलाकर सत्ताईस कहानियाँ हैं। ये वे कहानियाँ हैं जिन्होंने लेखकों को पहचान दी है और कहानी के मूल्यांकन के प्रसंग में जो प्रायः ही चर्चा में रही हैं। शिवमूर्त्ति की 'तिरिया चरित्तर', शैलेश मटियानी की 'अर्द्धांगिनी', निर्मल वर्मा की 'सूखा', अरुण प्रकाश की 'जल प्रान्तर', सृंजय की 'कामरेड का कोट', उदय प्रकाश की 'और अन्त में प्रार्थना', मैत्रेयी पुष्पा की 'गोंमा हँसती है' दूधनाथ सिंह की 'धर्मक्षेत्रे कुरुक्षेत्र', कृष्ण बिहारी की 'दौ औरतें', अखिलेश की 'जलडमरूमध्य', संजीव ठाकुर की 'झौआ बिहार', काशीनाथ सिंह की 'पांड़े कौन कुमति तोहें लागी', मनोज रूपड़ा की 'साज-नासाज', संजय सहाय की 'एक बार फिर...', जया जादवानी की 'इसे ऐसा ही होने दो' राजेन्द्र यादव की 'हासिल' आदि ऐसी ही कहानियाँ हैं। इन लम्बी कहानियों के अतिरिक्त उपन्यासिकाएँ भी उसमें प्रकाशित हुईं। प्रभा खेतान की 'आओ पेपे घर चलें' और 'तालाबन्दी' का नाम इस प्रसंग में सहज ही लिया जा सकता है। राजेन्द्र यादव को यह श्रेय जाता है कि उन्होंने 'हंस' को एक पत्रिका से अधिक एक संस्था—स्कूल—बना दिया जिसमें उनकी जानकारी और पश्चिम-क्षेत्र की एक विशिष्ट भूमिका थी। 'हंस' को एक ऐसी पत्रिका के रूप में याद किया जाता है, संजय सहाय के 'हंस' को भी इसमें जोड़ा जा सकता है, जो कुछ ज़रूरी, उल्लेखनीय और सामयिक महत्त्व का है, सब इसमें है। अगर किसी अंक में कुछ विशेष सामग्री बढ़ जाती है तो अंक का सन्तुलन बनाये रखने के लिए कुछ सामान्य और नियमित सामग्री कम कर दी जाती है।

इसी अंक में देवीशंकर अवस्थी पर विशिष्ट सामग्री देने के कारण लेख सिर्फ़ एक है—परमानन्द श्रीवास्तव का 'आधुनिकता की विफलता पर शोक

प्रस्ताव' जिसमें साम्प्रदायिकता और संस्कृति के रिश्तों पर बहस की ज़रूरत पर ज़ोर दिया गया है। जो आज हो रहा है, श्रीवास्तव ने वर्षों पहले उसकी चर्चा करते हुए लिखा, 'जिस तरह की फासिस्ट प्रवृत्ति धर्म की राजनीति करने वालों में पनप रही है उसे देखते हुए आश्चर्य न होगा अगर कल पहनावे की शैली को लेकर, खान-पान, संगीत, चित्रकला को लेकर बँटवारा किया जाने लगे। एक किसान नेता ने पिछले दिनों स्त्रियों के लिए ख़ास पहनावे की माँग की भी थी। प्रेमचन्द इन ख़तरों को जैसे पहले से ही देख रहे थे। उनकी कठोर टिप्पणी थी—'फिर हमारी समझ में नहीं आता कि कौन-सी संस्कृति है जिसकी रक्षा के लिए साम्प्रदायिकता इतना ज़ोर बाँध रही है। वास्तव में संस्कृति की पुकार केवल ढोंग है—निरा पाखण्ड। और इसके जन्मदाता भी वही लोग हैं, जो साम्प्रदायिकता की शीतल छाया में बैठे विहार करते हैं....' (हंस, अप्रैल 1990, पृ. 22/23)

विजयदेव नारायण साही और रांगेय राघव की तरह देवीशंकर अवस्थी के निधन के बाद उनकी पत्नी डॉ. कमलेश अवस्थी ने उनका बिखरा हुआ साहित्य व्यवस्थित किया जो उनकी ग्रन्थावली के माध्यम से सब एक जगह उपलब्ध हो सका। ऐसा ही उद्यम भारतभूषण अग्रवाल के निधन के बाद उनकी पत्नी डॉ. बिन्दु अग्रवाल ने किया। कमलेश जी ने देवीशंकर जी की डायरी मुझे भिजवाई थी—अवलोकन, चयन और सुझाव के निमित्त। मेरा सुझाव यही था कि यह अपने पूर्ण रूप में सामने आनी चाहिए जिससे अवस्थी जी को सम्पूर्णता में समझा जा सके। उनकी ग्रन्थावली का सम्पादन बहुत विवेक एवं परिश्रमपूर्वक कमलेश और रेखा अवस्थी ने किया है। मैंने उस पर विस्तार से 'कथाक्रम' वाली अपनी नियमित शृंखला में लिखा था। यहाँ 'हंस' के प्रस्तुत अंक में एक बड़ा हिस्सा उनकी डायरी का है। यहाँ उनकी दो टीपें प्रस्तुत हैं :

1. 15 अप्रैल 55

ज्वाला प्रसाद खेतान की एक कविता 'आधार' में पढ़ी। हर पंक्ति में एक उपमा थी। मुझे ऐसा लगता है कि जब इतनी अधिक उपमाएँ दी जाती हैं तो उसका तात्पर्य है कि कवि ने अपने कथ्य को conceive नहीं किया है। उसके मन में एक उलझन स्वयं है, जिसे ठीक से अभिव्यक्ति नहीं दे पा रहा है। ये उपमाएँ बहुत असम्बद्ध और image making facility से शून्य होती हैं।

2. 5 अगस्त 55

प्रसाद, पन्त या रवीन्द्र की अलंकृत भाषा को हम पसन्द करते हैं पर आज यदि कोई वैसी भाषा लिखे, वैसे भावों को अभिव्यक्त करे तो हम उसे नापसन्द करते हैं। आख़िर क्यों? सम्भवतः अनजाने ही प्रबुद्ध व्यक्ति के चेतन में एक

प्रकार का historical और social perspective का विद्यमान रहता है जो उसके रसबोध को प्रभावित करता है। यह इससे भी सिद्ध है कि जो प्रबुद्ध नहीं है और इस चेतना से रहित है वे लोग पुराने ढंग की अभिव्यक्ति करते हैं और appreciate भी करते है... (हंस, अप्रैल 1990, पृ. 49)

'एक दशक की सहयात्रा' शीर्षक एक आत्मीय संस्मरण कमलेश जी ने लिखा है जिसमें पारिवारिक सन्दर्भों और साहित्य के उस परिप्रेक्ष्य की चर्चा कमलेश जी ने की है जिसमें देवीशंकर अवस्थी ने अपना लेखन शुरू किया। देवीशंकर अवस्थी की प्रकृति और जनतांत्रिक लेखन पर एक टिप्पणी है, 'जिन कवियों और साहित्यिक समस्याओं से लेकर व्यक्तिगत समस्याओं तक अवस्थी जी आन्तरिक मन से जुड़े सम्बद्ध रहे उनमें एक अशोक वाजपेयी के सम्पर्क में हम लोग उस समय आये जब वे एम. ए. अंग्रेज़ी में कर रहे थे, ग्वायर हाल में सम्भवतः रहते थे। तब मुझे कभी-कभी दोनों की बातचीत एवं सम्बन्धों पर आश्चर्य भी होता। एक विश्वविद्यालय में पढ़ा रहा था और दूसरा दिल्ली विश्वविद्यालय में पढ़ रहा था, लेकिन इतने अन्तरंग थे कि जब किसी विषय पर बहस शुरू होती तो समय वहाँ से कहीं और चला जाता...' (वही, पृ. 55) हिन्दी में पुस्तक-समीक्षा की एक महत्त्वपूर्ण पुस्तक देवीशंकर अवस्थी ने 'विवेक के रंग' शीर्षक से सम्पादित की थी। अपने लेख का शीर्षक सम्भवतः वहीं से लेकर अजय तिवारी ने 'आलोचना विवेक का सृजन है' लिखा है। लेख का एक अंश है, 'देवीशंकर अवस्थी के आलोचना-कर्म की मूल चिन्ता और दिशा के साथ-साथ अपने आग्रहों और अन्तर्विरोधों को जानने में, उनके बहाने उस दौर की मेधा के संकल्प-विकल्प, खोज और संस्कार को पहचानने में इससे काफ़ी मदद मिलती है। यदि यह कहा जाय कि देवीशंकर अवस्थी के आलोचना सरोकारों में हम उस दौर के नये उभरते मध्यवर्ग की सांस्कृतिक आवश्यकताओं, रुझानों और असंगतियों की बहुत सजीव और प्रामाणिक तस्वीर देखते हैं तो इससे उनके कृतित्व का अवमूल्यन नहीं होता...' (वही, पृ. 57)

कथेतर गद्यविधाओं को 'हंस' ने पर्याप्त महत्त्व दिया। संस्मरण राजेन्द्र यादव का प्रिय गद्य रूप था। 'चेख़व : एक काल्पनिक इंटरव्यू' और 'औरों के बहाने' में वे स्वयं अपनी रचना-क्षमता का प्रदर्शन कर चुके थे। काशीनाथ सिंह और कान्ति कुमार जैन के संस्मरणों के लिए 'हंस' में सदैव एक बड़ा स्पेस रहा। 'आत्मतर्पण' और 'न हन्यते' जैसे स्तम्भ भी वस्तुतः संस्मरण के ही रूप थे। 'हंस' के इस अंक में संस्मरण के रूप में शैलेश मटियानी के बड़े संस्मरण 'खराद

पर बम्बई' की एक किस्त प्रकाशित है। बम्बई में अपने कठिन संघर्ष और भूख की विडम्बना की अनेक परतें वे यहाँ खोलते दिखाई देते हैं।

राजेन्द्र यादव 'हंस' का सब कुछ खुद देखते-करते थे। इसका सबसे बड़ा लाभ उन्हें यह था कि वे किसी से भी कुछ भी लिखवा सकने की स्पृहणीय स्थिति में थे। पुस्तक-समीक्षाओं और 'अपना मोर्चा' में पाठकों के पत्रों पर भी वे ख़ूब ध्यान देते थे। शिव कुमार शिव के कहानी-संग्रह 'देहदाह' पर संजीव ने लिखा है। उनके रचनात्मक सरोकारों की चर्चा के लिए वे संग्रह की प्रतिनिधि कहानी 'चलावा' को चुनते हैं। शेखर जोशी के संग्रह 'मेरा पहाड़' पर देवेन्द्र कुमार चौबे के रूप में जे.एन.यू. वाले देवेन्द्र चौबे लिखते हैं। पहाड़ से मैदान आये लोगों का बहुत आत्मीय चित्रण शेखर जोशी ने किया जिसमें उनके शोषण और दुश्वारियों का चित्रात्मक अंकन है। संग्रह में 'कोसी का घटवार' और 'गोपुली बुबु' जैसी पुरानी कहानियाँ भी हैं। समीक्षक की टिप्पणी है, 'इसमें सन्देह नहीं कि स्वातन्त्र्योत्तर हिन्दी कहानी में शेखर जोशी ने कथ्य और भाषा दोनों के स्तर पर मध्यवर्गीय और निम्नवर्गीय समाज के विकासशील सोच को रेखांकित किया तथा कभी-कभी उन्हें रूढ़िवादी परम्परा और सामन्तवादी प्रवृत्ति के ख़िलाफ़ विद्रोह के लिए उकसाया।' (वही, पृ. 89) तीसरी समीक्षा के. सव्यसाची की है, सी. भास्कर राव के उपन्यास 'दिशा' पर 'प्रतिबद्धता बनाम फार्मूला बद्धता'। जैसा कि शीर्षक से ही स्पष्ट है प्रतिबद्ध लेखन का श्रेष्ठ और निकृष्ट रूप दोनों ही साफ़गोई से सामने आते हैं। पत्रिका में 'अपना मोर्चा' पूरी तरह से पाठकों का स्तम्भ था। पत्रों में रचना की प्रशंसा ही नहीं होती थी। देशभर के दूरदराज़ अंचलों के पाठकों की इसमें सक्रिय हिस्सेदारी होती थी। अच्छा पाठक ही अच्छा लेखक बन सकता है। पत्रिका के पाठक ही वस्तुतः उसके भावी लेखक थे। नरकटियागंज से ऋतंभर की टिप्पणी है, 'जहाँ हेतु भारद्वाज की कहानी आज के सन्दर्भों में बढ़ती-चलती है, वहाँ सुरभि पाण्डेय की कहानी मानव जीवन से जुड़े शाश्वत प्रश्नों को लेकर आगे बढ़ती है। अपनी कहानी में सुरभि पाण्डेय ने मानव-मन के अन्तर्द्वन्द्वों का अच्छा विश्लेषण किया है। एक बौद्धिक व्यक्ति को अपने बौद्धिक होने का अभिशाप तब कितना झेलना पड़ता है जब वह चारों ओर से ऐसे लोगों से घिर जाता है जिनका बुद्धि से कोई सरोकार नहीं होता...' (वही, पृ. 6) सम्पादकीय सहयोगी अर्चना वर्मा के आलेख 'भारत हिन्दू राष्ट्र है', 'गोर्वाच्योव की बची-खुची इज़्ज़त' जैसे मुद्दों की चर्चा पाठकों के इन पत्रों में है। राजेन्द्र यादव अपने विरुद्ध की गयी टिप्पणी को भी कितनी उदारता से छापते थे इसका उदाहरण बरेली से लिखा रामेश्वर कम्बोज हिमांशु का यह संक्षिप्त

पत्र है, ''हंस' का फ़रवरी अंक पढ़ा। ज्ञान चतुर्वेदी का व्यंग्य काफ़ी तीखा है। सुकेश साहनी की लघुकथा 'ब्लेक होल' उत्कृष्ट रचना है। ठीक इसके विपरीत 'अनदेखा' लघुकथा का 'हंस' में प्रकाशन आपकी लघुकथा चयन की दृष्टि पर प्रश्नचिह्न लगाता है...' (वही, पृ. 8)

2 : दिसम्बर 1995

नई कहानी आन्दोलन के प्रसंग में आम धारणा यह है कि राजेन्द्र यादव, मोहन राकेश और कमलेश्वर की त्रयी ने इसे हथिया लिया और उन लोगों ने उसे अपने ढंग से चलाया। इस प्रसंग में एक लम्बा पत्र मुझे भैरव प्रसाद गुप्त ने लिखा था, अपने लेख 'कहानी और आन्दोलन' में मैंने उसे सम्पूर्णता में उद्धृत किया है। लेकिन सम्बन्धों के स्तर पर त्रयी के इन लेखकों में आपस में कितने अन्तर्विरोध और फुंकारता अहंकार था, इसकी परतें धीरे-धीरे खुलीं। दिसम्बर 1995 का जो अंक यहाँ सर्वेक्षण और मूल्यांकन के लिए चयनित है उसका सम्पादकीय मोहन राकेश पर ही केन्द्रित है 'तीसरे अंक का स्थगित नायक' शीर्षक से राकेश के अहं का हाल यह था कि मन्नू भंडारी ने 'नई कहानी' के जिस विशेषांक का सम्पादन किया, उसमें मोहन राकेश की ज़िद यह थी कि उनका नाम सबसे पहले जायेगा। वह गया भी। राजेन्द्र यादव ने जब उनकी कहानियों के संकलन 'मेरी श्रेष्ठ कहानियाँ' की भूमिका लिखी, राकेश उससे सन्तुष्ट नहीं थे। उन्होंने भरसक उसे बदलने पर ज़ोर दिया। अपने सम्पादकीय में राजेन्द्र यादव राकेश के दो बड़े समकालीन बादल सरकार और गिरीश कर्नाड से अधिक महत्त्व देते हैं। राकेश ने नाटक का मुहावरा बदल दिया और दिल्ली वे एक लम्बे अरसे से थे। राकेश पर लिखे अपने एक संस्मरण में राजेन्द्र यादव ने उनके सलीके की प्रशंसा की है। हज़ामत बनाते हुए मजाल है जो उनकी उँगलियाँ कभी साबुन के पानी में भीग जायें। लेकिन फिर आपसी सम्बन्धों में गहरे अबोले की स्थिति भी आयी और ज़रूरत होने पर जब-तब मन्नू भंडारी को ही दोनों के बीच सन्देश लाना-ले जाना होता था। राकेश की व्यावहारिक 'समझ' पर टिप्पणी करते हुए राजेन्द्र यादव लिखते हैं, 'उधर राकेश ने ओमप्रकाश जी और शीला संधु दोनों को साध लिया था। रूसी पैसे का मुद्दा सहसा ग़ायब हो गया। अलग हो जाने के बाद जवाहर चौधरी ने जब 'शब्दकार' बनाया तो अपने दोस्त चौधरी को राकेश ने कोई किताब नहीं दी। वह हम सबसे ज़्यादा व्यवहार कुशल व्यक्ति था। सुलझा हुआ साफ़। कहाँ कितने भावनात्मक छौंक की ज़रूरत है उससे ज़्यादा यह बात शायद ही कोई जानता हो।...' (हंस, दिसम्बर, पृ. 9)

राकेश की सबसे बड़ी तलाश एक 'घर' की तलाश थी जो उन्हें कभी नहीं मिला—तीन शादियों के बावजूद। और जब अनिता के साथ, बेटी-बेटे के संग घर मिला, अपनी आकस्मिक मृत्यु के कारण वे उसमें रह नहीं सके। राजेन्द्र यादव अपने सम्पादकीय का समापन इस प्रकार करते हैं, 'बहरहाल राकेश की सबसे बड़ी उपलब्धि यही है 'आषाढ़ का एक दिन' के बहाने उसने स्वतन्त्रता के तत्काल बाद की मध्यवर्गीय पीढ़ी की यातनाओं, असफलताओं, रूमानी विद्रोहों और फिर व्यवस्था का हिस्सा बन जाने का ईमानदार रूपक (मैटाफर) लिखा है। हम सबके साथ यह दुर्घटना घटी है जो कालिदास के साथ घटी—सभी को अपनी ज़मीनें छोड़कर ग्लैमर और सफलताओं की ऐसी दुनिया में चले गये जहाँ हर छोटे-बड़े सम्राट का दरबारी बन जाना ही एक मात्र विकल्प था...' (वही, पृ. 10)

कालिदास का यह मैटाफर अपनी तरह से राकेश के विरोध में भी जा खड़ा होता है। 1955-56 की बात होगी। तब डॉ. सम्पूर्णानन्द उत्तर प्रदेश के मुख्यमन्त्री थे। जब 'आषाढ़ का एक दिन' खेले जाने की तैयारी शुरू हुई, राकेश अपने नाटकों के रिहर्सल में प्रायः ही अभिनेताओं और रंगकर्मियों के साथ रहते थे। लेकिन डॉ. सम्पूर्णानन्द ने नाटक के मंचन की अनुमति नहीं दी। उनका कहना था कि यह कालिदास की कथा न होकर राकेश की कथा है। डॉ. सम्पूर्णानन्द संस्कृत के प्रकाण्ड विद्वान थे। उन्होंने प्रसाद के लिए 'आर्यों का आदि देश' लिखी।

राजेन्द्र यादव अपने सम्पादकीय का एक बड़ा वितान तैयार करते हैं यशपाल, अज्ञेय, बच्चन, प्रकाशवती आदि को सामने रखते हैं जिसकी पृष्ठभूमि में भगत सिंह और भुवनेश्वर, मुक्तिबोध, श्रीकान्त वर्मा और ढेरों दूसरे लोग तुलना और प्रसंगों के नाम पर आवाजाही करते हैं।

हर अंक की तरह इस अंक में भी नौ कहानियाँ हैं। रामधारी सिंह दिवाकर (रसलीला), संजय खाती (पिंजरे में परी), भालचन्द निवाड़ी (लघुकथाएँ), बोस्नाई लेखक ब्रैंको कोपिक (असुविधा), सगीर रहमानी (मोना), रमा सिंह (पौक मार्क), निर्मला भुराड़िया (सलामत रहे नन्हे का संसार), राकेश कुमार सिंह (नाम : अज्ञात), साल बैलो की लम्बी कहानी का रंजना श्रीवास्तव द्वारा किये अनुवाद की किस्त भी है—(अभी और यहीं), रमेश उपाध्याय की लम्बी कहानी 'डॉक्युड्रामा' भी है जो आगे चलकर ख़ूब चर्चित हुई। इस तरह विदेशी कहानियों के साथ हिन्दी की अच्छी, पठनीय और स्तरीय कहानियाँ आश्वस्त करती हैं। दलित लेखन के प्रसंग में 'अक्करमाशी' के लेखक शरणकुमार लिंबाले के साथ

ओमप्रकाश वाल्मीकि का साक्षात्कार है। लिंबाले का स्पष्ट कहना है—हमें दया नहीं अधिकार चाहिए।

अली अशरफ का संस्मरण धर्मों की क़ैद में बन्द आदमी की पहचान की समस्या को सामने लाता है। जैकब से जब पूछा जाता है कि वह इतना डरा हुआ क्यों था, उसका उत्तर है, 'मगर बिना संकोच यहाँ मदनपुरा नागपाड़ा में जिस तरह घूमते फिरते हो लगता है मुसलमान हो। मैं यहूदी हूँ। मुसलमान और यहूदी आपस में लड़-मर रहे हैं। इस्रायल में, जेरोसलम में, पैलेस्टाइन में। परन्तु दोनों कटवे हैं। यहाँ दोनों की पहचान एक है।' (वही, पृ. 62)

भारत भारद्वाज का स्तम्भ 'औरों के बहाने' में समकालीन सृजन सन्दर्भ नयी पुस्तकों और पत्रिकाओं की जानकारी की दृष्टि से उपयोगी है। इस अंक में भी प्रेमचन्द की दूसरी पत्नी शिवरानी देवी की पुस्तक 'प्रेमचन्द : घर में' के नये संस्करण के बहाने उस पर विस्तार से चर्चा है। यह सूचना भी दर्ज है कि वे प्रेमचन्द से दस वर्ष छोटी थीं। समीक्षाएँ दो हैं—विष्णु खरे के काव्य-संग्रह 'सबकी आवाज़ के पर्दे में' पर अनामिका ने लिखा है और हृषीकेश सुलभ के कहानी-संग्रह 'बधस्थल से छलाँग' पर प्रेम कुमार मणि ने लिखा है। समीक्षाएँ बहुत संक्षिप्त भी नहीं हैं और युवा लेखकों की इधर आयी महत्त्वपूर्ण किताबों पर ठीक-ठिकाने से बात करती हैं।

प्रदीप सक्सेना का लेख 'विकल्पहीन संकल्प के अन्तर्विरोध डॉ. रामविलास शर्मा' इस बात का अच्छा उदाहरण है कि विवादास्पद मुद्दों में राजेन्द्र यादव की दिलचस्पी कैसी और कितनी होती थी। लेख के प्रसंग में कुछ सूचनाएँ मेरे पास भी हैं।

कवि-आलोचक विष्णुचन्द्र शर्मा ने 'सर्वनाम' का एक अंक अमृतलाल नागर पर निकालने की योजना बनायी थी। उसमें मैं उनके साथ जुड़ा था। उसके लिए दो काम मैंने ख़ासतौर से किये। एक तो नागर जी पर श्रीलाल शुक्ल से एक संस्मरण लिखवाया जो उन्होंने 'मानस का हंस' शीर्षक से लिखा। दूसरा काम प्रदीप सक्सेना से रामविलास शर्मा पर एक लेख लिखवाना था। सामग्री देखने के बाद प्रदीप सक्सेना का लेख छापने से उन्होंने मना कर दिया। उन्हें यह रामविलास जी के विरुद्ध लगा। यह अवान्तर बातें हैं कि प्रदीप ने बाद में 'उद्भावना' का एक हज़ार से भी अधिक पृष्ठों का अंक रामविलास शर्मा पर निकाला और काफ़ी कुछ ज़िद की हद तक जाकर मुझसे उनके अंग्रेज़ी लेखन पर लिखवाया। क़िस्सा कोताह फिर 'सर्वनाम' का वह प्रस्तावित अंक नहीं निकला। वही लेख अब 'हंस' में प्रकाशित है। रामविलास शर्मा बड़े आलोचक हैं,

उसी अनुपात में उनके अन्तर्विरोध भी बड़े हैं। उनकी अनेक स्थापनाओं से साहित्य जगत में व्यापक असहमति रही है। राजेन्द्र यादव रचनावली खण्ड-9 में रामविलास शर्मा पर अपने संस्मरण में राजेन्द्र यादव ने उनके महत्त्व का बखान करते हुए उनकी सीमाओं का उल्लेख सलीके से किया है। प्रदीप सक्सेना के लेख की कुछ स्थापनाएँ राजेन्द्र यादव से मेल खाती हैं।

अनेक पेशेवर इतिहासकार उनके इतिहास-संस्कृति सम्बन्धी काम को इतिहास के फ्रेमवर्क में रखकर किया गया काम नहीं मानते। प्रदीप सक्सेना का निष्कर्ष है, 'जहाँ तक एशिया की महानता का प्रश्न है, इस पर 'ओरिएंटलिस्ट' और 200 साल पहले एडमंड बर्क, इतने विस्तार और खूबसूरती से कह चुके हैं कि डॉ. शर्मा की मान्यताएँ, अपीलें और भावनाएँ पीछे रह जाती हैं। डॉ. शर्मा का सर्वाधिक सकारात्मक पक्ष है प्रतिक्रियावादी शक्तियों के ख़िलाफ़ निरन्तर संघर्ष और सबसे नकारात्मक पक्ष है सामान्यतः सारे भारत और विशेषतः हिन्दी जाति के मार्क्सवादी लेखकों में प्रतिक्रियावादी मसाला ढूँढ़ना और उन मार्क्सवादियों की अनदेखी करना जिन्होंने उनसे पूर्व उनकी चिन्ताओं पर गम्भीरतापूर्वक उँगली रखी थी। इससे उनके समर्थकों को, जो बाहर की दुनिया से कोई वास्ता नहीं रखना चाहते और डॉ. शर्मा के लेखन को वेदमन्त्रों की तरह पढ़ते हैं, और छूट मिल जाती है। वे डॉ. शर्मा के नकारात्मक पक्षों का तो भरपूर विकास कर रहे हैं लेकिन सकारात्मक पक्षों की झलक भी नहीं देते। निश्चय ही यह समय है डॉ. शर्मा के सकारात्मक अंशों को विकसित करने का। हिन्दी जाति ही नहीं, भारत में समाजवादी परिवर्तन की शक्तियों के विकास का, मार्क्सवाद को समृद्ध करने का यही मार्ग है।' (वही, पृ. 31) आज आलोचना में ऐसी स्पष्टता दुर्लभ है और प्रकृति से विवादप्रिय होने के कारण राजेन्द्र यादव किसी सीमा तक जाकर ठीक और सही का पक्ष ले सकते हैं।

समय-समय पर राजेन्द्र यादव ने 'हंस' में ऐसी सामग्री प्रकाशित की जो सामयिक महत्त्व के प्रश्नों से जुड़ी थी और एक बड़े वैचारिक संघर्ष का हिस्सा बनती थी। अक्टूबर '94 के 'हंस' में चन्द्रा सदायत का लेख 'साहित्य में स्त्री-दृष्टि' जो उन्होंने मूलतः राजस्थान में किसी गोष्ठी में पढ़ा था। डॉ. कुमार विमल का लेख 'भाषिक पूँजी का असमान वितरण' (सितम्बर '95), 'सम्प्रदायवादी राजनीति कैसे अनर्थ करती है?' रमेश उपाध्याय, दिसम्बर '91, अयप्पा पणिक्कर का 'अश्वेत सौन्दर्यशास्त्र' (मार्च '95), मैनेजर पाण्डेय का लेख 'क्या आपने बज्र सूची का नाम सुना है?' पुरुषोत्तम अग्रवाल के भी कुछ महत्त्वपूर्ण लेख 'हंस' में आये। फिर भी यह सब मिलाकर चन्द उदाहरण भर हैं।

हरिशंकर परसाई राजेन्द्र यादव के मित्र भी थे और प्रिय लेखक भी। उनका पत्राचार भी था—गाली-गलौज की भाषा तक, जिसके पीछे उनका प्रेम हिलोरें लेता है। राजेन्द्र यादव चाहते थे कि वे 'हंस' में कोई नियमित स्तम्भ शुरू करें। लेकिन अनेक जगह अपने फँसे होने और दूसरी ज़िम्मेदारियों के कारण वे हामी भर सकने की स्थिति में नहीं थे। संजय सहाय ने 'हंस' के अगस्त '23 के अंक में परसाई-शताब्दी वर्ष पर कुछ विशेष सामग्री दी है। उसमें परसाई पर केन्द्रित विश्वनाथ त्रिपाठी का एक साक्षात्कार है। कवि नरेश सक्सेना का एक आलेख है 'पाखंड का भेद खोलने वाला रचनाकार' वे उन्हें ऐसे सूरमा की तरह याद करते हैं 'पुरजा-पुरजा कटिमरे तबहु न छोड़े खेत।' उनके निधन पर, उनके महत्त्व पर एक टिप्पणी है, 'शायद वह ऐसा ही सूर था। पचास साल हिन्दी प्रदेश की शायद ही कोई विसंगति, विषमता और विडम्बना रही हो जिस पर परसाई ने बेधक व्यंग्य न लिखा हो...वह मनुष्य की मुक्ति का रचनाकार था...' (वही, पृ. 21)

दूसरों की किताबों के उपयोगी अंश या पूर्व प्रकाशित सामयिक सामग्री—'हंस' सदैव इस सबके लिए खुला रहा। बहुत-सी पत्रिकाओं के बीच यही वस्तुतः 'हंस' को 'हंस' बनाता था, जो वह अभी भी है। जीवन्त, निर्भीक और सार्थक 'हंस' के प्रसंग में सिर्फ़ एक नारा भर नहीं था। यह 'हंस' की मूल पहचान थी जो आज भी बरकरार है।

भारतीय मध्यवर्ग और राजेन्द्र यादव के उपन्यास

देश की स्वाधीनता के बाद जो मध्यवर्ग उभरकर सामने आया, राजेन्द्र यादव स्वयं उसका हिस्सा थे और सब कुछ उन्होंने उसे ही केन्द्र में रखकर लिखा। उसी को वे सम्बोधित करते हैं क्योंकि उनका पाठक वहीं से आता है। संयुक्त परिवार और उसके कथित नैतिक मूल्य पहले ही क्षीण प्रायः होकर लगभग पूरी तरह ध्वस्त हो चुके थे। गहरे विषाद के बीच प्रेमचन्द ने उन्हें टूटते देखा था और वे कुछ नहीं कर सके थे। जिसे हम मध्यवर्ग कहते हैं उसमें भी युवा वर्ग में बहुत-कुछ ऐसा था जो बदलाव के पक्ष में खड़ा होता था और परिवर्तनकामी शक्तियों का साथ देता था, उसका हिस्सा बनकर। राजेन्द्र यादव कहते हैं, मैं यह बताना चाहता हूँ कि हममें से अधिकांश मध्यवर्गीय लोग थे। उन्हीं की सेंसिबिलिटी, उन्हीं की संवेदना और उन्हीं के अनुभव हमारी रचनाओं में आते हैं। (साक्षात्कार, संवाद और वार्ताएँ, सम्पादक विभास वर्मा, पृ. 11) अपने लेखन को व्याख्या वे 'सम्बन्धों का लेखन' कहकर करते हैं। अपनी रुचि के हिसाब से वे अधिकत्तर स्त्री-पुरुष सम्बन्धों को आधार बनाकर ही लिखते हैं। इस मध्य वर्ग में घटित बदलाव के बारे में उनका मानना है, 'पूरे इंटरक्चुअल फैब्रिक को मध्यवर्ग ने ही बनाया, वह चीज़ अब बदल रही है। बदल इस अर्थ में रही है कि उस मध्यवर्ग के पास झूठा या सच्चा, उधार का या अपना, एक भविष्य था। एक यूटोपिया था। जिसमें वह अपने आदर्श समाज की कल्पना कर सकता था। अपने आदर्श व्यक्ति की कल्पना कर सकता था। अब वह भविष्य सिर्फ़ व्यक्तिगत रह गया है यानी व्यक्तिगत महत्त्वाकांक्षाओं में बदल गया है। वह सामाजिक यूटोपिया नहीं रह गया।' (वही, पृ.18) इस यूटोपिया के अस्तित्व और निर्माण में मार्क्सवाद की एक बड़ी भूमिका देखते हैं। सन् '30 से लेकर '70-80 तक मार्क्सवाद एक बड़े 'प्रकोप' की तरह अस्तित्व में था। लोग उसके समर्थन में रहे हों, या विरोध में, केन्द्र में वही था। उसका दिया जो एक यूटोपिया अस्तित्व में था, वही जैसे छिन गया।

सोवियत संघ के विघटन के बाद, स्वाभाविक ही दुनिया एक ध्रुवीय हो गयी। अमेरिका और पूँजी का वर्चस्व बढ़ा। इसी का स्वाभाविक परिणाम भूमण्डलीकरण के रूप में सामने आया जिसने भारतीय मध्यवर्ग को पूरी तरह बदल दिया। जो युवा वर्ग पढ़ाई और विचार के लिए तब मॉस्को की ओर देखता था, वह भी अब अमेरिका की ओर देखने लगा।

सोवियत संघ के विघटन की ओर देखकर यह कहने वालों की भी कमी नहीं है कि यह विचार का बदलाव न होकर व्यवस्था का बदलाव है। मार्क्सवाद के इस कठिन दौर में भी उसके लिए संघर्ष करने वाले लोग अभी भी हैं, चाहे वे कितने भी कम हों। आज के साम्प्रदायिक और हिन्दुत्ववादी तत्वों के प्लावनकारी ज्वार का मूल कारण भी वस्तुतः यही है। रचनात्मक संकट के दौर में ही राजेन्द्र यादव ने 'हंस' का प्रकाशन शुरू किया। उनकी सारी वैचारिक ऊर्जा उसी में लगी। उसके बाद उन्होंने जो कुछ लिखा 'हंस' में ही लिखा—अधिकतर अपने सम्पादकीय वक्तव्यों के रूप में। एक भिन्न प्रसंग में 'संवाद' के सम्पादक विभास कुमार ने लिखा है, 'अचम्भित करने वाली नयी अवधारणाओं के बजाय वे अपने सिद्ध निष्कर्षों पर अड़े रहने में ज़्यादा विश्वास करते हैं।'...(वही, पृ. 8)

'हंस' का आधार बहुत व्यापक था। वह छोटे-छोटे क़स्बों तक पहुँचता था। पाठकों की उसमें व्यापक हिस्सेदारी थी। राजेन्द्र यादव ने, सम्पादक के नाते, उन्हें भरपूर महत्त्व भी दिया। उनका ज़ोर अपनी बात की सम्प्रेषणीयता पर अधिक केन्द्रित था। अपनी बात को सम्प्रेषणीय—कम्युनिकेबल—बनाने के लिए भले ही ख़ुद को दोहराना क्यों न पड़े। अपने साक्षात्कारों एवं वक्तव्यों में अनेक जगह उन्होंने अपने इस काम को दूसरे दर्जे का माने जाने का विरोध किया। उत्साहातिरेक में जब-तब उल्टे-सीधे वक्तव्य देकर उन्होंने अपने लिए दुश्वारियाँ भी मोल लीं।

राजेन्द्र यादव के उपन्यास-लेखन की शुरुआत 1952 में 'प्रेत बोलते हैं' से हुई। निषेधपरक और प्रतिक्रियावादी विचार ही वस्तुतः वे प्रेत हैं जो सामजिक विकास और परिवर्तन की गति को अवरुद्ध एवं कुण्ठित करते हैं। अज्ञेय तब दिल्ली जिस प्रकाशन संस्थान से जुड़े थे, वहीं से यह उपन्यास छपा। अज्ञेय ने इसे ध्यान से पढ़कर कुछ सुझाव भी दिये। उसके अन्त को बदले जाने पर उनका ख़ास ज़ोर था। बाद में जब 'प्रेत बोलते हैं' अपने संशोधित-परिवर्धित रूप में 'सारा आकाश' शीर्षक से प्रकाशित हुआ और वासु चटर्जी ने इसी नाम से इस पर फ़िल्म बनायी। तब अन्त को बदलने वाले अज्ञेय के सुझाव पर न सिर्फ़ राजेन्द्र यादव ने पूरी तरह अमल किया, वह काम वस्तुतः स्वयं अज्ञेय ने

ही किया। विश्वसनीयता की दृष्टि से प्रभा और अमर के बीच अबोले की स्थिति को काफ़ी कम किया गया। शहर के रूप में आगरा और कथा-स्थल के रूप में आगरा कॉलेज जैसे यहाँ अपने जीवन्त रूप में उपस्थित हैं। उपन्यास के प्रथम प्रारूप को जब 'सारा आकाश' नाम दिया गया तो इसमें रामधारी सिंह 'दिनकर' की काव्य पंक्तियों को ही आधार बनाया गया :

सेनानी, करो प्रयाण, भावी इतिहास तुम्हारा है,
ये नखत अमा के बुझते हैं, सारा आकाश तुम्हारा है।

उपन्यास के लिए बधाई देते हुए दिनकर जी ने लेखक को लिखा, उपन्यास अत्यन्त रोचक है और जगह-जगह वर्णन इतना मार्मिक हो उठा है कि कलेजे को पकड़ लेता है...आपने निम्न मध्यवर्ग की एक ऐसी वेदना का इतिहास लिखा है जिसे हममें से अधिक लोगों ने भुगता होगा...यह आग इतनी भयानक है और किस बेबसी से हम उसे पाल रहे हैं। कानून, संसद और योजना सब बेकार है, सब असमर्थ हैं।...आपने एक ऐसी समस्या के मुख से परदा खींच दिया जो सर्वानुभूति होने पर भी अधिकतर उपेक्षित चली आ रही है...(सारा आकाश, सैंतीसवाँ संस्करण, राधाकृष्ण प्रकाशन, नयी दिल्ली, 2008)

हिन्दू विवाह-प्रथा में युवाओं के माता-पिता (पितृसत्ता के चालू दौर में इसे 'पिता' ही पढ़ा जाना चाहिए, माँ तो पति छाया भर है) की जो भूमिका है, उस पर टिप्पणी करते हुए राजेन्द्र यादव लिखते हैं, 'सामाजिक सुधार करने वाले युवकों की जो पीढ़ी बीस साल पहले आयी थी, वह अपने यथार्थ से कटकर किसी न किसी मशीन का पुर्जा रह गयी है। परम्परागत विवाह की रस्में अब और ज़ोर से मनायी जाने लगी हैं। रोशनी और भाँगड़ा ज़िन्दगी की दैनिक जड़ता को घंटे भर के लिए तोड़कर फिर वहीं वापस भेज देते हैं। ब्लैक मनी की छाया में दहेज और सामाजिक हैसियत की माँग पहले से बढ़ गयी है और मेरा विश्वास दृढ़ होता जाता है कि जब तक विवाह कराने की डोर माँ-बाप के हाथों में है, 'सारा आकाश' की सच्चाई ज़िन्दा है। लड़के-लड़कियों को आपस में एक-दूसरे को समझाने की यातनाओं से गुज़रना ही है, एडजस्टमेंट की तकलीफ़ें करनी ही हैं।' (वही, पृ. 9)

पवन कुमार वर्मा ने 1997 में 'द ग्रेट इंडियन मिडिल क्लास' की रचना की थी। इसका हिन्दी अनुवाद अभय कुमार दुबे ने किया था। अंग्रेज़ी और हिन्दी दोनों में ही पुस्तक का जो अभूतपूर्व स्वागत हुआ, वह अपने में एक उदाहरण है। पवन वर्मा ने लिखा है कि उन्होंने इस वर्ग को बहुत निकटता और अन्तरंगता से देखा है। इस वर्ग की जिजीविषा और ऊर्जा ने उन्हें गहराई

से प्रभावित किया है। 1991 में सोवियत संघ के विघटन के परिणामस्वरूप एक-ध्रुवीय दुनिया और मुक्त पूँजी के सन्तरण ने जिस शहरी भारत को जन्म दिया, वह कोई रातों-रात बन जाने वाली सामाजिक संरचना नहीं थी। उसका एक अतीत और इतिहास था। आज़ादी के बाद के पचास वर्ष ख़ास तौर से पवन वर्मा के विवेचन के केन्द्र में हैं। भारत विश्व के एक बड़े बाज़ारों में था। जो शहरी भारत यहाँ विवेचना के केन्द्र में है वह अपने आप में दुनिया के तीसरे सबसे बड़े देश के बराबर है।

अपनी शारीरिक दुर्घटना के दौर में, जो यौवन की देहरी छूते किसी भी व्यक्ति के लिए बहुत ऊर्जस्वित और उर्वर दौर होता है, राजेन्द्र यादव ने भी काग़ज़ और क़लम के सहारे अपने लिए राह बनाने की कोशिश की। उनकी रचनावली के खण्ड 5 में जो पाँच उपन्यास संकलित हैं, 'शीर्षक विहीन उपन्यास', 'भूतहा मकान', 'भूत', 'नेपथ्य' और 'उधार की ज़िन्दगी' उनके प्रसंग में लेखक और रचनावली की सम्पादिकाओं ने कोई टिप्पणी नहीं की है। वे वस्तुतः इसी दौर में लिखे गये उपन्यास हैं। उसके बाद एक लम्बे कालखण्ड में जिनके प्रकाशन का कभी कोई प्रयास लेखक ने नहीं किया। प्रयोगशीलता की जो प्रवृत्ति एक तरह से राजेन्द्र यादव की पहचान बनी, उसकी झलक इन आरम्भिक प्रयासों में भी मिल जाती है। 'शीर्षक विहीन उपन्यास' पत्र-शैली में है, तो उसकी भूमिका की शैली भी वही है। कभी कहीं राजेन्द्र यादव ने इसका भी उल्लेख किया है कि हिन्दी-उर्दू की तिलिस्मी कहानियाँ पढ़कर उन्होंने स्वयं भी एक तिलिस्मी उपन्यास लिखा था। उनकी यह सारी रचनात्मक क्रियाशीलता एक बन्द सोते के फूटने की तरह ही है। इसी तरह 1946 में लिखित उपन्यास 'एक था शैलेन्द्र' वस्तुतः इसी कारण उल्लेखनीय है कि लेखक ने केवल सत्रह वर्ष की उम्र में उसे लिखा था। पहली बार उसका प्रकाशन, उसके लिख जाने के साठ साल बाद 2006 में हुआ।

उपन्यास के फ़्लैप पर राजेन्द्र यादव ने जो टिप्पणी लिखी है, वह उनके उस समय को समझने में मदद करती है। आज इतने अरसे बाद वे उस सोलह-सत्रह वर्ष के युवक को पहचान पाने में भी असमर्थता ज़ाहिर करते हैं, जिसने यह उपन्यास लिखा था। वे लिखते हैं, 'कौन थे यह युवा? कैसे थे उनके भावनात्मक द्वन्द्व, सपने और हताशाएँ? उनकी सारी दुनिया गुलाम भारत के मुक्ति-संघर्ष के अन्तिम चरणों में बनी-बिगड़ी थी। दूसरा महायुद्ध अन्तिम स्थिति में था—अंग्रेज़ों को पराजित करने वाला हिटलर भारतीय नौजवानों का हीरो था। सुभाष चन्द्र बोस के पलायन की रोमांचक कहानी रोंगटे खड़े कर देती थी।' राजेन्द्र यादव

अपने उपन्यास की भाषा को 'फूहड़ अनगढ़ अपठनीय' भाषा और शिल्प में लिखा गया उपन्यास मानते हैं। लेकिन फिर भी उन्हें लगता है कि तत्कालीन युवा-मन के समाजशास्त्रीय अध्ययन की कुंजी जैसा कुछ यह कर सकता है। हवा में आज़ाद हिन्द फ़ौज की सरासराहट थी। केप्टन शहनबाज़ ढिल्लों और लक्ष्मी सहगल पर लाल क़िले में मुक़दमे चल रहे थे। स्वयं जवाहरलाल नेहरू ने आज़ाद हिन्द फ़ौज के सेनानियों के मुक़दमे की पैरवी एक वकील के रूप में की थी। देश के अनेक बड़े नेता फ़रार थे। युवकों में कुछ करने के बलबले भले ही रहे हों, लेकिन न अवसर थे और न ही कोई तैयारी। वस्तुतः उसी दौर के एक ऐसे ही परिवार के युवक की यह कहानी है। यह अकारण नहीं है कि उपन्यास के शीर्षक के नीचे लेखक ने लिखा है : 'अविकल और असम्पादित'।

हिटलर को उस दौर के युवकों का हीरो बताना भी ग़लत और अतिरंजित वक्तव्य है। अरुणा आसफ़ अली सहित जिन लोगों की फ़रारी का उल्लेख उन्होंने किया है, '42 की क्रान्ति और '46 का नाविक विद्रोह इनमें से किसी पर हिटलर का प्रभाव नहीं दिखता। हिटलर का प्रभाव नागपुर में राष्ट्रीय स्वयंसेवक संघ और दूसरे हिन्दुत्ववादी संगठनों पर बेशक था। गांधी जैसे अहिंसावादी नेता का भी उद्‌घोष था—करो या मरो। जिन लोगों का हीरो हिटलर था, वे ही गांधी की हत्या के ज़िम्मेदार थे। उनके सिर पर सावरकर जैसे नेताओं का हाथ था—सहयोग, संरक्षण और आशीर्वाद का। कोर्ट द्वारा 'सन्देह का लाभ' मिलना अपराध से बरी होना नहीं होता।

सन्धि के विरुद्ध जाकर हिटलर ने सोवियत-संघ पर आक्रमण किया। सोवियत जनता की प्रतिरोध-क्षमता अपने में अकल्पनीय थी। कोई परिवार ऐसा नहीं था जिसने अपने लोगों को खोया न हो। अन्ततः अपनी प्रतिरोध-क्षमता के कारण वे विजयी हुए और हिटलर को सोवियत-संघ से भागना पड़ा। अपने लिए विशेष तौर पर बनवाये गये सुरक्षा बंकर में ही उसकी मृत्यु हुई—अपनी प्रेमिका के साथ आत्महत्या के रूप में। इसे युवकों ने तानाशाहों के विरुद्ध एक प्रच्छन्न चेतावनी के रूप में लिया। भारत के युवाओं का हीरो हिटलर नहीं, वही सोवियत-संघ था जिसने बहुत कुछ खोकर भी हिटलर को भगाया और आत्महत्या के लिए मजबूर किया।

मराठी लेखक राव साहब कसबे ने सावरकर के परिवार और उनके व्यक्तिगत जीवन के बारे में भी कुछ स्तम्भित कर देने वाले तथ्यों का उल्लेख किया है। वे लिखते हैं, 'उनकी माता केवल गोमांस का ही भक्षण नहीं करती थीं, बल्कि कई मौक़ों पर शराब भी पीती थीं।' (हिन्दू राष्ट्रवाद : सावरकर और राष्ट्रीय

स्वयंसेवक संघ (भारतीय राजनीति की एक अन्तःकथा) संवाद प्रकाशन, मेरठ, संस्करण 2022, पृ. 265)

सावरकर के बारे में कसबे लिखते हैं, 'उनके आचरण और व्यवहार के सम्बन्ध में रत्नागिरि से जो गुप्त रिपोर्ट भेजी जाती थी उसमें उनके इस प्रकार के आचरण की जानकारी दी जाती थी (उनके कामुक व्यवहार की ओर संकेत है) और यह सब लेखाभिगार के वास्तविक दस्तावेज़ों में मौजूद है।' (वही, पृ. 213)

मिसेज़ तेजपाल के रूप में 'कुंलटा' की कहानी प्रथम पुरुष में लेखक द्वारा कही गयी है, जिसमें उसकी सहायता पत्नी बीनू भी करती है। मिसेज़ तेजपाल, एक बर्मी माँ और पंजाबी पिता की सन्तान है—अपरूप सौन्दर्य और फुंकारते अहं की स्वामिनी। कम्पनी के काम से जब नरेटर को कलकत्ता जाना होता है, स्वाभाविक रूप में उसके पाँव कॉफ़ी हाउस की ओर उठ जाते हैं। कलकत्ता उसके लिए नया नहीं है। वर्षों वह यहाँ रहा है और कॉफ़ी हाउस ही उसकी अड्डेबाज़ी का मुख्य ठौर था। वहीं कॉफ़ी हाउस में उसकी निगाह अचानक मेजर तेजपाल पर पड़ती है, 'घुसते ही निगाह मेजर तेजपाल पर गयी। हाँ, वे ही थे। आईनों जड़े खम्भे की तरफ़ मुँह और दरवाज़े की तरफ़ पीठ किये वे ही बैठे थे। लेकिन कपड़े साधारण नागरिकों के थे। दोनों हाथ पंजों तक अपनी पैंट को जेबों में अटकाये, कुहनियाँ इधर-उधर निकाले वे शीशे में देख-देखकर इस तरह हँस रहे थे, जैसे कोई उनकी बग़ल में गुदगुदी कर रहा हो। ...हाँ, तेजपाल ही तो हैं। मगर वे और कॉफ़ी हाउस में? सो भी ऐसे ढीले-ढीले बैठकर यों हँसते हुए! जैसे अपने मन से यही बात हटाने के लिए मैंने गर्दन ऊँची करके सारी मेज़-कुर्सियों पर निगाह डाली। इसे तो वे दुनिया भर के आवारा और लफंगों का अड्डा कहा करते थे।...' (राजेन्द्र यादव रचनावली-2, पृ. 385/386)

मिसेज़ तेजपाल, एक झटके में, मेजर तेजपाल के फ़ौजी आतंक और कड़क व्यवहार को तोड़कर फेंक देती हैं। शिवदान सिंह चौहान ने आकाशवाणी दिल्ली के लिए लिखित अपनी समीक्षा में राजेन्द्र यादव के इस उपन्यास की ख़ासी सराहना की है। मिसेज़ तेजपाल के प्रसंग में वे तोल्सतोय की अन्ना को याद करते हैं जो अपने पति से प्रेम नहीं करती। मिसेज़ तेजपाल की त्रासदी भी अन्ना की तरह ही, दो विपरीत प्रकृतियों एवं प्रवृत्तियों की त्रासदी है। शिवदान जी लिखते हैं, 'जब उससे अपनी अभावग्रस्त ज़िन्दगी का खोखलापन बर्दाश्त नहीं हुआ तो वह अपने पति की अनुपस्थिति में एक पत्र छोड़कर उस तरुण वॉयलिनिस्ट के साथ चली गयी जिससे उसे प्रेम था। मेजर तेजपाल को इस घटना से इतना सदमा पहुँचा कि वे पागल हो गये। दाम्पत्य जीवन में प्रेम का बन्धन

न होने पर जो अभाव, वैषम्य, असामंजस्य और विक्षोभ पैदा हो जाता है, उसकी कहानी को राजेन्द्र यादव ने बड़े कलात्मक ढंग से उपन्यास में पेश किया है। उच्च मध्यवर्गीय जीवन, जिसमें फ़ौजी अफ़सरों का जीवन भी सम्मिलित है, की पर्याप्त जानकारी लेखक को है।'... फिर कहानी के दृष्टिबिन्दु पर अपनी आपत्ति जताते हुए वे लिखते हैं, 'मेरा विचार है कि मिसेज़ तेजपाल जैसी आधुनिक नारी की कहानी, इस तरह के उच्छृंखल जैवीय स्तर पर सोचने वाले, किन्तु साथ ही पिछड़े रूढ़ संस्कारों से पीड़ित व्यक्ति के मुख से नहीं कहलवानी चाहिए थी क्योंकि ऐसा व्यक्ति मिसेज़ तेजपाल के जीवन और उसके मानवीय समाधान के प्रति सहानुभूति और उदारता से नहीं सोच सकता।' (18 उपन्यास, राजेन्द्र यादव, पृ. 232) राजेन्द्र यादव किंचित् रोषपूर्ण लहजे में अपनी प्रतिक्रिया व्यक्त करते हुए लिखते हैं, 'यह ग़लत है कि 'कहानी कहने वाला पात्र' मिसेज़ तेजपाल को 'कुलटा' कहता है। 'कुलटा' एक गाली है जो मिसेज़ तेजपाल के लिए बीनू के माध्यम से पूरा वर्ग देता है। कहानी कहने वाला तो उसके औचित्य को जाँचने के लिए सारी कहानी को फ्लैशबैक में देखता है। अगर मिसेज़ तेजपाल को अभिधा में ही 'कुलटा' सिद्ध करना कहानी का लक्ष्य है तब तो उचित यह होगा कि लेखक लिखने का काम तुरन्त बन्द कर दे। इतना अभिधावादी आलोचक किसी समय हिन्दी के प्रमुख आलोचकों में से रहा है, विश्वास करने का मन नहीं करता।' (वही, पृ. 233/234) अपने पहले उपन्यास 'प्रेत बोलते हैं' से ही राजेन्द्र यादव ने मध्यवर्गीय, जिसे वे फ्लोटिंग मध्य वर्ग कहते हैं और जिसके अनेक स्तर एवं वर्ग हैं, विद्रूपताओं और जड़ता की तीखी आलोचना से अपनी रचना-यात्रा शुरू करते हैं। मिसेज़ तेजपाल की सुन्दरता और सुघड़ता का लेखक जैसा वर्णन करता है, उसके लिए उनके दो चित्र पर्याप्त होंगे :

'मैंने देखा, मिसेज़ तेजपाल के चेहरे पर एक अजीब तरह की चमक है। इस चमक का सम्बन्ध मैं हमेशा अभिनेत्रियों से जोड़ता रहा हूँ, क्योंकि बहुत अधिक मेकअप करने से उनकी खाल अस्वाभाविक रूप से चमकने लगती है। मुझे यह चमक कभी अच्छी नहीं लगी। लगता है जैसे खाल के ऊपर प्लास्टिक का पारदर्शी खोल चढ़ा दिया हो। वे शायद चौके से आयी थीं, और वहाँ गर्मी थी। फिर भी बाल-वाल सफ़ाई से बने थे और होंठों पर जैसी सावधानी से लिपस्टिक का स्पर्श दिया गया था, उससे लगता नहीं था कि वे चौके से आ रही हैं। वे आसमानी सलवार और कुर्ते में थीं। पैरों में सफ़ेद कामदार, हल्की जूतियाँ और गले में सफ़ेद मलमल दूधिया दुपट्टा।' (राजेन्द्र यादव रचनावली-2, पृ. 393)

'लम्बी-लम्बी बरौनियाँ, सुती हुई नुकीली नाक और चाकू से तराशे हुए से पतले-पतले होंठ और उभरे हुए गाल, जिन्होंने उनके चेहरे को ऐसी अभिव्यंजना दे दी थी मानो वे मुस्करा रही हों। माथे पर छोटी-सी बिन्दी और कटे हुए बाल। इस मज़ाक़ से बीनू को लगा कि मैं कहीं बुरा न मान जाऊँ, इसलिए हँसते हुए भी उसने आँखें तरेरकर रणधीर की ओर देखा। हँसी रुक जाने के बाद जैसी एक स्थिर जड़ता आ जाती है, वैसा ही उस समय छा गयी। मिसेज़ तेजपाल एक पाँव के घुटने पर हाथ के पंजों को आपस में फँसाये, कुहनियों को गोद में रखे वे धीरे-धीरे चप्पल में अँगूठों को उठा-गिरा रही थीं। हाथों को इस तरह रखने में कलाइयाँ सामने आ गयी थीं। उन्होंने घड़ी पर जब-जब भी बड़े बेमालूम तरीक़े से निगाह डाली मुझसे छिपा नहीं रहा। मैं उनकी पतली-पतली सुन्दर अँगुलियों, रंगे हुए नाखूनों और अँगूठी पर निगाह जमाये रहा।' (वही, पृ. 400/401)

राजेन्द्र यादव को लिखे एक पत्र में नामवर सिंह ने 'कुलटा' के प्रसंग में जैनेन्द्र कुमार के 'त्यागपत्र' की मृणाल को याद किया है। वे लिखते हैं, 'मिसेज़ तेजपाल और मृणाल के 'केस' पर तुमने विचार किया है? फ़र्क़ इतना ही है कि मृणाल का पति पागल नहीं होता और मेजर तेजपाल पागल हो जाते हैं। ब्योरे में शायद और भी अन्तर मिले—जैसे मृणाल का पूर्व प्रेमी एक डाक्टर है और मिसेज़ तेजपाल का एक बायलिनिस्ट! 'कुलटा' में भी नरेटर ने वही रोल अदा किया है जो 'त्यागपत्र' में मृणाल के भतीजे प्रमोद ने किया है जो आरम्भ में अपेक्षाकृत अबोध बालक है और जिसकी अबोधता ने कहानी के 'नैरेशन' में सहज बारीकी पैदा कर दी है।' (राजेन्द्र यादव रचनावली-10, पृ. 401)

मिसेज़ तेजपाल की सौन्दर्य-चर्चा के प्रसंग में उनकी टिप्पणी है इस कहानी के भावपूर्ण प्रसंग वे हैं जहाँ तुमने मिसेज़ तेजपाल के सौन्दर्य तथा उस सौन्दर्य सम्बन्धी मानसिक प्रतिक्रिया का वर्णन किया है और इस वर्णन में तुमने कहानी का अपना मार्ग छोड़कर कविता का मार्ग पकड़ा है। लगता है एक नारी की सौन्दर्य प्रशस्ति के लिए ही तुमने यह कहानी लिखी है। हुज़ूर यह कहानी है, Ode to Beauty नहीं। ख़ैर, छूटने कुछ न पाये, जितना मालूम है सब एक कहानी में ठूँस दिया जाये। उर्दू की ग़ज़लें, नज़्में, सिनेमा के चलते गाने, एक्ट्रेसों के नाम, कथाकारों की समीक्षा ताकि छात्रों को 'राजेन्द्र यादव की बहुज्ञता' शीर्षक निबन्ध लिखने में सुविधा हो। यह है 'कुलटा' की तात्कालिक प्रतिक्रिया। यदि नाराज़ होकर बैठ न जाओ तो इस सम्बन्ध में फिर लिखूँगा। तुम नहीं समझ सकते, कितनी पीड़ा के साथ यह सब लिख रहा हूँ।' (वही, पृ. 402) नामवर सिंह ने राजेन्द्र यादव द्वारा जगह-जगह शेरों की ग़लत-बयानी के लिए भी अफ़सोस

जताया है। वे सलाह देते हैं कि यदि शेर सही नहीं लिख सकते तो गद्य से ही काम चलाओ।

प्रयोगशीलता राजेन्द्र यादव की अपनी एक ख़ास पहचान तो है ही, वह उनकी रचनाशीलता का हिस्सा भी है। उपन्यास ही नहीं पात्रों के रूप में लेखक को लिखे पत्र में भी वे यह कौतुक करते हैं। पत्र-शैली में उन्होंने उपन्यास ही नहीं, उसकी भूमिका भी लिखी है। उनका 'शह और मात' डायरी की शैली में लिखा गया है। उनकी 'दीदी' उनके लिए एक आकर्षक और बहुआयामी पात्र थीं। 'एक इंच मुस्कान' से लेकर 'शह और मात' सहित और भी कई जगह उन्होंने उन्हें गढ़ा और तराशा है। 'शह और मात' में सुजाता के रूप में वस्तुतः उन्हीं की कहानी है। डायरी शैली में लिखे गये उपन्यास की भूमिका भी, लेखक की अपनी डायरी ही है। 10 जुलाई '58 की तारीख़ में उनकी टीप है, 'अंग्रेज़ी अक्षर 'एस' से शुरू होने वाले नामों में, पता नहीं क्या है कि मैंने उनसे हमेशा ही कुछ न कुछ पाया ही है। ...सुजाता को ही लीजिए। कथाकार सुजाता जी की मृत्यु का समाचार मुझे एक विचित्र-से सन्तुष्ट उल्लास से भर गया है। अब मैं निर्द्वन्द्व होकर उनकी डायरी के इन कुछ पन्नों को पाठकों के सामने रख सकूँगा। पिछले दिनों मैं उनसे मिलते कतराता था। देखते ही पूछतीं : 'राजेन्द्र तू लाया नहीं मेरी डायरी?' मैं टाल देता, 'दीदी कहीं काग़ज़-पत्रों में रख दी है। उन्हें किसी दिन सँभालूँगा तो ले आऊँगा। मुझे, करना भी क्या है उनका?' वे आशंका और खुशामद से कहतीं : 'देख भैया उसमें जाने क्या-क्या बचपने की उल्टी-सीधी बातें लिखी हैं। मैंने खुद उन पन्नों को एकाध बार कहानी का रूप देने की सोची। फिर जाने क्या सोचकर रख दिया।' बात सच है। सुजाता और उदय के सम्पर्क की यह डायरी उन दिनों का चित्र सामने लाती है जब वे स्वयं एम.ए. में पढ़ रही थीं और सुजाता जी के ही शब्दों में, 'उदय अपने उस काल से गुज़र रहे थे, जिसे सफल लेखक आगे जाकर 'संघर्ष के दिन' कहता है...' (शह और मात, भारतीय ज्ञानपीठ, दुर्गाकुंड रोड, वाराणसी, संस्करण 1959, पृ. 9) जो सुजाता जी नहीं कर पायीं, उसे पूरा करने का सन्तोष मुझे ज़रूर है; लेकिन मन के भीतर जाने क्यों, कोई अपराध-भावना भी कचोट उठती है। शायद इसी भावना से किसी हद तक बचने के लिए मैंने निश्चय किया है कि आवश्यक प्रसंगों या अप्रासंगिक बातों का निर्ममता से सम्पादन कर डालूँगा। सुजाता जी की आत्मा के प्रति क्षमा-प्रार्थी हूँ।

4 नवम्बर '58 की टीप है :

'जैसे-तैसे आज उपन्यास पूरा कर डाला है। बीच में टाइप रुक गया था।

पता नहीं अंकुश बाहरी थे या भीतरी। जैसे सिगार जलता है, मन्द-मन्थर सुलगता रहता है, शायद कुछ उसी तरह इस कहानी की गति हो गयी है... आवेश और उत्तेजना से पागल मनोभावों और घटनाओं की आकस्मिकता से भरी हुई कहानियाँ पढ़ने वाला कथा-रसग्राही पाठक, पता नहीं इसे पढ़ भी पायेगा या नहीं...न तो कहीं बाढ़ पर आयी नदी के भावावेगों की दनदनाहट और न ऑस्कर वाइल्डीय भाषा में शरत की कहानी के आँसू बहाते पात्र... मनोरंजन और रोचकता का कोई भी फार्मूला नहीं है। अपने पाठक पर मुझे कभी भी अविश्वास नहीं रहा (वही तो मेरा बल है) लेकिन हर क्षण 'नाटक' को समझने की कोशिश में लगे, इस कहानी के पात्रों को कहाँ अपना बना सकेगा—यही ज़रा शंका है...प्रथम पुरुष डायरी में लिखी गयी कहानी में घटना सीधे रूप में न आकर स्मृतियों और मूड्स में प्रतिफलित होकर आयी है—कहीं हल्का-सा प्रतिबिम्ब भर है। जहाँ तल गहरा होता है वहाँ धारा का प्रवाह खुद ही मन्थर नहीं हो जा...' (वही, पृ.11)

सुजाता की डायरी शुरू होती है—वर्ष के उल्लेख के बिना : सोमवार 3 जून से।

उपन्यास की प्रयोगशीलता और बढ़ जाती है, या शायद प्रयोगशीलता को बढ़ाने के लिए ही, प्रविधि के तौर पर, उदय की डायरी का फाड़ा हुआ पन्ना भी अन्त में दिया गया है। राजेन्द्र यादव के सम्बन्ध में इस शिकायत को प्रायः ही दोहराया जाता रहा है कि उनके पात्र उन्हीं की भाषा बोलते हैं। यहाँ भी चेख़व के नाटक 'सीगल' का पात्र त्रिगोनिन का उल्लेख हुआ है जिसके अन्दर बैठे 'मेर' इस शाश्वत दर्द को समझ पाता।

'काश, एक क्षण भी ऐसा होता जो मेरा 'अपना' होता...जिसके पीछे यह भावना न होती कि इसे किसी पात्र को दे देना है! यह केवल मेरा 'अपना' है। सुजाता ने स्वप्न-भंग की उस वितृष्णा में ठीक ही कहा था कि 'इट्स नॉट ए फ़ेयरगेम'। सच ही यह ईमानदारी का खेल नहीं है। क्योंकि मैं ऐसे मालिक का दूत बनकर सुजाता के सामने आया जो मुझे यहाँ छोड़कर खुद जाने कहाँ खो गया है। अब तो यह भी याद नहीं कि उसने यह काम मुझे सौंपा भी था या नहीं....समझ में नहीं आता, अब सुजाता को मुँह कैसे दिखाऊँगा?' (वही, पृ. 291)

राजेन्द्र यादव का अपना वक्तव्य 'शह और मात' को लेकर यह है, ''शह और मात' मेरी समझ में उदय की, और केवल उदय की, मानसिक उलझन की कहानी है। न वह अपर्णा की है, न सुजाता की। सच पूछा जाये तो उसमें दूसरा कोई आता ही नहीं। बाकी सब निमित्त भर हैं। उदय लेखक है, साथ ही

व्यक्ति भी। उपन्यास व्यक्ति और लेखक का द्वन्द्व अर्थात् 'कर्ता' और 'द्रष्टा' के आपसी सम्बन्धों और संघर्षों का रूपक है जिसे आज की भाषा में विषयनिष्ठता और पात्र-निष्ठता की समस्या कहेंगे। और इसे ही उदय ने अपनी डायरी के अस्त-व्यस्त पन्नों में बताने की कोशिश भी की है। व्यक्ति उदय सुजाता को प्यार करता है और लेखक उदय उसे अपने प्रयोग का माध्यम बताता है—इस प्रयोग में वह उतना ही निर्दय और निःसंग है जितना कोई भी वैज्ञानिक अपने चूहों और खरगोशों के लिए होता है। हमारे लिए दूध पिलाती गाय या कुतिया वात्सल्य और त्याग की ममतामयी माँ का आदर्श भले ही रखती हो—वैज्ञानिक के लिए वह प्राकृतिक क्रिया भर है—और उसमें उसके लिए 'दिव्य' और 'अनोखा' या 'ममता' और 'वात्सल्य' जैसा कुछ नहीं होता। उदय मानता है कि—व्यक्ति के लिए प्यार और भावनाओं के कोमलतम आत्मीय-क्षण हैं, वह लेख के लिए, 'मसाला' भर है। और जब एक ही आदमी को दोनों कर्म साथ करने हों तो ट्रैजेडी कैसी भयंकर हो जाती है, मेरा ख़याल है कि इसे हर लेखक अनुभव करता है। मैंने इस स्थिति को शतरंज की चालों जैसा माना है।' (18 उपन्यास, पृ. 197)

राजेन्द्र यादव का मानना है कि डायरी अपने ही अन्तर और अतीत में झाँकने का माध्यम है। डायरी चूँकि अपने एकाकी और शान्त क्षणों में लिखी जाती है, सम्पर्क के व्यक्तियों-पात्रों के सूक्ष्म और कलात्मक प्रस्तुति की लेखक को भरपूर सुविधा होती है। भले ही यह सच हो, लेखक इसे डायरी शैली में लिखा गया हिन्दी का पहला उपन्यास मानता है। उसके सार्थक होने को लेकर वह प्रश्नवाचक चिह्न के बावजूद, उसका मानना लगभग यही है। बहुत अधिक प्रयोगशीलता कहीं न कहीं उपन्यास के पाठकों को अकारण भ्रमित तो करती है। यह उपन्यास को सादगी और सहजता की गरिमा से दूर भी करती है। उसकी सबसे बड़ी सीमा तो यही है कि अपने जिन पाठकों के रचनात्मक संस्कारों पर आपको इतना विश्वास है, उन्हीं को कथा के पाठ के अन्तर्निहित आशयों को समझाना और बताना होता है।

राजेन्द्र यादव के 'प्रेत बोलते हैं' का विस्तार अनेक स्तरों और रूपों में उनके परवर्ती लेखन पर भी लक्षित किया जा सकता है। उनके 'अनदेखे अनजान पुल' एक मध्यवर्गीय युवती विधु या निन्नी के हीनता-बोध की कहानी है। निन्नी साँवले रंग की औसत कद-काठी की लड़की है। ऐसी लड़की के विवाह में कैसी और किस प्रकार की समस्याएँ आती हैं और वे समस्याएँ हमारे मध्यवर्गीय युवकों

की महत्त्वाकांक्षाओं से जुड़कर कैसा विद्रूपित रूप धारण करती हैं, इसे निन्नी ने जाना-झेला है।

'अनदेखे अनजान पुल' पर ममता कालिया का आलेख मँगवा किस तरह उन्हें बताये या उनसे पूछे बिना ही, राजेन्द्र यादव ने उसका रूप बदलकर निन्नी के लेखक को लिखे पत्र के रूप में प्रकाशित करवाया। ममता के लिए यह आसमान से ज़मीन पर गिरने जैसी स्थिति थी। ममता कालिया निन्नी के बारे में सवाल उठाती हैं, 'निन्नी की अपेक्षाओं, कुण्ठाओं और प्रतिक्रियाओं में इतना घोर बचकानापन क्यों है? मसलन, सागर को वह थोड़ी-बहुत छेड़-छाड़ का साधन समझती है, पर जब वह भी उसे 'साधन' से अधिक नहीं मानता तो वह फूट-फूटकर रो पड़ती है। उपन्यास में वह एम.ए. की छात्रा बतायी गयी है, पर उसकी उम्र चौदह वर्ष से अधिक नहीं मालूम होती। आप उसकी संवेदनाओं को उतनी ही प्रखर रखते हुए भी उसे कुछ सन्तुलन, कुछ स्थिरता दे सकते थे। अगर दर्शन से उसके परिचय का परिणाम वह 'उद्भास' जो उसके आन्तरिक व्यक्तित्व की एक-एक भीतरी परत को आलोकित, शीतल करता हुआ निरन्तर ऊपर उठता चला जा रहा है, तो दर्शन का 'विवाह' मात्र क्यों इतना बड़ा विभ्रम बन उसे बदहवास कर देता है?

इस विभ्रम में जीना निन्नी की दिनचर्या बन जाता है। फिर उसकी बीमारी की हालत में दर्शन का आना, उसी अकुण्ठित ढंग से मिलना, बात करना, निन्नी के अन्तर की सर्द परतें उचाल देता है। फिर आती है सौन्दर्य की परिभाषा, निन्नी का सहमकर आता नया विश्वास और उसका 'कॅथार्सिस'। हाँ, 'बीमार पगडण्डी' आपका सबसे सुलझा, संयत और मँजा हुआ भाग है।...निन्नी के परिवर्तन में चुम्बन प्रतीक बनकर आता है, एक जो 'निषिद्धि' में से ढूँढ़ा 'वर्जित फल' था और दूसरा जो व्यक्ति का व्यक्ति के प्रति उमड़ते विश्वास, आस्था और सहज अनुराग का प्रमाण। यदि आप पूरे उपन्यास में इसी प्रतीकात्मकता को 'परिणति' की धुरी बनाते तो 'अनदेखे अनजान पुल' सम्भवतः ज़्यादा प्रभाव छोड़ता। पर शायद लेखक की आँख कभी-कभी 'फ़ाइन फ्रेन्जी' में उलझ सकती है। (18 उपन्यास, पृ. 238)

उपन्यास की रचना-प्रक्रिया और उपन्यास लेखन में अपने विचार परिवर्तन और विकास पर टिप्पणी करते हुए राजेन्द्र यादव लिखते हैं, 'वस्तुतः जिन दिनों मैं उपन्यास को लिख रहा था उन दिनों इसका नाम दिया था 'एक चुम्बन'। लेकिन हमेशा यह डर बना रहता था कि यह नाम उपन्यास को एक अवांछनीय धरातल दे देगा। 'टीन एजर्स' को चुम्बन शब्द में ही एक थ्रिल और गोपनीयता

की गन्ध मिलती है। उनके लिए एक ओर जहाँ यह क़ाग़ज चढ़ाकर एकान्त में पारायण करने वाली मनोरंजक रचना हो जायेगी, वहीं संस्कारी पाठक चुम्बन नामक क्रिया को ही उपन्यास की धुरी मानकर पढ़ेगा जिस तरह चेख़व की कहानी 'द किस' को पढ़ता है। ...यों चेख़व की कहानी मेरे ध्यान में ज़रूर थी, लेकिन मैं उससे नितान्त अलग एक दूसरी ही बात कहना चाहता था। उन दिनों मुझे नीत्शे पढ़ने की धुन सवार थी 'दस्र स्पेक जरथुस्त्र' में सुपरमैन के सिलसिले में पढ़ते हुए (जैसा कि सन् '30 के भारतीय बुद्धिजीवी को पागलख़ाने की हद तक लगता था) मुझे भी आभास होता कि मैं सुपरमैन के अवतार का माध्यम भी हूँ और स्वयं सुपरमैन भी हूँ। साथ ही इस बात की चेतना भी थी कि नीत्शे तत्त्व-द्रष्टा दार्शनिक नहीं, राष्ट्र और रक्तार्थ का दार्शनिक है। हाँ लहज़ा वह ज़रूर, मैटाफिजिकल दार्शनिक का बनाये रखता है। जर्मन राष्ट्र, आर्यरक्त की कड़वी गन्ध के बावजूद विशेषकर इस कृति की कविता मुझे मुग्ध किये थी। एक जगह उसमें पढ़ा, 'मनुष्य की महानता यही है कि वह अपने में अपना लक्ष्य और ध्रुव नहीं है, वह केवल एक सेतु है। उपन्यास समाप्त किये मुझे चार-पाँच महीने हो चुके थे, लेकिन लगा कि इन्हीं पंक्तियों में से अपनी कहानी के कथ्य को अभिव्यक्त कर सकने वाला शीर्षक लिया जा सकता है। मनुष्य सेतु है और अपने पार जा सकता है, अपने से ऊपर उठ सकता है—जाने कितने हैं जो अपने भीतर की खाइयों और गड्ढों को लाँघ आये हैं, शायद कहीं न कहीं हर आदमी आता है। वर्ना वह उन्हीं में डूब गया होता। उठने का प्रयत्न ही इस कहानी का मूल कथ्य है।' (वही, पृ. 241)

यह नीत्शे ही है जो कहता है कि जिस आदमी के पास जीने का कोई कारण है, वह व्यक्ति हर किस्म के हालात बर्दाश्त कर सकता है। He who has a why to live for can bear with almost any how. (साहित्य-संजीवनी, जंग बहादुर गोयल, आधार प्रकाशन, पंचकूला, संस्करण 2023, पृ. 39)

प्रतीकों के प्रति राजेन्द्र यादव का आग्रह निन्नी के चित्र से हो सकता है, 'दिल्ली के स्टेशन पर जब निन्नी उतरी तो वह तिलचट्टा सीधा था और लम्बी-लम्बी सूँडे हिलाकर आने वाले ख़तरे को सूँघ रहा था। मकड़ी ने उस वक़्त तक जाला नहीं बनाया था और सच पूछो, तो निन्नी को पता भी नहीं था कि मकड़ी यहाँ जाला बनाने लगेगी। पीछे क़िले जैसा स्टेशन और सामने मोटर-ताँगों-रिक्शों की भीड़, एक खद-बद-खद-बद करता हुआ सागर! सब कुछ कितना नया और अकल्पनीय! निन्नी चकित-उच्छ्वसित भी थी और ऐसा भी लग रहा था कि वह दिल्ली के बारे में बहुत पढ़ या सुन चुकी थी, बल्कि

उसकी प्रकृति ही कुछ ऐसी हो गयी थी कि उसे कुछ भी अप्रत्याशित नहीं लगता था—कोई भी घटना, कोई भी व्यक्ति, कोई भी बात या स्थान... उसके भीतर के उस तिलचट्टे ने उसे इतना आत्मसजग और चौकन्ना बना दिया था कि वह हर शॉकिंग बात के लिए तैयार रहती थी।' (राजेन्द्र यादव रचनावली-3, पृ.403)

जिन दिनों दर्शन के पत्र आते थे, निन्नी जैसे हवा में उड़ती थी, 'उन दिनों उसके कपड़े अच्छे होते थे, बोलने में मिठास थी, मुस्कराने में कला थी और व्यवहार में स्निग्धता थी मानो वह हमेशा शीशा सामने रखे अपने को किसी के लिए 'तैयार' किया करती थी, मानो यह काल वह नाटक के विंग में बैठकर बिता रही है और किसी क्षण उसे स्टेज पर बुलावा आ सकता है। अक्सर वह फ़िल्मी पत्र-पत्रिकाओं में पढ़ा करती थी कि अमुक अभिनेत्री अपनी नाक दुरुस्त करवाने अमेरिका गयी, फलानी अभिनेत्री के मुँह पर चेचक के दाग थे, प्लास्टिक सर्जरी से ठीक हो गये, बम्बई में एक ख़ास ढंग की मालिश होती है, जिससे रंग एकदम निखर आता है। वे एक साबुन इस्तेमाल करती जो त्वचा निखारने के लिए अभिनेत्रियाँ विज्ञापनों में बताती थीं—अब विज्ञान ने इतनी उन्नति कर ली है कि रंग गोरा करना या फीचर्स बदल लेना बायें हाथ का खेल हो गया है।' (वही, पृ. 466/467) हीनता-ग्रन्थि से मुक्ति पाकर जैसे उड़ने के लिए निन्नी को एक बड़ा आकाश मिल जाता है।

अर्चना वर्मा के एक सवाल के उत्तर में अपने समय के मध्यवर्ग को परिभाषित करते हुए राजेन्द्र यादव कहते हैं, 'यह सही है कि हम लिखने वाले लोग, ख़ासतौर से शहरी लिखने वाले लोग, मध्यवर्ग से आये थे। मैं यह बताना चाहता हूँ कि हममें से अधिकांश मध्यवर्गीय लोग थे। उन्हीं की सेंसबिलिटी, उन्हीं की संवेदना और उन्हीं के अनुभव हमारी रचनाओं में आते हैं। संघर्ष भी उन्हीं के हैं। ज़मीन के साथ जुड़े लोगों के खेती, किसानी या ज़मींदारी और उससे जुड़े जो संघर्ष होते हैं वो हमारी कहानियों में नहीं आये। क्योंकि हमारा अनुभव-क्षेत्र वह नहीं था। शायद इसीलिए हमारी ज़्यादातर कहानियाँ मानवीय सम्बन्धों पर आधारित हैं, आपसी पारिवारिक और उसमें चूँकि हम मानते रहे हैं, ग़लत या सही, समाज की मूल इकाई स्त्री-पुरुष का युग्म है, हमने, मैं अपनी बात कहूँ, तो मुख्यतः स्त्री-पुरुष के आपसी सम्बन्धों को समझने की और उनको चित्रित करने की कोशिश की है। इस चित्रण में हम देखते हैं कि भारतीय मध्यवर्ग, जिसमें हम रहते थे, उत्तर भारत में, उसमें स्त्री-पुरुष का विकास बड़ा असन्तुलित है। इसमें पुरुष तो बहुत आगे बढ़ गये, देशी-विदेशी शिक्षा, रुचियाँ, नौकरियाँ सब

लेते चले गये। स्त्रियाँ लगभग पिछड़ गयीं। शिक्षा बाद में शुरू हुई। धीरे-धीरे ऐसा हुआ कि हमारे सम्पर्क में जो महिलाएँ आयीं वो शिक्षित थीं। उन्होंने बाहर निकलना शुरू कर दिया था। नौकरी करती थीं। हम स्त्री-शिक्षा की वकालत तो करते थे। स्त्री आत्मनिर्भर हो और उसका अपना व्यक्तित्व हो इसकी बात करते थे। उसका स्वतन्त्र व्यक्तित्व नहीं सह पाते थे। कहीं भीतर एक सामन्ती संस्कार बैठा हुआ है कि सब कुछ होने के बावजूद पत्नी को एकनिष्ठ होना चाहिए। सेवा करनी चाहिए। पत्नी को घर और बच्चे देखने चाहिए और जब वह ये सब नहीं करती थी तो टेंशन होती थी। जब उसका स्वतन्त्र व्यक्तित्व हो गया या बनने लगा जो हमें बर्दाश्त नहीं होता था।' (पाखी, राजेन्द्र यादव पर केन्द्रित अंक, सितम्बर 2011, पृ. 28/29) इसी बातचीत में, आगे चलकर, एक जगह अर्चना वर्मा मध्यवर्ग के मोनोलिथिक न होकर अनेक रूपों और स्तरों की बात उठाती हैं। इसी में वे मध्यवर्ग में मौलिकता के अभाव की बात भी करती हैं।

राजेन्द्र यादव का 'मन्त्रबिद्ध', उन्हीं के अनुसार, 'प्यार की एक खुरदरी कहानी है—आज की मूर्तिकला की तरह महानगरीय परिवेश में प्रेम और विवाह पर इसमें चर्चा और बहसें होती हैं। 'प्रेत बोलते हैं' के अनेक सूत्र वहाँ से चल कर यहाँ तक आते हैं। 'अपना बिन्दु' शीर्षक से लिखी उपन्यास की भूमिका में राजेन्द्र यादव लिखते हैं, 'जयन्त साँप नहीं था, इन्द्र का बेटा था। साँप था तक्षक। ...इस कहानी का नाम दोनों में से किसी के नाम पर रक्खा जा सकता था। हालाँकि दोनों में से कोई भी संकेत कहानी के लिए नाकाफ़ी और गैर मौज़ूँ। इस तरह के संकेत हमेशा एक अवांछनीय पूर्वाग्रह छोड़ जाते हैं। ..इस कहानी और पिछली लम्बी कहानी 'अनदेखे अनजान पुल' के बीच चार वर्षों का अन्तराल है। इसी बीच नयी कहानी लेकर जाने कितने सम्मेलन, बहस-मुबाहिसे और अपने आपको खोजने टटोलने, जाँचने-परखने के क्षण हैं। उन सबका एक भाग भी रहा हूँ और शिकार भी। अवरोध से अधिक यह मेरे लिए अपने को तोलने का समय है।' फिर अपने भाषिक संघर्ष की ओर संकेत करते हुए वे लिखते हैं, 'विशेषण-हीन, यथार्थ और बेलौस (रोबस्ट) भाषा को स्वीकार करने के लिए शायद रोमन मूर्तियों वाले भाव-बोध की आवश्यकता है..., हो सकता है बहुतों को वे मूर्तियाँ नंगी और सपाट लगें।' (मन्त्रबिद्ध, अक्षर प्रकाशन, नयी दिल्ली, भूमिका, पृ. 5/6)। इस ओर भी वे संकेत करते हैं कि इसका ढाँचा उन्हें '60 के आस-पास कलकत्ता में ही मिला था।

'मन्त्रबिद्ध' तारक और उसकी नवपरिणीता पत्नी सुरजीत कौर पर केन्द्रित है। अपने और तारक के सम्बन्धों को खोलते हुए नॅरेटर—मोहन—कहता है,

'कलकत्ता आने से पहले मैं तारक से बँगला पढ़ा था, केवल दस दिन। बात महीने भर पढ़ने की हुई थी। लेकिन शीघ्र ही हम लोग दोस्त बन गये और पढ़ने के अलावा हर चीज़ पर बात करने लगे।' (वही, पृ. 10)

तारक बंगाली है—तारकनाथ दत्त। तब उसने लड़की का नाम तो नहीं बताया था, लेकिन इतना संकेत अवश्य दिया था कि किसी सरदार की लड़की से उसका अफेयर चल रहा है। बंकिम ग्रन्थावली में 'राज सिंह' से उन दोनों ने अपनी पढ़ाई शुरू करने की कोशिश की। लेकिन 'राज सिंह' के एक पन्ने के आगे पढ़ाई चली नहीं। तारक बंगाली भले हो, बँगला उसके लिए भी, नॅरेटर की तरह ही एक विदेशी भाषा थी। तारक का अपने आपको इस तरह उसके लिए समर्पित कर देने का भाव सुरजीत को अन्दर कहीं अच्छा लगता है। अन्दर के कमरे से इन्दु कपड़े बदलकर निकल आयी थी और तारक की बात ख़त्म होने का इन्तज़ार कर रही थी। वह हँसकर बोली, 'चलो अच्छा हुआ। अभी तक यही मशहूर था कि बंगाल की औरतें जादू से मेढ़ा बना देती हैं, पंजाब की कुड़ियाँ भी मन्त्र जानती हैं, पता चल गया।' (वही, पृ. 13/14)

सुरजीत के बारे में नॅरेटर का बयान है, 'मैंने बीच के शीशे वाली मेज़ पर सामान रखते हुए पहली बार शायद सम्पूर्णतः सुरजीत को देखा...लम्बी-स्वस्थ और सुडौल देह, कनपटियों पर झूलती लहराते सँपोलों की दो लटें, हल्का-सा सुनहरापन लिए बाल। बनारसी साड़ी पहने बिल्कुल भी ऐसा नहीं लगा कि इसने ज़िन्दगीभर सलवार-कुर्ता पहने हैं। साड़ी बाँधने और सिर पर पल्ला रखने का सलीका उसके पीछे की समृद्ध पृष्ठभूमि का संकेत दे रहे थे। माँग में झाँकती चौड़ी सिन्दूरी रेखा, हाथों में चूड़ियों के साथ बंगाली कड़े, पाँवों में आलता...वह शुद्ध पंजाबी या बंगाली की अपेक्षा, उत्तर प्रदेश के किसी शिक्षित घराने की कुलवधू लग रही थी'...(वही, पृ. 27/28)

इन्दु की बातों से पता चलता है, अँधेरे में बोलने के कारण, उसकी शक्ल नहीं केवल आवाज़ ही सुनाई देती है, तारक पहले से ही विवाहित है और उसके तीन बच्चे हैं। क़ानूनी तौर पर सारी बातें बहुत उलझी हुई हैं। सुरजीत के घरवाले भी ख़ुश नहीं हैं। लेकिन सब उसे यही समझाते हैं कि जैसा होता है—देर-सबेर माँ-बाप मान ही जाते हैं। तारक का तनाव सुरजीत को परेशान करता है और जब-तब, स्थिति को लेकर, वह तारक पर झल्लाती भी है।

लेखक का, नॅरेटर के रूप में, छोटी-छोटी बातों का निरीक्षण और दिये ब्योरे गहरे रचाव का प्रभाव डालते हैं। तारक जब विकृत स्वर में, दो गुण्डों द्वारा छुरा मारकर उसे हुगली में डालने की बात कहता है तो सुरजीत ग़ुस्से से उसे

घूरती है। फिर सिगरेट के गुल को ताकने पर उसकी कोरों में अटकी सफ़ेद बूँदें बड़ी-बड़ी लगती हैं।

सुरजीत और तारक के बीच का बढ़ता हुआ तनाव नॅरेटर को इन्दु से ही पता चलता है। दिल्ली में रही-बसी पंजाबी लड़की को ताले में बन्द करके रखा जा सकता है? नॅरेटर का ही विक्षोभ है, 'इससे तो अच्छा यही है कि सीधे सामने जाकर माफ़ी माँग ले और नाक रगड़े...मुहब्बत करने निकले हैं, सालों में हौसला पाई का नहीं है।' (वही, पृ. 73)

तारक और सुरजीत की कहानी में पेंच और बढ़ती हुई जटिलताएँ स्वाभाविक ही मोहन—नॅरेटर—को परेशान करती हैं। वह तारक से साफ़ बात करना चाहता था, लेकिन उसके घर न होने से कहीं उसे एक आन्तरिक सन्तोष की अनुभूति होती कि एक अशोमन और मुश्किल स्थिति से बच गया है। इन्दु से उसे पता चलता कि उन लोगों की दो चिट्ठियाँ आयी हैं। उसकी इच्छा होती कि इन्दु की निगाह बचाकर बैठक में चला जाये और उन चिट्ठियों को खोलकर देखे। इन्दु से यह कहकर वह अपने को उसकी नज़रों में गिराना नहीं चाहता था। इन्दु का घर-घुस्सापन उसमें कहीं रोष भी जगाता है। इन्दु अपने ढंग से परेशान है, 'मुझे नहीं लगता कि इनका कोई प्रोग्राम है...न कुछ करना है, न किसी को करने देना है। अब ओझा-सयानों के चक्कर में वक़्त बरबाद कर रहा है। दोनों सारे दिन बस पड़े रहते हैं...हमारी तो अपनी ज़िन्दगी ख़त्म हो गयी...मैं कुछ कह-कहा दूँगी तो आप नाराज़ होंगे मेरे दोस्त को यों बोल दिया।' (वही, पृ. 92) जब-तब मोहन के मन में यह भी आता है कि इन्दु की खिन्नता का कारण कहीं यही 'ज्ञान' तो नहीं कि सुरजीत उसे अच्छी लगती है।

ऑफ़िस से निकलते ही उसे गोयल का फ़ोन मिलता है। कभी आपस में मिले न होने पर भी वह उसके बारे में सब कुछ जानता है—तारक के कारण ही। गोयल उसे उन लोगों को दिल्ली जाने से रोकने को कहता है। सुरजीत के बाप सरदार का डर दिखाकर। दोनों की भेंट रेल के डिब्बे में ही होती है—चार दिन बाद। रेल की सीटी ने मोहन की आवाज़ को जैसे चीरकर फैला दिया है। उसकी पीठ पर बुजुर्ग की तरह हाथ रखकर तारक उसे गाड़ी से नीचे उतरने को कहता है—गाड़ी चलेगी। सुरजीत से वह चिट्ठी लिखने को पूछता है।

वापसी में रह-रहकर उसे लग रहा था कि इन्दु भी उसके साथ है। भूला हुआ तनाव जैसे रह-रहकर सजीव हो रहा है। समझ नहीं आता कि कैसे उसके सामने पड़ेगा। जोड़ने वाला कोई सूत्र जैसे सहसा ही अनुपस्थित हो गया है और वे दोनों फिर वापस लौट आये हैं...'साँप-सी बलखाती पटरियों की चमक को देख

मैं सोचने लगा था तारक के चेहरे पर मैंने ऐसा क्या देखा था जो मुझे किसी बहुत परिचित स्थिति की याद दिलाता था।'...(वही, पृ. 111)

'मन्त्रबिद्ध' में पात्र अधिक नहीं हैं, सिर्फ़ उतने ही जितने ज़रूरी हैं। उनके बिना कहानी बन नहीं सकती थी। थोड़ा-बहुत सुरजीत को छोड़कर कोई पात्र ऐसा नहीं है जो कुछ समय भी मन में टिका रहे। 'मन्त्रबिद्ध' यह संकेत भी देता है कि मोहन द्वारा सुरजीत के प्रति व्यक्त आसक्ति दाम्पत्य सम्बन्धों के बीच तनाव और बिखराव का कारण ही नहीं बनने वाला है, सारे नैतिक दबावों को मुँह चिढ़ाकर, रिश्तों को धता बताकर राजेन्द्र यादव की उसी प्रवृत्ति की ओर संकेत करता है, जिसके लिए वे जाने जाते रहे हैं। अपनी बेटी और उसकी बेटियों के बावजूद। उनका यह तर्क भी दूर तक उनका साथ नहीं देता, 'जीवन एक ऐसी बनैली नदी है जिसका न कोई कूल है, न किनारा। जिधर सुविधा या स्वेच्छा होती है बह निकलती है।' (स्वस्थ व्यक्ति के बीमार विचार, राजेन्द्र यादव रचनावली-10, पृ. 151)

तोता-मैना की कहानी

इस कहानी में कलकत्ता के बालीगंज शिक्षा-सदन की एक विशिष्ट भूमिका है। यही वह शिक्षण-संस्थान था जिसमें 1955 के आस-पास मन्नू भंडारी पढ़ाती थीं। लाइब्रेरी के लिए उन्हें पुस्तकों की सूची तैयार करनी थी। इसी सिलसिले में उनका राजेन्द्र यादव से मिलना हुआ। यों अप्रत्यक्ष परिचय पहले से भी था। अपनी इस मुलाक़ात के प्रसंग में मन्नू भंडारी लिखती हैं, 'आज भी अच्छी तरह याद है कि उस दिन काम की बातें करने की जगह हम बड़ी देर तक अपनी लिखी हुई चीज़ों की बातें करते रहे थे।' (23 लेखिकाएँ से और राजेन्द्र यादव, सम्पादन और संयोजन गीताश्री, किताबघर प्रकाशन, नयी दिल्ली, पेपरबैक संस्करण 2009, पृ. 132) तीसरी मुलाक़ात में ही इस परिचय की प्रकृति बदलने लगी थी। परिचय की यह घनिष्ठता शायद पारस्परिक राग-भाव के उद्रेक का निमित्त रही हो। हो सकता है, अभ्यास के तौर पर मन्नू ने और भी कुछ लिखा हो, लेकिन तब तक उनकी चन्द कहानियाँ ही आयी थीं जिन्हें भैरव प्रसाद गुप्त जैसे पारखी एवं विवेकी सम्पादक ने पर्याप्त महत्त्व देकर 'कहानी' में छापा था।

उनकी अपेक्षा राजेन्द्र यादव तब तक पर्याप्त महत्त्व और प्रतिष्ठा अर्जित कर चुके थे। नयी कहानी आन्दोलन की शुरुआत का दौर भी यही है। भैरव प्रसाद गुप्त गहरे विक्षुब्ध स्वर में यादव-राकेश-कमलेश्वर की त्रयी द्वारा हथिया लेने का आरोप लगाते हैं। इस प्रसंग में उन्होंने मुझे एक लम्बा पत्र लिखा था, जिसे 'राष्ट्रवाणी' में प्रकाशित अपने लेख 'कहानी और आन्दोलन' में मैं पूरे का पूरा उद्धृत कर चुका था।

राजेन्द्र यादव तब तक काफ़ी कुछ लिख चुके थे। '18 उपन्यास' की उनकी समीक्षाएँ लिखी जा चुकी थीं। 'प्रेत बोलते हैं' ही नहीं, 'उखड़े हुए लोग' भी आ चुका था। आने को अनेक महत्त्वपूर्ण कहानियों के साथ 'एंटन चेख़व : एक काल्पनिक इंटरव्यू' के साथ ढेर सारा अनुवाद कर्म भी वे कर चुके थे। अच्छी-भली डिग्री और प्रो. जगन्नाथ तिवारी जैसे गुरु के बुलावे और समझाने के

बावजूद नौकरी के लिए उनका मन नहीं ठुक रहा था। शायद रांगेय राघव उनके प्रेरणा-स्रोत थे। नौकरी न करके फुलवक्ती लेखन की बात ही उनके मन में थी। रांगेय राघव के शोध प्रबन्ध का विषय 'गोरखनाथ और उनका युग' था। उसके लिए आचार्य हजारी प्रसाद द्विवेदी से मिलने वे शान्तिनिकेतन गये थे। द्विवेदी जी की पुस्तक 'नाथ सम्प्रदाय' तब तक प्रकाशित नहीं हुई थी। उसकी पाण्डुलिपि ही उन्होंने रांगेय राघव को दे दी थी। इसी समय धर्मवीर भारती 'सिद्ध-साहित्य' पर अपने शोध के प्रसंग में शान्तिनिकेतन गये थे।

शोध और नौकरी का बचा-खुचा विचार छोड़कर राजेन्द्र यादव ने तय कर लिया था अब वह वही करेंगे जिसमें उनका मन रमेगा। 'ज्ञानोदय' और भारतीय ज्ञानपीठ तब कलकत्ता में ही थे। थोड़े-बहुत समय को उससे वे जुड़े भी, लक्ष्मीचन्द जैन के माध्यम से। लेकिन ज़ोर पूरी तरह अपने लेखन पर ही था। इस प्रसंग में मन्नू भंडारी की ही टिप्पणी है, 'उस समय तक राजेन्द्र का 'उखड़े हुए लोग' काफ़ी प्रशंसा पा चुका था और इस प्रशंसा और यश ने बड़े सुख-सन्तोष और बहुत कुछ नया लिखने के उत्साह से भर रखा था। उस दिन की अपेक्षा आज उन्होंने बहुत कुछ लिख लिया है, नाम और यश भी बहुत ज़्यादा मिल चुका है, पर लगता है, मन का सन्तोष और उत्साह जैसे कहीं खो गये हैं। एक विचित्र-सी बेचैनी, एक अजीब-सी छटपटाहट मन पर छायी रहती है। राजेन्द्र को हमेशा लगता है अब तक जो कुछ लिखा, वह सब व्यर्थ है, मात्र भूमिका है, आरम्भिक प्रयोग है, असली तो अब लिखना है। कुछ ऐसा अनोखा-अनमोल जो उनके सारे जीवन और लेखकीय व्यक्तित्व को सार्थकता दे...' (वही) अपनी रचना के प्रति लेखक का असन्तोष ही वस्तुतः आगे उसे कुछ बेहतर और श्रेष्ठतर के लिए उत्प्रेरित करता है। लेकिन राजेन्द्र यादव का वह अनोखा-अनमोल किन अतल गहराइयों में छिपा है, वह क्या और किस रूप में है, है भी या नहीं है और वह मात्र मरीचिका भर है, इसे वे स्वयं भी नहीं जानते थे। गतिरोध और भटकाव हर लेखक के जीवन में आते हैं, लेकिन राजेन्द्र यादव के इस गतिरोध की प्रकृति कुछ भिन्न थी।

मन्नू भंडारी और राजेन्द्र यादव अपने स्वभाव में विपरीत ध्रुवों पर खड़े व्यक्ति हैं। मन्नू के रचनात्मक जीवन में जो गतिरोध आया उससे उबरने की वे निरन्तर कोशिश करती रहीं। 1992 में प्रेमचन्द सृजनपीठ की निदेशक के रूप में जब उन्हें उज्जैन जाने का अवसर मिला, उन्होंने उसे इसीलिए फ़ौरन लपक लिया, जो यहाँ रहकर सम्भव नहीं है, शायद वहाँ हो जाये। कापी और क़लम वे हमेशा साथ रखती थीं कि कुछ लिखना शुरू हो। अपने स्वभाव के बारे में

उनकी टिप्पणी है, 'अपना सब कुछ किसी के साथ शेयर किये बिना मुझसे रहा नहीं जाता।' (संघर्षों का अलाव : आखरों की आँच (सं.) सुधा अरोड़ा, पृ. 65) इस रचनात्मक जड़ता का प्रभाव उनके शरीर पर भी पड़ रहा था। अचानक एक कश्मीरी दम्पती के आने और दिये गये सुझाव के अनुसार वे इन्दौर दिखाने भी गयीं। वैसे वह आर्थोपेडिक सर्जन था लेकिन उसका ज़ोर योग और आसनों पर था। डॉ. प्रमोद त्रिवेदी ने उन्हें साक्षात्कार के रूप में जो प्रश्नावली भिजवायी थी, उसके बारे में उनका विचार था कि इसमें कुछ प्रश्न फ़ालतू और गैरज़रूरी हैं और कुछ ज़रूरी प्रश्न रह गये हैं। उन प्रश्नों के लिए गये उत्तरों से ही शायद लिखने का सिलसिला चालू हो। प्रमोद त्रिवेदी को ही सम्बोधित करते हुए वे लिखती हैं, 'हाँ, तो कल मैंने तुम्हें बताया था न कि क्यों हो गयी मेरी ऐसी स्थिति, इसका मेरे पास अपना एक विश्लेषण है। इस सबकी नींव में मेरे और राजेन्द्र के सम्बन्ध ही तो हैं। जिस व्यक्ति से मैंने सबसे ज़्यादा मान्यता, अपनत्व और स्नेह चाहा, वहीं से मिली उपेक्षा...अपमान की सीमाओं को स्पर्श करने वाली उपेक्षा। बाहर से देखने वाले तो कभी अनुमान नहीं लगा सकेंगे कि उनके व्यवहार में कहीं कोई कमी है, लेकिन मैं जानती हूँ....जानती ही नहीं...मैंने इतने वर्षों तक इसे भोगा है....और इसी में धीरे-धीरे मैं ख़त्म होती चली गयी हूँ। भावनात्मक रूप से राजेन्द्र कभी मुझसे जुड़े ही नहीं और मैं इनसे इतने गहरे से जुड़ी हुई थी कि....ख़ैर तुम्हें क्यों यह सब बता रही हूँ। तुम्हारा ही तो किया हुआ है यह सब!' (वही, पृ. 66)

अपनी 'मुड़-मुड़कर देखता हूँ' को राजेन्द्र यादव ने 'लगभग आत्मकथ्य' कहा है। वस्तुतः अलग-अलग समयों पर टुकड़ों में लिखे गये इन आलेखों को उस रचनात्मक आवारगी के रूप में देखा-समझा जा सकता है जिसे राजेन्द्र यादव लेखक के बोहेमियन रूप में ज़रूरी समझते हैं। उनके मामले में शायद वैसी स्थिति तो नहीं आयी जैसी शरत् बाबू के बारे में पढ़ा-सुना है कि बड़ी होती ममेरी-फुफेरी बहनों वाले घर में उन्हें बाक़ायदा ख़ासकर अन्दर जाना होता था। कलकत्ता में वे तीन महिलाओं का ज़िक्र ख़ासतौर से करते हैं। पहली उनकी दीदी हेमलता थीं—उनकी प्रशंसक पाठिका, अकूत सम्पत्ति की मालिक और खरचने में भी वैसी ही उदार। हिसाब उन्होंने ही बताया था कि दो साल बड़ी होने से ही वे 'दीदी' होती हैं। मूलतः वे धनवाद की थीं। राजेन्द्र यादव ने उन्हें बताया भी था कि आगरा से कलकत्ता जाने पर उनका शहर रास्ते में पड़ता है। दूसरी उनकी प्रेमिका मीता थी और तीसरी मन्नू। यहाँ मन्नू के बारे में उन्होंने लिखा है, 'मन्नू का असाधारण साहस कि कलकत्ते के बन्द समाज में खुले आम मुझसे

ब्याह किया'...(मुड़-मुड़के देखता हूँ, प्रथम संस्करण 2001, पृ. 99) मन्नू के इस साहस के प्रसंग में ही वे मीता का उल्लेख करते हैं। हो सकता है उनकी अपंगता को देखते ही विवाह का साहस उसे न हुआ हो और विवाह के नाम से बिदक कर हमेशा वह उसे टालती रही। लेकिन स्वीकार उसने यह कभी नहीं किया।

अलग-अलग समयों पर, राजेन्द्र यादव ने तीनों से पूछा था कि उन्हें शर्म तो लगती होगी कि मैं लँगड़ा हूँ। तीनों का उत्तर एक ही था, दुर्घटना तो कभी भी किसी के साथ हो सकती है। मान लो तुम मिलिटरी में होते और गोली-वोली लग जाती तो क्या हम तुम्हें छोड़ देते? 'हो सकता है इस बात में सचाई हो, या मेरा मन रखने के लिए ही यह सब कहा जाता हो, मगर सच है कि इनके अलावा नामवर, मोहन राकेश जैसे मित्रों ने मुझे महसूस ही नहीं होने दिया कि मैं लँगड़ा हूँ। इस दृष्टि से कलकत्ता मेरा सबसे बड़ा उपचार केन्द्र रहा है।' (वही)

राजेन्द्र यादव के जीवन में अनेक रूपों में अनेक महिलाएँ थीं। उनकी पाठिका के रूप में आयीं हेमलता उनकी 'दीदी' ही थीं। राजेन्द्र यादव ने अपने पात्र के रूप में कई जगह उनका उपयोग किया है। 'एक इंच मुस्कान', 'शह और मात' और भी कई जगह। मीता से राजेन्द्र की शादी के बारे में पूछ-ताछ वाली दिलचस्पी से आगे जाकर वे रुचि लेती थीं। मन्नू की तो वे दोस्त ही हो गयी थीं। जब भी कलकत्ता होतीं, महीने में एकाध बार बुला लेतीं। फिर मन्नू पूरे चित्रात्मक विस्तार से उनका परिचय देतीं। दीदी राजेन्द्र को समझातीं, 'मन्नू बहुत प्यारी लड़की है तुम उसी से शादी कर लो।' (वही, पृ. 104) उनकी बड़ी-सी गाड़ी जब-तब गली के मोड़ पर आकर खड़ी हो जाती। लक-दक बा-वर्दी ड्राइवर ऊपर बुलाने आता। किसी कन्सर्ट या फ़िल्म के दो टिकट भिजवा देतीं ताकि वे मीता या अन्य किसी महिला-मित्र को ले जा सकें। एक दिन उन्होंने ही कहा, 'राजेन्द्र तुम बहुत बदमाश हो। जाने किन-किन ख़ूबसूरत लड़कियों को देख रहे थे...मैं तुमसे दो सीटें पीछे ही बैठी थी।...'

दीदी ही नहीं, कलकत्ते के हर मित्र ने तूफ़ान खड़ा किया जब कमल कश्यप राजेन्द्र के साथ आकर रहने लगी। राजेन्द्र यादव ने किंचित् विस्तार से उसके आने की कथा लिखी है, 'हुआ यूँ कि दिल्ली में मेरा बहुत प्यारा लेखक दोस्त सत्येन्द्र शरत उषा जी से विवाह करने जा रहा था। अनेक बार मीता से या शीला जी से मिलकर उसने हमारे पक्ष रखे थे। हर बात के लिए उस पर आँख मूँदकर विश्वास किया जा सकता था। उसे मालूम था कि कलकत्ते में मेरे पास दो कमरे का फ्लैट है। उसका झुकाव कितना था यह तो पता नहीं, मगर कमल

उसके लिए पागल थी। वह नहीं चाहता था कि कमल उन दिनों दिल्ली रहे। कुछ दिन तेरे साथ रहेगी फिर अपनी व्यवस्था कर लेगी। एक दिन अचानक लम्बी स्मार्ट-सी लड़की ने मुझे एक चिट्ठी कॉफ़ी हाउस में दी। पत्र पढ़कर मेरे सामने कलकत्ते के सारे परिचित मित्रों के चेहरे घूम गये...कौन क्या कहेगा? ठाकुर साहब, भाभी जी, सुशीला जी, मन्नू, प्रतिभा अग्रवाल, मदन बाबू, पी.के. और किरण जी...नारायण साहब और प्रतिभा जी...सारे लोग मेरी खाट खड़ी कर देंगे। ....पहले तो मैं सकते में आ गया मगर सोचा जो होगा देखा जायेगा। आख़िर वे सड़क पर तो नहीं रहेंगी। इन्हें जगह तो देनी है, फिर सत्येन्द्र का मामला है...अगले दिन एक अटैची और बैग लेकर वे दूसरे कमरे में आ गयीं। दो-एक दिन में ज़रूरत का फ़र्नीचर भी किराये पर आ गया। उसने कमरा ठीक करके मुझे देखने के लिए बुलाया तो सबसे पहले निगाह गयी मेज़ पर घड़ी के पास रखी छोटी-सी तस्तीर पर। यह सत्येन्द्र था। मैं चौंका। मुझे उसका अन्दाज़ा था। वे रेडियो में एनाउंसर थीं। वहीं सत्येन्द्र भी था। उस कमबख़्त की पर्सनाल्टी में ऐसा कुछ इन्नोसेंट आकर्षण था कि लड़कियाँ उसकी ओर आकर्षित न हों यह असम्भव था। ...मैं और राकेश स्वयं उसके प्यार में बँधे थे। 'बेचारी अकेली लड़की है। हताशा के दौर से गुज़र रही है।' के भाव से मैं कमल को लेकर अतिरिक्त लिहाज़ी (कन्सीडरेट) हो गया था। खाना-चाय सब साथ होने लगा। अक्सर वह मेरे कमरे में चक्कर लगाती। घोष बाबू की तरफ़ सामने उनकी बहन से बातें करतीं, या कमरा बन्द करके अन्दर रोतीं। मैं उन्हें अन्दर के अँधेरों से बाहर निकालना चाहता था। शुरू से ही तय कर लिया था कि ख़र्चा हम लोग आधा-आधा बाँट लेंगे। अब सहसा ही मेरा कमरा साफ़ और सलीके से रहने लगा—हर चीज़ करीने से लगाई जाने लगी। झूठ बोलने से खुदा बचाये, मुझे यह सब अच्छा लग रहा था। इस तरह मेरी देख-भाल स्नेह जी के बाद किसी ने नहीं की थी। शायद इस तरह की शरच्चन्द्रीय नारी-उपस्थिति की कोई चाह भी भीतर रही होगी।'..(वही, पृ. 104/105)

वह सत्येन्द्र के क़िस्से सुनाती और आँसू पोंछती जाती। उसे विश्वास था कि सत्येन्द्र एक दिन तलाक लेकर उससे अवश्य ब्याह करेगा। ये सच था कि वे नया सहारा तलाश कर रही थीं। ठाकुर साहब कहते, 'साले पहले कन्धे पर सिर रखकर रोयेगी। फिर वहीं लद जायेगी।' (वही, पृ. 106)

कमल चन्दर के साथ घूमती-फिरती। राजेन्द्र को लगता कि उनका इस्तेमाल किया जा रहा है। जो भी हो, कमल को किसी प्राइवेट फर्म में सेक्रेटरी की नौकरी मिल जाती है। फिर वह अपने बॉस की उदारता का गुणगान करने लगी। इस

पूरे प्रसंग में राजेन्द्र से चन्दर के सम्बन्ध तो बिगड़े ही, दीदी से लेकर सारे मित्रों ने ऐसा हंगामा मचाया कि खुदा की पनाह, 'मैं आज तक तय नहीं कर पा रहा हूँ कि मेरे परिचितों में विशेषकर महिलाओं में दीदी की दिलचस्पी मेरे लिखने की प्रतिभा को बचाये रखने के लिए थी या स्वयं मुझमें। जहाँ तक सोच पाता हूँ मेरे व्यक्तित्व में ऐसा विशेष शायद कुछ भी नहीं था कि उसकी तरफ़ कोई आकर्षित होता। हाँ, मेरे पास हुनर था, एक निगाह थी। व्यक्ति और कला के इस द्वन्द्व को मैंने 'अभिमन्यु की आत्महत्या' में समझने की कोशिश की थी...मिथकों और रूपकों के माध्यम से।'...(वही, पृ. 107)

राजेन्द्र यादव स्वयं इस बात पर ज़ोर देते हैं कि व्यक्ति पर लिखते समय उसकी जटिलताओं की परतें छीलने-उचालने में व्यक्तित्व अधिक जीवन्त बनता है। मन्नू भंडारी पर उन्होंने कई जगह लिखा है, कई जगह उनके लेखन में उनका उल्लेख हुआ है, लेकिन कहीं भी वह एक रूप नहीं है। हेमिंग्वे के प्रसंग में, अर्चना वर्मा से बात करते हुए, वे कहते हैं, 'उसने हर प्रेम-प्रसंग से एक उपन्यास निकाला जहाँ प्रेम-प्रसंग ही नहीं हो उपन्यास कहाँ से आयेगा?' अर्चना भी बेबाकी से टिप्पणी करती हैं, 'यह तो मन्नू जी ही बेहतर बतायेंगी।' (23 लेखिकाएँ और राजेन्द्र यादव, पृ. 41) इस पर राजेन्द्र यादव के ठहाके को वे बात से कतराने या जवाब न देने के लिए अपनायी जाने वाली युक्ति की तरह देखती हैं। इस वांछित छूट को ही शायद वे लेखक के 'बोहेमियन एटिट्यूड' से जोड़ कर रुटीन रिस्पेक्टिबिलिटी की जड़ता से मुक्ति के रूप में देखते हैं।

राजेन्द्र यादव के प्रसंग में काले चश्मे में ढँकी आँखों और गैर ज़रूरी चतुराई को वे 'ऐय्यारों के ऐय्यार' के रूप में देखती हैं। लेकिन इस स्रोत का उनका उल्लेख ग़लत है। यह चित्र 'धर्मयुग' में नहीं, कमलेश्वर के सम्पादन में 'सारिका' के दो अंकों में मनोहर श्याम जोशी द्वारा दिल्ली के लेखकों पर लिखते हुए छपा था। अपने सारे वैचारिक आग्रह के बावजूद संगठन की भूमिका को लेखक के प्रसंग में शंका से देखते हैं। उनका मानना है, 'संगठन का यह दावा कि लेखक को वह वैचारिक तराश देगा, ज़रूर घातक है। रचना लेखक की व्यक्तिगत चीज़ है, वह तो उसके लिए कोई लिखेगा नहीं। लेखन की नींव अनुभव है। विचार अनुभव को तराश और परिप्रेक्ष्य तो दे सकते हैं, पर उनका स्थानापन्न नहीं हो सकते।' (वही, पृ. 44)

'23 लेखिकाएँ और राजेन्द्र यादव' में अधिकांश ने विशेषकर मन्नू के प्रसंग में, राजेन्द्र यादव के लिखे और कहे पर सवाल उठाये हैं और उनकी सहानुभूति स्पष्टतः मन्नू भंडारी के साथ देखी जा सकती है। जब चित्रा मुद्गल उनकी

आत्मकथा 'मुड़-मुड़ के देखता हूँ' में उनके झूठ और छिपौवल की प्रकृति पर बात करती हैं, उनका उत्तर है, 'बहुत झूठ नहीं बोला, सच कितना है यह नहीं बोल सकता। कुछ सच्चाइयाँ बहुत असुविधाजनक थीं, मेरे लिए नहीं, क्योंकि तुम जानती हो कि उस मामले में मैं बहुत ही फक्कड़-मलंग आदमी हूँ' (वही, पृ. 46) मन्नू भंडारी पर उन्होंने 'सहज और पारदर्शी' शीर्षक से जो संस्मरण लिखा है उसमें मन्नू की चारित्रिक जटिलता की ओर जैसे उनका ध्यान ही नहीं जाता। वे लिखते हैं, 'मैं अक्सर ही आश्चर्य करता हूँ—बात दुनिया के किसी विषय से शुरू हो, कहीं से शुरू हो—वह चाहे बसों की भीड़ हो या बंगालियों की संकीर्णता, नौकरों की ज्यादती हो, या भाइयों की प्रशंसा, मौसम की ख़राबी हो या बढ़ती हुई महँगाई—पाँच-सात मिनट बाद ही मैं अपने को कठघरे में खड़ा पाता हूँ...मानो जहाँ कहीं भी, जो भी ख़राब हो रहा है, उसमें कहीं न कहीं मेरी साजिश ज़रूर है। ग़ुस्से में नथुने फड़काते हुए कहेगी, 'हमारे ये? हमारे यह बड़े ख़ुश हैं कि चीनी लोग तेजपुर तक आ गये हैं। देश के गद्दारों से मुझे कोई सहानुभूति नहीं है।' मैं हक्का-बक्का रह जाता हूँ, 'भाई मैंने यह सब कब कहा?' नारायण साहब बीच में छौंक लगाकर मज़ा लेते हैं, 'नहीं यादव जी आप रेड न सही पिंक तो हैं ही।' मन्नू और भी बिफर उठती है, 'अरे ये? ये तो उनके लिए फूल मालाएँ लिए तैयार बैठे हैं।'' (राजेन्द्र यादव रचनावली-9, संस्मरण-व्यक्तिचित्र, पृ. 79) राजेन्द्र यादव की आक्रोशपूर्ण सफ़ाई बर्ट्रेंड रसेल की 'अनआर्म्ड विक्टरी' तक खिंचती है।

इस तरह का एक अन्य प्रसंग है, 'उस दिन हम लोग अच्छे-ख़ासे आनन्द साहब के यहाँ गये थे। वहाँ ठाकुर साहब और उन्होंने मिलकर जवाहर लाल नेहरू को खींच डाला। कुछ समय तो मन्नू तर्कों से जवाब देती रही, अचानक देखा वह रोने लगी, 'आप लोग जब देखो नेहरू जी के पीछे पड़े रहते हैं' ...आख़िर आनन्द साहब को बात सँभालनी पड़ी, 'हम लोग उनके कोई दुश्मन थोड़े ही हैं? व्यापक हित की दृष्टि से एक बात कह रहे हैं। वरना साहब उस अकेले आदमी ने जितना काम किया वह...' और नेहरू की प्रशंसा कुछ ज़्यादा होने लगी तो मुस्कराती हुई मन्नू अपनी बेवकूफी पर झेंपने लगी। लेकिन चूँकि अभी पैंतालीस मिनट पूरे नहीं हुए थे, इसलिए बिना हथियार डाले बोली, 'आप लोगों की बात दूसरी है। लेकिन ये? इनके अपने कोई विचार हैं नहीं...बेकार की किताबें पढ़-पढ़कर अपना दिमाग़ और आँखें ख़राब करते हैं...उस सबके लिए इन्हें टाइम है। हमारा कोई काम होगा तो आँखें ख़राब हैं! पन्द्रह दिन हो गये आप डाक्टर के यहाँ गये आँखें दिखाने? बस इनसे तो दुनिया भर में भटकवा लो...या वह भी मैं ही करूँगी?' ' (वही, पृ. 79)

ठाकुर साहब ने चिढ़ाया...'छिः छिः आपकी इसी कमज़ोरी ने तो इसे बिगाड़ा है।' ...'हमारे तो बिगड़े ही ठीक है!' मन्नू को कहीं गहरी शिकायत है कि चार साल उसके साथ रहकर भी मैं सुधर नहीं पा रहा हूँ...'

'आज एक ऐसी कहानी आयी है दिमाग़ में कि आप सुनोगे तो आत्महत्या कर लोगे!' ...'मैं समझता हूँ तब तो अच्छा हो पहले उसे लिख ही लो...' (वही, पृ. 83) यह मन्नू की आदत का वही हिस्सा है कि अपनी बात किसी से शेयर किये बिना वे रह नहीं पातीं। मन्नू के लिखने की सहजता पर उनकी टिप्पणी है, 'और मन्नू की जिन बातों की मैं बहुत-बहुत इज़्ज़त करता हूँ—उसमें उसके लिखने का तरीका, उसकी सहजता और निर्व्याज आदमीयता का प्रवाह है। खाने की मेज़ पर बैठकर, रसोई में उचित आदेश देती हुई, टिंकू को खेल में लगाकर पास बैठी हुई, घर की सारी व्यवस्था देखती हुई वह कहानी लिखती रहती है। ...वैसे साँझ को नहा-धोकर, एकदम धोबी के धुले सफ़ेद कपड़े पहनकर, बहुत अधिक चूने वाला पान खाते हुए लिखना उसे सबसे अधिक प्रिय है। किसी दिन कॉलेज से लौटकर जब वह कहती है, 'आज लड़कियों के इम्तहान थे, या पीरियड खाली था सो लाइब्रेरी में जाकर मैंने एक कहानी पूरी लिख डाली', तो मुझे अब आश्चर्य नहीं होता। हाँ, अपनी असमर्थता पर आत्महत्या कर लेने को जी चाहता है।'...(वही, पृ. 83)

लुंगी-बनियान को वे गुंडों का पहनावा मानती हैं। लिखने-पढ़ने, खाने-पीने, बात-व्यवहार, पहनना-ओढ़ना—हर मामले में जैसे दोनों विपरीत ध्रुवों पर खड़े हैं। लिखना भी मन्नू के ही हिसाब से राजेन्द्र यादव की तरह कोई मरने-जीने का सवाल नहीं है। लिखा, लिखा, न लिखा तो भी कौन-सा पहाड़ टूट पड़ता है। हर पत्नी की तरह वे राजेन्द्र यादव को अपने हिसाब से ढाल लेंगी, यह विश्वास उनका कभी क्षीण नहीं होता। ढलाई की यह प्रक्रिया निरन्तर जारी है। अपनी आत्मकथा में मन्नू भंडारी के बारे में राजेन्द्र यादव लिखते हैं, 'इस गड्ढे से निकाला मुझे मन्नू ने..., मुझे मालूम है तुम फ्री लांसर हो और तुम्हारी कोई बँधी-बँधाई इनकम नहीं है। मैं तुम पर कभी घर चलाने का बोझ नहीं डालूँगी।' ...(मुड़-मुड़ के देखता हूँ, पृ. 127) मन्नू ने इसे किया भी। कलकत्ता में सी.आई.टी. रोड पर उन्होंने अपना छोटा-सा फ्लैट सजा लिया। राजेन्द्र के लिए यह अक़ल्पनीय सुख-सुविधा थी जो अविश्वसनीय-सी लगती थी। जब-तब उन्हें यह कचोट भी होती थी कि आख़िर सारी न-नुच के बाद वे इसी क्लर्की मानसिकता में लौट आये हैं। ...'मैं तो कभी इतनी व्यवस्था का अभ्यस्त ही नहीं रहा। हिन्दुस्तान पार्क में दो कमरों का फ्लैट था, सफ़ाई करने वाली बंगाली झी

(काम करने वाली) आती थी...क्या मैं भी मन्नू की कमाई पर सुख-सुविधा भोगने की स्थिति स्वीकार कर चुका हूँ—मैं अपने आपसे अक्सर पूछता। इस मामले में वह काफ़ी चौकन्नी भी रहती। परिचितों-रिश्तेदारों के बीच मेरे 'अहम्' की रक्षा वह सहज चतुराई से करती थी। मैं भी अपने को समझाता कि आख़िर अकेला था तब भी तो रह ही रहा था। टिंकू की देखभाल से लेकर घर की हर ज़िम्मेदारी उसने ही निभाई—कॉलेज, ट्यूशन और टिंकू, फिर अपना लिखना, मेहमानों-मित्रों का आना-जाना—सभी कुछ तो उसी का ज़िम्मा था। मन्नू का विद्रोह तो तब से शुरू हुआ जब उसने पाया कि मैंने इस स्थिति को इस हद तक सहज मान लिया है कि हर तरह की घरेलू ज़िम्मेदारी से हाथ झाड़कर अलग हो जाता हूँ। घर के लिए पैसे नहीं होते और प्रकाशकों से एडवांस लेकर मीता के साथ पहाड़ों पर चला जाता हूँ। मरने और खटने के लिए मन्नू और मौज-मस्ती के लिए मीता...आज स्वीकार करता हूँ कि मन्नू के प्रति यह सचमुच मेरा अन्याय था और अपराध भी। मगर मैं शायद घर के लिए बना ही नहीं था। इतनी सुख-सुविधाओं का अभ्यस्त भी नहीं था। वहाँ से बार-बार भागना भी शायद कहीं मेरा विद्रोह ही था। मन्नू सीधी, सरल और सहज विश्वासी लड़की थी। घर को लेकर उसका सपना ठीक वही था जो उसने भाई-बहनों का देखा था—बच्चों, घर और पत्नी को समर्पित पति—ऐसे ही परिवारों की मित्रता। अपने दायरे से बाहर न उसकी कोई दिलचस्पियाँ थीं, न कमिटमेंट। मैं अपनी हरकतों से बार-बार विश्वास को तोड़ रहा था। अपनी और मित्र-परिचितों की निगाह में लगभग खलनायक बन गया था मैं। रिश्तेदारों की सहानुभूति तो मन्नू के साथ थी ही, मेरे वे सारे मित्र भी मन्नू के ही घनिष्ठ और आत्मीय बन गये जिन्हें लेकर शुरू में पारिवारिक तनाव पैदा होते थे—दीदी, सविता जी, सतवन्त, संयुक्ता, निर्मला जी, शर्मा-परिवार, राकेश, जवाहर चौधरी, सत्येन्द्र शरत और यहाँ तक कि बेटी रचना। मैं लगभग अकेला होता चला जा रहा था। मेरे मुक़ाबले मन्नू उन्हीं पर निर्भर करती थी। कलकत्ते के दिनों से ही यह बँटवारा शुरू हो गया था, मगर ये सब भीतरी और आपसी लड़ाइयाँ थीं, ऊपर से मित्रों-परिचितों के बीच सामाजिक ज़िन्दगी 'सुखी' ही थी।' (वही, पृ. 126/127)

राजेन्द्र यादव को बीच-बीच में जब-जब पश्चात्ताप और अपराध-बोध के दौरे पड़ते हैं, हार्डी के हेन्चर्ड की तरह, उसी की तरह असर कुछ नहीं होता। कलकत्ता में जब मन्नू से शादी हुई, वह सारा आयोजन ठाकुर साहब और कमला भाभी की ही हिकमत का कमाल था। राजेन्द्र यादव की छह सगी और रिश्ते की बहनों को मिलाकर कुल जमा अठारह थीं। लेकिन शादी में कोई नहीं पहुँचा। मन्नू की ओर

से भी सिर्फ़ उनकी बड़ी बहन सुशीला जी ही विवाह में शामिल थीं। मन्नू का हाथ अपने हाथ में लेकर राजेन्द्र ने कहा था—आप जानती हैं औपचारिकताओं और दिखावे में मेरा विश्वास नहीं... 'वी आर मैरिड'...मन्नू ने इस स्थिति को भी गर्व, उछाह और गहरे आत्मतोष से स्वीकार किया।

परेशानी तब पैदा हुई जब परिवार में आगरा जाने पर बहनों द्वारा दरवाज़े की रस्म के बाद अन्दर घर में जाना हुआ। वहाँ मीता भी मौजूद थी। अनेक प्रसंगों में राजेन्द्र यादव तरह-तरह से मीता (रानी) की प्रशंसा कर चुके हैं। गांधी जी की तरह वह दोनों हाथों से लिख लेती थी। पहले साइकिल, बाद में स्कूटर लेकर आगरा के पुरातात्विक महत्त्व के उजाड़ स्थलों को वे लोग छानते फिरते थे ताकि कहीं शान्ति से बैठकर अपने मन की बात कह सकें। एक बार जब वे लोग बाजरे के खेत में बैठे थे, उधर से निकलते एक किसान ने कहा था—साले की एक टाँग है तो लड़की को यहाँ लिए बैठा है, दोनों होतीं तो जाने क्या करता।

परिवार में पहुँचकर, आई (माँ) और बहनों-रिश्तेदारों के बीच राजेन्द्र यादव को मन्नू की नहीं, मीता की चिन्ता थी। उनका कहना था—जब तक मीता कहीं सैटिल नहीं हो जाती, हम इन्तज़ार करेंगे। यह समझ पाना मुश्किल है इस 'इन्तज़ार' की कल्पना उनके मन में क्या थी? मन्नू और उनके सम्बन्ध एक जीती-जागती वास्तविकता थे और मीता से उनके सम्बन्ध एक अमूर्त कल्पना। मीता ने राजेन्द्र से उन पत्रों को भी लौटाने से मना कर दिया जो उन्होंने उसे लिखे थे। वे उसे लिखे गये हैं और उन पर उसी का अधिकार है। गहरे अधिकार भाव से मीता ने राजेन्द्र को सैटिल हो जाने की ताकीद की थी। राजेन्द्र यादव की टिप्पणी है, 'और उसने विवाह नहीं किया। सिर्फ़ मेरे भीतर अपराध-बोध बन कर साँस लेती रही। अपराध-बोध मन्नू को लेकर भी हमेशा बना रहा। आज सामाजिक स्थितियों या स्वीकृत 'पवित्र' मूल्यों को लेकर मेरे भीतर जो जिज्ञासा है क्या इसके पीछे यही दुहरा 'गिल्ट' तो नहीं है।'...(वही, पृ. 129)

राजेन्द्र यादव इसे जानते हैं कि आत्म सन्तुष्टि की यह दोहराव-भरी ज़िन्दगी ही विकास में सबसे बड़ी बाधा है। लेकिन जीवनभर बार-बार धोखा खाकर उससे बाहर आने की मन्नू की कोशिश को अपने ढेरों प्रेम-प्रसंगों को उनके द्वारा समझी गयी 'लम्पटता' के रूप में आहत अनुभव करते हैं। थोड़ा और आगे जाकर उन्हें यह सोचने-लिखने में भी कहीं कोई संकोच नहीं होता कि मन्नू को उनका लिखना भी बुरा लगता है।

अपराध-बोध और पश्चात्ताप की मिली-जुली भावना की रौ में वे जब-तब मन्नू के पक्ष में ही खड़े दिखाई देते हैं। उन्हीं की टिप्पणी है, 'ईमानदारी की

बात है कि आज मैं उसे बहुत ग़लत भी नहीं मानता। यह भूल पाना भी मुश्किल है कि कैसे मेरे हर संकट के समय वह मेरे साथ खड़ी हुई है। अक्षर में उसने अपनी रायल्टी ही नहीं, वेतन, प्रॉविडेंट फंड, और मित्रों की सहायता सभी झोंकी है, रिश्तेदारियाँ निभायी हैं, बीमारी या दुर्घटनाओं में रात-दिन एक किया है। एक बार जब राकेश वत्स अपनी और रमेश कुन्तल मेघ की रायल्टी वसूल करने बाकायदा कुर्की लेकर आ गया तो किस तरह अपना सब कुछ ही नहीं दे दिया, बल्कि निर्मला जी से भी पैसे दिलवाये। या अक्षर के लिए जब मैंने बम्बई की चिट फंड से आठ-दस हज़ार रुपये लिए और न चुकाने का धोखा देकर उन्होंने मेरे गैरजमानती वारंट निकलवा दिये तो कैसे संयुक्ता की मदद से मामला सुलटाया था। मेरे ऐक्सीडेंट और बीमारियों में जिस तरह रात-दिन एक किया वह शायद सबसे बड़ा अन्तरंग सम्बल है। सच बात तो यह है कि उसके मानवीय पक्ष के सामने मैं अपने आपको बहुत बौना और टुच्चा पाता हूँ। और इसे स्वीकार करने से कतराता हूँ। उसका प्रतिदान शायद मेरे लिए असम्भव है। ...आज लगता है कि मैं शायद अपने आप में इतना डूबा रहा हूँ कि न मन्नू को एक अच्छा पति दे पाया, न मीता को अच्छा प्रेमी या दीदी को अच्छा मित्र। बेटी को एक अच्छा बाप या बहनों को भाई भी कहाँ मिला? लगता है किसी से मेरा कोई संवाद ही नहीं है, सिर्फ़ औपचारिकता हैं। मगर अपने आपको भी मैंने क्या दिया?' (वही, पृ. 129/130)

आत्मकेन्द्रित नायकों की पीढ़ी का यह शायद स्वाभाविक हश्र है। मोहन राकेश के कालिदास के प्रसंग में इस आत्मकेन्द्रिकता की ही भर्त्सना अंबिका अपनी बेटी मल्लिका से करती है। ये आत्मकेन्द्रित नायक अन्दर कहीं बहुत स्मृतिक्षीण भी हैं, जिन्हें याद कुछ नहीं रहता। इसीलिए उनके पश्चात्ताप का कोई प्रभाव भी नहीं होता। नौबत यहाँ तक आती है कि एक समय राजेन्द्र यादव के जीवन में न दीदी रहती हैं, न मीता और न ही मन्नू। अपने सहायक किशन के साथ मयूर विहार वाले अपने छोटे-से फ्लैट में वे अकेले ही रहते हैं। दस-बारह साल पहले आया वह तेरह साल का मूर्ख अनपढ़ लड़का था। आज देस-परदेस की राजनीति पर बात करता है और राजेन्द्र यादव से ज़्यादा उनके मित्रों को जानता है। मालिक बनकर रहा वही किशन अब कहीं नौकर बनकर कैसे रहेगा? अपनी दुखती रग पर उँगली रखते वे सच्चाई तक पहुँचते दिखाई देते हैं, 'तब क्या मुझे सिर्फ़ ऐसा ही साथ चाहिए था जो सुविधाएँ सब दे, अधिकार किसी पर न जताये? लगभग धिक्कार की तरह यह भी लगता है कि न मुझे किसी की कमी लगती है, न अपने को अकेला या परित्यक्त महसूस

करता हूँ। या तो इतना कुछ मिल चुका है कि और पाने की इच्छा ही मर गयी है या संवेदनशून्यता के उस बिन्दु तक आ चुका हूँ जहाँ किसी से भी कोई फ़र्क़ नहीं पड़ता।'...(वही, पृ. 131)

अर्चना वर्मा ने यह सवाल उठाया है—वह तोता कहाँ है जिसमें राजेन्द्र जी की जान है? फिर स्वयं ही इसका उत्तर भी वे देती हैं, 'फ़िलहाल वह तोता शायद 'हंस' है। बरसों से पाले हुए सपने का सच। और उनके इच्छा-जगत में सम्पादक को जैसा होना चाहिए वैसे ही सम्पादक की भूमिका उन्होंने अपने लिए तय की है। अपनी सारी भुनभुनाहट के बावजूद इतना तो मैं भी जानती हूँ कि यह अहसास उन्हें बहुत गहराई तक तृप्त करता है कि किसी की रचनाशीलता को खाद-पानी देने में उनका भी हाथ है। 'हंस' के साथ जुड़े नये लेखकों की लम्बी जमात का स्नेह और लगाव इसी का फल है लेकिन उसके कुछ अवान्तर नतीजे भी हैं ही। जैसे कि राजेन्द्र जी का यह आग्रह कि वापस जाने वाली रचना में अगर थोड़ी भी गुंजाइश दिखाई दे तो उस टिप्पणी और साथ में संशोधन की सलाह ज़रूर नत्थी की जाये। (23 लेखिकाएँ और राजेन्द्र यादव, पृ. 228) इस आग्रह की व्यावहारिक समस्याओं पर भी अर्चना वर्मा बात करती हैं। लेकिन 'हंस' ने जिस तरह राजेन्द्र यादव को बाँधा और व्यस्त रखा है उसे अर्चना जी राजेन्द्र के 'बतरस' के रूप में याद करती हैं, लेखक नाम के जन्तु से थोड़ा साबका तो 'हंस' के साथ जुड़ने से पहले ही पड़ता रहा था लेकिन अब का देखना, उनका झुंड देखना था और उनके बीच राजेन्द्र जी को देखने का मतलब उन्हें उनके प्राकृतिक आवास में, स्वाभाविक व्यक्तित्व और अस्तित्व में देखना था। जो न बलख में पाया, न बुखारे में, उस किसी दुर्लभ तत्त्व की तलाश में दिल्ली से होकर गुज़रने वाला अमूमन हर लेखक रज्जू के चौबारे तक आ ही पहुँचता है। वह दुर्लभ तत्त्व है बतरस। 'हंस' का दफ़्तर वह प्रदेश है जहाँ इसकी बरसात का कोई मौसम नहीं। या कहें हर मौसम इसी की बरसात का है। (वही, पृ. 231) इस बतरस में राजेन्द्र यादव को मिले अनेक ऐसे पत्रों का ज़िक्र होता है जिन पर सामान्यतः विश्वास करना मुश्किल होता है। जब-तब राजेन्द्र यादव भी इस आशंका की बात कहते हैं। उनका उपन्यास 'कुलटा' पढ़कर किसी गुजराती मिश्रित हिन्दी भाषी महिला ने उन्हें लिखा था—उसके पति भी नपुंसक हैं। लेकिन वह बच्चा चाहती है। राजेन्द्र की दिलचस्पी हो तो सम्पर्क किया जाये।

अर्चना वर्मा के हिसाब से इस बतरस गोष्ठी में राजेन्द्र यादव के अनेक आयाम खुलते हैं। मौक़े के हिसाब से मौजूं शे'र जैसे उनकी ज़बान पर रखे हैं और ठीक वक्त पर कम्बख़्त याद भी आते हैं। 'फूल्स रशइन व्हेयर एंजिल्स

फियर टू ट्रेड' के उनके पास इस अनुवाद का सानी कहाँ मिलेगा, 'चूतिए धँस पड़ते हैं वहाँ, फरिश्तों की फटती है जहाँ।' टार्च का उनका हिन्दीकरण है 'ज्योतिर्लिंग'। भाषा के साथ एक बेहद अन्तरंग, लचीला और घनिष्ठ रिश्ता उनके लेखन से भी ज़्यादा उनकी बातचीत में फूटा पड़ता है। (वही, पृ. 234) अजित कुमार के सन्दर्भ में राजेन्द्र यादव के नामकरण की प्रतिभा अपने चरम शिखर पर पायी जाती है। 'गोल-मोल', 'खिटखिट' तथा 'घपलाकर'। बाज़ार से स्नेह जी के सामान लेकर लौटने और अजित कुमार की उनके प्रति चिन्ता को देखते उनका नया नाम 'पतिदेव' पड़ा। 'इन्हीं अजित कुमार के विषय में राजेन्द्र जी की एक प्रिय छेड़ यह भी है कि उनके प्रेम-प्रसंग कभी पकड़े नहीं जायेंगे क्योंकि वे इतने चतुर हैं कि प्रमाण कभी छोड़ते ही नहीं। उनकी प्रेमिकाओं के घर में उनके पत्र नहीं मिलते कि कोई उन्हें ब्लैकमेल कर सके, पुत्र मिलते हैं जिनके बारे में कोई कह नहीं सकता कि किसके हैं...' (वही, पृ. 235)

राजेन्द्र यादव के सम्पादकीय आलेखों की पर्याप्त चर्चा रही है, उनके प्रशंसकों और आलोचकों दोनों के ही बीच। इसके आलोचकों के प्रसंग में टिप्पणी करते हुए अर्चना वर्मा लिखती हैं, 'समस्या सम्पादकीयों के साथ ज़्यादा टेढ़ी है जिनमें उनके इतिहास, समाज और राजनीति के विश्लेषण हुआ करते हैं और जिनमें राज, समाज और इतिहास की समझ की कोई ख़ास या आम तैयारी नामौजूद है। पाठक जानते हैं कि आज का 'हंस' वही 'हंस' नहीं है जो चौदह वर्ष पहले प्रकाशित होना शुरू हुआ था। हालाँकि तब शुरू होने के लाभ आज भी उनके पास हैं। आज भी वह अन्य पत्रिकाओं की अपेक्षा दूर तक जाता है। तब क्योंकि अपेक्षाकृत लम्बे सन्नाटे के बाद शुरू होनेवाली और काफ़ी समय तक अकेली साहित्यिक पत्रिका थी इसलिए सहज स्वीकार और स्वागत का लाभ इसे मिला। उम्मीद है कि अब तक पाठक इसके आदी हो चुके हैं। 'हंस' की अपनी ख़ासियत भी कुछ रही ही होगी। वह एक खुला मंच था जिसे किसी एक पक्ष की वकालत की तरह नहीं, अनेक पक्षों की अदालत की तरह प्रारूपित किया गया था। आज का 'हंस' अपेक्षाकृत बन्द और रूढ़ आयोजन है। राजेन्द्र जी इसे विकास मानेंगे। इसका एक पक्ष रचनाओं का चुनाव है। इस विकास योजना के तहत सौन्दर्यशास्त्र की राजनीति का संशोधन चल रहा है। अभिव्यक्ति और सम्प्रेषण के अधिकारों का जातिवादी आरक्षण प्रायोजित किया जा रहा है। लेकिन ज़रा दूसरे सिरे से देखिए। यह अभिव्यक्ति के जनतांत्रिक अधिकारों के सदियों के हनन का मुआवज़ा है। राजेन्द्र जी अपनी 'कॉन्सीटूएंसी' को पोस रहे हैं। वे समझते हैं कि इस तरह मुआवज़ा दिया जा सकता है। दिक़्क़त यह है कि उनके

पाठक ऐसा नहीं समझते। मुआवज़े के तौर पर जात गोत कर 'हंस' में छापा तो जा सकता है। लेकिन लेखक के रूप में स्थापित नहीं किया जा सकता। 'हंस' में छपे होने के बावजूद नहीं।' (वही, पृ. 237/238)

अर्चना वर्मा 'हंस' परिवार की कदाचित् सबसे पुरानी सदस्य हैं। 1968 में मिरांडा हाउस में नियुक्ति के बाद वे इस परिवार से जुड़ीं। मन्नू भंडारी की वे सहयोगी थीं, उम्र में पर्याप्त छोटी होने के बावजूद। घर में जब मन्नू टिंकू—रचना—को सँभालते-बहलाते अपने काम निबटाती थीं, जिनमें उनका लेखन भी शामिल था, तो अर्चना को बहुत अच्छा लगता था। अपने आन्तरिक उल्लास और सहज परिहास-बोध के कारण वे कहती थीं—एक रचना है, एक अरचना। धीरे-धीरे वे परिवार में धँसती और घुलती गयीं। मन्नू के माध्यम से ही वे राजेन्द्र और 'हंस' का हिस्सा बनीं।

कलकत्ता में प्रभा खेतान कभी मन्नू भंडारी की छात्रा थीं। मन्नू उनकी सबसे प्रिय और आदरणीय शिक्षिका थीं। प्रभा ने सार्त्र पर शोध कार्य किया था और सिमोन द बोऊआ की स्त्री-आन्दोलन की बाइबिल मानी जाने वाली 'द सेकंड सेक्स' का अंग्रेज़ी से हिन्दी में अनुवाद किया था। प्रभा खेतान राजेन्द्र यादव के नैतिक और मानसिक स्खलन के वैज्ञानिक-मनोवैज्ञानिक कारणों की खोज करती हैं और उसके विरेचन के कुछ उपाय भी सुझाती हैं। वे लिखती हैं, 'यादव जी अपनी आत्मकथा में उस हिस्से को पहचानना नहीं चाहते, जबकि उनका यही हिस्सा, उनके रोज़मर्रा के यथार्थ के विरोधाभास को उभारता है, उनके सत्य को नकारता है। वे एक सिंथेटिकल उत्पादन हैं वे फेक, नकल बच्चा, एक ऐसे व्यक्ति जो अपनी निर्मित्त को, अपने स्वरूप को खुद बुनता है। किसी और को अपने चेहरे पर वे हाथ भी नहीं लगाने देते। अपने इस रूप को वे वाक्वितंडा में खोचते हैं। पर जो कुछ भी साधारण है उसका उनके जीवन में कोई स्थान नहीं। किशोरावस्था में साधारण नवयुवक की तरह वे खेल नहीं पाये, साधारण जीवन, प्रेम, विवाह, सन्तान का भरण-पोषण कभी उनके मानस का हिस्सा नहीं रहा।' (वही, पृ. 213) राजेन्द्र यादव की ही आत्मस्वीकृतियाँ और स्त्री-प्रसंग, उनकी असहज अपंगता के बीच, अनेक जगह प्रभा खेतान के इस विश्लेषण के विरोध में जाता है।

अपने विश्लेषण को आगे बढ़ाते हुए वे लिखती हैं, 'स्त्री को वे ज़्यादा टटोल पाते हैं क्योंकि स्त्री स्वयं उनकी तरह संवेदनशील है, खुलने के लिए आतुर है। अपनी नज़र में राजेन्द्र यादव ग़लत नहीं। उन्होंने कोई लूटमार नहीं की। उन्हें पता भी नहीं कि उनकी ग़लती क्या है इसलिए, वे 'होना-सोना

एक खूबसूरत दुश्मन के साथ' जैसा लिख पाते हैं।' (वही, पृ. 214) वे आगे लिखती हैं, 'उनका बालकमन आज भी खुद से पूछता होगा—मैं कौन हूँ? मुझे अकेले ही इतनी पीड़ा क्यों मिल रही है, पहले पैर फिर आँख? आख़िर मैं क्यों आया इस दुनिया में और वह भी किसलिए? उनके पास हर सवाल का उत्तर है, उत्तर देने में वे चूकते भी नहीं। ...कोई ऐसा वायदा राजेन्द्र यादव को परिधिकृत लोगों का पक्षधर बनाता है। वे दलित के घोर समर्थक हैं और अन्त तक रहेंगे। मगर उनका स्त्री-समर्थन मुझे बहुधा ओढ़ा हुआ लगता है। इस समर्थन में एक विरोधाभास है।' (वही, पृ. 214)

'औरत की ज़रूरत उन्हें इसलिए है कि क्योंकि अपनी पूरी देह और उसकी मांसलता के साथ किसी कोमल परिचय का भाव औरत से ही मिलता है। वे भविष्य में जीते हैं। जिस माँ ने उन्हें परित्यक्त किया, इस कठिन हादसे से उन्हें बचा नहीं सकी, उस माँ को वे फिर से पाना चाहते हैं। उस माँ को शायद वे हर औरत में खोजकर उससे बदला लेते हैं। शायद इसीलिए उन्होंने मन्नू बाइसा को इतनी पीड़ा दी। वे ईश्वर को नकारते हैं क्योंकि ईश्वर ने उन्हें नकारा है। उनका प्रमुख स्वर निषेध का है—स्थापित व्यवस्था के विरोध और चुनौती का। यह एक तरह से उनका स्थायी तेवर है। राजेन्द्र यादव का स्त्री-प्रेम उनकी यथार्थ कविता है। हम उनके व्यक्तित्व में कोई स्थायी पार्टीशन नहीं देखते, जिसमें उनके गुणों को अवगुणों से अलग करें। अपने किये को वे अपराध मानते ही नहीं, क्योंकि अपने इन कर्मों के माध्यम से वे नियति को चुनौती दे रहे हैं। ...तब क्या हम यह कहें कि वे दुखी हैं? नहीं उनसे ज़्यादा ज़िन्दादिल, हँसोड़, दूसरों से लगाव रखने वाले आदमी हिन्दी साहित्य में कम हैं। एक छोटी-सी चोरी, थोड़ी-बहुत नोक-झोंक, थोड़ी मस्ती, दो पेग शराब ही उनके आन्तरिक सन्तुलन को बनाये रखने के लिए काफ़ी है। बड़ी जल्दी वे अपने स्वाभाविक उलझन में फँसे रहकर भी मुस्कराने लगते हैं।' ...(वही, पृ. 216) राजेन्द्र यादव के साथ अपनी संगत के अनुभवों का समापन करते हुए वे लिखती हैं, 'पिछले पाँच-सात वर्षों में शायद हमने अपने आप विचारों में एक-दूसरे को जगह दी है, लेकिन फिर भी हम दोनों ही बड़े कट्टर किस्म के प्राणी हैं। अपनी बोहेमियन अदा में लुभाने की चेष्टा में राजेन्द्र यादव कभी बड़े हलके हो जाते हैं। ऐसे में उनका कहना रहता है, यार, तुम तो एकदम पत्थर हो। मेरा उत्तर होता है, पत्थर क्यों हिमशिला कहिए न...शरमाकर यादव जी अपनी पाइप चबाने लगते हैं और हम वापस राजेन्द्र यादव और प्रभा खेतान हो जाते हैं।'... (वही, पृ. 221)

मनीषा ने राजेन्द्र यादव के नैतिक-मनोवैज्ञानिक विचलन की शिनाख़्त 'मर्दाना कमज़ोरी और जनाना रोगों के विशेषज्ञ' के रूप में की है। व्यवहार विज्ञानी बर्नार्ड एलफर्स के हवाले से वे इसे पर्सनालिटी व इमोशनल डिसआर्डर के शिकार हाईपोथेलेमेटिक बीमारियों से ग्रस्त रोगी के तौर पर करती हैं। वे लिखती हैं, 'सच तो यह है कि राजेन्द्र यादव खुद को भी शायद उतना नहीं जानते, जितना वे लगातार औरतों को जानने का दावा करते फिरते हैं। इस उम्र में भी उनमें औरतों को जान लेने का अद्‌भुत उत्साह है। यूँ तो ऐसा उत्साह प्रायः सभी पुरुषों में प्राकृतिक रूप से ही होता है। यह न होता तो जनानी पत्रिकाएँ या जनाना किस्म की बीमारियाँ को जानने में उनमें इतनी दिलचस्पी न होती। राजेन्द्र यादव को इन दिनों औरतों से उनके 'सेक्स सम्बन्धी अनुभवों' को बटोरने की ग़ज़ब की इच्छा जागी है। कम से कम मुझे तो ऐसा ही लगा। ऐसी कितनी औरतों से उनकी नज़दीकियाँ हैं मुझे इसका अनुमान तो नहीं है, पर मैं यह तो दावे से कह सकती हूँ कि औरतों की सेक्सुअल फैंटेसी और एक्सपीरिएंस को समझ पाना उतना ही जटिल है, जितना दूध और पानी को अलग-अलग करने की कोशिश में जुट जाना। 'कामसूत्र' रचने वाले हमारे महान सेक्सोलॉजिस्ट भी कहाँ समझे थे औरत की कामक्रीड़ा और उत्तेजना की गुत्थियों को। कामसूत्र मर्दाना नज़रिए से रची गयी पुरुषों के लिए तैयार कृति है। हमारी व्यवस्था में जनाना वात्स्यायन की तो कल्पना भी नहीं की जा सकती।'

मनीषा मानती हैं कि राजेन्द्र यादव यारवाज टाइप के बन्दे हैं। थोड़ी मसखरी और बहुत कुछ सामने वाले की संवेदनाओं की टोह लेने की उनकी अदा के नतमस्तक उनके तथाकथित नज़दीकियों ने अपने-अपने मकसद से उन्हें इस्तेमाल किया है। मीता का प्रसंग राजेन्द्र यादव की ज़िन्दगी का बहुत जटिल और संश्लिस्ट सम्बन्ध है। उसके बारे में काफ़ी लिखा-कहा जा चुका है। इस प्रसंग को नये सिरे से उठाते हुए मनीषा लिखती हैं, 'मीता को लेकर मन्नू का कहना है कि 'जब-जब मैंने इस सम्बन्ध से मुक्त होने की कोशिश की तब-तब तुम इतने कातर, दीन और असहाय हो गये...' जो वास्तव में प्रेम करेगा वह तो कातर होगा ही। उसकी विवशता, उसकी दीनता, उसके कमज़ोर पड़ जाने का उपहास क्यों उड़ाते हैं। मुझको तो यही समझ नहीं आता कि किसी बीवी को इससे 'मुक्त' होने की ज़रूरत क्यों आन पड़ी। 'मुक्ति' तो राजेन्द्र यादव को चाहिए थी। माफ़ करें पर प्रेम शर्तों पर नहीं टिकता। तुम यह करो तो मैं वह करूँ, यह तो मैनुपुलेशन हो जाना है। लेन-देन। गेट-टूगेदर 'प्रेम' तो वही सच्चा है जो मीता ने किया। अब तक मैंने जो पढ़ा-जाना है उसके अनुसार तो 'मीता'

की छद्म छवि ही बनती है, मेरे दिमाग़ में। कोई देवी किसी लम्पट को इतना भी चाह सकती है? अद्भुत है उसका प्रेम। उसकी तो प्रतिमा बनवानी चाहिए ऐसे निष्ठुर प्रेमी को। मीता की दैवी प्रतिमा देखिए किस कोटि की है। बिल्कुल मीरा सरीखी। राजेन्द्र की जगह मैं होती तो सिर काट आती अपना उसके दरवाज़े पर। ...मैं तो चरम प्रेमी के रूप में अब तक इमरोज को ही पूजती हूँ। एक इमरोज पर तो लाख अमृताएँ कुर्बान जायें। इसको उलट भी सकते हैं, प्रेम की लफ्फाजियों से अछूती अमृता के प्रेम को ही मिल सकता है, इमरोज जैसा प्रेमी। असल प्रेमी, सच्चा प्यार। क्या कोई कर सकता है, ऐसा?' (वही, पृ. 286) समापन करते हुए वे लिखती हैं, 'मैं उन लोगों को बेहद क़िस्मत वाला मानती हूँ, जिनको कोई वैसे ही प्रेम करे जैसे तमाम लेखिकाओं और गैर लेखिकाओं ने उनसे किया। किसी की कहानी छापकर, किसी को कविता का रुख देकर ऐसा फुसलाया कि वह घर वर सब छोड़ने को आमादा हो गयी। यह क्वालिटी है। जो उन पर फब्ती कसते हैं, उनको वक़्त का खलनायक बनाकर कोसते फिरते हैं, दरअसल उनको यही कहकर सान्त्वना दी जा सकती है कि उनको माफ किया जाये क्योंकि वे नहीं जानते कि वे क्या कर रहे हैं।'...(वही, पृ. 289)

1938 में जन्मी मृदुला गर्ग राजेन्द्र यादव से कोई नौ साल छोटी हैं। वे इस असमंजस से अपनी बात शुरू करती हैं—'चिर युवा या बालकी' राजेन्द्र यादव से उनके सम्बन्धों के अनेक रूप और स्तर हैं। ये बतरस से लेकर लेखक-प्रकाशक और 'हंस' के उनके प्रकाशन तक जाते हैं। इसमें अपने उपन्यास 'चित्तकोबरा' (1975) को भी वे शामिल करके चलती हैं। वह उपन्यास बहुत भोंडे और अनर्गल विवाद में फँसा। उनकी गिरफ़्तारी तक हुई। लेकिन स्त्री-स्वातन्त्र्य के चैम्पियन राजेन्द्र यादव के कान पर जूं न रेंगी। वे इसका गिला भी करती हैं और राजेन्द्र यादव के ही 'हंस' में इस पर लिखती भी हैं। इसके लिए वे उनकी प्रशंसा भी करती हैं कि उनका विरोध करके, गाली देकर भी, 'हंस' में उसके लिए ज़रूरी स्पेस बनाया जा सकता है। राजेन्द्र यादव को लेकर उनकी पहली टिप्पणी है, 'बिला असमंजस एक बात कह सकती हूँ। अन्य तमाम जनों की तरह यादव जी अन्दर-बाहर में बँटे, दो अलग शख़्स तो हैं ही, एक फाँक उनमें और है। 'हंस' पत्रिका शुरू होने से पहले के साहित्य-मर्मज्ञ राजेन्द्र यादव और 'हंस' के सम्पादक बनने के बाद 'गुरु' राजेन, दो अलग शख़्स।' (वही, पृ. 270)

राजेन्द्र यादव से पहली बार अपने मिलने को याद करते हुए वे इसका समय, 1970-'71 तय करती हैं। यह भेंट अक्षर के दफ़्तर में हुई जो बाद में 'हंस' का दफ़्तर बना। तब तक राजेन्द्र यादव का कुछ ख़ास उन्होंने पढ़ा भी नहीं

था—चन्देक कहानियों के सिवा। उन दिनों को याद करते हुए वे लिखती हैं, 'वे मेरी ज़िन्दगी के बड़े बिन्दास दिन थे। अक्षर प्रकाशन में बिताया वक़्त युनिवर्सिटी में पुरुष सहपाठियों के साथ गुज़ारे वक़्त की तरह जीवन्त और खुशगवार था। उसमें बहस-मुबाहसा, हँसी-मज़ाक़, बेबात की बात से निकलती बात, सब था। यादव जी ने एक बार कहा भी—आप तो खासी अड्डेबाज हैं।' (वही, पृ. 273) दूर-दराज क़स्बों या क़स्बोंनुमा शहरों में लम्बा समय बिता वे दिल्ली अपने मायके लौटी थीं। अक्षर की अड्डेबाजी ने उन्हें नये सिरे से सक्रिय और जीवन्त बनाया। वे याद करती हैं कि एक बार बारिश में 520 नम्बर की बस पकड़ और नाम-मात्र का छाता लेकर दोपहर में अक्षर पहुँची थीं। राजेन्द्र यादव ने गाड़ी न होने का बहाना बनाकर गोलचा में कॉफ़ी पीने को मना कर दिया था। बिजली गुल हो जाने पर मोमबत्ती जलायी गयी। आगे का ब्योरा उन्हीं की ज़ुबानी, 'हम उसके पास काफ़ी क़रीब बैठे, गपियाने और चाय पीने लगे। इतने में जगदम्बा प्रसाद दीक्षित प्रकट हुए। दरवाज़े पर झिझककर ठिठके तब समझ में आया कि समाँ किस कदर रोमानी था। पर हमने गैर-रोमानी गुफ्तगू के अलावा उस दिन फ्लर्ट तक नहीं किया। कभी न किया हो ऐसा नहीं है। मेरे ख़याल से हिन्दी साहित्य जगत में फ्लर्ट करने की कला सिर्फ़ दो जन जानते हैं—राजेन्द्र यादव और मनोहर श्याम जोशी। फ्लर्ट करने का मतलब है, दोनों जान रहे हैं कि मामला सिर्फ़ क्षणिक मजेदार, रसिक या कामुक गुफ्तगू का है उसमें छुअन-छुआई या संजीदा जज़्बात की बाद में भी कभी दख़ल होने की गुंजाइश नहीं, फिर भी मज़ा वह रोमांस का दे। उसके लिए शब्दों की जिस जादूगरी या विट और हाज़िरजवाबी में घुली रोमानियत को अल्फाज़ देने की ज़रूरत है, हमारे यहाँ वह कम देखने को मिलती है। मुझे याद आ रहा है, एक दिन ख़ास दोस्ताना बेबाकी से यादव जी ने कहा था—जब आपको पहली बार देखा तो सोचा, एक अफेयर ज़रूर कर डालूँगा, फिर लगा, नहीं, काफ़ी ख़तरनाक औरत है, मुझे वह बेबाकी पसन्द आयी थी।'...(वही, पृ. 273/274)

उनका उपन्यास 'चित्तकोबरा' 1979 में नेशनल पब्लिशिंग हाउस, नयी दिल्ली से छपा था। उपन्यास छपते ही विवादों में फँस गया। लेखिका के हिसाब से 'बेहद भौंडा बबाल' मचा। स्त्री की अभिव्यक्ति की स्वतन्त्रता को हर स्तर पर ख़ारिज करते हुए नौबत मृदुला गर्ग की गिरफ़्तारी तक पहुँची। मृदुला गर्ग के पक्ष में प्रकारान्तर से लेखक की अस्मिता के हनन पर जिन चन्द लोगों ने आपत्ति उठायी उनमें, मर्द और औरतों में, दिल्ली के तत्कालीन राज्यपाल जगमोहन के साथ 'पुनश्च' पत्रिका के सम्पादक दिनेश द्विवेदी के अतिरिक्त जैनेन्द्र कुमार,

योगेश गुप्त, मृणाल पाण्डे, वीरेन्द्र सक्सेना, श्रीकान्त वर्मा, मंजुल भगत, लक्ष्मी मल्ल सिंघवी थे। किंचित् पीड़ा और मलाल के साथ मृदुला गर्ग लिखती हैं, 'देखा आपने, राजेन्द्र यादव का नाम इनमें नहीं है। उस वक़्त की यादव जी की बेरुखी के बरअक्स, कैसे कोई यक़ीन कर सकता है कि वे स्त्री-अस्मिता, स्त्री-विमर्श, स्त्री वगैरह के पैरोकार हैं? जवानी और अधेड़ावस्था में नहीं रहे तो अचानक बुढ़ापे की दहलीज पर आकर, कैसे हो जायेंगे? इतनी बेसबब बात, कम अज कम, मेरी समझ के बाहर है। इस पूरे हादसे में निशाने पर मेरा उनका दोस्त होना-न-होना या दोस्त से दुश्मन हो जाना नहीं था, दुश्मन हम हुए भी नहीं थे। निशाने पर थी, तथाकथित लेखकीय स्वतन्त्रता में स्त्री की बराबर की हिस्सेदारी। जब इम्तिहान का मौक़ा आया तो अन्य मर्दों और मर्द मानसिकता से आक्रान्त औरतों की तरह, वे भी पितृसत्ता के सबसे लिजलिजे मुकाम पर आसीन एक युवा औरत को परेशान-जलील करने की साज़िश का रस लेते रहे। क्या इसलिए कि वह औरत अपने बलबूते पर लिख रही थी? उसके पास न पद था, न पदवी न किसी का वरदहस्त, न पैसा, न राजनीतिक रोटी सिंकवा पाने की ताक़त। रस सिर्फ़ मर्दों ने ही नहीं, औरतों ने भी भरपूर लिया। अगर यादव जी या वे स्त्रियाँ जो आज स्त्री-विमर्श की रोटी सेंक-खा रही हैं, लेशमात्र भी स्त्री की पक्षधरता के पक्षधर रहे होते तो एक स्त्री के उस अश्लील, भौंडे चरित्र-हनन और लेखकीय स्वतन्त्रता के परखच्चे उड़ाये जाने पर, एतराज़ किये बगैर न रहते।' (वही, पृ. 276/277) इस बीच राजेन्द्र यादव में आये परिवर्तन का उल्लेख भी वे करती हैं। राजेन्द्र यादव धड़ल्ले से स्त्री-लेखन को जनाना लेखन या सुखी-सम्पन्न जनों का लेखन कहकर ख़ारिज कर रहे थे। यही समय था जब मंजुल भगत की 'दूत' कहानी उन्होंने 'हंस' से लौटायी थी और मृदुला गर्ग ने उसका ज़िक्र 1990 में अपने लेख 'स्त्री-चेतना और मर्द आलोचना' में किया था। वह लेख 'हंस' में ही छपा। मृदुला गर्ग लिखती हैं, 'यह यादव जी की फ़ितरत का सबसे ख़ुशनुमा पहलू है। आप उन्हें गाली देकर लेख या ख़त लिखें, वे बखुशी 'हंस' में छापेंगे। ...हमारे यहाँ पीढ़ियों के बीच के दमघोंटू अन्तर को पूजनीय माना जाता है, जो हर रिश्ते को बोझिल और बनावटी बनाता है, यादव जी के संग-साथ में उससे मुक्त रहा जाता है। बिना पैर छुए, बिना हाँ जी-हाँ जी किये बिना गर्दन झुकाये आप उनसे सीधे मुँह जो चाहे कह सकते हैं। तभी भाई साहब, भाभी जी, दीदी, गुरु और प्रिय आदि बनाने से परहेजी मैं इतने खुले मन से अक्षर प्रकाशन में बैठ सकी, और उन्हें अपनी रचनाएँ पढ़वाकर उनकी राय माँग सकी। 'हंस' के माध्यम से सांस्कृतिक भय, राजनीतिक ताक़त हासिल

करने से पहले, मैंने उनकी साहित्यिक समझ और राय को जितना महत्त्व दिया, बाद में नहीं दे पायी, इसलिए कि अब उनके लिए, साहित्य विमर्श के सहारे राजनीति करने का माध्यम बन चुका है।' (वही, पृ. 277) मृदुला गर्ग इस बात पर भी अफ़सोस जताती हैं कि बदक़िस्मती से स्त्री-विमर्श के नाम पर जो नारा उन्होंने दिया, वह बरसों पुराना घिसा-पिटा देह की स्वतन्त्रता का नारा था। यह अकारण नहीं है कि मन्नू समेत अनेक लेखिकाएँ उनके इस विमर्शवादी लेखन से जुड़ने को तैयार नहीं हैं। सुलभ होने से छपास की मारी नयी लेखिकाएँ इसे पसन्द करती हैं। राजेन्द्र यादव के लिए वे ही ज़्यादा उपयोगी हैं। ये लेखिकाएँ भूल जाती हैं कि देह से परिभाषित वे हमेशा से रही हैं।...'मस्तिष्क को नकारकर, मात्र देह की स्वतन्त्रता की आवाज़ को बुलन्द करके वे अपने उस कठघरे में क़ैद किये रहेंगी। ज़माना पहले अमेरिका में एक किताब छपी थी 'एवरी वुमन कैन।' (हर औरत कर सकती है)। क्या कर सकती है? मुक्त सेक्स। तब भी मेरे मन में सवाल उठा था, डज़ शी वांट टू? क्या वह करना चाहती है? हाँ या ना का जवाब हमें यादव जी की मर्दाना दमदार आवाज़ नहीं देगी। हर औरत की महीन आवाज़ खुद तय करेगी। सामूहिक रूप से नहीं, अलग-अलग निजी तौर पर। देह से परिभाषित होने और देह को स्वतन्त्रता का पर्याय मनाने का क्या नुक़सानदेह नतीजा होता है, आज अमेरिका के उत्तर नारीवादी युग में बखूबी देखा जा सकता है।' (वही, पृ. 279/280)

इस बीच राजेन्द्र यादव में घटित बदलाव के बावजूद, कल का लेखक और साहित्य मर्मज्ञ धर्मगुर या अधर्मगुरु बनकर रह गया है। लेकिन उनके पास जुड़ी भीड़ में कोई अन्तर नहीं आया है। मृदुला गर्ग पर्याप्त वस्तुनिष्ठ ढंग से उनके लेखन पर रायज़नी कर सकती हैं। भाषा पर उनके ज़बर्दस्त अधिकार की प्रशंसा कर सकती हैं जिसमें यथार्थ की कई-कई परतें हैं।

सुबोध कुमार श्रीवास्तव राजेन्द्र यादव की ही शिष्य-परम्परा में आते हैं। गुरु का ही सुझाव था कि लेखकों का एक बड़ा जमावड़ा रहे और उस गोष्ठीनुमा सम्मेलन में बात हो। विभिन्न शहरों से पर्याप्त नामचीन लेखक इकट्ठे हुए। विश्वनाथ त्रिपाठी, नामवर सिंह, मैनेजर पाण्डेय, गिरिराज किशोर, निर्मला जैन, रमेश उपध्याय, बिभांशु दिव्याल, संजीव, हरिनारायण, शिवमूर्त्ति, दिनेश कुशवाहा आदि। खगेन्द्र ठाकुर और रामधारी सिंह दिवाकर सीधे कटिहार पहुँचे। मैत्रेयी पुष्पा ने दिल्ली से बारात जैसी इस यात्रा का बहुत चित्रात्मक वर्णन किया है, 'दिल्ली स्टेशन से हम कई लोग रेलगाड़ी में चढ़े थे, बिल्कुल इस मूड में जैसे बारात में जा रहे हों। बोगी हँसी-मज़ाक़ के माहौल में गुलज़ार चुहलबाजियों

के नज़ारे।...पहली बार मेरे लिए ऐसा था कि इतने साहित्यकार साथ-साथ थे। पहली बार मेरे लिए यह था कि डॉ. निर्मला जैन और मेरी बर्थ आमने-सामने थी।' (वह सफ़र था कि मुकाम : मेरी नज़र में राजेन्द्र यादव, राजकमल पेपरपबैक 2017, पृ. 25) जो इन्तज़ाम सुबोध ने किया था वह दिल्ली वालों को पसन्द नहीं था। वह उनके लिए धर्मशाला टाइप था। फिर होटल लिए गये—साफ़-सुथरे शानदार। निर्मला जैन मैत्रेयी पुष्पा का उपन्यास 'इदन्नमम' पढ़ रही थीं। उपन्यास के प्रति उनके व्यवहार में लेखक को लेकर गहरी आत्मीयता और सम्मान का भाव था। इसी बीच राजेन्द्र यादव की आवाज़ आती है—निर्मला जी खाने-पीने का धन्धा फैलाओ। निर्मला जी ने वैसे ही तेज स्वर में कहा, 'पीने का तुम जानो, खाना हमारे पास ज़रूर है।' फिर बड़े-से टिफिन के रूप में उन्होंने अपना भोज-पिटारा खोला। वह इतना पर्याप्त था कि सब लोगों ने ख़ूब छककर खाया। बाद में मौसम के हिसाब से अलग गुझिया भी थी। मैत्रेयी पुष्पा ने निर्मला जी की साहित्यिक-अकादेमिक उपलब्धियों की चर्चा किंचित् सम्भ्रम और आतंक-भाव से की है।

निर्मला जैन अपने संस्मरण की शुरुआत 'कथादेश' के दो अंकों के उल्लेख से करती हैं। पहले में ओमा शर्मा से राजेन्द्र यादव की बातचीत और दूसरे में 'असहमत' शीर्षक से छपी मन्नू भंडारी और अर्चना वर्मा की प्रतिक्रिया में। निर्मला जैन के हिसाब से यह मुद्दा सहमति-असहमति से अधिक सीधे 'सच' और 'झूठ' का है। फिर वे अपने सम्बन्धों की चर्चा करती हैं, 'राजेन्द्र और मन्नू से पिछले पैंतीस साल से बड़े प्यारे सम्बन्ध हैं। दोस्ताना, पारिवारिक, बहुत-सी बातों में साझेदारी और अक्सर 'राजदारी' के भी। मन्नू तो बराबर कहती हैं कि वे मुझसे कुछ नहीं छिपातीं। राजेन्द्र यादव घुन्ने और चुप्पा हैं। ज़ाहिर है, जो बताने लायक नहीं होता उसे क्यों बतायेंगे। पर बहुत-सी बातें वे भी नहीं छिपाते। सबसे बड़ी बात यह है कि 'भरोसाबन्दी' हमारी दोस्ती का आधार है। हम लोगों ने सुख-दुख में बराबर साझेदारी की है। एकदम निःस्वार्थ भाव से। ऐसी दोस्तियाँ अब विरल हैं।' (23 लेखिकाएँ और राजेन्द्र यादव, पृ. 163) राजेन्द्र यादव को लेकर निर्मला जी का मानना है कि वे जिस ईमानदारी और साहस की दुहाई देते रहे हैं, अपनी गलतियों को स्वीकार करने के लिए भी उसी की ज़रूरत होती है। मन्नू के बारे में उनकी टिप्पणी है, 'मुझे इस बात की व्यक्तिगत जानकारी है कि यह प्रश्न बार-बार मन्नू जी से भी पूछा गया है, पर उन्होंने हमेशा इस प्रसंग पर बात करने से इनकार किया है। बहुत ज़ोर देने पर बस इतना ही कहा कि हमारी सुविधा का सवाल है। हमारे बीच कोई झगड़ा नहीं है। हम लोग

आज भी बहुत अच्छे दोस्त हैं। वे इस प्रसंग में जिस शालीनता और संयम का परिचय देती रही हैं उसका साक्षात् प्रमाण उनकी प्रतिक्रिया है। वे चाहतीं तो इस अवसर का फ़ायदा उठाकर ईमानदारी की दुहाई देते हुए, जो अब तक नहीं कहा उस सबको कह डालतीं। पर यह शैली मन्नू की नहीं है। उन्होंने राजेन्द्र जी को 'खुला खेल फर्रुखाबादी' खेलने की चुनौती देकर यह विकल्प उन्हीं पर छोड़ दिया है। मन्नू जी के लिए यह संकोच का नहीं, नैतिकता का सवाल है। अपने और राजेन्द्र जी के बीच एक लम्बे रिश्ते की गरिमा तो है ही, किसी तीसरे की सामाजिक प्रतिष्ठा और उस भरोसे का भी जो मन्नू जी पर उसने किया' ...(वही, 163/164) निर्मला जैन एक सम्पादक के रूप में राजेन्द्र यादव की बेईमानी के निजी अनुभव का उल्लेख भी करती हैं। उनके कहने पर ही निर्मला जी ने जैनेन्द्र कुमार पर एक लेख लिखा 'सिरा कहाँ है'...राजेन्द्र यादव ने अपने सम्पादकीय अधिकार का उपयोग (दुरुपयोग?) करके उसे बेहद 'कटखना' बना दिया। जैनेन्द्र जी से जाने कब की अपनी खुन्नस निकालने के लिए उन्होंने कन्धा निर्मला जैन का इस्तेमाल किया—उनसे पूछे या उन्हें बताये बिना। अज्ञेय जी की प्रतिक्रिया थी, 'देयर इज़ नथिंग टू फील हैप्पी अबाउट इट'। जैनेन्द्र जी असाध्य रूप से बीमार होकर अस्पताल में भर्ती थे। निर्मला जी की समस्या यह थी कि इसका प्रतिकार कैसे हो? उन्होंने राजेन्द्र यादव को एक लम्बा पत्र लिखा—इस इसरार के साथ कि इसे यथावत 'हंस' में प्रकाशित करें। अपनी सम्पादकीय 'ईमानदारी' का भंडाफोड़ होने के डर से वे इसके लिए तैयार नहीं हुए। वे सिर्फ़ इस पर राजी हुए कि निर्मला जी चाहें तो इस पत्र की प्रतिलिपि जैनेन्द्र जी के पुत्र प्रदीप कुमार को भेज दें। इस पूरी घटना पर उन्होंने सिर्फ़ एक पंक्ति 'हंस' में लिखी। उसका कोई मतलब नहीं था। प्रतिक्रिया में निर्मला जी सिर्फ़ यही कर सकती थीं कि आगे से वे 'हंस' में न लिखें। काफ़ी अरसे तक यही उन्होंने किया। राजेन्द्र यादव के इस सुलूक की शिकार अकेली निर्मला जैन नहीं हैं। इस सूची में और भी अनेक नाम हैं। निर्मला जैन के बारे में टिप्पणी करते हुए मैत्रेयी पुष्पा ने लिखा है, 'निर्मला जी से मैंने सबक लिया कि ज़िन्दगी के लिए कोई काम गैरज़रूरी नहीं है। जब वे इस मशीनी युग में नये जन्मे बच्चे के लिए अपने हाथों से बुना स्वेटर-सेट लायीं तो यह महज़ उपहार नहीं था, इसके एक-एक फन्दे में उनका प्यार बुना हुआ था। मैं इसे कहाँ धरूँ, कहाँ उठाऊँ? साहित्य हमारे जीवन का आईना होता है, इस आईने में पात्र ही नहीं, साहित्यकार भी अपनी झलक पेश करते जाते हैं।' (वह सफ़र था कि मुकाम था, पृ. 26)

ममता कालिया ने अपने लिए उनके घर को एक रोशनदान की तरह देखा जहाँ लेखकों, घटनाओं और प्रसंगों की हवा और धूप उन्हें भरपूर मिली। ममता लिखती हैं, 'सन् 1963 में एम.ए. करने के तत्काल बाद मुझे दौलत राम कॉलेज, दिल्ली विश्वविद्यालय में, लेक्चररशिप मिली। यूँ तो शक्ति नगर मॉरिस नगर के पास ही बसा है, पर इतना भी पास नहीं है कि पैदल काम पर पहुँचा जाये। दिल्ली विश्वविद्यालय का मुख्य परिसर मॉरिस नगर था, जहाँ दौलत राम कॉलेज, मिरांडा हाउस, हिन्दू कॉलेज, सेंट स्टीफेंस व और भी तमाम कॉलेज हैं। मन्नू जी तब मिरांडा हाउस में पढ़ाने लगी थीं। राजेन्द्र जी मन्नू जी का घर भी शक्ति नगर में था। अक्सर जब मैं सुबह दस बजे बस के लिए नाँगिया पार्क पहुँचती, वहाँ बस के इन्तज़ार में लोगों की लम्बी क़तारें लगी होतीं। देखते ही दिल डूब जाता। हमें तो अगले ही स्टॉप पर उतरना होता पर क़तार में इन्तज़ार उन सबके साथ करना पड़ता जिन्हें केन्द्रीय सचिवालय तक जाना रहता। तभी कही से अचानक मन्नू जी आकर कहतीं, 'हटाओ ममता, चलो स्कूटर कर लेते हैं।' उनकी श्याम सलोनी हँसमुख छवि, कलफ की साड़ी में लिपटी छरहरी काया, बातचीत करने का आत्मीय अन्दाज़ अभी तक मेरे मन की आँखों में समाया हुआ है। वे मुझे दौलत राम पर ड्राप करतीं और आगे अपने कॉलेज बढ़ जातीं। कभी मैं शाम को उनके घर की तरफ़ चली जाती। हमेशा कोई न कोई मक़बूल हस्ती उनके यहाँ बैठी होती। कृष्णा सोबती को सबसे पहले उन्हीं के यहाँ देखा, गरारा-कमीज-दुपट्टे में एक भव्य विभूति जो बड़ी संजीदगी से सबकी बात सुनती रहतीं। मोटे चश्मे में उनकी आँखों की चमक यह जता देती कि बात सिर्फ़ उतनी नहीं है जो कही जा रही है। कहने में उनके सामने बात बदल-बदल गयी। कहे हुए को सुनने का यह शरारती अन्दाज़ आज भी कृष्णा जी की ख़ास पहचान है। रचनात्मक व्यक्तित्व में कृष्णा जी और मन्नू जी जैसे दो ध्रुव थीं, एक चंचल, चपल रहस्यमय चितेरी, दूसरी सरल, सहज, स्नेह सर्जक। मन्नू जी बीच-बीच में ध्यान सिंह को आवाज़ लगातीं, 'ध्यान सिंह चार कॉफी, ध्यान सिंह टोस्ट के साथ तीन चाय।' ...राजेन्द्र जी और मन्नू जी का घर मेरे लिए एक रोशनदान था, जहाँ से मैं समकालीन साहित्य की सरगर्मियाँ साक्षात् देखती।' (23 लेखिकाएँ और राजेन्द्र यादव, पृ. 253/254)

ममता कालिया इस पर भी ध्यान देती हैं कि दिल्ली में मन्नू जी की दिनचर्या में लेखन के लिए कोई बड़ी जगह नहीं थी। राजेन्द्र जी के अतिथियों की आवभगत के अलावा उन्हें कॉलेज जाना होता और ढाई साल की टिंकू की देख-भाल भी। यह ध्यान भी रखना होता था कि ध्यान सिंह पर काम का बोझ

इतना न पड़े कि वह भाग खड़ा हो। वे लिखती हैं, 'तब के राजेन्द्र जी कहीं बड़े भोले-भंडारी थे। हालाँकि वे एक महानगर से ही दिल्ली दरबार में पहुँचे थे, पर कलकत्ता में दिल्ली जैसी मूल्यहीनता कभी नहीं थी। दिल्ली वालों के दिल-दिमाग़ बीटनिक और बीटल आन्दोलनों की आँधी से अकबकाये हुए थे। वहाँ विरोध और विद्रोह को साहित्य की जीवन-रेखा माना जा रहा था। छुटभैये लेखक भी अपने दो-चार प्रेम-प्रसंग फट से गिनवा देते। दरकते दाम्पत्य और हताश पत्नियों की संख्या बढ़ती जा रही थी। प्रेमिकाएँ, परित्यक्ताएँ अबला बनी घूम रही थीं। राजेन्द्र जी के कल्पनाशील मन पर अवश्य इस सबका असर पड़ा होगा।' ... (वही, पृ. 255/256) जैसे अर्चना वर्मा ने राजेन्द्र यादव को 'तोता' कहा है, ममता मन्नू को 'हँसती-बोलती मैना' के रूप में उल्लेख करती हैं। वे लिखती हैं, 'एक शाम हमारे घर के सामने हम चारों खड़े थे। मैं, पापा, राजेन्द्र जी, मन्नू जी। 'हँसती-बोलती मैना' जैसी मन्नू जी कुछ उखड़ी-उखड़ी लग रही थीं या मुझे ही ऐसा लगा।' (वही, पृ. 257) मन्नू जी इस ओर हमेशा सजग रहती थीं कि उनकी वजह से किसी बैठक का रस-भंग न हो। तभी उन्होंने ममता कालिया के आगे प्रस्ताव रखा था—मिलकर एक फ्लैट किराये पर लेने का जिसमें वे दोनों साथ रहेंगी। तब ममता के पापा का तबादला बम्बई हो गया था और वे कभी भी दिल्ली छोड़कर जा सकते थे, राजेन्द्र जी सँभलकर बोले, 'अच्छा रहेगा। मन्नू कई दिनों से कह रही है, वह थोड़े दिन अलग रहना चाहती है।' मैंने कहा, 'बाबा दो दिन में आप मियाँ-बीवी एक हो जायेंगे, फिर मैं कहाँ जाऊँगी।'

मन्नू जी ने कहा, 'सुना तो ममता, पक्की बात। बस, हम-तुम रहेंगे साथ।'

मैंने कहा, 'मैं खलनायिका नहीं बनने वाली।' (वही, पृ. 257)

मन्नू भंडारी की खासियत थी कि अपने अन्तःसंघर्षों का पता वह नहीं चलने देतीं। वे राजेन्द्र जी की कोई शिकायत नहीं करतीं—जब-तब मज़ाक ज़रूर करतीं। दोस्तों के बीच कहतीं, 'शाम तक ऐश ट्रे में इतनी राख इकट्ठी हो जाती है, यह तो बर्तन माँजने के काम की भी नहीं है।'

कभी कहतीं, 'मेरी कलीग ने अपना पता दिया था कि कभी आप लोग आना। अभी उसके यहाँ जाने की सोचते कि राजेन्द्र खुद ही पहुँच गये।' (वही, पृ. 256)

ममता इस पर भी सोचती हैं कि दो कलाकार दाम्पत्य की चहारदीवारी से अलग क्यों हुए? वे यह भी मानती हैं कि पति-पत्नी साथ रहकर भी यदि संगी न बने तो उनका अलग हो जाना ही श्रेष्ठ और स्वीकार्य है। एक भिन्न प्रसंग में, यह सुझाव तो उनकी पूर्व पीढ़ी के अमृतराय ने भी दिया था। ममता कालिया

लिखती हैं, 'राजेन्द्र जी ने कहा भी, हम लोग दोस्त तो बहुत अच्छे हो सकते हैं, पति-पत्नी नहीं।' क्या राजेन्द्र जी को नहीं पता कि उनकी बातें दोस्ती की परिधि से बाहर सीधे-सीधे दुश्मनी की बाउंड्री में गिरी हैं। यह खेल और मेल के सभी नियमों का उल्लंघन कर 'बेईमंटी' के खाते में जा रही हैं। पत्नी ने संघर्षों में साथ निभाया पति ने ज़रा-सी सफलता मिलते ही पाला बदल लिया। यह भी नहीं पहचान पाये आज जो उनके 'सोलमेट' बनने का दावा पेश कर रहे हैं वे उन्हीं की क़ीमत पर अपनी गोटी लाल कर रहे हैं। (वही, पृ. 258)

अपना निष्कर्ष प्रस्तुत करते हुए ममता कालिया लिखती हैं, 'मन्नू भंडारी 'हंस' के पहले भी उनके निकट थीं। हाँ, यह ज़रूर है कि मन्नू जी की शख़्सियत में चाटुकारिता का अंश बिल्कुल नहीं है। मैंने आज तक उन्हें किसी की ख़ुशामद करते नहीं देखा। न ही वे यह पसन्द करती हैं कि दूसरे उनकी ख़ुशामद करें। यह कहा जा सकता है कि उनका प्रज्ञा तत्त्व बहुत प्रबल है। सम्पादक-प्रकाशक पति को प्रतिदिन, प्रतिपल, प्रशंसा-अनुशंसा के इतने पत्र, फ़ोन और प्रस्ताव आते हैं कि उसे स्वयं पता नहीं लगता कब उसका अहं छह फुट से साठ फुट के कट आउट में पहुँच गया है। महत्त्वाकांक्षी लेखिकाओं ने इस महाबलीपुरम में पहुँचने का चोर दरवाज़ा ढूँढ़ निकाला है। ज़ाहिर है कोई पत्नी अपने कामयाब पति की अभ्यर्थना में धूप-दीप-नैवेद्य सजाकर नहीं बैठती—यह काम अल्पकालिक भक्तिनों का होता है।' (वही, पृ. 259) इन्हीं अल्पकालिक भक्तिनों को ममता कालिया राजेन्द्र यादव की 'घाघरा पल्टन' कहकर अपनी बात साफ़ करती हैं।

रचना के निरकुंश फेर-बदल की जो शिकायत निर्मला जैन और अन्य लेखक करते हैं, वही ममता कालिया भी करती हैं। 'अनदेखे अनजान पुल' पर ममता की समीक्षा राजेन्द्र यादव ने यह कहकर मँगवा ली थी कि वे उसे भिजवा देंगे। जब वह 'ज्ञानोदय' में छपकर आयी तो ममता जैसे आसमान से गिरीं। वह प्रथम पुरुष में थी—जिसमें 'निन्नी' लेखक के नाम अपना शिकायतनामा पेश करती है। इसके लिए राजेन्द्र यादव ने ममता कालिया से पूछने या बताने तक की कोई ज़रूरत नहीं समझी।

मैत्रेयी पुष्पा एक ओर यदि राजेन्द्र यादव की साहित्यिक निर्मिति हैं तो अपनी सारी पारिवारिक उठा-पटक के बावजूद कदाचित् उनके सबसे निकट भी हैं। राजेन्द्र यादव तो जब-तब यह भी कहते सुने जाते रहे हैं कि उनके और मन्नू के बीच विच्छेद के कारणों में प्रायः ही मैत्रेयी को मूल कारक माना जाता रहा है। वे राजेन्द्र यादव के सामने इस सवाल को उठाती हैं जो, जब-तब, और लोग भी उनसे पूछते रहे हैं, 'आपको मीता से मोहब्बत थी तो मन्नू दी से शादी क्यों

की? और जब मन्नू दी से शादी कर ली तो मीता से अपना प्यार क्यों निभाते रहे?' (वह सफ़र था कि मुकाम था, पृ. 46) राजेन्द्र यादव थोड़ी देर चुप रहते हैं। फिर मैत्रेयी से ही पूछते हैं—प्यार के दृश्य को क्या ऐसे ही लिखोगी? बाद में उनसे सवाल भी करते हैं, 'प्यार छूट जाता है, तब क्या टूट भी जाता है?'

राजेन्द्र यादव शुरू से ही परिवार और विवाह की संस्था के विरुद्ध रहे। 'मीता' भी, मैत्रेयी की सूचनानुसार, उसका छद्म नाम है। उसका वास्तविक नाम जानने के बावजूद वे चुप रहती हैं क्योंकि जब राजेन्द्र यादव ने नहीं बताया तो, किसी स्तर पर, उनका उसे बताना राजेन्द्र जी से विश्वासघात होगा। मीता तक पहुँचने के लिए राजेन्द्र यादव मैत्रेयी पुष्पा का ही सहारा लेते हैं। जब वे इसके लिए संकोच करती हैं, तो वे कारण भी बताते हैं। उनका फ़ोन मीता की भाभी उठाती है। वह उनकी आवाज़ पहचानती है। उन्हें फ़ोन देती नहीं। 'मैंने मीता को देखा है' शीर्षक एक पूरे अध्याय में मैत्रेयी पुष्पा ने इस प्रसंग को आत्मीय विस्तार से लिखा है। राजेन्द्र यादव द्वारा मीता के पढ़े गये कसीदों को सुनकर यह सवाल, स्वाभाविक रूप से, मैत्रेयी के मन में भी उठता है—राजेन्द्र जी ने उनका असली नाम क्यों छिपाया? मन्नू भंडारी ने ही 'मीता' ही लिखा है—इस दलील के साथ कि बदनामी होगी। जिसने मोहब्बत में जीवन होम कर दिया उसे बदनामी डरायेगी? मीता और राजेन्द्र जी की भेंट का बड़ा चित्रात्मक और काव्यपरक वर्णन मैत्रेयी करती हैं, 'उनकी मोटी मर्दानी आवाज़ में मिश्री घुली थी। हिन्दुस्तान अपार्टमेंट के उस घर में खील-मखाने के ब्रजमंडल की कोई गोपिका आयी है इस इन्द्रप्रस्थ में। राजेन्द्र जी का घर खील-मखाने हो रहा है। दरो-दीवार पुलकित हैं—द्वार और झरोखे मुस्करा रहे हैं। बहुत लोग आते-जाते रहे हैं यहाँ इस तरह अपना कोई पहली बार आया है! चिड़िया, कौआ भी अपनी लय, धुन बजा रहे हैं या आज ही सुनाई दे रही हैं? मीता! गोरा रंग, लम्बा क़द और अण्डाकार के साथ गोलाई लिये चेहरा। आँखों में तैरती मुस्कराहट। वे हँस तो नहीं रहीं, घर ही खिलखिला उठा है। साड़ी बाँधने का सलीका, उठने-बैठने का आकर्षक अन्दाज। गरिमा से दीप्त व्यक्तित्व की स्वामिनी मीता! कन्धे तक कटे बालों वाली आधुनिका की छवि। राजेन्द्र जी ने बताया कॉलेज में प्रिंसिपल... मैं बार-बार उनको देख रही हूँ। घूरना जैसा न लगे, नज़र दूसरी ओर मोड़ लेती हूँ।' मैत्रेयी जी मीता में रेणु की हीरा बाई की छवि भी देखती हैं। ...'लेकिन सवाल मीता के प्रेम का है—राजेन्द्र यादव जैसे शख़्स से। किससे प्रेम किया मीता? साहित्य जगत के खलनायक से? पत्नी के मुजरिम से? बेटी के गुनहगार से? नहीं....नहीं और भी इल्जाम...सती-सावित्रियों का शीलभंग करने वाले से?

इस 'सेक्स मास्टर' से मोहब्बत कैसे चलती रही मीता, यहाँ के निष्ठा के पुजारी आपकी निष्ठा पर भौचक हैं। ऐसी बहुत-सी बातें मीता सुनती रही हैं कि उनको राजेन्द्र से प्रेम है। निश्छल, निष्कपट प्रेम ने मानो कुछ नहीं सुना...' (वही, पृ. 57)

राजेन्द्र यादव से मैत्रेयी पुष्पा की गहरी अन्तरंगता रही है। लेकिन सम्बन्धों की यह बात घृणा-प्रेम से बुनी-बनी है। वे लिखती हैं, 'राजेन्द्र जी मेरे परिवार के बरअक्स अपनी हमदर्द मोहब्बत लिये खड़े थे। लोगों के हिसाब से एक स्वार्थी आदमी, पैसा खा जाने वाला दैत्य, यौन मनोरोगी, कुण्ठित मर्द, पत्नी का अपराधी, प्रेमिकाओं को छलने वाला और नज़दीकी स्त्रियों के लिए मनगढ़न्त लिखने वाला क्योंकि यौन-शुचिता उसके लिए गाली है।...' (वही, पृ. 84)

मैत्रेयी पुष्पा ने मन्नू भंडारी के ऊपर से भी कुछ आवरण हटाये हैं। उनकी कहानी 'यही सच है' (मैं इसके साथ 'ऊँचाई' भी रखना चाहूँगा) का उल्लेख करते हुए। मैत्रेयी पुष्पा विवाह के बाद ससुराल आने पर अपने वे प्रेम-पत्र भी साथ लेकर आयी थीं, जो उन्होंने अपने प्रेमी को लिखे थे। उनके पति डॉ. शर्मा ने भी मुक्त-भाव से अपनी ओर आकृष्ट होने वाली लड़कियों की चर्चा की थी। मन्नू भंडारी अपने पहले प्रेम को छिपाने का कोई उद्यम बाद तक नहीं करतीं। उनकी उल्लिखित कहानियाँ इसका प्रमाण हैं। बासु चटर्जी ने 'रजनी गंधा' में इस सच्चाई को बहुत कलात्मक रूप में सामने रखा है। मन्नू जी ने अनेक जगह इसे स्वीकार किया है कि राजेन्द्र जी के घर का माहौल, आने वाली साहित्यिक विभूतियाँ और पुस्तकें-पत्रिकाएँ उन्हें प्रोत्साहित करते थे। मन्नू एक विद्रोहिणी युवती थीं। अन्तर्जातीय विवाह द्वारा उन्होंने अपने पिता सुख सम्पतलाल भंडारी को ही नहीं और भी बहुतों को चुनौती दी। कलकत्ता के बन्द समाज में अपंगता के बावजूद राजेन्द्र यादव से विवाह करके उस समाज से भी विद्रोह किया था। राजेन्द्र यादव ने जब-तब इसके लिए मन्नू के साहस की प्रशंसा की है। वे यह भी कहते हैं कि दोस्तों—ठाकुर साहब और कमला भाभी आदि ने चेंप-चाप कर यह विवाह करवा दिया। तीन छोटे भाइयों और सगी तथा रिश्ते की मिलाकर कुल जमा अठारह बहनों में से कोई इस विवाह में शामिल नहीं हुआ था। मन्नू के पहली बार आगरा आने पर मीता तब भी वहाँ थी। उसके कारण ही यह विचार राजेन्द्र यादव के मन में आया था कि पहले मीता के कहीं सैटिल हो जाने के बाद ही मन्नू के साथ कुछ होगा। मन्नू और राजेन्द्र के सम्बन्ध-विच्छेद की ख़बरें भी जब-तब उड़ीं—उड़ती रहती थीं। इस प्रसंग में राजेन्द्र यादव के निकटवर्ती मित्रों की सहानुभूति उनसे न होकर मन्नू से ही थी। कमलेश्वर का लिखा यह पत्र, इस सम्बन्ध में, स्थिति स्पष्ट करता है, 'मन्नू को लेकर जो भी स्थिति है और मन्नू

जिस तरह तुम्हें एकान्तिक रूप में अपने लिए secure रखना चाहती है, उसमें मुझे कोई ग़लत बात नहीं लगती। यह भी हो सकता है कि कभी शक में मन्नू ज़्यादा कठोर हो जाती हो, पर यह शक उसके मन में क्यों पैदा हुआ और अब क्यों जड़ें जमा गया है? क्यों मन्नू को यह भरोसा नहीं होता कि आश्वासन देने के बाद भी तुम उसे पूरा नहीं कर पाओगे?

'तुम विच्छेद नहीं चाहते (यह तुमने मुझसे कहा था) पर यह विच्छेद न हो इसके लिए तुम अपनी ओर से कहाँ तक खुद सहायक हो सकोगे? या यह सिर्फ़ दूसरे पर फ़ैसला लेने का दायित्व डाल देने वाली बात है! तुम विच्छेद नहीं चाहते तो तुम इसे बचाने के लिए फ़ैसला क्यों नहीं लेते? तुम्हारा फ़ैसला क्या है? यानी विच्छेद को कार्यान्वित न होने देने के लिए तुम कौन-से क़दम उठाओगे? सिर्फ़ मरज़ी ज़ाहिर कर देना और उसके तरीक़ों को स्पष्ट न करना एक निहायत ग़लत बात है।

'अगर यह विच्छेद होता है तो मैं अपने को तुम्हारे साथ नहीं पाता। यह बहुत स्पष्टता से मैं कह रहा हूँ।' (राजेन्द्र यादव रचनावली-10, अब वे यहाँ नहीं रहते, पृ. 378)

मन्नू भंडारी राजेन्द्र यादव को 'डार्करूम में बन्द आदमी' के तौर पर देखती हैं। वे लिखती हैं, 'यों हर मामले में निहायत अन-कन्वेंशनल, प्रेम-विवाह, परिवार-सेक्स सबके मामले में अत्याधुनिकता के पोषक, हर प्रकार की अनैतिकता के समर्थक पर अपने हर अन-कन्वेंशनल और अनैतिक काम को झूठ और रहस्य का जामा पहनाने को मजबूर...इस स्वभावगत अन्तर्विरोध के कारण मुझे इनकी यह वृत्ति इनका घुन्नापन लगती थी, पर धीरे-धीरे यह समझ में आ गया है कि इनका मन लेखन का ऐसा गोदाम है जिसकी चाबी केवल और केवल इनके पास ही रहती है। सबकी निगाहों से बचकर ये उसमें घूमते हैं, घण्टों उसमें रहते हैं और किसी एक चीज़ की तलाश में अनेक चीज़ों को उलट-पलट करते हैं--और धूल जालों से लदे, वांछित चीज़ को लेकर बाहर निकलते हैं तो गोदाम का ताला लगाना नहीं भूलते।' (23 लेखिकाएँ और राजेन्द्र यादव, पृ. 136/137)

'एक इंच मुस्कान' के सहयोगी लेखन में कहानी मन्नू की काम आती है। 'एक स्त्री एक पुरुष' और 'अकेली' में मन्नू की तीन-तीन कहानियाँ मन्नू को बिना बताये ही वे शामिल करते हैं। प्रकाशक से रॉयल्टी का अग्रिम पैसा लेकर मीता को घुमाने पहाड़ ले जाते हैं--घर के सारे कामों और ज़िम्मेदारियों के लिए मन्नू हैं ही। ऐसे ही प्रसंगों पर टिप्पणी करते हुए विश्वनाथ प्रसाद तिवारी ने 'छलात्कार' कहकर रेखांकित किया था।

लम्बे सम्पर्क में राजेन्द्र यादव में घटित बदलाव को मैत्रेयी पुष्पा ने निकट से देखा है, 'हमने वो मंज़र देखे हैं जो राजेन्द्र जी के डिज़ाइनर कपड़ों और हमारी हैरत से बने थे। कहें कि हमने एक बूढ़े का उत्सव देखा है।' (वह सफ़र था कि मुकाम था, पृ. 72) 'हंस' उनके हाथ में एक सोने का कंगन था, जिसे दिखाकर वे किसी भी महत्त्वाकांक्षी लेखिका को अपने अन्दर के कमरे तक ले जा सकते थे। मैत्रेयी पुष्पा नूतन और अमिताभ बच्चन की फ़िल्म 'सौदागर' का उल्लेख भी करती हैं। खजूर का गुड़ बनाने के नूतन के हुनर को नज़रअन्दाज़ करके अमिताभ फूलबानो बनी पद्मा खन्ना के मांसल शरीर के आकर्षण से बच नहीं पाता। मैत्रेयी को समझने में दिक़्क़त नहीं होती कि राजेन्द्र यादव फूलबानो को हर हाल में बचा ले जाना चाहते हैं। फूलबानो या इन दिनों चलते अपने सेक्सुअल रिलेशन को?

पत्र

अक्षर प्रकाशन प्राइवेट लिमिटेड
2/36 अंसारी रोड
दरियागंज, दिल्ली-6
02.01.79

भाई मधुरेश जी,

आपका पत्र मिला। नये वर्ष की शुभकामनाएँ लें।

साहित्यिक मतभेद व्यक्तिगत सम्बन्धों को कहाँ तक प्रभावित करते हैं तो मेरे अपने सोचने की बात है। मेरे बहुत अच्छे मित्र वह हैं जो प्रायः मेरी रचनाओं के प्रशंसक नहीं हैं—डॉ. नामवर सिंह, राकेश, कमलेश्वर इत्यादि। यह सोचना बिल्कुल ग़लत है कि मित्रता का अर्थ या व्यक्तिगत सम्बन्ध का अर्थ साहित्यिक स्वतन्त्रता का ही हनन है। इस विषय में बहुत स्पष्ट हूँ। हाँ, यह ज़रूर देखता हूँ कि प्रत्याशा लेकर चलने और उसके न पूरा होने पर किस तरह से सारी साहित्यिक दृष्टि बदल जाती है। मुझे याद है आपकी पुस्तक को लेकर 'अक्षर' के सन्दर्भ में कुछ बात हुई थी और मेरा आग्रह था कि समीक्षाओं का संकलन नहीं, एक स्वतन्त्र पुस्तक, अर्थात एक थीम पर लिखी गयी कोई रचना आप 'अक्षर' के लिए दें जो न केवल आज के साहित्यिक माहौल को समझने में मदद दे बल्कि रचनात्मक आलोचना के क्षेत्र में नयी तरह की कसौटी दे।

आपको शायद ध्यान होगा 'लोनली वॉयस डिस; इनहैरिटिडमांइड' या यहाँ तक कि नामवर की 'छायावाद' वाली किताबें किस तरह एक थीम के माध्यम से सारे रचना परिवेश को परिभाषित करती है। आपके समझ और प्रतिभा को लेकर ही मैंने ऐसा आग्रह किया था; लेकिन सुझाव को आपने एक तरफ़ रखकर केवल अपनी समीक्षाओं के प्रकाशन पर बात तोड़ दी थी। उसके बाद ही मेरी रचनाओं के बारे में ही नहीं 'अक्षर' से प्रकाशित कृतियों के बारे में आपकी दृष्टि में जो परिवर्तन हुआ है वह सब सामने है। ख़ैर, आप विश्वास रखें कि साहित्यिक

दृष्टि से अपने को इतना कमज़ोर बिल्कुल नहीं पाता कि केवल कुछ मतभेदों के कारण व्यक्तिगत सम्बन्ध में बदलाव होने दें।

राकेश के उपन्यासों पर आप लिख रहे हैं। जानकर प्रसन्नता हुई। 'काँपता हुआ दरिया' पुस्तकाकार नहीं आया है न ही लेखन में पूरा हो सका है। शायद राकेश की कुछ अधूरी रचनाएँ प्रकाशित हों तो उनमें उसको रखा जाये। इसलिए उनके उपन्यास का मूल्याकंन इन तीन रचनाओं के आधार पर ही करना होगा।

आशा है आप स्वस्थ और सानन्द हैं।

आपका

राजेन्द्र यादव

2/36 अंसारी रोड
दरियागंज दिल्ली-6
31.3.76

श्री मधुरेश,
ब्रह्मानन्द पाण्डेय का नया मकान,
टिकट गंज, बदायूँ।

प्रिय मधुरेश जी,

आपका पत्र मिला। जानकर प्रसन्नता हुई कि आप हिन्दी उपन्यास और कहानियों का अलग-अलग सर्वेक्षण करने जा रहे हैं। मैं समझता हूँ कि आपने सम्पूर्ण थीम के लिए कोई न कोई नयी बात उठायी होगी। वैसे तो मुझे आधुनिक दृष्टि से कहानी, उपन्यास पर विश्लेषण और आलोचनाएँ पसन्द हैं और उसे छापने में कोई दिक़्क़त भी नहीं होनी चाहिए। लेकिन दो-एक बातें हैं जिन्हें मैं शुरू में ही स्पष्ट कर देना चाहता हूँ।

शायद आपको पता ही हो कि 'अक्षर' ने अपनी विक्रय व्यवस्था नेशनल पब्लिशिंग हाउस के साथ मिलकर कर ली है अर्थात स्थिति को कुछ सँभालने के लिए प्रकाशन योजना बहुत ही कम कर दी गयी है। पिछले लगभग एक डेढ़ वर्ष से सारा ज़ोर अनुपलब्ध पुस्तकों के पुनर्मुद्रण पर ही रहा है और लगभग 7-8 पुस्तकें पुनर्मुद्रित की हैं। इधर जो पुस्तकें आपके विषय से सम्बन्धित सामने हैं, वे हैं—

आंचलिकता और हिन्दी उपन्यास	:	डॉ. नगीना जैन
उपन्यास : स्वरूप और संवेदना	:	राजेन्द्र यादव
हिन्दी कहानी : अजनबीयत का दर्शन	:	चार्ल्स गार्डन रोहत्मल

हिन्दी कहानी : समाजशास्त्रीय दृष्टि : रघुवीर सिन्हा

इनमें कुछ पुस्तकें मई-जून में प्रेस में देनी हैं अतः आप समझ सकते हैं कि एक वर्ष में इससे अधिक आलोचना की पुस्तकें छाप सकना 'अक्षर' जैसे सीमित साधनों वाले प्रकाशन के लिए थोड़ा-सा मुश्किल है।

इस सारी स्थिति को देखते हुए आप जो भी सुझाएँगे हम लोग उस पर विचार कर सकते हैं। विश्वास है आप स्वस्थ और सानन्द हैं।

आपका

राजेन्द्र यादव

2/36 अंसारी रोड
दरियागंज, दिल्ली-6
18.7.77

श्री मधुरेश,
ब्रह्मानन्द पाण्डेय का नया मकान,
भांजी टोला, बदायूँ।

भाई श्री मधुरेश जी,

जानकर ख़ुशी हुई कि आप दिल्ली में थे और मुझसे मुलाक़ात नहीं हो पायी। जब आप इतने नामवरी चक्कर में थे तो मैं इसमें बोल ही क्या सकता हूँ? वैसे जो उस दिशा में हैं उसका क्या दशा है, ख़ुदा ही हाफिज़। मैं यशपाल की सम्पूर्ण रचनात्मक चेतना पर ख़ुद एक लेख तैयार करने के चक्कर में हूँ और अभी तक विश्वास यही है कि उस लेख को 15 अगस्त तक पूरा कर लूँगा। मगर जितने परिश्रम और (अपनी समझ में) निष्ठा से मैं उसे लिख रहा हूँ उसके लिए यह आवश्यक है कि किसी भी रूप में संकलित होने से पहले वह किसी पत्रिका को दिया जाये। अब आप ही बताइए क्या हो सकता है। आशा है आप स्वस्थ और सानन्द हैं।

आपका

राजेन्द्र यादव

2/36 अंसारी रोड
दरियागंज, दिल्ली-6
22.2.77

श्री मधुरेश,
ब्रह्मानन्द पाण्डेय का नया मकान,
भांजी टोला, बदायूँ।
प्रिय मधुरेश,

आपका पत्र मिला। जो कुछ आपने कहा है, और जैसे ही लेख पूरा होगा उसकी एक प्रति आपके पास भिजवा दूँगा। यदि इस पत्र में यह भी लिख देते कि लेखकों के साथ आपने किस प्रकार का सम्बन्ध बनाने की बात सोची है तो ज़्यादा अच्छा होता। विश्वास है आप स्वस्थ और सानन्द हैं।

आपका
राजेन्द्र यादव

2/36 अंसारी रोड
दरियागंज, दिल्ली-6
26.8.77

श्री मधुरेश,
ब्रह्मानन्द पाण्डेय का नया मकान,
भांजी टोला, बदायूँ।
प्रिय मधुरेश,

तुम्हारा पत्र मिला। डॉ. रामविलास शर्मा की वह पुस्तक निश्चय ही मेरे पास थी जिसमें उन्होंने 'देशद्रोही' पर लेख लिखा था और जहाँ तक मुझे याद है कि नामवर ही ले गये थे। इधर मैंने उसे अपनी किताबों में देखा तो दिखाई नहीं दी। इस रविवार से उसकी गहन तलाश शुरू करूँगा। क्या वह लेख देवीशंकर अवस्थी के 'विवेक के रंग' में नहीं है? तुमने जिस स्वयंसेवक की बात लिखी थी वह सज्जन तो हमसे मिले ही नहीं इधर कुछ मानसिक आलस्य या दूसरी चीज़ों के कारण यशपाल जी वाला लेख नहीं लिख पाया हूँ। सोमवार से लिखने के लिए बैठूँगा। और अपने समाचार दो। आशा है स्वस्थ सानन्द हो।

सस्नेह,
राजेन्द्र यादव

2/36 अंसारी रोड
दरियागंज, दिल्ली-6
13.8.77

प्रिय मधुरेश,

तुम्हारा पत्र मिला। इससे पहले 'प्रतिमान' भी देखने को मिला था। लेकिन उसमें तुम्हारा लेख अधूरा है। 40 पृष्ठ के बाद एक फर्मा ग़ायब है और मैं उसे ज़रूर पढ़ना चाहता हूँ। वैसे 'दीर्घा' में भी एक लम्बा लेख देखा है। सचमुच तुम्हारी लेखन-शक्ति देखकर आश्चर्य होता है, उससे अधिक आश्चर्य तुम्हारे इंडिस्क्रिमिनेट होने पर है। लगता है, गुरुदत्त और यशपाल पर तुम समानभाव से लिख सकते हो। बहरहाल, यशपाल जी वाला लेख मैं ज़रूर पढ़ना चाहता हूँ। अगर हो सके तो उसकी अलग से टंकित प्रति भिजवा दो। आशा है स्वस्थ और सानन्द हों।

सस्नेह,
राजेन्द्र यादव

2/36 अंसारी रोड
दरियागंज, दिल्ली-6
1.10.77

श्री मधुरेश,
ब्रह्मानन्द पाण्डेय का नया मकान,
भांजी टोला, बदायूँ।

प्रिय मधुरेश जी,

आपका पत्र मिला। लेख मैंने पढ़ लिया है। लेख बहुत सूझ-बूझ और समझदारी से लिखा गया है और आपने यशपाल की कहानियों को भी बहुत ध्यान से पढ़ा है। यह भावना मेरे मन में हो सकती है कि उससे भी अधिक पॉइंटेड बनाया जा सकता था। बहरहाल, वह यशपाल की मूल संवेदना को समझने में सहायता देता है। उनकी कहानियों के माध्यम से जो व्यक्ति, सम्बन्ध सामने आते हैं उन पर भी कुछ विस्तार से होता तो ज़्यादा अच्छा था। इस पत्र के साथ ही वह लेख लौटा रहा हूँ, प्राप्ति देना।

'देशद्रोही' वाली पुस्तक मुझे मिल गयी है और अगर अब उसकी ज़रूरत हो तो मैं उसे भिजवा सकता हूँ। सुभाष वशिष्ठ यहाँ आते ही रहते हैं। उनसे

कहना ले जायेंगे। यह विश्वास तो है ही कि पुस्तक सुरक्षित लौट आयेगी। मगर, सच पूछो तो मैं उस लेख को इस पुस्तक में देने के पक्ष में नहीं हूँ। एक तो वह बहुत स्पष्ट रूप से यशपाल की रचना-प्रक्रिया को समझ पाते हैं और 'देशद्रोही' को। हाँ, यह ज़रूर जान लेते हैं कि डॉ. रामविलास शर्मा अगर चाहें तो किसी किताब की इस प्रकार धज्जियाँ उड़ा सकते हैं। जिस हिंस्त्र मनःस्थिति में उन्होंने राहुल, रांगेय राघव, पन्त इत्यादि को उखाड़ा था उसी में यशपाल की भी ख़बर ली है। चाहो तो उसे पढ़कर देख लो। लेकिन मुझे तो वह यहाँ बेमौजूं ही लगता है। वैसे रामविलास का नाम छोटा नहीं है। उनका 'जनयुग' वाला लेख मैंने नहीं देखा। मैं इधर तीखा लेख लिख रहा था। आज ही यशपाल जी वाला लेख उठाया है देखें, कब समेटने में आता है। और नये समाचार दीजिए। आशा है आप स्वस्थ और सानन्द हैं।

आपका

राजेन्द्र यादव

2/36 अंसारी रोड
दरियागंज, दिल्ली-6
25.10.77

श्री मधुरेश,
ब्रह्मानन्द पाण्डेय का नया मकान,
भांजी टोला, बदायूँ।

प्रिय मधुरेश,

तुम्हारा पत्र मिला। अब तक मेरा भेजा हुआ यशपाल जी वाला तुम्हारा लेख मिल गया होगा। आजकल मैं उसी पर शीर्षासन कर रहा हूँ। उम्मीद करता हूँ कि कहीं कोई रास्ता निकलेगा। हाँ, मन्नू के सारे संग्रह उपलब्ध हैं। सिर्फ़ 4-5 कहानियाँ ऐसी हैं जो किसी संग्रह में नहीं आ पायी हैं। उनमें से दो राजपाल से प्रकाशित प्रिय कहानियों में शामिल हैं। त्रिशुंक 'धर्मयुग' में और त्रसामायिक मृत्यु 'मनोरमा' में प्रकाशित हुई है। नामवर वाला लेख मिल गया क्या?

क्या तुमने 'मनोरमा' वाला मेरा कृष्णा सोबती पर लेख देखा?

आशा है स्वस्थ और सानन्द हों।

सस्नेह,

राजेन्द्र यादव

2/36 अंसारी रोड
दरियागंज, दिल्ली-6
30.8.78

श्री मधुरेश,
ब्रह्मानन्द पाण्डेय का नया मकान,
भांजी टोला, बदायूँ।

प्रिय मधुरेश जी,

आपका पत्र मिला। हाँ, इसे मैं अपने दुर्भाग्य के सिवा क्या कहूँ कि आप यहाँ आये और फिर भी मुलाक़ात न हो सकी। बंगाली शब्दावली इस्तेमाल करूँ—दिल्ली बड़ा दारुण शहर है। देखिए, आपको घायल कर ही दिया न? कुछ को धीरे-धीरे पीसता है और कुछ पर ऐसा झपट्टा मारता है। अब आपका हाथ बिल्कुल ठीक होगा, इसकी मुझे उम्मीद है।

इधर एक ज़बर्दस्त अवान्तरी कारण हो गया है। पिछले दिनों मैंने चन्द्रकान्ता सीरीज के लगभग छः हज़ार पन्ने, चालीस साल बाद घोट डाले। एक ऋण था और मुझे उसे चुकाना ही था। यानी मुझे 'देवकी नन्दन खत्री' और 'चन्द्रकान्ता' पर कुछ न कुछ लिखना है। मुगालता यह भी था कि शायद कुछ इस तरह का विश्लेषण या ऐसी बातें हों जो प्रासंगिक और अनिवार्य होते हुए भी, अभी तक किसी ने नहीं कहीं। यानी इन उपन्यासों को गम्भीरता से जाँचने की कोशिश ही नहीं हुई। जबकि हर कथाकार और प्रबुद्ध आलोचक ने अपने क्लासिक्स और पुरानी परम्पराओं को हमेशा नये सिरे से जाँचा है। रामचन्द्र शुक्ल ने तुलसीदास और हजारीप्रसाद द्विवेदी ने कबीर को। यह पुनर्व्याख्या ही किसी समीक्षक की सजग प्रबुद्ध होने की निशानी है। हो सकता है इसके लिए मुझे बनारस और आस-पास की जगहों में घूमना भी पड़े या सम्बन्धित लोगों से मिलना, लेकिन सब मिलाकर कुछ लिखना तो है ही। मुझे नहीं मालूम कि आप मेरी एप्रोच से सहमत हैं या नहीं। लेकिन 'चन्द्रकान्ता' निश्चय ही एक महत्त्वपूर्ण किताब है। तुलसी कृत रामायण पूरे उत्तर-भारत की ज़िन्दगी का एक अपरिहार्य हिस्सा हो सकता है तो 'चन्द्रकान्ता' ने भी पूर्व-बीसवीं शती के हिन्दी भाषी लोगों की पठन रुचि को निर्धारित किया है। पुस्तक की अच्छाई-बुराई पर न जायें, तो मैं उसे 'गोदान' से ज़्यादा महत्त्वपूर्ण पुस्तक मानता हूँ। सिर्फ़ ग़लती यही है कि हमारे समीक्षकों ने उसे 'अय्यारी और तिलिस्मी' कहकर डाल दिया है जबकि उसकी जाँच ज़्यादा गहराई से की जानी चाहिए थी।

हाँ, यशपाल वाला लेख भी पूरा करना ही है।

जन्माष्टमी के दिन नामवर मेरे साथ थे और आपकी सामग्री को लेकर उतनी ही उत्सुकता दिखा रहे थे, जितनी उन्होंने आपको दिखाई होगी। मगर मैं जानता हूँ कि इस वर्ष वह पुस्तक शायद ही आपको दे सकें। इसलिए मैं ही दोषी नहीं हूँ। उनके यहाँ 15 दिन का अर्थ साल भर हो सकता है तो मेरे सात दिन दो महीने होने ही चाहिए। बाकी आप बुद्धिमान हैं।

विश्वास है स्वस्थ-सानन्द हैं।

पुस्तकें मिल गयीं 'विरासत' पर प्रतिक्रिया।

आपका

राजेन्द्र यादव

2/36 अंसारी रोड
दरियागंज, दिल्ली-6
15.2.79

श्री मधुरेश,
ब्रह्मानन्द पाण्डेय का नया मकान,
भांजी टोला, बदायूँ।

प्रिय मधुरेश जी,

आपका पत्र मिला। अलग डाक से 'अपने पार' की प्रति के साथ मन्नू के कहानी-संग्रह 'मैं हार गयी' 'यही सच है' 'त्रिशंकु' भेज रहा हूँ। 'एक प्लेट सैलाब' उपलब्ध नहीं हैं। 'त्रिशंकु' में मन्नू की इधर निकली हुई कहानियाँ संकलित हैं। 'एक दुनिया समानान्तर' की कोई भी प्रति जून से पहले आपको नहीं मिल पायेगी। वह प्रेस में है। और कहीं से काम चला लें।

संयोग से अभी हरीश शर्मा आ गये थे और आपकी पुस्तक दे गये हैं। 'सिलसिला' पूरी पढ़ कर ही अपनी राय दूँगा। मगर ऊपरी तौर पर देखने में ऐसा लगता है कि आपने उन दिनों पत्रिकाओं की माँग पर लिखे हुए लेख या रिव्यू ही संकलित कर दिये हैं। मैं तो आपसे उम्मीद करता हूँ कि एक ही थीम पर कोई अध्ययन विस्तारपूर्वक करें। या फिर लेख इस तरह हों कि उनके भीतर का कोई अन्तःसूत्र (थीम) उन्हें आपस में जोड़ता हो। हो सकता है जो लेख-माला आपकी नयी कहानी के बारे में 'पूर्वग्रह' में निकल रही है वह कहानी सम्बन्धी आपकी दृष्टि को सम्पूर्णतया स्पष्ट करे। 'पूर्वग्रह' मुझे देखने को नहीं मिलता, इसलिए आपके लेख पर कुछ भी नहीं कह पाऊँगा।

पिछले पाँच-छः महीनों से लगातार देवकी नन्दन खत्री का अध्ययन करता रहा था और इसी हफ्ते 'चन्द्रकान्ता' के सारे उपन्यासों पर एक बड़ा लेख तैयार कर चुका हूँ। चूँकि बात बहुत ताज़ी है, इसलिए लगता तो यही है कि उसे नयी दृष्टि से परिभाषित किया है। मगर नहीं कह सकता कि महीने-भर बाद भी ऐसा ही सोचूँगा। अब लेख और दूसरा राकेश का संस्मरण। इधर समीक्षात्मक लिखना बिल्कुल बन्द कर दिया है यानी इन दोनों के बाद अपने रचनात्मक लेखन से जूझना है। उस जगह को छोड़े हुए बहुत दिन हो गये हैं और अब उसकी याद आती है इसलिए 70, 80 प्रतिशत आशा है कि यशपाल वाला लेख अब कोई रूप ले सकेगा। अगले महीने तो आप आ ही रहे हैं। इस बार बिना मुलाक़ात किये मत जाइए। क्यों 'त्रिशंकु' पर आप तत्काल ही 'सारिका' के लिए लिखना चाहेंगे? कहिए तो 'नन्दन' से बात करूँ। हालाँकि पुस्तक डॉ. विजयमोहन सिंह के पास भी गयी है मगर देरी को लेकर 'नन्दन' शिकायत कर रहे थे और किसी और समझदार व्यक्ति की तलाश में थे। इसलिए आपका पत्र मुझे इसी सूचना के साथ लौटती डाक से मिलना चाहिए। आशा है आप स्वस्थ-सानन्द हैं।

आपका

राजेन्द्र यादव

2/36 अंसारी रोड

दरियागंज, दिल्ली-6

23.2.79

श्री मधुरेश,

ब्रह्मानन्द पाण्डेय का नया मकान,

भांजी टोला, बदायूँ।

प्रिय मधुरेश जी,

आपका पत्र मिला। इस बीच आपको मन्नू की पुस्तकें भी मिल गयी होंगी। कल ही मैंने नन्दन से बात कर ली है। इसलिए अब आप वहाँ निःसंकोच समीक्षा भेज सकते हैं। मूलतः यह समीक्षा डॉ. विजयमोहन सिंह को लिखनी थी, उन्होंने स्वयं आग्रह करके यह कार्य अपने ऊपर लिया था। मगर छुट्टियों के कारण शिमला, बनारस की शूटिंग में ही शायद उलझे रहे।

लेकिन यह पत्र मैं आपको इन सूचनाओं के लिए नहीं लिख रहा हूँ। 'सिलसिला' के छः-सात लेख पढ़कर ही मन में आया कि बीच में ही मुझे आपको

लिखना चाहिए। स्वीकार करता हूँ कि पहली बार मैंने आपकी समीक्षाओं और अन्य निबन्धों को गम्भीरता से पढ़ा है और यह कहने में भी मुझे कोई संकोच नहीं है कि आपको लेकर मेरे मन में बेहद ही ग़लत धारणाएँ बनी हुई थीं। यशपाल, अमरकान्त और अश्क की कहानियों के जो अध्ययन आपने दिये हैं उन्हें पढ़ना अपने आप में एक अनुभव है। सबसे अच्छा लेख यशपाल वाला लगा। लगता है आप लेखक और रचना के भीतर काफ़ी गहराई तक जाने की सामर्थ्य रखते हैं। प्रवृत्तियों के विश्लेषण के मुक़ाबले व्यक्तियों पर आपकी निगाह की पकड़ मुझे ज़्यादा सही और सच्ची लगी। इसका मतलब कि आपने इस पूरी पुस्तक को पढ़ने के लिए मजबूर कर दिया है। वरना जैसा कि मैंने पिछले पत्र में लिखा था चन्द्रकान्ता के पुनर्मूल्याकंन की तिलिस्मी गुफाओं से गुज़र रहा हूँ।

अब आग्रह करूँगा कि किसी एक थीम पर 'कथा-साहित्य' को आधार बना कर आप ही लिख सकते हैं। जिन दो पुस्तकों ने इन पिछले वर्षों में मुझे झकझोर कर रख दिया है वे हैं माइकिल जिराफा के नॉवल 'एण्ड दि रियलिटी' (या इस आशय का कोई नाम) दूसरी लायनेल ट्रलिंग की 'सिंसयेरिटी और ऑथेन्सिटी'। और इन किताबों को पढ़कर मैं यही सोचता रहा कि क्या हमारे यहाँ सचमुच ही कोई इस 'कैलिबर' का व्यक्ति नहीं है जो चीज़ों को इतनी गहराई और इतने साफ़ विश्लेषण के साथ व्यवस्थित कर सके। एक तरह से आपकी इस पुस्तक ने मुझे भयानक आक्रोश से भर दिया है और यह कहना चाहता हूँ कि बिना किसी योजना के सिर्फ़ समीक्षाएँ लिखते चले जाना आपका अपने साथ दुश्मनी करना है। आशा है मेरे इस ग़ुस्से को समझेंगे।

सस्नेह,
राजेन्द्र यादव

2/36 अंसारी रोड
दरियागंज, दिल्ली-6
2.3.79

श्री मधुरेश,
ब्रह्मानन्द पाण्डेय का नया मकान,
भांजी टोला, बदायूँ।

प्रिय मधुरेश जी,

आपका पत्र मिला। दोनों आलोचकों के पक्ष में लिखे गये लेख उतने पसन्द नहीं आये। नामवर पर लिखते हुए आपने हम लोगों के साथ न्याय नहीं किया है।

लगता ऐसा है जैसे सब लोग संघबन्धु होकर निर्मल के ख़िलाफ़ हो गये थे, या हमारी आपस में मिलीभगत थी। चूँकि आज ऐसा रवैया और रिवाज नहीं है, इसलिए यह विश्वास करना बड़ा मुश्किल है कि हम लोगों के बीच कितना गहरा मतभेद था। यही कारण है कि शायद ही कभी हमने एक-दूसरे के बारे में कुछ लिखा हो। ('हमदम दोस्त' छोड़कर) यहाँ तक कि लेख में एक-दूसरे की पुस्तकों और रचनाओं के बहुत अधिक हवाले भी नहीं दिये। जबकि आज सिर्फ़ एक-दूसरे के विषय में ही लिखा जाता है और उन्हीं की पुस्तकों या रचनाओं पर सारी बात केन्द्रित होती है।

कृष्णा सोबती के सारे लघु-उपन्यास प्रायः मेरे पास हैं। और उन्हें मैं आपको सिर्फ़ उधार दूँगा। मगर प्रारम्भिक एक भी कहानी नहीं है। मैंने ख़ुद महीपसिंह वाले सम्पादित संग्रह में 'सिक्का बदल गया' उनकी इस नाम से कहानी पढ़ी थी। 'पूर्वग्रह' वाले लेख की कटिंग ज़रूर भेजिए। क्या 'त्रिशंकु' की समीक्षा रवाना कर दी है और इधर आने का इरादा कब है? हाँ, उपन्यासों वाली किताब देखने के लिए मैं भी उत्सुक हूँ। आशा है आप स्वस्थ और सानन्द हैं।

आपका
राजेन्द्र यादव

2/36 अंसारी रोड
दरियागंज, दिल्ली-6
8.3.79

श्री मधुरेश,
ब्रह्मानन्द पाण्डेय का नया मकान,
भांजी टोला, बदायूँ।
प्रिय मधुरेश जी,

आपका पत्र मिला। यशपाल जी वाली समीक्षा पढ़ ली है। और मैं डॉ. रामविलास शर्मा के इस एकांगी और संकीर्ण नज़रिए का शुरू से ही विरोधी रहा हूँ। उन्होंने जो रांगेय राघव पर लेख लिखा था, उसकी मुझे अभी तक याद है। यशपाल और राहुल तो ख़ैर बहुत धाकड़ लोग थे, लेकिन रांगेय राघव व्यक्तिगत रूप से बहुत ही संवेदनशील प्राणी थे। उन्हें डॉ. शर्मा के लेख ने जितना विक्षुब्ध किया था वह भी मुझे भूला नहीं है। कहना चाहिए कि उस लेख के बाद ही वे जैसे पटरी से उतर गये। इसलिए आपके इस कथन से मैं बिल्कुल सहमत

हूँ कि उन्होंने विरोधियों को तो मारा ही, सहयात्रियों को भी कम नुक़सान नहीं पहुँचाया। वस्तुतः सामयिक-साहित्य पर उनकी आलोचनात्मक समझ को लेकर बहुत कम को विश्वास रहा है। हाँ, जीते हुए साहित्यकारों का उन्होंने सहानुभूति से मूल्याकंन किया है और ऐसे तत्त्व खोज निकाले हैं जो शायद उन लेखकों में नहीं थे। लेख इस पत्र के साथ वापस आ रहा है। आपने कृष्णा सोबती का पता माँगा है वह है : फर्स्ट फ्लोर, लेन नं. 8, रेबेरिया बिल्डिंग, माल रोड, दिल्ली-7।

हाँ, उनकी कहानियों का संग्रह मेरे देखने में नहीं आता है शायद है भी नहीं। अब आप उनसे सीधे ही बात कर रहे हैं तो और जानकारियाँ मिल जायेंगी। और अपने समाचार दीजिए।

आपका

राजेन्द्र यादव

2/36 अंसारी रोड
दरियागंज, दिल्ली-6
28.4.79

श्री मधुरेश
ब्रह्मानन्द पाण्डेय का नया मकान,
भांजी टोला, बदायूँ।
प्रिय मधुरेश जी,

आपका पत्र मिला और रिमाइंडर भी। असल में मैं आपके पत्र का जवाब देने की बात सोच रहा था, मगर वह कहीं इधर-उधर हो गया था। दूसरे हर पत्र में आप दिल्ली आने की आंशका व्यक्त करते हैं इससे मैं भी सोचता हूँ कि जब आप दिल्ली आयेंगे तभी सारी चीज़ें या बातें हो जायेंगी। बहरहाल, अब पत्र में ही सही।

मैं भी जब यह महसूस करने लगा हूँ कि नामवर से कुछ भी लिखाना या ऐसा कोई काम करा लेना जिसमें कुछ समय और ध्यान लगता हो, आसान नहीं है। उन्होंने अपनी सारी लेखन और चिन्तन प्रतिभा को जीभा के हवाले कर दिया है। यानी यह सही ही है कि उन जैसा अच्छा बोलने वाला शायद ही कोई दूसरा हो। अब हम लोगों को वही करना चाहिए जो जे. कृष्णामूर्ति और भगवान रजनीश के साथ करते हैं। इन दोनों का जो लेखन और चिन्तन हमारे सामने है, कहीं बैठकर लिखा हुआ नहीं, समय-समय पर दिये गये प्रवचनों के रूप में है। यह बात मज़ाक़ की नहीं है और इस पर गम्भीरता से विचार करना चाहिए। यदि उनके भाषणों को ही टेप कर दिया जाये, तो निश्चय ही वर्ष में

एक बहुत अच्छी विचारोत्तेजक पुस्तक बन सकती है क्योंकि उनके अध्ययन और विश्लेषण में आज भी कहीं कोई कमी नहीं है। ख़ैर, क्रमानुसार आपकी बातों के जवाब यूँ हैं :

'देवताओं की मूर्तियों' को आप छोड़ सकते हैं। 'अपने पार' में तो इधर का लेखन है 'ढोल' में 'अभिमन्यु की आत्महत्या' की कुछ कहानियाँ भी हैं। 'देवताओं की मूर्तियों' से शायद दो-एक कहानियाँ 'खेल-खिलौने' में ली गयी हैं। बहरहाल, सन् 50 से पहले की उन कहानियों का उतना ही महत्त्व होना चाहिए जितना संगीत सीखने वाले किसी के व्यक्तिगत रियाज़ से होता है।

'तीन निगाहों की तस्वीर' आपको भिजवा दूँगा—15 तक। राकेश की 'एक घटना' कहानी राजपाल से प्रकाशित उनकी सम्पूर्ण कहानियों में होनी चाहिए। मुझे याद नहीं है कि राकेश की प्रारम्भिक कहानियों का संग्रह 'एक घटना' नाम से आया है। हाँ, राजपाल से प्रकाशित पहले खण्ड का नाम 'एक घटना' और अन्य कहानियाँ है। उनके पहले संग्रह का नाम 'इन्सान के खँडहर' था। कृष्णा सोबती से फ़ोन पर बात करना असम्भव है और इधर शायद वे अपनी किसी नयी योजना को लेकर इतनी ज़्यादा सिमटी हुई हैं कि कहीं कोई मिलना नहीं होता।

वैसे आपका सन्देशा मैंने दो-एक बार उन्हें दे दिया है। मगर एक बात बताऊँ कि वे अपने को लेकर अत्यधिक सचेत हैं और इतनी कि अपने पर आज तक लिखा उन्हें शायद ही पसन्द आया है। असहमति एक बात होती है वे बाकायदा बात को गाँठ बाँधकर बुरा मान जाती हैं। इन दिनों मुझे ऐसा लगता है कि वह मुझसे खिंची हुई हैं। क्या सचमुच मेरे लेख में ऐसा कुछ था, जो व्यक्तिगत रूप से उन्हें बुरा मानना चाहिए था? गॉर्डन रोडरमल की किताब अगले महीने में प्रेस में दी जायेगी और जुलाई-अगस्त तक छप सकेगी। पहले जहाँ उसका अनुवाद कराया था, वह मुझे पसन्द नहीं आता, अर्चना वर्मा ने उसे दुबारा किया है और उसकी संशोधित प्रति अगले महीने मिलेगी। 'उपन्यास : स्वरूप और संवेदना' भी तभी आने की बात है। उसमें मुझे अब नया कुछ भी नहीं लिखना है केवल चन्द्रकान्ता सन्तति वाले लेख के लिए उसे रोका हुआ था। अब वह पूरा हो गया है और 12 (बारह) मई को उसे एक गोष्ठी में पढ़ रहा हूँ।

क्या अभी भी आपकी सूचनाओं में कुछ बातें छूट गयी हैं? हाँ, 'त्रिशंकु' की समीक्षा का क्या हुआ।

और अपने नये समाचार दीजिए। आशा है आप स्वस्थ-सानन्द हैं।

आपका

राजेन्द्र यादव

2/36 अंसारी रोड
दरियागंज, दिल्ली-2
24.5.80

श्री मधुरेश,
ब्रह्मानन्द पाण्डेय का नया मकान,
भांजी टोला, बदायूँ।

श्री मधुरेश जी,

आपका पत्र और 'चन्द्रकान्ता' वाला लेख दोनों मिले। सही है कि लेख को पढ़ना बहुत आसान नहीं है और टाइप की चौथी कापी में काफ़ी निगाह गड़ानी पड़ती है। कुछ तो पढ़ लिया जाता है और काफ़ी कुछ का अनुमान लगाना पड़ता है।

फिर भी उससे जो निकाल पाया हूँ वह रोचक और ज्ञानवर्धक लगा। मूलतः आपका लेख तथ्य-परक और शोध-धर्मी है। इसलिए वहाँ बहुत असहमति की गुंजाइश नहीं है—एकाध जगह को छोड़कर वहाँ आपने कहा है कि देवकीनन्दन खत्री और बाद में प्रेमचन्द ने एक ही क़िस्सागोई का विस्तार किया है। ज़्यादा अच्छा होता आप उर्दू क़िस्सागोई और 'चन्द्रकान्ता' की मूल दृष्टि के स्वरूप के अन्तर को स्पष्ट करते। क़िस्सागोई मूलतः महफ़िल या मजलिस में सुनाकर मुग्ध करने की कला है। और जहाँ तक मुझे याद पड़ता है उसमें आगे पीछे के सूत्र नहीं मिलाये जाते, प्रायः एक घटना होती है (जो शायद एक बैठक में ही सुनाई वाली रहती होगी) उसके बाद दूसरी घटना उठा ली जाती है। इस तरह वहाँ अध्याय या 'बाब' इस प्रकार के उपाख्यानों से भरे होते हैं। कर्ता नायक या उसके सहयोगी वहाँ रहते हैं बाकी सब कुछ बदलता रहता है। आज़ाद-कथा की भी शैली वही है, जब कि 'चन्द्रकान्ता' मूलतः पढ़ने के लिए लिखा गया था और उसके पहले या तीसरे अध्याय में जो सूत्र छोड़े गये, उन्हें 20-21 भाग तक निभाया गया है। यह गठन और सूत्र-बद्धता उर्दू क़िस्सागोई की विशेषता नहीं है। जैसा कि तय था मैं अपने लेख को दृष्टि में रखकर ही आपके लेख को पढ़ता रहा। मेरा लेख शायद इतना अनुसन्धानपूर्ण और तथ्यपरक नहीं है वह इन्टप्रेटिव ज़्यादा है; और उस सारे लेख में तिलिस्म, ऐयार तथा दूसरी चीज़ों के सामाजिक सन्दर्भ के साथ प्रतीकार्थों की खोज में ही ध्यान लगाया है। सारा ज़ोर अपने तो बाकायदा जासूस थे और एजरा पाउण्ड नाजियों के साथ; मगर यह सारी बातें कहीं भी उन लोगों के लेखकीय व्यक्तित्व और उपलब्धि को कम

नहीं करतीं। उनको बचाया जाना कुछ-कुछ उसी तरह की शंका पैदा करता है जैसे कोई पूछे कि वात्स्यायन बम बनाने वाले लोगों में थे, उसी ब्रिटिश सरकार की सेना में बाद में कैप्टन कैसे हो गये?

मुझे लगता है व्यक्तित्व विश्लेषण वाली कोई ऐसी भी रचना होनी चाहिए थी जो यशपाल जी के आन्तरिक द्वन्द्व और लेखकीय संघर्ष में झाँकने का अवसर दे। कभी-कभी एक प्रच्छन्न अपराध बोध भी आदमी को प्रायश्चित्त स्वरूप बहुत बड़े और सामाजिक कार्य करने के लिए प्रेरित करता है बल्कि मैं तो यही कहूँगा कि बिना सामाजिक या व्यक्तिगत अपराध-बोध के गहरी अन्तर्दृष्टि वाला लेखन शायद बहुत कम सम्भव है। दोस्तोव्यस्की की सारी रचनाएँ इसका प्रमाण हैं।

बहरहाल, सारी पुस्तक देखकर आपको अपनी राय भेजूँगा। 'पूर्वग्रह' नहीं देखा है। 'महाभोज' मिल गया होगा और आपने पढ़ लिया होगा? कैसा लगा? आशा है आप स्वस्थ और सानन्द होंगे।

आपका
राजेन्द्र यादव

2/36 अंसारी रोड
दरियागंज, दिल्ली
15.7.80

प्रिय मधुरेश जी,

आपका पत्र मिला। काफ्का वाले लेख पर आप इस प्रकार की प्रतिक्रिया करेंगे इसका अन्दाज़ा मुझे नहीं था। हाँ, यह सही है कि वह लेख मैंने खासे परिश्रम और इन्वॉल्वमेंट के साथ लिखा है, मगर लेख सिर्फ़ आपने अधूरा पढ़ा है यह मेरे लिए कष्ट की बात है। क्योंकि वह लेख अधूरा पढ़ने वाला नहीं है। क्या आपने इधर 'सारिका' से इतना सम्बन्ध तोड़ लिया है कि उसे देख ही नहीं पाते? पिछले महीने के फैंज काफ्का विशेषांक में वह लेख पूरा है और मेरा आग्रह है कि आप उसे तत्काल ही पढ़ें, ताकि मैं आपकी प्रतिक्रिया जान सकूँ। मैं तो यही मानता हूँ कि इतना ही डूबकर मैंने अमरकान्त पर लिखा था, कृष्णा सोबती पर लिखा था और अब राकेश और यशपाल पर लिखने की बात सोचता हूँ। यह पत्र यही विशेष सूचना देने के लिए लिख रहा हूँ और आपके क्या नये समाचार हैं। आशा है आप स्वस्थ और सानन्द हैं।

आपका
राजेन्द्र यादव

2/36 अंसारी रोड
दरियागंज, दिल्ली
30.12.80

प्रिय मधुरेश जी,

नये वर्ष की हार्दिक शुभकामनाएँ। जैसा कि मैंने पिछले किसी पत्र में वायदा किया था (या सिर्फ़ मन में सोचा था) के अनुसार मेरी नयी पुस्तक 'औरों के बहाने' इस पत्र के साथ आ रही है। प्राप्ति दीजिए। स्वाभाविक है कि आपकी राय और प्रक्रिया जानना चाहूँ। छपने के बाद वह सन्तोष तो मुझे मिला ही जिसकी आशंका पहले नहीं थी। आशा है स्वस्थ और सानन्द हैं। और अपने नये समाचार दीजिए।

आपका
राजेन्द्र यादव

2/36 अंसारी रोड
दरियागंज, दिल्ली
11.4.81

भाई श्री मधुरेश जी,

दो बातों के लिए पत्र लिख रहा हूँ। एक, क्या आपको 'आलोचना' का 53वाँ अंक मिल गया है? उसमें मेरा चन्द्रकान्ता वाला लेख है। अब मैं चाहता हूँ कि उस पर आप अपनी प्रतिक्रिया दें। आपकी चन्द्रकान्ता वाली पुस्तक मुझे नहीं मिली है। इसी से मुझे याद आया कि आपने बहुत दिनों से मेरे पत्र का उत्तर भी नहीं दिया है। शानी पूछ रहे थे कि 'समकालीन भारतीय साहित्य' के लिए आप वह लेख देना पसन्द करेंगे जो मन्नू और मेरी कहानियों पर आपने लिखा है? हो सकता है, वे आपको सीधे भी लिखें। एक दिन आपके दस्तावेज़ वाले लेख की प्रशंसा करते हुए बात चल रही थी तभी उनका यह प्रस्ताव आया था।

डॉ. गोपाल राय को आपने पत्र लिख दिया है? आशा है स्वस्थ और सानन्द हैं। कालेज से मुक्त होने वाले होंगे?

आपका
राजेन्द्र यादव

2/36 अंसारी रोड
दरियागंज, दिल्ली
5.9.81

श्री मधुरेश,
ब्रह्मानन्द पाण्डेय का नया मकान,
बदायूँ।

प्रिय मधुरेश जी,

आपका पत्र मिला। इस बीच मैंने श्री कमलापति खत्री को 'अठारह उपन्यास' पुस्तक भेज दी है। मैं अभी भी सोचता हूँ कि यदि खत्री जी की पाण्डुलिपि हस्ताक्षर प्रथम-संस्मरण या ऐसी कुछ चीज़ों के फोटोस्टेट के साथ स्वतन्त्र पुस्तक छापी जाये तो ज़्यादा अच्छा होगा। वैसे एक और सुझाव आया है लेकिन उसके लिए जब आप इधर आयेंगे तभी बात होगी, लिखें इधर आने का इरादा कब है?

जहाँ तक शानी के लेख के बारे में लिखने का सवाल है वहाँ मुझे अपनी एक कहानी 'माध्यम का विद्रोह' याद आ रही है। हो सकता है आपने पढ़ी हो। इसमें एक पड़ोसी अपनी मुँह बोली युवा भाभी से संकेतों में अपने लिए किसी सुन्दर, जवान नौकरानी तलाश करने के लिए कहता रहता है। विधुर है और इस तरह की किसी व्यवस्था के चक्कर में है। इसे लेकर भाभी बहुत विद्रोह करती हैं, उसे गालियाँ देती हैं। घटिया और चरित्रहीन समझती हैं, मगर एक दिन जब अचानक पाती हैं कि पड़ोसी महोदय स्वयं उसकी प्रशंसा कर रहे हैं तो सारा ग़ुस्सा दूर हो जाता है। आपने सूची में सभी तरह के लेख शामिल किये हैं मगर इस पर कभी ध्यान भी नहीं दिया हो कि मध्यवर्गीय मुस्लिम को अपेक्षित कलात्मकता के साथ सिर्फ़ शानी ने ही उजागर किया है। बहरहाल कहानीकारों वाली सीरीज के प्रति बहुत उत्साहित न होने के पीछे मुझे यही मानसिकता लगती है। यह आकांक्षा अगर राजेन्द्र अवस्थी जैसे किसी लेखक की होती तो मैं बहुत साफ़ कहता कि आप लिखने को पूरी योजना ही समाप्त कर दें मगर शानी इतना कमज़ोर केस भी नहीं है। हालाँकि 'समकालीन भारतीय साहित्य' में उस पर कुछ भी जाये, यह बहुत ग़लत होगा और भारती, अवस्थी, नन्दन की परम्परा की बात आ जायेगी, इसलिए बाहर कहीं लिखते हुए इस योजना में यह नाम भी शामिल कर सकें तो शायद आपकी सीरीज अधिक सम्पूर्ण हो सके। यह सारी बातें मैं मिलकर ही करना चाहता था। मुझे नहीं पता शानी ने आपको कोई जवाब दिया है या नहीं क्योंकि इस बारे में मेरी उनसे कोई बात नहीं हुई यह सब मेरी अपनी रीडिंग

है, ग़लत भी हो सकती है। और क्या समाचार हैं? आशा है स्वस्थ और सानन्द हैं। हृदयेश वाला लेख पढ़ लिया है, क्या यह ज़रूरी है कि एक पर लिखते हुए दूसरे किसी को छोटा सिद्ध ही किया जाये। शैलेश के ज़िक्र की ज़रूरत नहीं थी।

आपका

राजेन्द्र यादव

2/36 अंसारी रोड
दरियागंज, दिल्ली
3.6.81

श्री मधुरेश,
ब्रह्मानन्द पाण्डेय का नया मकान,
बदायूँ।

प्रिय मधुरेश जी,

आपका पत्र मिला। मैं अपनी नयी पुस्तक '18 उपन्यास' भेज रहा हूँ। अगर आप समीक्षा लिख ही रहे हैं तो इस पर भी क्यों न लिखें? बात यह है कि डॉ. गोपाल राय पता नहीं किन-किन लोगों को भेज देते हैं, जिन्हें न अपने विषय की समझ होती है न आलोचनात्मक अन्तदृष्टि होती है। जो प्रतिक्रिया हो वह कम से कम लेखक को कहीं तो कुछ दे। जैसे 'आलोचना' के 53 अंक में अर्चना ने मेरे कृष्णा सोबती वाले लेख को पैरा-ब-पैरा काटा है और अक्सर उसके तर्कों से मैं सहमत हूँ क्योंकि उसने काटने के लिए ही काटा है, मगर बात इतनी इंटेलीजेंटली कही है कि अपनी आलोचना भी बुरी नहीं लगती।

गर्मियों की और क्या योजना है? आशा है स्वस्थ और सानन्द हैं।

आपका

राजेन्द्र यादव

2/36 अंसारी रोड
दरियागंज, दिल्ली
26.6.81

श्री मधुरेश,
बदायूँ।

प्रिय मधुरेश जी,

आपका पत्र मिला। चन्द्रकान्ता वाली पुस्तक यथासमय मिल गयी थी। इसके बाद मैंने दस्तावेज़ वाला लेख भी पढ़ लिया। 'समीक्षा' में कहानियों का

सर्वेक्षण करते हुए जो लेख है उसे मैंने जानबूझकर नहीं पढ़ा। सबसे पहले चन्द्रकान्ता। आपका संकेत तो बहुत साफ़ है मगर फिर भी बताएँगे कि वे आलोचक महोदय कौन थे जिन्होंने चन्द्रकान्ता वाली आपत्ति उठाई थी? आपके लेख से बहुत अधिक मतभेद की गुंजाइश इसलिए नहीं है कि वह सूचना और तथ्यपरक लेख है। रचना का इंटरप्रेटेशन आपने कम दिया है, परिवेश और प्रवृत्तियों को अधिक समझने-समझाने की कोशिश की है।

आपने रचना को ज्यों का त्यों स्वीकार कर लिया है और समीक्षात्मक ढंग से तोड़ा नहीं है। मुझे लगता है कि बिना तोड़े रचना के मर्म और संवेदना को पकड़ पाना असम्भव है। वैसे बचाव भी बहुत स्पष्ट है कि आपने देवकीनन्दन पर पुस्तक लिखी है, चन्द्रकान्ता पर नहीं, इसलिए देवकीनन्दन और उनके समय का चित्रण बहुत सटीक है।

मैं अभी भी महसूस करता हूँ कि अगर इन दोनों लेखों को एक ही किताब में छापा जाये तो एक दूसरे के लिए दृष्टि और पृष्ठभूमि बनाने में बहुत अधिक मदद करेंगे। तब यह पुस्तक उन्हें सम्पूर्ण रचनात्मकता से प्रस्तुत कर सकने में सहायक होगी। क्यों नहीं, इस लेख को कुछ अदल-बदलकर इस तरह का करते कि एक सम्पूर्ण पुस्तक तैयार हो सके? इस पुस्तक में उनके हस्तलेख, 'सुदर्शन' पत्रिका की रूपरेखा और प्रथम संस्करणों के मुखपृष्ठ भी दिये जाने चाहिए थे। इससे सूचना की दृष्टि से यह पुस्तक ज़्यादा समृद्ध होती। जीवनी पर भी कुछ और काम होना ज़रूरी है। इसमें कुछ बातें मुझे उतनी सरल नहीं लगतीं जितनी कमलापति बताते हैं। राजा की नाराज़गी का या जंगल की ठेकेदारी में शिकार जैसी चूक हो जाना, मुझे नहीं जँचता, बल्कि मैं इसे उस रियायत से जोड़ना चाहता हूँ जहाँ देवकीनन्दन कुछ दिनों दुनिया से कट कर रहे थे, और वह रानी तत्कालीन काशी नरेश की बहन थी। मेरा अनुमान है कि खत्री जी के सम्बन्ध उस रानी से होने चाहिए, जिसके परिणामस्वरूप उन्हें काशी नरेश की नाराज़गी मोल लेनी पड़ी। इस प्रकार उस समय के खत्री रईसों और व्यवसायियों में ऐसी कुछ चीज़ें प्रचलित थीं, जिन्हें आज बताते हुए हम झिझकते हैं। क्या खत्री जी शराब पीते थे? उनकी मित्रमण्डली किस तरह की थी, क्या बाज़ारू या अन्य स्त्रियों से उनके सम्बन्ध न थे? जैसे आज लोग इस बात को छिपाना पसन्द करते हैं कि प्रसाद जी ने एक वेश्या से स्थायी सम्बन्ध रखे हुए थे। हमें यह नहीं भूलना चाहिए कि आज की नैतिक मान्यताओं में बहुत बड़ा अन्तर है। मुसलमान रईसों में तो ख़ूबसूरत लड़के रखना तक गर्व और शेखी का विषय था। क्या खत्री जी ने वेश्याओं के अनुभव कल्पना में ही पाये थे? क्योंकि उनकी

एकाधिक रचनाएँ इसी क्षेत्र पर केन्द्रित हैं फिर बनारस तो 'राँड, साँड़, सीढ़ी, संन्यासी' का केन्द्र रहा है।

शैलेश मटियानी के साथ आपने ज़्यादती की है। अनुभव-सम्पदा की प्रशंसा करते हुए जिस वैचारिकता के आग्रह आप लेखक से करते हैं क्या वे बहुत सही हैं? अगर ज़िन्दगी का चित्रण और अनुभव सही है तो विचार पर कोई भी दर्शन झक मारकर उनमें से उछलेगा। गोर्की की 'बस्का' जैसी कहानियाँ मेरी बात को प्रमाणित करती हैं। शायद आपको ध्यान हो यह कहानी एक संवेदनशील चवन्नियाँ वेश्या पर ही लिखी गयी है और इसकी सारी शक्ति अनुभवों की उस आग में है जो गोर्की की सम्पत्ति है। विचार और दर्शन का वहाँ कतई कोई आग्रह नहीं है। शैलेश की 'दो दुखों का एक सुख,' 'प्रेतमुक्ति', और 'हारा हुआ' कहानियाँ अपने अनुभवों को आग से हिला देने की सामर्थ्य रखती हैं। मेरा ख़याल है कि इस स्तर पर उसकी तुलना अगर गोर्की की कुछ कहानियों से की जाती तो सही नतीजा निकलता। गोर्की ने 'माँ' या 'छब्बीस आदमी एक लड़की' कहानियाँ ही नहीं लिखीं, और भी बहुत कुछ लिखा है। टॉलस्टॉय में वही जीवन्तता, अनुभव की आग और मानवीय ऊष्मा है जिसकी तारीफ़ लेनिन को भी करनी पड़ती है।

कहीं वैचारिक आग्रह या दर्शन-विशेष की अपेक्षा में हम कहानीकार के उन संवेदनशील कोनों को तो नहीं घिस रहे हैं जो उसकी 'यूनिकनैस' है? आदर्शवाद या वैचारिक दर्शन (जो एक दूसरी तरह का आशीर्वाद है) कहीं कहानी के सच को तोड़ता ही है। यह शैलेश मटियानी ने भी किया है। जिस दृष्टि की बात-आप कह रहे हैं अगर वह उसे ग्रहण कर लेता तब भी वह यही ग़लती करता। अच्छा, क्या कुछ बहुत अच्छी कहानियों के नाम बताएँगे जो उन लेखकों ने लिखी हैं जिनकी पुष्टि आपके लिहाज से दर्शन सम्पन्न है?

मैं मार्क्सवादी दृष्टि का प्रबल पक्षधर हूँ, मगर अनुभव, अनुमोदन और तर्क को उसके लिए विकृत नहीं करना चाहूँगा। अगर वे अनुभव सचमुच जैनुइन हैं तो वह उस दर्शन को कहीं न कहीं विस्तार देगा।

फ़िलहाल इतना ही। आशा है स्वस्थ और सानन्द हैं।

आपका

राजेन्द्र यादव

क्या गोपाल राय से आपके सम्बन्ध ठीक हैं? वे बार-बार पूछ रहे हैं कि आप मेरी पुस्तकों पर लेख भेजेंगे या नहीं?

2/36 अंसारी रोड
दरियागंज, दिल्ली
23.10.81

प्रिय मधुरेश जी,

लगता है आपके संकोची स्वभाव के कारण दिल्ली में मुलाक़ात नहीं हो पायेगी, मुझे ही बदायूँ आना पड़ेगा।

आपको मेरे पहले पत्र मिल गये होंगे कमलापति जी ने मुझे भी लिखा है, लेकिन पत्र में यह सब बातें लिख सकना। मुश्किल है, बैठकर ही बातें हों तो ज़्यादा अच्छा है। उन्हें भी मैंने यही लिख दिया है। हो सकता है एकाध महीने में इलाहाबाद जाना पड़े तो मैं आगे बनारस भी हो आऊँगा। और अपने समाचार दीजिए। आशा है स्वस्थ और सानन्द हैं। दीवाली की शुभकामनाएँ।

आपका
राजेन्द्र यादव

2/36 अंसारी रोड
दरियागंज, दिल्ली
3.3.82

श्री मधुरेश,
ब्रह्मानन्द पाण्डेय का नया मकान,
बदायूँ।

प्रिय मधुरेश जी,

बहुत दिनों से आपका कोई पत्र नहीं मिला। सब कुछ ठीक-ठाक तो है? यहाँ कमलापति जी आये थे और उनसे मैंने उस योजना पर बात की थी। यानी 'चन्द्रकान्ता सन्तति' को डीलक्स, भव्य संस्करण में छापा जाये, दिल्ली के प्रोडक्शन के हिसाब से और उसका दाम 200-250 रुपये रखा जाये। शुरू में मेरे और आपके लेख रहें भूमिका की तरह और इस प्रकार इस पुस्तक को एकेडेमिक दुनिया में स्वीकार्य और सन्दर्भ-कोश बनाया जाये, क्योंकि चर्चा इसकी सब लोग करते रहे हैं, मगर इस रूप में वह कहीं भी उपलब्ध नहीं है। लाइब्रेरियों में इसे एक सम्मानित ग्रन्थ की तरह आज भी नहीं रखा जाता।

शर्त मैंने यह रखी है कि यह पुस्तक रॉयल्टी पर रहेगी क्योंकि इसको प्रस्तावित रूप में स्वीकार्य कराने का बहुत कुछ श्रेय भूमिका लेखकों पर होगा, वर्ना खत्री जी का नाम तो उसके साथ 80-90 साल से जुड़ा ही हुआ है। यदि

वह आपको कुछ इस बारे में लिखें तो इस पूरी बातचीत का ध्यान रखिए। चाहें तो आप उनसे स्वयं इस प्रस्ताव के बारे में भी पूछ सकते हैं कि उनकी क्या धारणा बनती है?

अच्छा, अब आप कमर कसकर तैयार हो जाइए 'सुलेखा स्याही' की बड़ी बोतल मँगवा लीजिए। अगस्त या अक्टूबर से 'हंस' बाकायदा मासिक कथा पत्रिका के रूप में निकालने की योजना इसी महीने सम्पन्न हो जायेगी। और जब मुझे कुछ परम विश्वसनीय विचारकों, समीक्षकों के सहयोग की आवश्यकता होगी जिनके सहारे अंक समय पर निकाले जा सकें। कहानीकारों को तो मैं सँभाल लूँगा सबसे ज़्यादा ख़तरा उन्हीं लोगों से है जिनसे इसके व्यक्तित्व को बनाने वाली योजनाएँ माँगनी हों।

मन्नू और मेरी कहानियों को दो-दो जिल्दों में समेटने की योजना अब पूरी करनी है। आपने जो मन्नू पर लेख लिखा था, क्या वह एक खण्ड के लिए प्रारम्भ में दिया जा सकता है? उसे एक बार भेज सकें तो उसी दृष्टि से धारणा बना ली जाये।

और अपने नये समाचार दीजिए। आशा है आप स्वस्थ और सानन्द हैं।

आपका

राजेन्द्र यादव

2/36 अंसारी रोड
दरियागंज, दिल्ली
15.03.82

श्री मधुरेश,
ब्रह्मानन्द पाण्डेय का नया मकान,
बदायूँ, उ.प्र.

भाई श्री मधुरेश जी,

आपका पत्र मिला। रॉयल्टी की बात वस्तुतः अभी मेरे दिमाग़ में तय नहीं हुई, लेकिन यह क्या हो इस पर हम लोग बात कर सकते हैं। पहले कमलापति जी को सिद्धान्ततः इस बात को स्वीकार कर लेने दीजिए। अभी तो उन्हें हो सकता है कि यह बात ही समझ में न आये कि कैसे किसी भूमिका के द्वारा कोई पुस्तक एक विशेष वर्ग में ख़ास 'रेस्पैक्टबिलिटी' और 'एक्सेपटेबिलिटी' पाती है। जायसी का 'पद्मावत' अगर रामचन्द्र शुक्ल की भूमिका के साथ प्रस्तुत न करते, तो केवल भक्तों और सूफी सन्तों के मनोरंजन या आध्यात्मिक उन्नयन

का निमत्त भर बनकर रह जाता या यदि समरसेट मॉम 10 उपन्यासों को अपनी भूमिका न देते तो उनमें बहुत से क्या वही साहित्यिक गरिमा प्राप्त कर सकते थे? मुझे लगता है कि इस पुस्तक को अनपढ़ों और अधपढ़ों से उठाकर एक महत्त्वपूर्ण सन्दर्भ-ग्रन्थ की तरह संरक्षणीय बनाने के लिए केवल बहुत अच्छा प्रोडक्शन ही नहीं, महत्त्वपूर्ण प्रस्तुतीकरण भी आवश्यक है। और यह चीज़ सिर्फ़ गम्भीरता से लिखते हुए भूमिकाएँ, भूमिका, लेखक/लेखकों के नाम ही दे पायेंगे।

'हंस' वाली बात अभी अन्तिम रूप ले रही है। मार्च-अप्रैल तक ख़ुद मुझे फुरसत नहीं है कि इधर देख पाऊँ, या जिन लोगों के साथ मिलकर निकाल रहा हूँ उन्हें इसके पक्षों पर बातचीत के लिए समय दें सकूँ। सब कुछ तय हो जाने के बाद भी 4-5 महीने तो पहला अंक निकलने में लग जायेंगे। तब तक मेरी और मन्नू की किताबें आ चुकी होंगी। इसलिए अपने लेखों को 'हंस' की योजनाओं से स्वतन्त्र होकर ही लिखें। उसमें कोई और चीज़ सोच लेंगे। किसी एक लेखक पर लिखने की बजाय मुझे जो और भी ज़रूरी चीज़ लग रही है वह है हिन्दी में अच्छी समीक्षा की पुनर्स्थापना। तथाकथित साहित्यकार सम्पादकों ने जिस तरह साहित्य-विरोधी रवैया अपनाया है और पुस्तक को एकदम उपेक्षित कर दिया है वह मुझे बेहद क्रिमिनल लगता है। अपनी इसी बात को मैंने 'प्रेमचन्द की विरासत' पुस्तक में 'लेखक चला सम्पादन की चाल' लेख में उठाया है और अभी भी महसूस करता है कि हमें अगर साहित्यिक मूल्यों की रक्षा करनी है तो पुस्तक समीक्षा को गम्भीरता से लेना होगा। केवल ज़रूरत पड़ने पर किसी भी ऐरे-ग़ैरे से पुस्तक समीक्षा लिखवा लेने से बेहतर उसकी बिल्कुल ही उपेक्षा करनी है।

शेष आप अप्रैल में आयेंगे तो विस्तार से बात करूँगा। आशा है आप स्वस्थ और सानन्द हैं।

आपका
राजेन्द्र यादव

2/36 अंसारी रोड
दरियागंज, दिल्ली
10.04.82

भाई श्री मधुरेश जी,

जानकर प्रसन्नता हुई कि आप 15 तारीख़ को सुबह दिल्ली पहुँच रहे हैं। श्री मैनेजर पाण्डेय का निवास हमारे यहाँ से बहुत ही दूर है। इसलिए हम लोग 16.04.82 को ढाई बजे के बाद यहाँ मिलें तो ज़्यादा अच्छा होगा।

मेरे घर का पता 29/17 शक्तिनगर है और टेलीफोन नं. 719961 है। किसी से भी शक्तिनगर में 'नागिया पार्क' पूछ लें। वहाँ 240 नं. बस का अन्तिम स्टॉप भी है। यह बस जहाँ समाप्त होती है वह ब्लाक 29 है आपको अधिक कठिनाई नहीं होगी। वहीं 17 नं. मकान देख लें। हाँ, अब आप 15 तारीख़ को आ रहे हैं तो कहूँगा कि बिना देखे जायेंगे तो शायद अफ़सोस हो। दिल्ली में कुछ ऐसा ही उसे लेकर माहौल है।

शेष मिलकर। आशा है आप स्वस्थ और सानन्द होंगे।

आपका

राजेन्द्र यादव

2/36 अंसारी रोड
दरियागंज, दिल्ली
8.12.82

श्री मधुरेश,
ब्रह्मानन्द पाण्डेय का नया मकान,
भांजी टोला, बदायूँ।

भाई मधुरेश जी,

आपका पत्र यथा-समय मिल गया था।

मन्नू के संकलन शीघ्र ही प्रेस में जायेंगे इसलिए आप अपने लेख की पाण्डुलिपि ही भेज दें। उसकी दूसरी प्रति तो आपके पास होगी ही। जहाँ भी छपेगा, छपता रहेगा। अच्छा ही है कि आपने उसे भूमिका की मानसिकता से नहीं लिखा है। वैसे भी अभी तय नहीं किया है कि लेख को भूमिका की तरह दिया जाना है या बाद में समापन की तरह, क्योंकि आपके लेख को सही ढंग से समझ तो वही सकेगा जो कहानियों से गुज़र आया है। मुझ पर लिखने के लिए आप 'देवता की मूर्तियाँ' को शर्त क्यों बनाए हुए हैं? वह मेरी पहुँच में नहीं है। किसी ने बताया है कि दिल्ली पब्लिक लाइब्रेरी में एक प्रति है, उसे तलाश करा के अपने संकलन छपने दूँगा। अधिक से अधिक उसकी क़ीमत दे दी जायेगी।

पहले तो उम्मीद थी कि नवम्बर में जब सुभाष 'महाभोज' करेंगे तो मुलाक़ात होगी, तब आशा है आप स्वस्थ और सानन्द हैं।

आपका

राजेन्द्र यादव

2/36 अंसारी रोड
दरियागंज, दिल्ली
25.12.82

श्री मधुरेश,
बदायूँ।

प्रिय मधुरेश जी,

आपका पत्र मिला। अब तक पुस्तक भी आपको मिल गयी होगी। सम्पूर्ण कहानियों के दो खण्ड शीघ्र ही प्रेस में जाने को हैं, इसलिए लौटती डाक से 'देवताओं की मूर्तियाँ' भेज दें। उसमें वैसे भी पढ़ने को बहुत अधिक नहीं है, थोड़ी ताक-झाँक से काम चल जायेगा।

मन्नू और कमलेश्वर वाले दोनों लेख पढ़ लिये हैं। मगर पता नहीं क्यों मुझे ऐसा भ्रम है कि आपके समकालीनों में या तो मुझ पर लिखना अत्यन्त कठिन है या निर्मल पर। हालाँकि दोनों दो अलग छोरों के लेखक हैं। बशर्ते कि एक-दो लाइन में उन्हें उड़ा दिया जाये। यही कारण है कि मुझे अभी तक अपने बारे में कोई अच्छा विश्लेषण देखने का मौक़ा नहीं मिला। प्रायः लोग बचते हैं।

पिछले दिनों बटरोही आये थे और उन्होंने ही यह मजबूरी सामने रखी थी कि रचनाएँ इतने अलग ध्रुवों की हैं और उनके बीच में एक सूत्रबद्धता तलाश करना मुश्किल है। डॉ. चन्द्रभानु सोनवसे और डॉ. वेदप्रकाश अमिताभ को दो पुस्तकें मेरे लेखन को लेकर अभी-अभी देखने को मिलीं और मुझे लगा कि वह दोनों ही इन जटिलताओं से कतरा गये हैं जिसकी अपेक्षा मुझे थी। सरलीकरण अपने किसी लेख में योगे शगुप्त ने भी किया था मगर मेरी एक कहानी को काफ़ी गहरे जाकर उकेरा था। बहरहाल आपका लेख पढ़ने के लिए उत्सुक तो हूँ ही।

अभी तय नहीं किया कि मन्नू वाला लेख पुस्तक में लिया जायेगा या बाद में। वैसे जाना तो है। नये वर्ष की शुभकामनाओं सहित।

आपका
राजेन्द्र यादव

2/36 अंसारी रोड
दरियागंज, नयी दिल्ली
09.2.83

श्री मधुरेश,
ब्रह्मानन्द पाण्डेय का नया मकान,
भांजी टोला, बदायूँ, उ.प्र.
भाई मधुरेश जी,

हज़ारों सालों से आपका कोई समाचार नहीं मिला। पता नहीं इस समय आप किस जन्म और स्थिति में कर्मों का भोग भोग रहे हैं, अगर मनुष्य-वेश में हो और यह पत्र आप तक पहुँचा हो तो समाचार दीजिए। मोर या चिड़िया के रूप में रहे तो पहचान का कोई तरीका बताइए।

'देवताओं की मूर्तियाँ' पुस्तक आपको मिली थी। उसकी अब दासानुदास को परम आवश्यकता है। सुनो, कैसे भी अगर मेरी आवाज़ आप तक पहुँचती हो तो मेरी पुस्तक वापस कर भिजवा देना।

बस।

आपका
राजेन्द्र यादव

2/36 अंसारी रोड
दरियागंज, नयी दिल्ली
31.3.83

श्री मधुरेश,
ब्रह्मानन्द पाण्डेय का नया मकान,
भांजी टोला, बदायूँ, उ.प्र.
प्रिय मधुरेश जी,

आपका पत्र मिला। 'देवताओं की मूर्तियाँ' पुस्तक मिल गयी है, धन्यवाद। यदि कोई बहुत बड़ी बाधा नहीं आयी तो शायद हम लोग अप्रैल महीने के अन्त में मिल ही रहे हैं। मुझे तो बीस के आस-पास एक वर्कशॉप में भोपाल जाना होगा। वहाँ से लौटकर ही बदायूँ आऊँगा। वर्कशॉप 28 अप्रैल तक है।

आपकी पुस्तक जैसे ही मिलेगी, सूचना दूँगा। मन्नू की कहानियों के संकलन इस वर्ष निकल आयेंगे। मेरे भी साथ ही निकलेंगे। गोष्ठी जो भी आप रखेंगे, ठीक ही होगी।

'सीज फायर' कहानी सन् 82 में ही लिखी गयी थी। दो-तीन कहानियाँ और लिखी हैं और आशा है सुभाष की तैयारियाँ ठीक चल रही होंगी।

आपका

राजेन्द्र यादव

•

2/36 अंसारी रोड
दरियागंज, नयी दिल्ली
3.6.83

श्री मधुरेश,
ब्रह्मानन्द पाण्डेय का नया मकान,
भांजी टोला, बदायूँ।

प्रिय मधुरेश जी,

आपका पत्र मिला। वहाँ से आने के बाद 6-7 दिन मन्नू की तबीयत ठीक नहीं रही, हालाँकि ऐसी कोई गम्भीर बात नहीं थी। फिर भी कमज़ोरी और थकान, फिर कालेज के आख़िरी दिन। मेरा उदयपुर जाना और यहाँ की व्यस्तताएँ, मई का महीना तो पता नहीं कैसे निकल गया। 'सम्प्रति' पूरी तरह नहीं देख पाया हूँ। थोड़ा बहुत पलटा है। उस आधार पर कोई भी प्रतिक्रिया देना ग़लत है। अधिकांश लेख तो प्रायः मेरे पढ़े हुए हैं और सबसे पहली राय तो यही बनती है कि आपके यह लेख अगर विषयवार और ज़्यादा व्यवस्थित होते तो शायद अधिक सुगठित और सम्पूर्ण पुस्तक बन सकती थी। आज ही 'मूल्याकंन' वालों का भी पत्र आया है कि आपने शायद मेरे ऊपर लिखने की स्वीकृति दे दी है। देखता हूँ कि इस पोस्टमार्टम से क्या नतीजा निकलता है और आप किस ज़हर का नाम लेते हैं, जिसने मुझे मारा है।

'साक्षात्कार' का अगला या वर्तमान अंक अभी तक नहीं आया है। उसकी प्रतीक्षा है। 'उपन्यास : स्वरूप और संवेदना' पर अभी समय लगेगा, उस पर तो अभी काम भी शुरू नहीं हुआ है। और अपने नये समाचार दीजिए। मित्रों को नमस्कार दें। वहाँ की प्रतिक्रियाएँ जानने को उत्सुक हूँ।

आपका

राजेन्द्र यादव

2/36 अंसारी रोड
दरियागंज, नयी दिल्ली
22.7.1987

श्री मधुरेश,
ब्रह्मानन्द पाण्डेय का नया मकान,
भांजी टोला, बदायूँ।

प्रिय मधुरेश जी,

अक्सर ऐसा होता है कि नयी रचनाओं की पूरी फ़ाइल अर्चना अपने साथ ले जाती हैं। जो रोज़ नहीं आतीं। हफ़्ते में एकाध-बार ही युनिवर्सिटी से उनका आना होता है। बाकी बातें हम लोग फ़ोन से कर लेते हैं। आपकी समीक्षा उसी फ़ाइल में चली गयी और एडमिशन इत्यादि के कारण वहीं रखी रहीं, इसलिए मैंने ऐसा पत्र लिख दिया था। अब यह समीक्षा सितम्बर अंक में जायेगी। आप चिन्ता न करें।

नये लोगों के कुछ कहानी संग्रहों पर आप कुछ भेजने वाले थे, इसके साथ ही शायद आपने 'करवट' पर भी लिखने को कहा था (या हो सकता है नागर जी की कोई और रचना हो), रहबर जी वाली समीक्षा की प्रतीक्षा है। अगर इसी सप्ताह मिल गयी तो दोनों समीक्षाएँ एक साथ दे दूँगा। वैसे भी यह मानकर तो आप चलिए कि याददाश्त का झमेला बढ़ता जा रहा है। और कोई नया समाचार?

आशा है स्वस्थ सानन्द हैं।

आपका
राजेन्द्र यादव

2/36 अंसारी रोड
दरियागंज, नयी दिल्ली
26.9.89

श्री मधुरेश,
ब्रह्मानन्द पाण्डेय का नया मकान,
भांजी टोला, बदायूँ, उ.प्र.

प्रिय मधुरेश जी,

शायद इसे ही संकल्प कहते होंगे, हमारे यहाँ इसे ज़िद कहते हैं, कि एक बार नाराज़ हुए तो हुए ही चले जा रहे हैं, और नाराज़ी भी व्यवस्था सम्बन्धी। जिसके

कौशल का मैंने कभी दावा नहीं किया बल्कि असफल ज़िन्दगी का एकमात्र कारण अव्यवस्था और सलीकाहीनता है। मगर आपको क्या? आप तो आलोचक हैं, कोई संवेदनशील लेखक तो हैं नहीं, कि यह सब बातें सोचें और रियायत दें। शरत कुमार का कहानी संग्रह आपको मिल गया होगा, उसकी समीक्षा कब तक भिजवा रहे हैं। और नया क्या कर डाला। आशा है आप परम प्रसन्न हैं।

आपका

राजेन्द्र यादव

2/36 अंसारी रोड
दरियागंज, नयी दिल्ली
18.5.90

श्री मधुरेश,
ब्रह्मानन्द पाण्डेय का नया मकान,
भांजी टोला, बदायूँ।

भाई श्री मधुरेश जी,

डॉ. प्रभा खेतान के पत्र से मालूम हुआ कि आपने 'स्त्री उपेक्षिता' पर समीक्षा लिखी है और पुस्तक का अनुवाद आपको पसन्द आया है। आश्चर्य की बात है कि कुछ चीज़ों को आप लेकर इतने फॉर्मल हैं यानी मेरा औपचारिक पत्र चाहते हैं। बल्कि यही सही। इसी सन्दर्भ में यह औपचारिक पत्र आ रहा है कि समीक्षा तत्काल ही भेज दें।

जिन तीन महिला कथाकारों पर आपने लिखा है उनकी संगति मेरी समझ में नहीं आयी। शशि प्रभा शास्त्री काफ़ी वरिष्ठ लेखिका हैं। नासिरा शर्मा पिछले 15 वर्षों से लिख रही हैं और इला डालमिया की केवल एक पुस्तक आयी है। इला का अनुभव व्यक्तिगत है, शशि जी का अपने समाज और परिवेश को समेटते हुए और नासिरा जी का राष्ट्रीय-अन्तरराष्ट्रीय। हो सकता है आपने इनके बीच कोई अन्तःसूत्र तलाश लिया हो और कुछ ऐसे मुद्दे पकड़ लिए हों जिनके आधार पर इन तीनों के बारे में अलग-अलग ट्रीटमेंट के आधार पर कुछ बातें कही जा सकें। मैंने समीक्षाएँ नहीं देखीं इसलिए कुछ भी कहने की स्थिति में नहीं हूँ, मगर इन तीनों को मिलाकर आपने अपनी कुछ स्थापनाएँ दी हैं तो निश्चय ही यह विवेचन रोचक है। क्या इन तीनों में आपको कुछ कॉमन मिला? और नया

क्या कर रहे हैं? शरद वाली समीक्षा प्रकाशित हो चुकी है और अंक आपको यथासमय भेज दिया गया था। मुझे आश्चर्य है कि 'हंस' के साथ आप जैसा प्रबुद्ध समीक्षक अपनापन क्यों नहीं महसूस कर पा रहा?

आपका

राजेन्द्र यादव

2/36 अंसारी रोड
दरियागंज, नयी दिल्ली
30.5.90

श्री मधुरेश,
ब्रह्मानन्द पाण्डेय का नया मकान,
भांजी टोला, बदायूँ।

प्रिय भाई मधुरेश जी,

आपका पत्र मिला। सबसे पहले तो यह सूचना कि मई का अंक अलग से नहीं निकला है, उसे जून के साथ संयुक्त कर दिया गया है। दूसरे, यह कि 'हंस' की रचनाओं पर पारिश्रमिक देने का सिलसिला दो साल पहले स्थगित कर देना पड़ा। जब सवाल अस्तित्व का हो तो कुछ चीज़ों को छोड़ना पड़ता है। डूबती हुई नाव से कुछ क़ीमती चीज़ें भी निकालकर उसे हल्का बनाया जाता है। मित्रों की राय है कि इस झंझट से बचने के लिए इसे द्वैमासिक या त्रैमासिक कर दिया जाये। आप क्या सोचते हैं?

जो धारणा आपके मन में है वह सूचनाहीनता पर आधारित है। किसी की उपेक्षा के लिहाज से नहीं, बल्कि सुविधा की दृष्टि से स्थिति यह है कि किसी भी योजना को चलाने के लिए मित्रों से जिस तरह के विचार-विनिमय, पत्राचार, परसूएशन और सजेशन की ज़रूरत होती है वह कर सकने की स्थिति यहाँ नहीं है। डेढ़ आदमियों के बल पर 100 बड़े पन्नों वाली पत्रिका को बनाये रखना, वैसी फुर्सत नहीं देती जैसी बड़े प्रतिष्ठानों वाली अर्थ-निश्चित पत्रिकाओं को मिलती है। कभी उत्साह होता है तो एक पत्र लिख दिया और उसके बाद महीनों उसके फॉलोअप की फुर्सत नहीं मिली या और कामों के बीच वह दिमाग़ से उतर गया। यह आप भी मानेंगे कि लेखकों और समीक्षकों के साथ स्टाफ द्वारा लिखित औपचारिक पत्रों से काम नहीं चलता (वह सुविधा भी हमें नहीं है) सम्पादक को ही यह सारा काम करना होता है। अब बेचारा सम्पादक न

दशकन्धर है और न द्वादश-बाहु कि सम्पादन के साथ मित्रों का अड्डा भी सँभाले। अपनी आँखों की तकलीफ़ को भी रोए और कहीं आन्तरिक धरातल पर यह सब भी चलता रहे। नतीजे में जिन लोगों से मुलाक़ात हो जाती है उन तक बात होकर सीमित हो जाती है। वहाँ भी अक्सर 'टेलीफोन' आदि से फॉलोअप नहीं हो पाता। इसलिए कृपया अपने प्रति मेरी इस असमर्थता को लापरवाही न मानें।

अब थोड़ी व्यक्तिगत बात करूँ। 'आलोचना', 'पहल', 'पूर्वग्रह' या ऐसी ही पत्रिकाओं में आप अपनी रचनाएँ भेजते हुए आश्वस्त महसूस करते हैं, 'हंस' में नहीं। शायद जवाब ख़ुद आपने दे दिया है। आपने भी ऐसी गोष्ठियाँ (लेखकों और विचारकों की) अटेंड की होंगी जहाँ बिना श्रोताओं और समय का ध्यान किये कुछ परम विद्वान वक्ता थीसिसनुमा लेख पेल देते हैं और वह या तो सिर्फ़ बर्दाश्त कर लिया जाता है या सिरों से गुज़र जाता है। जो अपने समय और दूरियाँ भुगतते हुए वहाँ पहुँचे हैं निश्चित ही कुछ पाना चाहते हैं, मगर उनकी भी मनोवैज्ञानिक और दूसरी सीमाएँ हैं जिसका ध्यान वक्ता को ज़रूर रखना चाहिए। आप विद्वानों के समीक्षक हैं, प्रबुद्ध पाठकों के नहीं। मैं पहली बार यह प्रयोग करना चाहता हूँ कि क्या ऊँची बातें सरल और संक्षिप्त भाषा में दी जा सकती हैं? विदेशी समीक्षाएँ हम सब पढ़ते हैं। टी.एल.एस. की समीक्षा में क्या इस सरल ग्राह्यता या सम्प्रेषणीयता का ध्यान नहीं रखा जाता? मेरा अनुरोध आपसे सिर्फ़ यही रहा है कि 'हंस' एकेडेमिक विशेषज्ञों की पत्रिका नहीं है इसलिए पाठक को समीक्षा पढ़वाने के लिए भी एप्रोच और स्थान दोनों का ध्यान रखना ज़रूरी हो जाता है। अगर मेरे इस सोच में कोई ग़लती हो तो ज़रूर सुझाव दें।

'हंस' कथा-साहित्य की पत्रिका है, इसलिए काव्य-समीक्षाओं की अपेक्षा मेरा झुकाव कथा-समीक्षा की ओर है। साथ निःसंकोच 'स्त्री उपेक्षिता' की समीक्षा भेज दें। रहबर की भी—थोड़ा पन्ने का ख़याल करके। जहाँ सारी बात भी आ जाये और लम्बाई की शिकायत भी न हो।

संयोग है आज ख़ाली हूँ, वरना आपने ख़ुद ही देखा है यहाँ मित्रों का सिलसिला किस अटूट भाव से चलता है और ऐसे पत्र लिखवाना भी हफ़्तों सम्भव नहीं हो पाता है। मुझे आपके क्रोध की नहीं सहानुभूति की ज़रूरत है। आशा है आप स्वस्थ और सानन्द हैं।

आपका

राजेन्द्र यादव

2/36 अंसारी रोड
दरियागंज, नयी दिल्ली
23.11.91

श्री मधुरेश,
ब्रह्मानन्द पाण्डेय का नया मकान,
भांजी टोला, बदायूँ।

भाई श्री मधुरेश जी,

आपका पत्र और नागर जी पर संस्मरण मिले। 'मैं आलोचना क्यों लिखता हूँ' वाला आलेख अभी नहीं देख पाया हूँ। अर्चना 10, 12 दिन में आती हैं और रचना ले जाती हैं। शायद इस बार लौटाएँ। शायद आपको पता ही होगा कि वे यहाँ से 22 किलोमीटर दूर मिरांडा हाउस में पढ़ाती हैं और वहीं रहती हैं, इसलिए उस पर अपनी राय बाद में दूँगा।

आपने मुझे उकसाया है कि मैं अपनी ईमानदार राय दूँ। वस्तुतः नागर जी पर आपके संस्मरण में मुझे ऐसा कुछ नहीं मिला जो उनके किसी नये पक्ष को उजागर करता हो या उनकी रचनाओं का नया इंटरप्रेटेशन देता हो। ये सब बातें समय-समय पर आती रही हैं। आप जानते हैं कि आगरे से लेकर लखनऊ तक मेरे उनसे बेहद आत्मीय और घनिष्ठ सम्बन्ध रहे हैं। सन् '51 में हम लोग डेढ़-एक महीने के लिए दक्षिण यात्रा पर साथ ही गये थे, मगर 'एकदानैमिशारण्ये' या 'करवट' जैसे उपन्यासों को पढ़कर मुझे वे अपठनीय लगने लगे थे। तुलसी और सूर को लेकर उनका श्रद्धातत्व उनके उपन्यासों को कबाड़ा करने में काफ़ी बलशाली रहा है। 'नाच्यो बहुत गोपाल' पर मैंने उन्हें एक पत्र लिखा था और वह सब मिलाकर मुझे अच्छा ही लगा था। बहरहाल, 'बूँद और समुद्र' को छोड़कर मुझे ऐसी बहुत कम रचनाएँ उनकी पढ़ने को मिलीं जिनकी मैं अकुण्ठ-भाव से तारीफ़ कर सकूँ। इस दृष्टि से भगवती चरण वर्मा ज़्यादा सचेत कलाकार हैं। नागर जी में निरन्तर आने वाली रचनात्मक गिरावट उनके श्रद्धास्पद व्यक्तित्व में खो जाती है। यहाँ जे.एन.यू. में काम करने वाले देवेन्द्र चौबे नामक बालक ने अभी पिछले दिनों मुझे अपने प्रबन्ध का 'जीवनी' खण्ड दिया था; हो सकता है इसलिए मुझे आपके निबन्ध में काफ़ी कुछ दोहराव लगता रहा हो। हर दिल अज़ीज़ व्यक्ति के साथ परेशानी यही है कि वह अपने व्यक्तिगत जीवन में जेनुइन और फ्रॉड में अन्तर नहीं कर पाता। नागर जी इस कमज़ोरी के भी शिकार थे। वे बहुत ऊष्मावान पारिवारिक थे, लपककर मिलने वालों में थे, मगर क्या रचनाकार की यही चीज़ें उसे महान बनाती हैं।

संस्मरण मैंने अभी पढ़ा है, इसलिए यह पहला इम्प्रेशन है। एक बार फिर

और गहराई से सोच लेने दीजिए तभी आपको बताऊँगा। वैसे मैं सचमुच समझ नहीं पाता कि इतनी आत्मीयता के बाद अचानक क्यों मैं नागर जी और उनके लिखे को लेकर तटस्थ होता चला गया? हो सकता है जिन लेखकों में आग नहीं होती वे मुझे कम आकर्षित करते हैं। नागर जी में मैंने इस आग को ठण्डा होता पाया है।

और नये समाचार क्या हैं? आशा है स्वस्थ और सानन्द हैं। मेरी बातों का बुरा तो नहीं मान रहे?

आपका

राजेन्द्र यादव

देवकी नन्दन खत्री वाला हिस्सा शायद आपको कठिनाई में डाले।

2/36 अन्सारी रोड,
दरियागंज, नयी दिल्ली
16.05.92

श्री मधुरेश,
ब्रह्मानन्द पाण्डेय का नया मकान,
भांजी टोला, बदायूँ।

भाई श्री मधुरेश जी,

आपका नाराज़गी भरा पत्र मिला। मैं सोचता हूँ कि आपकी नाराज़गी उचित ही है। मगर एक शुभचिन्तक और सहृदय मित्र के नाते आपसे मैं एक सलाह चाहता हूँ। पहली बात तो यह है कि आप अपने मन से बिल्कुल निकाल दें कि आपको छापकर कोई आपके ऊपर अहसान कर रहा है। आपकी रचना किसी भी पत्रिका के लिए प्रतिष्ठा और प्रामाणिकता का स्रोत है। सलाह दूसरी बात के लिए चाहिए...

हो सकता है यह मेरा भ्रम या मिथ्या आकांक्षा हो कि 'हंस' एक जीवन्त पत्रिका बनी रहनी चाहिए...कोल्ड टेक्स्ट की अकादमिक पत्रिका नहीं। इस आग्रह के कारण अपने आप ही कुछ प्राथमिकताएँ बन गयी हैं, यानी लगभग 60-70 प्रतिशत रचनात्मक विषयों की अपेक्षा उन समस्याओं पर बहस और जिरह ज़्यादा सार्थक लगती है जो आज हर बुद्धि को झंझोड़ रही है। विषयों का यह चुनाव आपने सम्पादकीयों में भी देखा होगा। ऐसा नहीं है कि 'हंस' की रचनाओं को लेकर विस्तृत बातचीत सम्पादकीयों में नहीं हो सकती है या साहित्यिक विषय समाप्त हो गये हैं, मगर जो चीज़ें सीधे-सीधे रचनाकार की चिन्ता और ज़िन्दगी को झकझोर रही हैं उनसे सामने से मुठभेड़ क्यों न की जाये? हो सकता है वह

राजनीतिक हों, धार्मिक हों, साम्प्रदायिक हों या दूसरे ऐसे ही विषय हों। मेरी यह भी धारणा है कि पाठक समीक्षात्मक साहित्य से बहुत अघा और ऊब चुका है। उसे दूसरे विषयों के बारे में भी पुस्तकों पर समीक्षाएँ और विचार मिलने चाहिए। यही कारण है कि आपने देखा होगा कि 'हंस' में या तो चलती हुई बहसें हैं या लगभग साहित्येतर विषयों की पुस्तक समीक्षाएँ—विशेषकर समाजशास्त्र और राजनैतिक। एक कहानी या पुस्तक-समीक्षा 10 साल पहले निकली या बाद में, इससे कोई अन्तर नहीं पड़ता, मगर अभय कुमार दुबे की नक्सलवाद पर पुस्तक एक घटना है और उस पर ध्यान दिया जाना चाहिए। यह सब कुछ इतना टाइट हो गया है कि जो चीज़ इस रूपरेखा में नहीं आती वह लगभग पिछड़ती चली जाती है। पता नहीं, लोग छोटी-छोटी पत्रिकाओं में कैसे अनेक विषय और अनेक चीज़ें दे लेते हैं? मैं तो देखता हूँ कि दो-तीन पुस्तकों की समीक्षा और दो-तीन टिप्पणियों के बाद जगह ही नहीं बचती। मैं अच्छी फ़िल्मों, नाटकों और दूसरे सांस्कृतिक कार्यक्रमों पर भी कुछ देना चाहता हूँ। पहले जब 100 पन्ने थे तो हम लोग देते भी थे मगर 20 पन्ने कम करने के साथ वह सब असम्भव ही हो गया है। लाख कोशिश करने के बावजूद 'हंस' एक सम्पूर्ण पत्रिका नहीं बन पाती जो पूरे सांस्कृतिक जगत पर वैचारिक रूप से सामग्री दे सके। इस पृष्ठभूमि के साथ कुछ चीज़ें जो ज़रूरी और अच्छी लगती हैं उन्हें रखने का लोभ होता है और जब उनके प्रकाशन के उपयुक्त अवसरों में कतरब्योंत चलती है तो इतना समय हो जाता है कि आप ऐसे मित्र उपेक्षा का आरोप लगाने लगते हैं। 'हंस' की मुद्रित प्रक्रिया में जो चीज़ें मैं आज बहुत आसानी से पाता हूँ। यह सब अपनी जगह है। यदि मैंने अपनी कोई रचना किसी को भेज दी और वहाँ इतना समय लगे तो निश्चय ही मुझे भी झुँझलाहट होगी हालाँकि कमलेश्वर-राकेश के ज़माने में 'सारिका' और 'नयी कहानियाँ' में 3 से लेकर 6 महीने तक को मैं स्वाभाविक दूरी के रूप में ही लेने लगा था।

सचमुच मैं आपसे सलाह चाहता हूँ। ऐसी स्थिति में मैं क्या करूँ? अगस्त के अंक से 'हंस' 7वें वर्ष में प्रवेश कर रहा है। अगर उचित समझें तो मुझे एक ऐसी रूपरेखा बताने का कष्ट करें कि मैं 'हंस' के पूरे स्वरूप पर एक बार गहराई से विचार कर सकूँ। छः साल एक ही स्वरूप को खींचते जाना—हर चीज़ को बासी करता है। 'हंस' के 4-5 अंक देखकर आप आसानी से बता सकेंगे कि किन चीज़ों को छोड़ना चाहिए और किन्हें नये सिरे से शामिल कर लेना चाहिए। क्या मेरे पत्र पर स्थिर मन से विचार करेंगे?

आपका

राजेन्द्र यादव

2/36 अंसारी रोड
दरियागंज, नयी दिल्ली
21.05.93

श्री मधुरेश,
ब्रह्मानन्द पाण्डेय का नया मकान,
भांजी टोला, बदायूँ

भाई श्री मधुरेश जी,

आपका ग़ुस्सा जायज़ है। मेरे पास सफ़ाई भी नहीं है। आपको हिन्दी अकादमी का निमन्त्रण अब तक मिल चुका होगा। आपके प्रति सम्मान न होता तो मैं यह प्रस्ताव क्यों करता। सोचा यह भी था कि इस बहाने आप आयेंगे तो कुछ सफ़ाई देने की कोशिश करूँगा।

मैंने कभी आपके संस्मरण पर टिप्पणी नहीं की। वह सचमुच अच्छा है, मगर इधर 'हंस' का जो स्वरूप बन गया है, उसमें कर पाने का मौक़ा नहीं निकाल पा रहा हूँ। 'आत्मतर्पण' ने संस्मरणों इत्यादि की जगह छीन ली है। सन्तुलन बनाये रखने और एकरसता से बचने के लिए कुछ अच्छी चीज़ें या तो रोके रखनी पड़ती हैं, या वापस कर देनी होती हैं।

व्यक्तिगत रूप से मिलकर ही अपनी बात करूँगा। दस-पन्द्रह दिनों की ही तो बात है। तब तक शायद आप अपने ग़ुस्से पर पुनर्विचार करें।

आपका
राजेन्द्र यादव

2/36 अंसारी रोड
दरियागंज, नयी दिल्ली
23.08.95

भाई श्री मधुरेश जी,

आपका पत्र और प्रकाशवती जी की पुस्तक की समीक्षा मिली। पुस्तक का अपना ऐतिहासिक महत्त्व है और यह समीक्षा निश्चय ही जायेगी।

सचमुच मैं आपके मन से यह निकाल नहीं पा रहा हूँ कि आपको लेकर मेरे मन में कोई पूर्वग्रह नहीं है। जब आप पाण्डेय जी के यहाँ आकर रुके थे तब भी मैंने मिलने की कोशिश की थी ताकि ग़लतफहमियाँ दूर हो सकें लेकिन फिर लगा शायद समय ही बहुत सी बीमारियों का इलाज है।

'राहुल का कथा-कर्म' पुस्तक मैं ज़रूर देखना चाहूँगा। मगर समझ में नहीं आता कि समीक्षा किससे कराऊँ? इधर राहुल जी पर जो पुस्तकें आयी हैं, मैं चाहता था कि कोई एक व्यक्ति उनके महत्त्व को समझते हुए प्रामाणिक रूप से कुछ लिखे। उर्मिलेश की किताब भी इसी तरह किसी को दी गयी है। अगर आप उसकी समीक्षा भेज सकें तो आभार मानूँगा लेकिन बहुत लम्बी न हो। आशा है स्वस्थ और सानन्द हैं।

आपका

राजेन्द्र यादव

2/36 अंसारी रोड
दरियागंज, नयी दिल्ली
31.10.95

श्री मधुरेश,
ब्रह्मानन्द पाण्डेय का मकान
भांजी टोला, बदायूँ-243601

प्रिय मधुरेश जी,

आपका 24.10.95 का पत्र मिला, अंक आपको यथासमय भिजवा दिया गया था। आशा है आपको मिल गया होगा। इधर डाक की भीषण गड़बड़ियाँ चल रही हैं।

'उपन्यास : स्वरूप और संवेदना' अभी मेरे ही पास है। आप इसी से समझ सकते हैं कि पिछले पाँच साल से लेख एक जगह रखे हुए हैं। सिर्फ़ तरतीब देकर पुनःसम्पादन करना है और उसका समय नहीं मिल रहा है। यही हालत कहानियों वाली किताब की है। इसका कवर इत्यादि सब कुछ बन और छप चुका है। 'कालिदास' वाली किताब मेरे पास है। उस पर आप लिखना चाहते हैं। हालाँकि नयी और अपने समय से जूझती रचना छोड़कर किसी ऐसी ऐतिहासिक कृति पर मेहनत करने की सार्थकता मेरी समझ से बाहर है मगर हो सकता है उसे आप आधुनिक दृष्टि से देखना चाहें।

और कैसे हैं? क्या कर रहे हैं? आशा है सानन्द हैं।

आपका

राजेन्द्र यादव

2/36 अंसारी रोड
दरियागंज, नयी दिल्ली
06.11.95

श्री मधुरेश,
भांजी टोला, बदायूँ।

प्रिय मधुरेश जी,

अभी-अभी 'समीक्षा' में आपकी समीक्षा पढ़ी। चूँकि 'हंस' से आपके सम्बन्ध नये सिरे से बन रहे हैं, इसलिए बहुत साफ़ बता देना चाहता हूँ कि 'हंस' अभी पारिश्रमिक बिल्कुल नहीं दे पायेगा। बीच-बीच में देने और न देने के बारे में सूचनाएँ सम्पादकीयों में आती रही हैं, हो सकता है वे आपने न पढ़ी हों।

पुस्तक या मेरे लिखे पर आपकी अपनी दृष्टि है और उस पर मैं कुछ नहीं कहूँगा। हाँ आपने 'अक्षर' और 'हंस' की बात उठायी है वह ज़रूर सफ़ाई माँगती है। लेखकों की अन्धाधुन्ध रॉयल्टी मारने के बाद भी मुझे पहले अक्षर के प्रकाशनों को सेलिंग व्यवस्था में देना पड़ा, फिर दस वर्षों से प्रकाशन एकदम बन्द कर देने पड़े। कभी आपने सोचा, क्यों? ऐसी 'सोने की खान' को बन्द करने के पीछे चालाकी क्या है? वैसे शायद आपको दुख होगा कि लगभग 70 प्रतिशत लेखकों की रॉयल्टी दी जा चुकी है, कुछ की अभी भी जा रही है। जिन लेखकों की सारी रॉयल्टी देनी है उनमें मैं और मन्नू हैं। हाँ यह सही है कि जब लेखकों ने माँगी तब नहीं दी गयी। यहाँ एक बात पूछना चाहता हूँ कि लेखकों की हज़ार-दो हज़ार रॉयल्टी मारने से ज़्यादा सम्मानजनक तरीका क्या यह नहीं होता कि मैं पुरस्कार-फैलोशिप या ऐसी ही राशियाँ लेता? जहाँ तक मालिक बन जाने की बात है तो जवाब सिर्फ़ यही है कि जिन मित्रों से अक्षर के लिए रुपया लिया गया था उन्होंने मुझे दिया था और उसके लिए जवाबदेह भी मैं ही था। बिना कुछ लगाये ही मित्रों को मालिकाना हक़ दे देने और फिर बाद में ख़ुद ही सबसे अवांछित व्यक्ति बन जाने की उदारता शायद आपमें हो और मैंने उन्हें 'मालिकाना हक़' से वंचित कर दिया हो? मित्रों से उधार लेकर बनाये मकान को हो सकता है आप 'सलाहकार' मित्रों को मालिक बना दें, मैं नहीं बना पाया।

'हंस' को लेकर आपकी इस समझ पर सवाल करने का भी मुझे कोई हक़ नहीं है—जहाँ पत्रिका सिर्फ़ पत्रिका होती है। वह 'इंडिया टुडे' या 'मनोहर कहानियाँ' हो या 'हंस' और 'पहल'। पारिश्रमिक सरकारी या व्यावसायिक पत्रिकाओं से मैं ज़रूर माँगता रहा हूँ—व्यक्तिगत प्रयासों से निकलने वाली किसी पत्रिका से कभी कोई पैसा नहीं माँगा (हो सकता है 'समीक्षा' देनी हो

आपको) मेरा अपराध या ज़िद यही है कि सारी ऊँच-नीच के बावजूद 'हंस' को दस वर्षों से निकालता रहा हूँ जबकि विभिन्न संस्थानों से ज़िन्दगी भर भरपूर वेतन या दूसरे आर्थिक साधन दुहने वाले ऐसी पत्रिकाएँ दो-चार साल से ज़्यादा नहीं निकाल पाते। शायद मेरी नयी धूर्तता की जानकारी भी आपको होगी ही—ज़िन्दगी में पहली बार बिहार सरकार से एक लाख का पुरस्कार ले रहा हूँ और उसे भी 'हंस' को देने की घोषणा कर चुका हूँ।

सचमुच अफ़सोस होता है कि चालीस साल में भी स्थितियों और व्यक्तियों की यही समझ बन पायी है आपकी? कला-संस्कृति-साहित्य की ग्राउंड-रियेलिटी यह है कि नाटक के प्रति अपनी सारी प्रतिबद्धता के बावजूद सुभाष कश्यप विशेष अपने प्रभाव से कुछ या सारे टिकट बेच लेने पर भी अभिनेताओं को पारिश्रमिक नहीं दे पाता—हाँ सैट्स और जगह के पैसे ज़रूर जुटा लेता है—जैसे पत्रिकाएँ काग़ज़-छपाई निकालती हैं। पता लगाइए दिल्ली के किसी भी 'स्वतन्त्र' ग्रुप का कि सारी धूमधाम के बावजूद अगला नाटक तैयार करना क्या होता है?

बहरहाल ये सारे कन्सर्न आपके नहीं हैं। मुझे यह भी उम्मीद है कि इस उम्र में आप अपनी राय बदलेंगे। हाँ, 'अक्षर' और 'हंस' से मैंने कुछ कोठियाँ दिल्ली में बनाई हैं, किसी दिन आकर आतिथ्य ग्रहण करें। इतनी शिकायतों के बाद मेरा आग्रह यही है कि कृपया आगे 'हंस' में लिखने के बारे में पुनर्विचार कर लें। प्रसन्न होंगे।

आपका
राजेन्द्र यादव

2/36 अंसारी रोड
दरियागंज, नयी दिल्ली
29.08.97

श्री मधुरेश,
बदायूँ

प्रिय मधुरेश जी,

अपनी भयानक याद्दाश्त से आपने मुझे कहाँ मारा है, यह आपको पता नहीं है। आलोचक वैसे भी संवेदनशून्य होता है। आपने सारी बातें उस समय की बतायी हैं जब मैं 'स्वाधीन' था। आज सम्पादकीय ग़ुलाम हूँ। न चाहा हुआ हर काम करना पड़ता है। मन का पढ़ना-लिखना सपना हो गया है। 'हंस' जैसी पत्रिका के अर्थशास्त्र से लेकर साहित्य तक सभी को सँभालना क्या होता है, यह आप नहीं सोच सकते। यहाँ भी न चीज़ों की फॉलोअप कर पाता हूँ, न नियोजित।

अच्छी किताबों पर रिव्यू या तो विद्यार्थी शोधार्थी लिखने के लिए उत्सुक रहते हैं या वे जिन्हें विषय की समझ ही नहीं है। अधिकारी विद्वान साँसें नहीं लेते या किताब रखकर बैठ जाते हैं। मेरे साथ दो एक लोग और होते तो उन्हें लगा सकता था, अब सभी सूत्रों को याद रखना भी तो सम्भव नहीं है। जो सामने होता है उसी का दबाव पहले की बातों को पीछे धकेल देता है।

बहरहाल फिर भी कोशिश करूँगा।

और नये हाल क्या हैं?

पिछले अंकों में गौतम सान्याल की टिप्पणी देखी?

आपका

राजेन्द्र यादव

2/36 अंसारी रोड
दरियागंज, नयी दिल्ली
11.03.2000

हंस सम्पादक की ओर से

भाई मधुरेश जी,

कल सामयिक के महेश भारद्वाज ने 'पाथर टीला' की समीक्षा दी। मुझे लगा अधूरी है और सहसा ही समाप्त होती है। कथा संक्षेपीकरण भी बहुत है। भाषा, तकनीक और चरित्रों की एकायमिकता स्थितियों के लगभग नाटकीय विकास पर आपने एक शब्द भी नहीं लिखा।

और क्या समाचार हैं?

आपका

राजेन्द्र यादव

2/36 अंसारी रोड
दरियागंज, नयी दिल्ली
18.04.2000

प्रिय मधुरेश जी,

आपका 14.04.2000 का पत्र मिला और 'पाथर टीला' की समीक्षा भी। नीचे जो कुछ मैं कहने जा रहा हूँ वे मेरे व्यक्तिगत विचार हैं और इस समीक्षा

के प्रकाशन से इनका कोई सम्बन्ध नहीं है। वह जैसी की तैसी जा रही है।

1. अच्छा हुआ, मेरे और आपके बीच बरसों से जमी संवादहीनता की तरफ़ आपने इशारा कर दिया। कायदे से यह काम बहुत पहले होना चाहिए था ताकि हम लोग अधिक आत्मीयता से बातचीत कर पाते। आपको लेकर मेरे मन में जो भाव रहा है उसे क्या आप मुझे खुलकर कहने की इजाज़त देंगे? सच बात तो यह है कि मेरे और आपके बीच कभी कुछ ऐसा घटित नहीं हुआ कि संवाद टूटे। मगर फिर भी वह नहीं रहा। मुझे बहुत दिनों से ऐसा लग रहा है कि समीक्षा के क्षेत्र में इतना स्पृहणीय और महत्त्वपूर्ण काम कर चुकने के बावजूद आपने (माफ कीजिए) ग्रो नहीं किया। जहाँ से समीक्षा-यात्रा शुरू की थी, विभिन्न रचनाओं के माध्यम से उसी का विस्तार करते रहे। प्रगतिशील दृष्टि ने आपके लिए कुछ प्रवृत्तियों को ऐसे शाश्वत भाव से तय कर दिया कि अनुकूल रचनाओं में उन्हीं को आप मार्क्सवादी दर्शन के हिसाब से खोजते, स्थापित या अस्वीकृत करते रहे! क्या सचमुच आज भी प्रगतिशील दृष्टि से रचनाओं को ठीक उसी भाषा में परिभाषित किया जा सकता है जिसमें वे आज से 40-50 साल पहले होती थीं? मैं कसौटियों को छोड़ने की बात नहीं करता, मेरा इशारा सिर्फ़ स्वयं इसके स्वरूप और पद्धति को जाँचते रहने से है। क्या चीज़ें उसी तरह काले-सफ़ेद खानों में बँटी हुई हैं? आज भी हैं?

2. उदाहरण के लिए यथार्थवाद को लीजिए। यथार्थवाद के प्रति आपका नज़रिया ठीक वही है जो 'सामाजिक यथार्थवाद' के नाम पर शुरू में हम सभी को बताया गया था। कभी हमने जाँचने की कोशिश नहीं की है कि वह एक इकहरा, यथातथ्यवादी अख़बारी भी हो सकता है। बल्कि मैं कहूँगा कि उस समझ के चलते हम जिन यथार्थवादी रचनाओं की तारीफ़ करते हैं उनसे कई गुणा ज़्यादा प्रभावशाली अख़बारों में छपने वाली वे स्टोरीज होती हैं जो किसी घटना को केन्द्र बनाकर लिखी जाती हैं। हो सकता है किसी विचार के चलते हम उस यथार्थ (यथातथ्यता) को कोई वृहत्तर अर्थ दे लें, मगर इस पर शायद कभी न सोचें कि विचार, कल्पना का स्थानापन्न नहीं है। यथार्थवादी रचनाओं में मनोनुकूल यथार्थ तो गढ़ लिया जाता है लेकिन कल्पनाशीलता का दयनीय अभाव होता है। कल्पना से हम यथार्थ को तोड़ते हैं और उसे ज़्यादा प्रभावी बनाते हैं। जैसे मिट्टी को तोड़ और गूँदकर हम उसे तरह-तरह के आकारों में ढाल लेते हैं। निश्चय ही प्रेमचन्द हमारे आदर्श हैं। वे बहुत बड़े कथाकार हैं लेकिन यथार्थ के प्रति उनका ट्रीटमेंट ठीक वही नहीं है जो रेणु का है। रेणु यथार्थ को काटते, तोड़ते, मरोड़ते हैं जो यथातथ्यता की शास्त्रीय परिभाषा में बिल्कुल उसी

तरह नहीं आता जो प्रेमचन्द और यशपाल में आता है। क्या आपने कभी किसी ऐसी कथा-रचना को विखण्डित करके उसे समझने की कोशिश की है जो सिर्फ़ कलात्मक कह कर ख़ारिज कर दी गयी हो? उदाहरण के लिए 'कलिकथा वाया बाई पास', 'उस दीवार में एक खिड़की रहती थी'। क्या इसके निहितार्थों, परिवेश और लेखन की मानसिकताओं के आधार पर इसका मार्क्सवादी विश्लेषण करते हुए मार्क्सवादी दृष्टि से परखने की कोशिश नहीं करते? पता नहीं, वह लेख आपने देखा है या नहीं? लेकिन मुझे ऐसा लगता है कि मार्क्सवादी दृष्टिकोण का यह ज़्यादा गहरा और सार्थक इस्तेमाल है। एजाज़ अहमद और एडवर्ड सईद ने कुछ कथाकृतियों को जिस तरह विखण्डित किया है, वह मुझे अजीब बौद्धिक थ्रिल देता है। यही बात 'स्टडीज़ इन डाइंग कल्चर' के साथ है।

3. अब 'पाथर टीला' उपन्यास को ही लें। मुझे यह पूरी कहानी फ़िल्मी, नकली और बनावटी लगती है जहाँ सारे चरित्र और पात्र पहले से तय हैं और वह अन्त तक वैसे ही बने रहते हैं। गाँव हिमांशु श्रीवास्तव ने भी दिये हैं, रेणु ने भी, संजीव, जगदीश चन्द्र ने और इधर मैत्रेयी पुष्पा ने भी। क्या आज भी गाँव में सामन्ती दबदबे का वही रूप है जो फ़िल्मों में दिखाया जाता है जहाँ मूँछें तानता हुआ राजा जैसा कोई ज़मींदार हरेक की व्यक्तिगत ज़िन्दगी को निर्धारित और शासित कर रहा है? पंचायत और प्रशासन की उभरती हुई शक्तियाँ क्या उस सामन्ती अहंकार को चुनौतियाँ नहीं देती हैं? सही है कि लूट-खसोट में सबकी मिली-भगत भी है, मगर उनके स्वरूप इतने मशीनी नहीं हैं। ठीक है यह सब 'पाथर टीला' में भी बताया गया है मगर वहाँ सब कुछ इतना तयशुदा और स्टॉक है कि कहीं कोई जीवन्त पात्र सामने नहीं आता; जबकि यही सामन्ती ताक़तें, मानसिकताएँ, हलचलें और जीवन्त स्थितियाँ 'चाक' को एक महत्त्वपूर्ण कृति बनाती हैं। यहाँ तक कि संजय सहाय की लम्बी कहानियाँ—'शेषान्त' और 'मध्यान्तर' का गाँव, शोषण की सारी सचाइयों के साथ अलग है। गाँव आज प्रेमचन्द वाले गाँव नहीं रह गये हैं। यदि वहाँ अत्याचारी ज़मींदार, भ्रष्ट डॉक्टर, ख़रीदे हुए पुजारी, स्मगलिंग करते हुए लम्पट हैं तो उन्हीं के बीच उनके अन्तर्विरोध भी हैं। हो सकता है स्वार्थों की हिस्सेदारी के रूप में ही हों। मैं नहीं कहता कि वहाँ बाकायदा अभिताभ बच्चन जैसा कोई महान नायक आकर स्थितियों को बदले, मगर कुछ तो ऐसा हो जो विश्वसनीय लगे। लेखक की दृष्टि और कल्पना समाधान चाहे न दें, मगर किसी सिलवर लाइन की झलक तो दिखाती ही हैं। रूपसिंह चन्देल ने मोटे रूप में कहानी का ताना-बाना ठीक और सूझ-बूझ से दिया है मगर उनका कार्यान्वयन मशीनी, एकरेखीय और ऑबवियस

पर ही आधारित है। वहाँ अन्त की आत्महत्या के सिवाय कुछ भी ऐसा नहीं है जो अन-प्रेडिक्टेबिल हो। एक तरह से आत्महत्या भी फ़िल्मी या अति नाटकीय और प्रेडिक्टेबिल ही है। शक्ति और सत्ता की आकांक्षाओं में 'पाथर टीला' के सारे पात्रों को आपस में एक-दूसरे की काट के रूप में चित्रित किया है। क्या आज के कथाकार से इन समीकरणों की जटिलताओं की माँग नहीं की जानी चाहिए?

4. हालाँकि शिकायत मुझे भगवानदास मोरवाल के 'काला पहाड़' से भी है; लेकिन मुझे लगता है यथार्थ से मोरवाल का सम्बन्ध ज़्यादा निकट और आत्मीय है। उसके पात्रों के अपने व्यक्तित्व हैं, वे 'पाथर टीला' की तरह प्रायः स्टॉक नहीं हैं। उसने एक सलेमी पात्र की संवेदनशीलता को केन्द्र बनाकर बदलते हुए गाँव की तस्वीर ज़्यादा प्रामाणिक रूप में दी है। सम्पादन की आवश्यकता और ग़ैर-ज़रूरी विवरणों को न छाँट पाना उसकी कमज़ोरी है मगर उपन्यास हर तरह मुझे 'पाथर टीला' के मुक़ाबले ज़्यादा महत्त्वपूर्ण लगता है। इतने दिनों बाद भी क्या आप प्रगतिशील और प्रतिक्रियावादी धाराओं के किताबी और स्टॉक विवरणों को ठीक उसी तरह नहीं देखते जिस तरह 50 साल पहले देखते थे? बाई-द-वे क्या आपने नाग बोडस का उपन्यास 'मैनिफेस्टो' पढ़ा है? वहाँ एक प्रतिबद्ध राजनैतिक पार्टी कार्यकर्ता के टूटने के दंश को कथ्य बनाया गया है। हम जिस मनोगत दुनिया में रहते हैं क्या उसे वास्तविकता से बार-बार प्रमाणित करते रहने की ज़रूरत नहीं है? यथार्थ, यथातथ्यता और वास्तविकता क्या तीनों चीज़ें एक ही हैं?

5. सवाल और शिकायतें और भी हो सकती हैं लेकिन निश्चय जानिए आपको लेकर मेरे मन में व्यक्तिगत कुछ भी नहीं है। शायद आशाएँ कुछ अधिक हैं शिकायत सिर्फ़ इतनी है कि जिन वैचारिक अभ्यासों, अस्त्रों, अन्तर्दृष्टियों का वरदान आपको प्राप्त है उनका व्यापक और विकासशील उपयोग मुझे होता हुआ नहीं लगता। 'अपनी तरफ़' वाली रचनाओं के मुक़ाबले हमें मार्क्सवादी दृष्टिकोण से उन रचनाओं को जाँचने की ज़्यादा ज़रूरत है जो कलावादी कह कर ख़ारिज कर दी जाती हैं। मैनेजर पाण्डेय के पास भी वही गहरी अन्तर्दृष्टि और व्यापक अध्ययन सभी कुछ है लेकिन वे समकालीन रचनाओं से डरते हैं और कबीर, मुक्तिबोध, तुलसी इत्यादि की सुरक्षित प्राध्यापकीय सीमाओं में अधिक आश्वस्त महसूस करते हैं, इसलिए मुझे उनसे हमेशा शिकायत बनी रहती है कि वे औरों के मुक़ाबले एक बेहतर प्राध्यापकीय आलोचक बनकर रह जायेंगे जहाँ वे नन्दकिशोर नवल की तरह सारी क्रान्तियाँ, बदलाव, विद्रोह इत्यादि सौ-डेढ़ सौ साल पहले व निराला इत्यादि में ही खोजते रहने के लिए अभिशप्त हैं। वे सिर्फ़

यही सोचते और विद्यार्थी या प्राध्यापकीय पाठकों से प्रशंसाएँ निचोड़ते रहेंगे कि आज के लिए बहुत प्रासंगिक बातें कर रहे हैं। ग़लत या सही, नामवर जी ने नवीनतम रचनाओं और प्रवृत्तियों पर बोलने और लिखने का जोखिम उठाया था इसलिए वे आज भी महत्त्वपूर्ण हैं। भले ही विरोध के लिए हो—पुराने का ज्ञान और अध्ययन उन्हें पीछे नहीं घसीटता, आगे बढ़ने की प्रेरणा देता है।

6. गुस्ताख़ी न मानें तो मैं पूछूँ कि 40 साल समीक्षा लिखने के बाद आपने क्या कोई ऐसी कथा-दृष्टि या कथा-समीक्षा का ऐसा नया कोण खोजा है जो पिछलों से अलग है? जैसा कभी शिवदान सिंह चौहान, विजयदेव नारायण साही और मुक्तिबोध ने छायावाद, 'कामायनी' इत्यादि को लेकर किया था। मैनेजर पाण्डेय साहित्य का समाजशास्त्र किशोरीलाल गोस्वामी, देवकीनन्दन खत्री और प्रेमचन्द में तो देख सकते हैं मगर 'वर्दी वाला गुंडा', 'मुझे चाँद चाहिए' या 'विश्रामपुर का सन्त' में इसकी पड़ताल करने से डरते हैं। जबकि स्वयं समाजशास्त्री डॉ. गिरीश मिश्र 'हंस' के इसी मई अंक में 'विश्रामपुर का सन्त' के माध्यम से भूदान समस्या पर विचार करते हैं या मुरलीमनोहर प्रसाद सिंह ने पिछले किसी अंक में ज़मीन की समस्या और कमलाकान्त त्रिपाठी के उपन्यास 'बेदख़ल' का महत्त्वपूर्ण विश्लेषण दिया है। या शिवनारायण सिंह ने 'सीताराम सूबेदार' की डेढ़ सौ वर्ष पहले की किताब पर लिखा है। क्या आपके मन में कभी 'देवदास', 'गुनाहों का देवता' के तुलनात्मक अध्ययन और युवा मानसिकता के अध्ययन की बात आती है? मेरा मन तो यह कहने को भी करता है कि 'गुनाहों का देवता' का चन्दर और 'सारा आकाश' का समर एक ही फ्रीक्वेन्सी के युवक हैं। दोनों के आदर्शवादी रोमांटिक सपने जब टूटते हैं तो अपने को 'अन्त' के किनारे पाते हैं। वह कौन-सा मध्यवर्गीय 'युग' था जो दोनों के भीतर ध्वस्त हुआ?

7. शायद बहुत कुछ मैं ऐसा लिख गया हूँ जो मुझे नहीं कहना चाहिए था। बड़बोलापन भी लग सकता है। और इसके लिए बदले में आप मुझे उलटा-सीधा भी सुना सकते हैं। मगर ईमानदारी से कहूँ आपको लेकर कुछ मैं महसूस करता रहा हूँ वह मैंने बताने की कोशिश इसलिए की है कि आपने अपने पत्र में इसकी शुरुआत कर दी है। अगर मेरी बात ग़लत है तो कृपया यह मान लें कि यह पत्र मैंने आपको नहीं लिखा, ग़लती से इसे आपने मेरी व्यक्तिगत डायरी में देख लिया है, इसलिए मैं क्षमा प्रार्थी हूँ। शायद आपके प्रति मेरी उदासीनता का कारण यह भी हो कि आप मुझे निरन्तर निराश करते रहे हैं। हालाँकि आपने कृपापूर्वक मेरे बारे में औरों की अपेक्षा अधिक ही लिखा है। यहाँ क्या बेलिहाज होकर एक

बात पूछने की इजाज़त देंगे कि 'तद्भव' में 'गोदान' पर ही वीरेन्द्र यादव ने जो लेख लिखा है क्या उसे आपकी क़लम से नहीं आना चाहिए था?

8. चलते-चलते एक आग्रह करूँ? क्या आप मेरे लिए ही एक ऐसी पुस्तक लिखेंगे जिसमें आपकी कथा-दृष्टि का विश्लेषण, स्थापन और सैद्धान्तिकी पर बात हो—कुछ कथा-कृतियों के माध्यम से। चाहें तो उसे समीक्षक की बौद्धिक आत्मकथा का रूप दे दें।

आपका
राजेन्द्र यादव

□□